Arbeitnehmerurheberrechte in Arbeitsverträgen, Tarifverträgen und Betriebsvereinbarungen

Europäische Hochschulschriften
Publications Universitaires Européennes
European University Studies

Reihe II
Rechtswissenschaft

Série II Series II
Droit
Law

Bd./Vol. 3397

PETER LANG
Frankfurt am Main · Berlin · Bern · Bruxelles · New York · Oxford · Wien

Thomas Barthel

Arbeitnehmerurheberrechte in Arbeitsverträgen, Tarifverträgen und Betriebsvereinbarungen

Zugleich ein Reformvorschlag zum Arbeitnehmerurheberrecht

PETER LANG
Europäischer Verlag der Wissenschaften

Die Deutsche Bibliothek - CIP-Einheitsaufnahme

Barthel, Thomas:

Arbeitnehmerurheberrechte in Arbeitsverträgen, Tarifverträgen und Betriebsvereinbarungen : zugleich ein Reformvorschlag zum Arbeitnehmerurheberrecht / Thomas Barthel. - Frankfurt am Main ; Berlin ; Bern ; Bruxelles ; New York ; Oxford ; Wien : Lang, 2002
(Europäische Hochschulschriften : Reihe 2, Rechtswissenschaft ; Bd. 3397)
Zugl.: Berlin, Humboldt-Univ., Diss., 2001
ISBN 3-631-39377-6

ISSN 0531-7312
ISBN 3-631-39377-6

www.peterlang.de

Vorwort

Die vorliegende Untersuchung wurde im Juli 2001 abgeschlossen und hat im Sommersemester 2001 der Humboldt-Universität zu Berlin als Dissertation vorgelegen.

Die Arbeit wendet sich vor allem an den Leser, der in der Praxis mit Fragen des Arbeitnehmerurheberrechts befaßt ist und Anregungen sowie Lösungsvorschläge sucht. Insofern wird im Verlauf der Untersuchung die aktuelle Rechtslage getrennt nach Werken i.S.d. § 43 UrhG einerseits und Werken i.S.d. § 69 b UrhG andererseits ausführlich dargestellt. Des weiteren werden Vertragsmuster und tarifvertragliche Regelungen aus dem Bereich des Arbeitnehmerurheberrechts vorgestellt und detailliert untersucht. Ergänzend werden die zahlreichen derzeitigen Reformvorschläge zum Urheberrecht im Hinblick auf ihre Auswirkungen auf das Arbeitnehmerurheberrecht untersucht und anschließend ein eigener Vorschlag unterbreitet.

Herzlich bedanken möchte ich mich zunächst bei Herrn *Prof. Dr. Artur-Axel Wandtke* für die Betreuung dieser Arbeit und die zügige Erstellung des Erstgutachtens. Die zahlreichen Hinweise und Anregungen während und nach meiner Zeit als wissenschaftlicher Mitarbeiter an seinem Lehrstuhl haben die Erstellung der Arbeit maßgeblich gefördert. Auch für die angenehme Zusammenarbeit möchte ich mich an dieser Stelle noch einmal ausdrücklich bedanken. Für die kurzfristige Erstellung des Zweitgutachtens danke ich Frau *Prof. Dr. Christine Windbichler*. Mein Dank gilt des weiteren meiner Familie, in der jeder auf seine Weise einen Anteil zum Gelingen dieser Arbeit beigetragen hat, sowie Frau *Ulrike Anders* und Herrn *Fabian Leistikow* für die produktive Zusammenarbeit während des Studiums und des Referendariats und die wertvolle Hilfe in der Zeit danach. Mein größter Dank gilt jedoch Frau *Julia Wiedemann* für die große Unterstützung in all den schönen Jahren, ohne die auch diese Arbeit nicht möglich gewesen wäre.

Berlin, den 07. Januar 2002

Thomas Barthel

Inhaltsverzeichnis

Teil 1: Einleitung / Gang der Untersuchung

„Die kontinentaleuropäische Urheberrechtstradition hat zahlreiche Probleme mit der Entwicklung von Werken im Beschäftigungsverhältnis".

Diese Einschätzung von *Hoeren*[1] umschreibt zutreffend die aktuelle Situation des deutschen Arbeitnehmerurheberrechts. Ziel der vorliegenden Untersuchung ist es, unter Berücksichtigung der tarifvertraglichen Gegebenheiten und Möglichkeiten die Gründe dieser Situation herauszuarbeiten und Lösungsvorschläge anzubieten.

Das deutsche Arbeitnehmerurheberrecht als Querschnittsmaterie zwischen Arbeitsrecht und Urheberrecht ist von zwei Grundsätzen geprägt, die konträrer kaum sein können. Zum einen besteht im Arbeitsrecht der Grundsatz, daß dem Arbeitgeber das Ergebnis der seitens des Arbeitnehmers erbrachten Arbeitsleistung gebührt[2]. Dem steht der das deutsche Urheberrecht beherrschende Grundsatz des Schöpferprinzips im Sinne des § 7 UrhG gegenüber, nach dem das Urheberrecht in der Person des Schöpfers entsteht und gemäß §§ 28, 29 UrhG grundsätzlich auch verbleibt. Hier zeigt sich bereits die Problematik des deutschen Arbeitnehmerurheberrechts, denn obwohl dem Arbeitgeber nach arbeitsrechtlichen Grundsätzen das Ergebnis der Arbeitsleistung seines Arbeitnehmers zusteht, ist eine Übertragung des Urheberrechts auf den Arbeitgeber nicht möglich. Der Arbeitgeber muß sich mit der Einräumung von Nutzungsrechten begnügen, deren Umfang im einzelnen umstritten ist. Aus dieser Konstellation entstehen zahlreiche Unsicherheiten und Meinungsverschiedenheiten, die einer im Interesse von Arbeitgeber und Arbeitnehmer liegenden Rechtssicherheit entgegenstehen.

Die enormen Auswirkungen, die diese Rechtsunsicherheit zur Folge hat, werden deutlich, wenn man sich vor Augen führt, daß gegenwärtig der Großteil der urheberrechtlich geschützten Werke von in den Betrieb des Arbeitgebers eingegliederten und dessen Weisungen unterworfenen Arbeitnehmern geschaffen werden. Die Problematik wird weiter dadurch verschärft, daß im Laufe der letzten Jahrzehnte eine zunehmende arbeitsteilige Erstellung von Werken festzustellen ist, so daß an einem Werk unter Umständen Urheber-

---

[1] *Möhring/Nicolini/Hoeren*, § 69 b, Rdnr. 1, S. 685.

[2] Dieser Grundsatz ist im Bereich des GeschmacksmusterR und des Rechts der Halbleiter derart umgesetzt worden, daß gemäß § 2 GeschmG und § 2 Absatz 2 HalbleiterschutzG der Arbeitgeber von Anfang an als Inhaber der Schutzrechte gilt.

rechte einer Vielzahl von Arbeitnehmern bestehen, die einer freien Verwertung durch den Arbeitgeber entgegenstehen.

An dieser Stelle sei kurz auf das angloamerikanische Recht hingewiesen, welches dieser Problematik dadurch vorbeugt, daß es mittels der geltenden „work-made-for-hire-doctrine" das Urheberrecht im Arbeitsverhältnis originär dem Arbeitgeber zuweist und damit sämtliche Meinungsverschiedenheiten über Nutzungsrechtsübertragungen und deren Umfang vermeidet.

Das derzeitige deutsche Arbeitnehmerurheberrecht ist des weiteren insofern reformbedürftig, als es ohne sachliche Rechtfertigung die Rechtslage im Hinblick auf Werke in Gestalt eines Computerprogrammes einerseits und sonstige Werke andererseits unterschiedlich ausgestaltet. Durch das zum 24. Juni 1993 eingeführte zweite Gesetz zur Änderung des Urheberrechtsgesetzes ist in Vollziehung der EG-Richtlinie über den Schutz von Computerprogrammen (91/250/EWG) vom 13. Mai 1991 unter anderem § 69 b UrhG eingeführt worden, der die Stellung des Computerprogramme erstellenden Arbeitnehmers regelt. Durch diese Vorschrift erhält der Arbeitgeber im Wege einer gesetzlichen Lizenz sämtliche vermögensrechtlichen Befugnisse an den vom Arbeitnehmer in Wahrnehmung seiner Aufgaben oder nach den Anweisungen seines Arbeitgebers geschaffenen Computerprogrammen. Diese Rechtsfolge unterscheidet sich grundsätzlich von derjenigen des § 43 UrhG, der die Rechtsstellung des sonstige urheberrechtlich geschützte Werke erstellenden Arbeitnehmers regelt. Danach sind die Vorschriften des zweiten Unterabschnitts des fünften Abschnitts des UrhG anwendbar, die sich mit der Nutzungsrechtsübertragung durch einen selbständigen Urheber beschäftigen, soweit sich aus dem Inhalt und Wesen des Arbeitsverhältnisses nichts anderes ergibt. Es ist somit eine vertragliche Übertragung der Nutzungsrechte erforderlich. Eine derartige Differenzierung erscheint nicht gerechtfertigt.

Nachdem mit Einführung des § 69 b UrhG zunächst eine breite Diskussion im Schrifttum hinsichtlich des Arbeitnehmerurheberrechts einsetzte, verstummte diese in den folgenden Jahren. Aktualität hat die Diskussion nunmehr dadurch gewonnen, daß eine Gruppe von Professoren und Praktikern auf Anregung des Bundesjustizministeriums einen „Entwurf eines Gesetzes zur Stärkung der vertraglichen Stellung von Urhebern und ausübenden Künstlern" vorgelegt hat. Dieser Entwurf in der Fassung vom 22. Mai 2000 ist höchst umstritten und hat zu heftigen Reaktionen aus den Reihen der Verwerter geführt, nicht zuletzt im Hinblick auf die vorgesehenen Vergütungsregelungen sowie die beabsichtigte Einführung eines kollektiven Urhebervertragsrechts. Insoweit weisen die Verwerter zutreffend auf die erheblichen Auswirkungen des geplanten kollektiven Urheberrechts auf die von Art. 9 Absatz 3 GG geschützte Tarifautonomie hin.

Im Mittelpunkt der vorliegenden Untersuchung stehen die Gegenüberstellung der Regelungsgehalte der §§ 43 und 69 b UrhG sowie die tarifvertraglichen Regelungen, wobei auch Regelungen in anderen europäischen Ländern in die Betrachtung einbezogen werden.

Dazu wird in Teil 2 der Untersuchung zunächst ausführlich der Anwendungsbereich des § 43 UrhG untersucht, woran sich die Betrachtung der Rechtsfolge des § 43 UrhG anschließt. Hierbei wird auf die umstrittensten Punkte wie die Übertragung der Nutzungsrechte, die Anbietungspflicht sowie die Frage, ob dem Arbeitnehmer für die Nutzungsrechtseinräumung eine Sondervergütung entsprechend den Regelungen des Arbeitnehmererfindergesetzes zusteht, eingegangen. Insbesondere im Hinblick auf die beiden letztgenannten Punkte schließt sich dann eine Untersuchung im Bereich des § 43 UrhG existierender arbeitsvertraglicher Regelungen sowie bestehender Tarifverträge an, wobei insbesondere die Manteltarifverträge für Redakteure von Zeitungen und Zeitschriften sowie Tageszeitungen und die Tarifverträge von SFB und ZDF in die Untersuchung einbezogen werden, da sie zum Teil vorbildliche Regelungen enthalten, an denen sich die tarifvertragliche Praxis orientieren sollte.

Anschließend werden die derzeit aktuellen Reformvorschläge einer kritischen Bewertung unterzogen. Hierbei handelt es sich zunächst um den Vorschlag von *Wandtke* für eine Neufassung des § 43 UrhG, den Vorschlag des Arbeitskreises Deutsche Rechtseinheit im Arbeitsrecht für ein Arbeitsvertragsgesetz, den Entwurf des Freistaates Sachsen für ein Arbeitsvertragsgesetz sowie den Entwurf des Landes Brandenburg für ein Gesetz zur Bereinigung des Arbeitsrechts. Die drei letztgenannten Entwürfe normieren in § 104 des jeweiligen Vorschlags die Arbeitnehmerurheberrechte mit identischem Inhalt, weisen jedoch unterschiedliche Begründungen auf. Daran anschließend wird der Professoren- und Praktikerentwurf eines Gesetzes zur Stärkung der vertraglichen Stellung von Urhebern und ausübenden Künstlern vom 22. Mai 2000 kritisch hinterfragt, wobei eine Auseinandersetzung mit den Stellungnahmen von ARD und ZDF, der Kirch-Gruppe, des Arbeitskreises der Verwerter sowie der Initiative für die Reform des Urhebervertragsrechts erfolgt. Schließlich wird der im Wesentlichen auf dem Professorenentwurf aufbauende Regierungsentwurf, der erst nach der ursprünglichen Fertigstellung der vorliegenden Arbeit veröffentlicht wurde, dargestellt und kritisch untersucht. Insoweit ist zu berücksichtigen, dass die vorliegende Arbeit in einer entscheidenden Umbruchphase des deutschen Urheberrechts enstanden ist, in der nach Beginn dieser Untersuchung zunächst der ProfE und anschließend der Regierungsentwurf erschienen ist.

In Teil 3 der Arbeit schließt sich die Untersuchung des Regelungsgehaltes des den Bereich der Entwicklung von Computerprogrammen im Arbeitsverhältnis normierenden § 69 b UrhG an, wobei die Rechtsfolgen der §§ 43 und 69 b UrhG einander gegenübergestellt werden. Die sachliche Rechtfertigung der unterschiedlichen Regelungen wird vor dem Hintergrund des allgemeinen Gleichheitsgrundsatzes des Art. 3 GG hinterfragt. Auch in diesem Abschnitt werden zunächst allgemein die Rechte der Arbeitnehmerurheber aufgezeigt, worauf dann eine Darstellung und Untersuchung der arbeitsvertraglichen Regelungen sowie eine Betrachtung der Reformvorhaben im Hinblick auf den Bereich der Computerprogramme folgt.

Die Untersuchung schließt in Teil 4 mit einer zusammenfassenden Darstellung der aufgezeigten Kritikpunkte und Schwachstellen der derzeitigen Rechtslage im Bereich des Arbeitnehmerurheberrechts sowie einer Lösung des Problems in Gestalt eines Normvorschlags. Dieser Normvorschlag gibt das Schöpferprinzip für den Bereich des Arbeitsverhältnisses auf und sieht einen originären Erwerb des Urheberrechts in der Person des Arbeitgebers vor.

Abschließend noch eine allgemeine Anmerkung zu der vorliegenden Untersuchung. Der Verfasser war bestrebt, eine Untersuchung zu erstellen, die nicht lediglich theoretischen Wert hat, sondern geeignet ist, in der Praxis der Rechtsanwendung Verwendung zu finden. Insofern sind insbesondere zu Beginn der Untersuchung ausführliche Darstellungen der aktuellen Rechtslage vorgenommen worden, um den mit dem Arbeitnehmerurheberrecht in der Praxis befaßten Leser in die Thematik einzuführen. Unter dem Gesichtspunkt der Verwendbarkeit der Arbeit in der Praxis werden Vertragsmuster und tarifvertragliche Regelungen ausführlich in eigenen Abschnitten dargestellt und untersucht und nicht lediglich beispielhaft und fragmentarisch im Rahmen der jeweiligen Rechtsfrage. Der Anwender soll die Möglichkeit erhalten, die einzelnen arbeits- und tarifvertraglichen Bestimmungen im Regelungszusammenhang zu lesen und zu bewerten.

Teil 2: Arbeitnehmerurheberrechte im Anwendungsbereich des § 43 UrhG

A. Rechtliche Ausgangssituation

Zunächst soll der Vollständigkeit halber ein kurzer Überblick über die rechtliche Ausgangssituation als Einführung in die Materie des Arbeitnehmerurheberrechts gegeben werden.

I. Das Schöpferprinzip

Auch im Arbeitsverhältnis gilt in Deutschland bei einem urheberrechtlich geschützten Werk das in § 7 UrhG festgelegte sog. Schöpferprinzip, nach dem Urheber der Schöpfer des Werkes ist. Der Rechtserwerb wird somit an den Realakt des Werkschaffens einer natürlichen Person gekoppelt, was insbesondere *Rehbinder* kritisiert und das Fehlen von Ausnahmen bedauert[3]. Eine Ausnahme läßt das deutsche Urheberrecht unter Lebenden nicht zu. Vielmehr schließt es in § 29 UrhG bis auf den Fall der Erfüllung einer Verfügung von Todes wegen oder der Übertragung an Miterben eine Übertragung des Urheberrechts aus. Das Urheberrecht entsteht somit nach der derzeitigen Rechtslage auch im Arbeitsverhältnis immer originär in der Person des Schöpfers, mithin des Arbeitnehmers, und verbleibt auch bei diesem[4].

Dies führt in der Praxis aufgrund der heutzutage überwiegend arbeitsteiligen Produktionsweise zu dem mißlichen Ergebnis, daß aufgrund der schöpferischen Mitwirkung mehrerer Arbeitnehmer häufig ein einheitliches Werk i.S.d. § 8 Absatz 1 UrhG geschaffen wird, an dem die Arbeitnehmer Miturheber sind[5]. An diesem einheitlichen Werk besteht **ein** Urheberrecht, welches den Miturhebern gemäß § 8 Absatz 2 UrhG als Gesamthandsgemeinschaft zusteht, soweit es um das Recht zur Veröffentlichung und das für das Arbeitsverhältnis so bedeutsame Recht der Verwertung geht. Folglich ist zur Verwertung die Einwilligung und Übertragung des Nutzungsrechts durch alle Miturheber erforderlich, ein Umstand, der die Verwertung durch den Arbeitgeber unter Umständen erheblich beeinträchtigt, wenn ein Miturheber der Übertragung des Nutzungsrechts nicht zustimmt[6].

---

[3] *Rehbinder*, § 46 I 1Rdnr. 327, 329, S. 251 f; ders., in WiB 1994, S. 461 (461); siehe auch *Frey*, in UFITA Band 98, 1984, S. 53 (59).
[4] BGH, in GRUR 1974, S. 480 (482), „Hummelrechte"; *Vinck*, S. 6.
[5] *Rehbinder*, § 20 Rdnr. 168, S. 116 f sowie § 46, Rdnr. 327, S. 251 f.
[6] *Rehbinder*, § 21 III, Rdnr. 171, S. 120; *Hubmann*, in Fs Hueck, S. 43 (45); *Vinck*, S. 86 und 94 f.

II. Berechtigung des Arbeitgebers am Arbeitsergebnis

1. Allgemeines

Das Schöpferprinzip steht im Widerspruch zu dem arbeitsrechtlichen Grundsatz, daß dem Arbeitgeber das Ergebnis der Arbeit zusteht, die der Arbeitnehmer in Erfüllung seiner Pflichten aus dem Arbeitsverhältnis geleistet hat[7]. Seit den grundlegenden Ausführungen von *Hubmann*[8] herrscht Einigkeit hinsichtlich der Berechtigung des Arbeitgebers am Arbeitsergebnis[9]. Nach *Hubmann* liegt der Grund für die Zuordnung des Arbeitsergebnisses an den Arbeitgeber in erster Linie im Austauschgedanken. Der Arbeitgeber könne und wolle das Arbeitsentgelt nur leisten, wenn er das Arbeitsergebnis zur freien Verfügung erhalte[10]. Es sei offenbar nicht gerecht, wenn man dem Arbeitnehmer neben seinem Entgeltanspruch noch den Wert seines Arbeitsergebnisses im Rahmen einer Verwertung zuordnen würde. Der Gerechtigkeit sei hinreichend Genüge getan, wenn das Arbeitsentgelt in einem angemessenen Verhältnis zum Wert der Arbeitsleistung steht[11].

Der Arbeitnehmer verpflichtet sich zur Arbeitsleistung gegen ein Entgelt. Der Arbeitgeber verpflichtet sich seinerseits selbstverständlich nicht um der Arbeitsleistung selbst willen zur Entgeltzahlung und zur Erfüllung der sonstigen Ansprüche des Arbeitnehmers aus dem Arbeitsverhältnis, sondern um das Arbeitsergebnis im Rahmen der unternehmerischen Tätigkeit zur Gewinnerzielung einzusetzen und wirtschaftlich zu verwerten[12]. Dabei trägt der Arbeitgeber auch das Betriebs- und das Wirtschaftsrisiko, von denen der Arbeitnehmer freigestellt ist. Auch wenn die Arbeitsleistung zu keinem wirtschaftlich verwertbaren Ergebnis führt, hat der Arbeitnehmer einen Anspruch auf das vereinbarte Arbeitsentgelt[13].

---

[7] *Hauptmann*, S. 59, *Hueck/Nipperdey*, Band 1, 1963, S. 496 f.

[8] *Hubmann*, in Fs Hueck, S. 43 ff.

[9] *Buchner*, in Lehmann, S. 422 f; *Hauptmann*, S. 59; *Schlecht*, S. 96; *Schneider*, Rdnr. 582, S. 536; *DLW/Dörner*, Rdnr. 2070 f, S. 615; *Kolle*, in GRUR 1985, S. 1016 (1018); *Kindermann*, in GRUR 1985, S. 1008 (1010), ders., in NZA 1984, S. 209 (213); *Rieg*, in GRUR 1994, S. 425 (426).

[10] *Hubmann*, in Fs Hueck, S. 43 (45).

[11] *Hubmann*, in Fs Hueck, S. 43 (45).

[12] *Wandtke*, Rdnr. 186, S. 70; *Buchner*, in Lehmann, Rdnr. 2, S. 423.

[13] *Vinck*, S. 62. **Zum Betriebsrisiko:** BAG, vom 08.02.1957, in AP Nr. 2 zu § 615 Betriebsrisiko; *Schaub*, § 101 I, Rdnr. 4 ff, S. 1012 f. Danach trägt der Arbeitgeber das Risiko für von keiner Partei des Arbeitsverhältnisses verschuldete Betriebsstörungen, in denen der Arbeitnehmer, was seine Person betrifft, zur Arbeit fähig und bereit ist, vom Arbeitgeber aber aus von diesem nicht zu vertretenden betrieblichen Gründen nicht beschäftigt werden kann; d.h. der Arbeitgeber hat dem Arbeitnehmer das Arbeitsentgelt zu entrichten ohne dafür eine Gegenleistung zu erhalten. **Zum Wirtschaftsrisiko:** *Schaub*, § 101 VI, Rdnr. 25, S. 1016. Vom Wirtschaftsrisiko spricht man, wenn es um die Tragung der Gefahr bzw. das Risiko

Schließlich weist *Hubmann* zutreffend darauf hin, daß der Arbeitgeber im Interesse der Rechtssicherheit in der Lage sein muß, seinem Kunden die Rechte am Arbeitsergebnis, mithin am Produkt des Unternehmens, zu übertragen[14].

2. Sachenrechtliche Zuordnung des materiellen Arbeitsergebnisses / Urheberrechtliche Zuordnung des Arbeitsergebnisses

Entsprechend dem Grundsatz, daß dem Arbeitgeber das Arbeitsergebnis zusteht, wird das Eigentum an den vom Arbeitnehmer im Rahmen seiner Pflichten aus dem Arbeitsverhältnis geschaffenen Werkstücken dem Arbeitgeber zugeordnet. Dies erfolgt durch Anwendung des § 950 BGB, der die Eigentumszuordnung bei Verarbeitung regelt[15]. Betrachtet man zunächst nur den Wortlaut der Vorschrift, so ist dieses Ergebnis nicht erklärlich. Nach § 950 Absatz 1 Satz 1 BGB erwirbt derjenige das Eigentum an einer neuen Sache, der „durch Verarbeitung oder Umbildung eines oder mehrerer Stoffe eine neue bewegliche Sache herstellt", „ sofern nicht der Wert der Verarbeitung oder der Umbildung erheblich geringer ist als der Wert des Stoffes". Dies läßt zunächst vermuten, daß der Arbeitnehmer als Werkschaffender das Eigentum am Arbeitsergebnis erwirbt. Daß nun aber bei Schaffung einer neuen Sache seitens des Arbeitnehmers durch Verarbeitung der Materialien des Arbeitgebers dennoch der Arbeitgeber Hersteller i.S.d. Vorschrift des § 950 BGB und damit Eigentümer der neuen Sache ist, ist ein Verdienst der inzwischen allgemein anerkannten „Herstellertheorie"[16]. Danach ist Hersteller, in wessen Namen und wirtschaftlichem Interesse die Herstellung erfolgt, wobei der Eindruck eines mit den Verhältnissen vertrauten objektiven Beobachters unter Berücksichtigung der Verkehrsauffassung maßgebend ist[17].

Eine dem § 950 BGB „in Gestalt der Herstellertheorie" vergleichbare Regelung ist im immaterialgüterrechtlichen Bereich des Urheberrechts nicht vorhanden. Vielmehr erwirbt ein Arbeitnehmer, der im Rahmen seiner aus dem

---

geht, daß die technisch an sich mögliche Arbeitsleistung seitens des Arbeitnehmers aus wirtschaftlichen Gesichtspunkten sinnlos ist, beispielsweise weil aufgrund eines Auftragsmangels kein Absatz für das Arbeitsprodukt vorhanden oder weil kein Gewinn zu erzielen ist. Das Wirtschaftsrisiko liegt erst Recht beim Arbeitgeber, was auf den Grundgedanken des § 279 BGB zurückgeführt wird, wonach jeder für seine finanzielle Leistungsfähigkeit einzustehen hat.

[14] *Hubmann*, in Fs Hueck, S. 43 (45).

[15] BAG, in GRUR 1961, S. 491 (492) – Nahverkehrschronik; BGH, in GRUR 1952, S. 257 (258) – Krankenhauskartei.

[16] *Buchner*, in Lehmann, Rdnr. 3, S. 423, *Schaub*, § 114 II, Rdnr. 6, S. 1151; *DLW/Dörner*, Rdnr. 2067, S. 614 f; BAG, Urteil vom 24. November 1960, in AP Nr. 1 zu § 11 LitUrhG.

[17] *Palandt, Bassenge*, § 950 Rdnr. 8, S. 1174; *Schaub*, § 114 II, Rdnr. 6, S. 1151; vgl. auch BGH, Urteil vom 28. Juni 1954, in BGHZ 14, S. 115 (117).

Arbeitsverhältnis geschuldeten Tätigkeit ein schutzfähiges Werk i.S.d. § 2 UrhG erschafft, unabhängig von der eigentumsrechtlichen Zuordnung des Werkstückes an diesem Werk originär das Urheberrecht, da das in § 7 UrhG festgeschriebene Schöpferprinzip keine Ausnahme zuläßt[18].

Will der Arbeitgeber nun zur Gewinnerzielung die von seinem Arbeitnehmer geschaffenen Werke nutzen oder vervielfältigen, so muß er von seinem Arbeitnehmer die erforderliche urheberrechtliche Berechtigung erwerben, obwohl er die sachenrechtliche Berechtigung bereits innehat. Wie bereits angesprochen ist das deutsche Urheberrecht in Anwendung der monistischen Theorie aufgrund seines persönlichkeitsrechtlichen Elements nach § 29 Satz 2 UrhG grundsätzlich unübertragbar.

Der Verbleib des Urheberrechts beim Arbeitnehmer führt mithin dazu, daß im Anwendungsbereich des § 43 UrhG, wie beim selbständigen Urheber auch, dem Arbeitgeber durch den Arbeitnehmer Nutzungsrechte eingeräumt werden müssen[19], was sich nach den §§ 31 ff UrhG bestimmt, deren Regelungsgehalt im Arbeitsverhältnis jedoch durch § 43 letzter Hs. UrhG modifiziert wird.

Das derzeitige deutsche Urheberrecht enthält nur unbefriedigende Regelungen hinsichtlich des Bestehens und des Umfangs der Verpflichtung des Arbeitnehmers seinem Arbeitgeber Nutzungsrechte an den von ihm geschaffenen Werken einzuräumen. Das deutsche Arbeitsvertragsrecht enthält keinerlei Normierungen zum Urheberrecht im Arbeitsverhältnis. Diese Umstände haben zur Folge, daß weitgehend Vertragsfreiheit hinsichtlich der Übertragung von Nutzungsrechten herrscht[20].

3. Gesetzliche Entwicklung im Arbeitnehmerurheberrecht

Bevor § 43 UrhG im Jahr 1965 in das UrhG eingeführt wurde, war die rechtliche Stellung des Arbeitnehmerurhebers nicht geregelt. Die beiden durch das UrhG im Jahr 1965 im wesentlichen abgelösten Gesetze, das Gesetz betreffend das Urheberrecht an Werken der Literatur und der Tonkunst (LUG) und das Gesetz betreffend das Urheberrecht an Werken der bildenden Künste und der Photographie (KUG), dessen Vorschriften zum Schutz von Bildnissen heute noch gelten, enthielten keine eigenständigen Regelungen für Urheber im Arbeitsverhältnis[21]. Lediglich in den §§ 3 LUG und 5 KUG waren Regelungen enthalten, nach denen der Dienstherr in den Fällen originär das Urhe-

---

[18] BGH, in GRUR 1952, S. 257 (258), Krankenhauskartei; BAG, in GRUR 1961, S. 491 (492) - Nahverkehrschronik.
[19] Amtl. Begründung zu § 43 UrhG, BT-Drucks. IV/270, S. 61 f; *Schricker/Rojahn*, § 43 Rdnr. 6, S. 678; *MünchArbR/Sack*, Band 1, § 100 Rdnr. 19, S. 2061, Himmelmann, S. 74.
[20] *Rehbinder*, § 46 I 2, Rdnr. 329, S. 253; *ders.*, in WiB 1994, S. 461 (462).
[21] Vgl. *Schlecht*, S. 97.

berrecht erwarb, in denen juristische Personen des öffentlichen Rechts als Herausgeber ein Werk veröffentlichten, dessen Verfasser nicht auf dem Titelblatt, in der Vorrede oder am Schluß genannt wurden[22].

§ 43 UrhG ist neben § 69 b UrhG, der die Urheberrechte an im Arbeitsverhältnis geschaffenen Computerprogrammen regelt, die einzige Vorschrift, die sich mit den Urhebern im Arbeitsverhältnis beschäftigt, sofern man von § 79 UrhG, der die Urheberrechte ausübender Künstler im Arbeits- und Dienstverhältnis regelt, absieht[23].

4. Überblick über die internationale Rechtslage im Arbeitnehmerurheberrecht

Ein internationaler Vergleich macht deutlich, daß es keinesfalls selbstverständlich ist, daß der das Werk erschaffende Arbeitnehmer als Urheber anzusehen ist.

a) Länder außerhalb der EU

In Israel (Art. 5 isr. UrhG),), in Japan (Art. 15 japan. UrhG), in Kanada (Sec. 12 kan. UrhG), in Neuseeland (Sec. 9 neuseel. UrhG), in der Türkei (Art. 8 türk. UrhG) sowie in den USA (§ 201 (b) CA) erwirbt originär der Arbeitgeber das Urheberrecht an den vom Arbeitnehmer im Rahmen seiner Verpflichtungen aus dem Arbeitsverhältnis geschaffenen Werken[24]. Das amerikanische Recht kennt dafür die Bezeichnung „work-made-for-hire-doctrine“[25].

Demgegenüber folgt beispielsweise das schweizerische Urheberrecht auch im Arbeitsverhältnis dem Schöpferprinzip[26].

---

[22] *Hauptmann*, S. 60.

[23] Die Berücksichtigung der Regelungen hinsichtlich der ausübenden Künstler im Arbeits- und Dienstverhältnis in der vorliegenden Untersuchung soll aufgrund der dort bestehenden Besonderheiten unterbleiben, ebenso die Berücksichtigung des öffentlich-rechtlichen Dienstverhältnisses. Gegenstand der vorliegenden Untersuchung ist der Bereich der Privatwirtschaft und hier primär der Bereich der vermögensrechtlich bedeutsamen Rechte an urheberrechtlich geschützten Werken. Die Urheberpersönlichkeitsrechte werden daher lediglich in Randbereichen behandelt. Vgl. zu den urheberrechtlichen Besonderheiten bei angestellten Filmschaffenden: *Meiser*, in NZA 1998, S. 291 ff.

[24] *Schricker/Rojahn*, § 43 Rdnr. 3, S. 677; Frey, in UFITA Band 98, 1984, S. 53 (63); *MünchArbR/Sack*, Band 1, § 100, Rdnr. 16, S. 2061; *Dietz*, S. 100 ff.

[25] *Wandtke*, Rdnr. 21, S. 20; *MünchArbr/Sack*, Band 1, § 100 Rdnr. 16, S. 2061.

[26] *Frey*, in UFITA Band 98, 1984, S. 53 (53).

b) Länder innerhalb der EU

Im Zuge immer weiter fortschreitender Harmonisierung der gesetzlichen Regelungen innerhalb der Länder der Europäischen Union darf auch im Bereich des Arbeitnehmerurheberrechts nicht mehr ausschließlich national agiert werden[27]. Vielmehr ist mit zunehmender wirtschaftlicher Verflechtungen und dem Entstehen von „Global Playern" eine einheitliche Regelung innerhalb der EU zur Schaffung von Wettbewerbsgleichheit notwendig. Der originäre Erwerb des Urheberrechts durch den Arbeitgeber ist unter wirtschaftlichen Gesichtspunkten ein nicht zu unterschätzender Standortfaktor, ganz zu schweigen von der damit verbundenen Rechtssicherheit durch Vermeidung von Nutzungsrechtsübertragungen. Folglich ist insbesondere eine Betrachtung der Normierungen der anderen Länder der EU von Interesse.

Ebenso wie in den zuvor unter a) im ersten Absatz aufgeführten Ländern erwirbt in Großbritanien (Sec. 11 Abs. 2 CDA), in Irland (Sec. 10 Abs. 2 und 4 irl. UrhG) und in den Niederlanden (Art. 7 niederl. UrhG) originär der Arbeitgeber das Urheberrecht an den von den Arbeitnehmern in Erfüllung ihrer Pflichten aus dem Arbeitsverhältnis geschaffenen Werken[28]. Demgegenüber erwirbt in Frankreich (Art. 1 Abs. 3 franz. UrhG) ebenso wie in Deutschland der Arbeitnehmer als Schöpfer das Urheberrecht, wobei hinsichtlich vom Arbeitnehmer geschaffener Computerprogramme ebenso wie in Deutschland eine Sonderregelung besteht (Art. 45 des Gesetzes zur Änderung des franz. UrhG vom 03. Juli 1985), wobei Frankreich noch weiter geht und dem Arbeitgeber sämtliche Urheberrechte am Computerprogramm zuweist[29]. Demgegenüber enthält das dänische Urheberrecht, vorbehaltlich der Regelung für Computerprogramme, keine Regelung hinsichtlich der Erstellung von Werken durch angestellte Urheber[30]. Auch Belgien, Luxemburg und Italien haben die allgemeine Frage des Urheberrechts im Arbeitsverhältnis bisher nicht speziell geregelt, weshalb der vertraglichen Regelung des Arbeitnehmerurheberrechts in diesen Ländern eine erhebliche Bedeutung zukommt[31]. Dasselbe hat für Österreich zu gelten, wo die Erschaffung von Werken im Arbeitsverhältnis ebenfalls keine gesetzliche Regelung gefunden hat, mit Ausnahme der auf der Umsetzung der EG-Richtlinie (91/250/EWG) beruhenden Regelung für Computerprogramme in § 40 b österr. UrhG[32].

Angesichts dieser unterschiedlichen Regelungen kann nur spekuliert werden, wie im Zuge fortschreitender Rechtsangleichung innerhalb der EU eine ein-

---

27 *Wandtke*, Rdnr. 23, S. 20; ders., in GRUR 1999, S. 390 (390); *Dietz*, S. 102 f.
28 *Schricker/Rojahn*, § 43 Rdnr. 3, S. 677; *Dietz*, S. 100 ff.
29 *Schmidt*, in UFITA, Band 121, 1993, S. 55 (56).
30 *Dietz*, S. 101.
31 *Dietz*, S. 101.
32 *Fromm/Nordemann*, Anhang II, S. 838.

heitliche Regelung aussehen wird. Die Tendenz erscheint im Hinblick auf die auf einer EG-Richtlinie[33] beruhenden Vorschriften für Computerprogramme in §§ 69 a ff UrhG, insbesondere den § 69 b UrhG, eindeutig. Zumindest die Nutzungsrechte werden ausschließlich dem Arbeitgeber zugeordnet werden, auch wenn dies im Wege einer Kompromißlösung nicht originär sondern durch eine gesetzliche Lizenz, abgeleitet vom Arbeitgeber, erfolgen könnte. Fraglich ist dann jedoch, ob der beim Arbeitnehmer verbleibende „Rumpf" in Gestalt der durch „Inhalt und Wesen des Arbeitsverhältnisses" eingeschränkten Urheberpersönlichkeitsrechte überhaupt noch eine Bedeutung hat.

III. Abgrenzung des Urheberrechts zum Patentrecht

Zum besseren Verständnis soll an dieser Stelle kurz auf die Abgrenzung zwischen Urheberrecht und Patentrecht und damit auch zum Gesetz über Arbeitnehmererfindungen eingegangen werden.

Während das Urheberrecht nach § 1 UrhG Werke der Literatur, der Wissenschaft und der Kunst schützt, die in § 2 UrhG nicht abschließend („insbesondere") aufgelistet sind[34], und zu denen nach § 2 Absatz 1 Nr. 1 UrhG unter der Kategorie „Sprachwerke" auch Computerprogramme gehören, schützt das Patentrecht die eine Lehre zum technischen Handeln voraussetzenden Erfindungen, sofern sie neu sind, auf einer erfinderischen Tätigkeit beruhen und gewerblich anwendbar sind[35].

Für Erfindungen und technische Verbesserungsvorschläge eines Arbeitnehmers, mithin technisch gekennzeichnete schöpferische Leistungen im Zusammenhang mit den Pflichten aus dem Arbeitsverhältnis, enthält das Gesetz über Arbeitnehmererfindungen (ArbnErfG) von 1957 eine eindeutige und für die Praxis handhabbare Lösung[36]. Erfindungen in diesem Sinne sind eine auf schöpferischer Leistung beruhende Lehre zum planmäßigen Handeln, d.h. sie müssen einen individuellen geistigen Inhalt als Ergebnis einer produktiven Geistestätigkeit enthalten[37]. Nach § 2 ArbnErfG sind Erfindungen im Sinne des ArbnErfG nur solche, die gebrauchsmuster- oder patentfähig sind. Patentfähig sind dabei solche Erfindungen, die eine neue schöpferische Lehre zum technischen Handeln geben, so daß ein Fachmann mit durch-

---

[33] Richtlinie 91/250/EWG, Abl. Nr. L 122 v. 17. Mai 1991, S. 42; abgedruckt in GRUR Int. 1991, S. 545.

[34] *Fromm/Nordemann/Vinck*, § 2 Rdnr. 1, S. 47.

[35] *Mes*, § 1 PatG, Rdnr. 3 f, 7 ff, S. 3 f.

[36] *Gaul*, in RdA 1993, S. 90 (91).

[37] *Schaub*, § 115 II 3, Rdnr. 10, S. 1155 f; *Bartenbach/Volz*, § 2 Rdnr. 2, S. 131; siehe auch *Volmer/Gaul*, § 2 Rdnr. 17 S. 195.

schnittlichen Kenntnissen danach handeln kann[38]. Demgegenüber sind gebrauchsmusterfähig solche Erfindungen, die eine Lehre zum technischen Handeln geben, jedoch eine geringere Erfindungshöhe aufweisen als Erfindungen im eigentlichen Sinne[39]. Es genügt nach § 1 Abs. 1 GebrMG für das Maß der Leistung ein „erfinderischer Schritt", im Gegensatz zur „erfinderischen Tätigkeit" in § 4 PatG[40]. Technische Verbesserungsvorschläge sind schließlich nach § 3 ArbnErfG solche Ideen für sonstige technische Neuerungen, die weder patent- noch gebrauchsmusterfähig sind, wobei die Neuerung eine individuelle schöpferische Geistesleistung des Einzelnen voraussetzt, die über das bloße Auffinden von Vorhandenem oder Vorgegebenem hinausgeht[41].

B. Anwendungsbereich des § 43 UrhG

§ 43 UrhG, der die amtliche Überschrift „Urheber in Arbeits- und Dienstverhältnissen" trägt, erklärt die Vorschriften des Unterabschnitts „Nutzungsrechte" auch dann für anwendbar, „wenn der Urheber das Werk in Erfüllung seiner Verpflichtungen aus einem Arbeits- oder Dienstverhältnis geschaffen hat, soweit sich aus dem Inhalt oder dem Wesen des Arbeits- oder Dienstverhältnisses nichts anderes ergibt".

I. Allgemeine Bedeutung der Norm

Wie bereits angesprochen ist § 43 UrhG die grundlegende Norm des Arbeitnehmerurheberrechts, auch wenn sie, wie aus dem Wortlaut deutlich wird, keine detaillierten Einzelfallregelungen trifft. Vielmehr stellt § 43 UrhG eine Generalklausel dar, deren Ausfüllung der Rechtsprechung und dem Schrifttum überlassen wird[42], was, wie noch zu zeigen sein wird, zu erheblichen Rechtsunsicherheiten führt.

Neben der Modifizierung des ausdrücklich genannten Unterabschnitts der „Nutzungsrechte" hat § 43 UrhG auch außerhalb dieses Unterabschnitts Auswirkungen, indem der im letzten Halbsatz enthaltene Vorbehalt anderweitiger Regelungen aufgrund der Besonderheiten des Arbeits- und Dienstverhältnis-

---

[38] *Schaub*, § 115 II 3, Rdnr. 10, S. 1156; *Bartenbach/Volz*, § 2 Rdnr. 6, S. 133; *Volmer/Gaul*, § 2 Rdnr. 4 ff, S. 192 ff.
[39] Schaub, § 115 II 3, Rdnr. 10, S. 1156.
[40] *Bartenbach/Volz*, § 2 Rdnr. 9, S. 136; *Mes*, § 1 GebrmG, Rdnr. 6, S. 611 f; BGH, in GRUR 1957, S. 270 (271) – Unfallverhütungsschuh.
[41] *Schaub*, § 115 II 3, Rdnr. 10, S. 1156; *Bartenbach/Volz*, § 3 Rdnr. 5, S. 150.
[42] *Schricker/Rojahn*, § 43 Rdnr. 8, S. 678; *Wandtke*, Rdnr. 26, S. 22.

ses auf sämtliche Bereiche des UrhG angewendet wird[43]. So hat der Vorbehalt des § 43 UrhG ebenfalls Auswirkungen auf die Urheberpersönlichkeitsrechte[44], weshalb § 43 UrhG auch als eine „die Nichtabdingbarkeit durchbrechende Spezialnorm“ bezeichnet wird[45].

II. Tatbestandsvoraussetzungen

§ 43 UrhG setzt als erstes ein Arbeits- oder Dienstverhältnis voraus, in dem das konkrete Werk geschaffen worden ist.

1. Arbeitsverhältnis und Arbeitsvertrag

Zunächst zum Arbeitsverhältnis.

a) Abgrenzung zwischen Arbeits- und Dienstverhältnis i.S.d. § 43 UrhG

Gegenstand der vorliegenden Untersuchung sind allein die Arbeitnehmerurheberrechte, so daß das in § 43 UrhG ebenfalls genannte Dienstverhältnis hier keiner näheren Betrachtung bedarf. Nach der hier vertretenen Auffassung sind im Rahmen des § 43 UrhG unter dem Begriff des „Dienstverhältnisses“ im Unterschied zum „Arbeitsverhältnis“ die öffentlich-rechtlichen Dienstverhältnisse der Beamten zu verstehen, und nicht das privatrechtliche Dienstverhältnis i.S.d. § 611 BGB[46]. Dies ergibt sich, wie *Rojahn* zutreffend anmerkt, bereits aus einer systematischen Auslegung, da in § 43 UrhG die Begriffe „Arbeitsverhältnis“ und „Dienstverhältnis“ nebeneinander aufgeführt sind[47]. Wäre mit dem Begriff des „Dienstverhältnisses“ das privatrechtliche Dienstverhältnis i.S.d. § 611 BGB gemeint, so wäre die zusätzliche Nennung des „Arbeitsverhältnisses“ überflüssig, da allgemein anerkannt ist, daß es sich beim Arbeitsverhältnis um einen Unterfall des privatrechtlichen Dienstverhältnisses i.S.d. § 611 BGB handelt[48]. Ferner weist *Rojahn* auf die Entstehungsgeschichte sowie den Sinn und Zweck der Norm hin. Dem Gesetzgeber

---

[43] *Schricker/Rojahn*, § 43 Rdnr. 36, S. 687; *Hauptmann*, S. 66; *Vinck*, S. 5, *Zöllner*, in FS Hubmann, S. 523 (526 f).

[44] *Schricker/Rojahn*, § 43 Rdnr. 73 ff, S. 699 ff; Kraßer, Fs Schricker 1995, S. 77 (84 f); *Himmelmann*, S. 75; Zöllner, in Fs Hubmann, S. 523 (526 f); Ulmer, § 95 III 3, S. 405.

[45] *Schricker/Rojahn*, § 43 Rdnr. 36, S. 687.

[46] So auch *Wandtke*, Rdnr. 101, S. 44; *Himmelmann*, S. 75; *Haberstumpf*, Rdnr. 445, S. 230; *Schack*, § 29 V 1, Rdnr. 981, S. 437; Schricker/*Rojahn*, § 43 Rdnr. 10, S. 679; *Möhring/Nicolini/Spautz*, § 43 Rdnr. 2, S. 452; *MünchArbr/Sack*, Band 1, § 102, Rdnr. 3, S. 2112; *Ulmer*, § 95 I 1, S. 401; *Rehbinder*, § 46 I 2, Rdnr. 329, S. 253; *Marly*, in NJW-CoR 1993, S. 21 (22). A.A. *Fromm/Nordemann/Vinck*, § 43, Rdnr. 2, S. 367 f, der als Dienstverhältnisse i.S.d. § 43 UrhG auch die privatrechtlichen des § 611 BGB versteht. So auch BGH, in GRUR 1974, S. 480 (481) – Hummelrechte.

[47] *Schricker/Rojahn*, § 43 Rdnr. 10, S. 679.

[48] *Palandt, Putzo*, Einf. v. § 611 Rdnr. 5, S. 659.

sei es darauf angekommen, alle in abhängiger Stellung Beschäftigten zu erfassen, unabhängig davon, ob sie in der Privatwirtschaft oder im öffentlichen Dienst beschäftigt, oder ob sie in einem privatrechtlichen oder in einem öffentlich-rechtlichen Beschäftigungsverhältnis tätig seien[49].

§ 43 UrhG soll den urheberrechtlichen Schutz für diejenigen Urheber geringer ausgestalten, für die die andere Vertragspartei gewisse Fürsorgepflichten hat und die somit eine geringere Schutzbedürftigkeit aufweisen als die freien selbständigen Urheber[50]. Eine derartige Fürsorgepflicht besteht im Gegensatz zum Arbeitsverhältnis und zum öffentlich-rechtlichen Dienstverhältnis als Fürsorge- und Treueverhältnis bei dem selbständigen privatrechtlichen Dienstverhältnis aber gerade nicht, so daß eine geringere Schutzbedürftigkeit, mit der die eingeschränkte Anwendbarkeit der Regelungen des UrhG begründet wird, nicht gegeben ist[51].

b) Begriff des Arbeitsverhältnisses

Nach der herrschenden Vertragstheorie ist das Arbeitsverhältnis das Rechtsverhältnis, welches zwischen dem Arbeitgeber und dem einzelnen Arbeitnehmer aufgrund des auch konkludent abschließbaren Arbeitsvertrages besteht[52]. Demgegenüber entstand nach der vormals vertretenen sog. Eingliederungstheorie das Arbeitsverhältnis, wenn der Arbeitnehmer vom Arbeitgeber infolge einer nicht notwendig rechtsgeschäftlichen Willensübereinstimmung tatsächlich in den Betrieb eingegliedert wurde[53].

Diese Streitfrage hat heute keinerlei praktische Relevanz, da nahezu das gesamte arbeitsrechtliche Schrifttum sowie die Rechtsprechung der Vertragstheorie folgen, die somit auch hier zugrunde gelegt werden soll. Dies führt dazu, daß für die Bestimmung des Begriffs „Arbeitsverhältnis“ i.S.d. § 43 UrhG entscheidend auf den Begriff des „Arbeitsvertrages“ abgestellt werden muß, durch den das Arbeitsverhältnis begründet wird.

---

[49] *Schricker/Rojahn*, § 43 Rdnr. 10, S. 679.
[50] Amtliche Begründung zu § 43 UrhG, in BT-Drucks. IV/270, S. 62.
[51] Ebenso *Steinberg*, S. 94.
[52] *Hueck/Nipperdey*, Band 1, § 21 II m.w.N., S. 115 f; BAG, Urteil vom 22. August 1964, in BAG E 16, S. 204 (209); BAG vom 08. August 1958, in AP Nr. 3 zu § 611 BGB - Mittelbares Arbeitsverhältnis.
[53] *Nikisch*, Band I § 19 II 5, S. 168, dort insbesondere Fn. 38, m.w.N.

aa) Differenzierung zwischen Arbeitsverhältnis und Arbeitsvertrag

Es darf jedoch keine Gleichsetzung der Begriffe „Arbeitsverhältnis“ und „Arbeitsvertrag“ erfolgen, wie dies in der amtlichen Begründung zu § 43 UrhG geschehen ist[54].

Der Begriff des „Arbeitsverhältnisses“ ist wesentlich weiter zu fassen als der des Arbeitsvertrages. Er umschreibt die Gesamtheit der durch den Arbeitsvertrag begründeten Rechtsbeziehungen zwischen Arbeitgeber und Arbeitnehmer[55], die durch das individuelle und das kollektive Arbeitsrecht beeinflußt werden, mithin durch Gesetze, Tarifverträge, Betriebsvereinbarungen und Regelungsabreden, durch den Arbeitsvertrag einschließlich der allgemeinen Arbeitsbedingungen, der betrieblichen Übung und des arbeitsrechtlichen Gleichbehandlungsgrundsatzes und durch das Direktionsrecht des Arbeitgebers.

Demgegenüber ist der Arbeitsvertrag nach der Rechtsprechung des BAG ein privatrechtlicher, personenrechtlicher, gegenseitiger Austauschvertrag, durch den sich der Arbeitnehmer zur Leistung von Arbeit im Dienste des Arbeitgebers und der Arbeitgeber zur Zahlung der Vergütung verpflichtet[56]. Er ist also das Mittel zur Begründung des Arbeitsverhältnisses und ein Aspekt von mehreren zur Bestimmung der gegenseitigen Rechte und Pflichten im Arbeitsverhältnis.

Die Definition des Arbeitsvertrages durch die Rechtsprechung basiert auf den Ausführungen von *Hueck/Nipperdey*. Bereits *Hueck/Nipperdey*[57] definierten den Arbeitsvertrag als den Vertrag, durch den sich der Arbeitnehmer zur Leistung von Arbeit im Dienste des Arbeitgebers verpflichtet. Dies, so *Hueck/Nipperdey*, entspreche dem geltenden Recht, denn das BGB erblicke im Arbeitsvertrag, wie allgemein anerkannt sei, einen Dienstvertrag; der Schwerpunkt dieses Dienstvertrages liege nach § 611 BGB in der Übernahme der Verpflichtung zur Leistung von Arbeit, wobei für den arbeitsrechtlichen Dienstvertrag nur die Besonderheit bestehe, daß es sich um abhängige Arbeit, um Arbeit im Dienste, d.h. nach Weisung, eines anderen handeln müsse.

---

[54] BT-Drucks. IV/270, S. 61. Darauf weist auch *Wandtke*, Rdnr. 99, S. 43, zu Recht hin.

[55] *Zöllner/Loritz*, § 4 III, S. 40.

[56] *Bauer*, in Küttner, Arbeitsvertrag, Rdnr. 8, S. 357; *Schaub*, § 29 I 1, Rdnr. 1, S. 199 m.w.N.; BAG, Urteil vom 17. Juli 1958, in AP Nr. 10 zu § 611 BGB Lohnanspruch; BAG, Urteil vom 24. Februar 1955, in AP Nr. 2 zu § 616 BGB.

[57] *Hueck/Nipperdey*, Band 1, § 21 II, S. 115.

bb) Begriff des Arbeitnehmers

Die vorgenannte Definition des Arbeitsvertrages basiert im wesentlichen auf dem Begriff des Arbeitnehmers. Nicht nur deshalb sondern auch aufgrund des Umstandes, daß der Arbeitnehmer die Zentralgestalt des dieser Untersuchung zugrundeliegenden Arbeitnehmerurheberrechts ist, soll an dieser Stelle kurz auf den Arbeitnehmerbegriff eingegangen werden. Schließlich wird auch der Begriff des Arbeitgebers über den des Arbeitnehmers bestimmt, indem als Arbeitgeber diejenige natürliche oder juristische Person definiert wird, die einen anderen in einem Arbeitsverhältnis als Arbeitnehmer beschäftigt[58].

Eine allgemein anerkannte Definition des Arbeitnehmers existiert nicht[59]. Vielmehr erfolgt die in erster Linie erforderliche Abgrenzung zum selbständigen Dienstvertrag im Einzelfall anhand einer typologischen Betrachtungsweise. Arbeitnehmer ist danach, wer aufgrund eines privatrechtlichen Vertrages in persönlicher Abhängigkeit zur fremdbestimmten Arbeitsleistung verpflichtet ist[60]. Das entscheidende Merkmal der persönlichen Abhängigkeit ergibt sich aus der Regelung des § 84 Absatz 1 Satz 2 HGB, der zwar ausdrücklich nur für Handelsvertreter gilt, dem jedoch eine allgemeine gesetzgeberische Wertung beigemessen wird[61]. Daher ist mit der ständigen Rechtsprechung des BAG zur Abgrenzung zwischen Arbeits- und freiem Dienstverhältnis unabhängig von der Disposition der Vertragsparteien in erster Linie auf den Grad der persönlichen Abhängigkeit abzustellen.

Der Grad der persönlichen Abhängigkeit im Unterschied zur wirtschaftlichen Abhängigkeit wird insbesondere mit Hilfe folgender Indizien ermittelt: Ein wesentlicher Anhaltspunkt für die Abhängigkeit ist zunächst die Weisungsgebundenheit hinsichtlich Art und Weise, Zeit und Dauer sowie des Ortes der Dienstleistung. Ein weiteres Kriterium ist die Eingliederung in die betriebliche Organisation[62]. Bei der Anwendung der vorgenannten Kriterien sind jedoch die Besonderheiten der Dienste höherer Art - wie im Falle der geistigen Produktion - zu beachten, bei denen eine fachliche Weisungsgebundenheit nicht typisch ist, und somit ihr Fehlen nicht als Anhaltspunkt für ein Fehlen der persönlichen Abhängigkeit herangezogen werden kann[63]. Die Art

---

[58] *Palandt, Putzo*, Einf. v. § 611, Rdnr. 6, S. 659.
[59] *Schaub*, § 8 I 1, Rdnr. 1, S. 73.
[60] BAG, Urteil vom 28. Februar 1962 , in BAG E 12, S. 303 (303 ff); BAG, Urteil vom 13. Januar 1983, in BAG E 41, S. 247 (253 ff); BAG, in ZUM 1995, S. 621 (622 f); BAG, Urteil vom 20. Juli 1994, in AP Nr. 73 zu § 611 BGB - Abhängigkeit; BAG, in NZA 1997, S. 600 (602); BAG, in ZUM 2000, S. 686 (687).
[61] *Schaub*, § 8 II 3 c) Rdnr. 20, S. 78.
[62] Vgl. BAG, in NZA 1997, S. 600 (602); BAG, in ZUM 2000, S. 686 (687).
[63] BAG in ständiger Rechtsprechung seit dem Urteil vom 13. Januar 1983, in AP Nr. 42 zu § 611 BGB Abhängigkeit; vgl. auch BAG, in ZUM 2000, S. 690 (691) sowie BAG, in ZUM

der Tätigkeit kann es danach mit sich bringen, daß dem Arbeitnehmer ein hohes Maß an Gestaltungsfreiheit, Eigeninitiative, fachlicher Selbständigkeit und räumlicher Freiheit verbleibt.

Sollten die vorgenannten sog. materiellen Indizien zu keinem eindeutigen Ergebnis hinsichtlich der persönlichen Abhängigkeit und damit des Vorhandenseins der Arbeitnehmereigenschaft geführt haben, so werden von der Rechtsprechung und der herrschenden Meinung im Schrifttum hilfsweise sog. formelle Indizien herangezogen. Kriterien sind dabei insbesondere, ob ein festes Gehalt geleistet wird, ob Lohnsteuer und Sozialversicherungsbeiträge abgeführt und Personalunterlagen geführt werden, ob eine Vergütung im Krankheitsfall geleistet und ob bezahlter Urlaub gewährt wird. Schließlich wird, auch wenn der Arbeitnehmerstatus nicht der Disposition der Parteien unterliegt[64], auf die Bezeichnung durch die Parteien abgestellt, sofern sich aus der vorrangigen praktischen Durchführung der Rechtsbeziehung kein eindeutiges Bild ergibt[65].

Die vorgenannten formellen Abgrenzungsmerkmale lassen jedoch keine zwingenden Schlußfolgerungen auf eine persönliche Abhängigkeit zu, da die formalen Anhaltspunkte bewußt oder unbewußt unrichtig durchgeführt werden können, um dem abhängigen Arbeitnehmer den Schutz des Arbeitsrechts zu versagen[66].

Im Unterschied zum Arbeitnehmer sind arbeitnehmerähnliche Personen ausweislich der Legaldefinition in § 12 a TVG nur wirtschaftlich[67], nicht aber persönlich abhängig. Nach allgemeiner Auffassung findet § 43 UrhG auf arbeitnehmerähnliche Personen keine Anwendung[68].

2000, S. 686 (688), wo ausgeführt wird, daß sich bei Rundfunkmitarbeitern die persönliche Abhängigkeit beispielsweise darin zeige, daß sie in ihrer Arbeit auf den Apparat der Sendeanstalt und das Mitarbeiter-Team angewiesen sind.

[64] BAG, Urteil vom 20. Juli 1994, in AP Nr. 73 zu § 611 BGB – Abhängigkeit.

[65] Zu den formellen Abgrenzungskriterien siehe: BAG, in DB 1994, S. 1829 (1829 f); BAG, Urteil vom 28. Juni 1973, in AP Nr. 10 zu § 611 BGB – Abhängigkeit; BAG, Urteil vom 03. Oktober 1975, in AP Nr. 16 zu § 611 BGB – Abhängigkeit; BAG, Urteil vom 08. Oktober 1975, in AP Nr. 18 zu § 611 BGB - Abhängigkeit.

[66] *Schaub*, § 8 II 5 Rdnr. 28, S. 80.

[67] Vgl. BAG, in NJW 1997, S. 1724 (1724) und 2404 (2404); BAG, in NJW 1998, S. 701 (701); BGH, in NJW 1999, S. 218 (220) und 648 (650).

[68] *Kraßer*, in Fs Schricker 1995, S. 77 (88); *Schricker/Rojahn*, § 43 Rdnr. 18, S. 682; *MünchArbR/Sack*, Band 1, § 102, Rdnr. 3 ff, S. 2112; *Möhring/Nicolini/Spautz*, § 43 Rdnr. 2, S. 452.

2. In Erfüllung einer Verpflichtung aus dem Arbeitsverhältnis - Abgrenzung Pflichtwerk und Freiwerk

Entscheidend für die Anwendbarkeit des § 43 UrhG ist die Frage, ob das konkrete Werk vom Arbeitnehmer als Urheber „in Erfüllung seiner Verpflichtungen aus dem Arbeitsverhältnis (...) geschaffen" worden ist. Die Literatur verwendet für dieses Kriterium unterschiedliche Begrifflichkeiten, die letztlich dasselbe aussagen. So werden Werke, die den Anforderungen des § 43 UrhG entsprechen als „Arbeitswerke"[69] im Gegensatz zu den „Freizeitwerken"[70] oder den „Freiwerken"[71] bzw. als „gebundene Werke"[72] oder als „Pflichtwerke"[73] im Gegensatz zu den „freien Werken" bezeichnet.

Vorliegend wird für Werke im Sinne des § 43 UrhG der Begriff „Pflichtwerke" gewählt, da dieser dem gesetzlichen Wortlaut („(...) in Erfüllung seiner Verpflichtungen aus dem Arbeitsverhältnis geschaffen (...)") am nächsten kommt und somit zur Vermeidung von Mißverständnissen beiträgt. Hinsichtlich derjenigen Werke, die nicht von § 43 UrhG erfaßt sind wird vorliegend der von *Scholz* geprägte Begriff der „Freiwerke" verwendet. *Scholz* weist zutreffend darauf hin, daß der Begriff der „Freizeitwerke" den fälschlichen Eindruck erwecke, ein wesentliches Unterscheidungsmerkmal zwischen den Werken i.S.d. § 43 UrhG und den freien Werken sei der Zeitpunkt des Werkschaffens, d.h. die Entstehung des Werkes innerhalb oder außerhalb der Arbeitszeit des Arbeitnehmerurhebers[74]. Daß der Begriff des „Freiwerkes" dabei dem ArbnErfG entlehnt ist erscheint unschädlich, zumal die Abgrenzungskriterien nahezu identisch sind.

a) Pflichtwerke

Um festzustellen, ob ein Werk ein Pflichtwerk darstellt, kommt es entscheidend auf die Bestimmung der Pflichten aus dem Arbeitsverhältnis an.

aa) Regelungen im Arbeitsvertrag

Ausgangspunkt der Überlegungen muß die vertragliche Vereinbarung der Tätigkeiten des Arbeitnehmers sein. Zwar ist der Grundsatz der Vertragsfreiheit im Arbeitsrecht zum Schutze des Arbeitnehmers in zahlreichen Bereichen dadurch eingeschränkt, daß zwingende gesetzliche Vorschriften sowie EG-Richtlinien oder Regelungen in Tarifverträgen oder Betriebsvereinbarungen

---

[69] *Scholz*, S. 26 ff.
[70] *Fromm/Nordemann/Vinck*, § 43 Rdnr. 3, S. 369 f; *Vinck*, S. 22 f; *Roithmaier*, S. 112.
[71] *Scholz*, S. 26 ff.
[72] *Mathis*, S. 11.
[73] *Wandtke*, Rdnr. 107, S. 46; *Rehbinder*, § 46 I 2 a), Rdnr. 329, S. 254; *Schlecht*, S. 100 ff.
[74] *Scholz*, S. 27.

den Inhalt des Arbeitsverhältnisses ausgestalten. Im Bereich des Urheberrechts besteht eine derartige Einschränkung demgegenüber nicht, so daß es weitgehend den Arbeitsvertragsparteien überlassen bleibt, ein Werkschaffen in die Verpflichtungen aus dem Arbeitsverhältnis einzubeziehen. Im Arbeitsvertrag können die Parteien die Tätigkeiten des Arbeitnehmers detailliert umschreiben. Aus urheberrechtlicher Sicht spricht also viel dafür, die Tätigkeiten und damit die Pflichten des Arbeitnehmers akribisch aufzuschlüsseln, um Rechtssicherheit im Hinblick auf die Einordnung als Pflichtwerk oder Freiwerk zu erlangen.

Daß in der Praxis dennoch meist nur ein Rahmen mit Hilfe einer allgemeinen Tätigkeitsbeschreibung zwischen den Parteien vereinbart wird, liegt im Bereich des Arbeitsrechts begründet. Je genauer der Tätigkeitsbereich des Arbeitnehmers im Arbeitsvertrag beschrieben ist, desto geringer wird der Spielraum für ein Direktionsrecht des Arbeitgebers, da dieses sich lediglich in den Grenzen des Arbeitsvertrages sowie der zwingenden gesetzlichen oder tarifvertraglichen Bestimmungen bewegen darf[75]. Eine detaillierte vertragliche Vereinbarung des Tätigkeitsbereiches hat somit zur Folge, daß der konkrete Arbeitnehmer vom Arbeitgeber nicht flexibel eingesetzt werden kann, es sei denn der Arbeitnehmer erklärt sich freiwillig bereit eine Tätigkeit zu übernehmen, die nicht seinem arbeitsvertraglich festgelegten Tätigkeitsbereich entspricht. Dies würde dann eine konkludente Vertragsänderung darstellen, wobei im Einzelfall zu klären ist, ob es sich um eine Abänderung für einen Sonderfall oder allgemein für die Zukunft handeln soll.

Daher kann dem Arbeitgeber letztlich nicht empfohlen werden, die Pflichten des Arbeitnehmers detailliert aufzunehmen[76], da zum Zeitpunkt des Vertragsschlusses nie bekannt sein wird, für welche Tätigkeiten der einzelne Arbeitnehmer im Laufe des oft jahrelang bestehenden Arbeitsverhältnisses benötigt wird. Demgegenüber sind die Unsicherheiten im Hinblick auf die Frage, ob ein geschaffenes Werk der Erfüllung der Verpflichtungen aus dem Arbeitsverhältnis entsprungen ist, als gering einzustufen, was sich nicht zuletzt aus den nachfolgend dargestellten Kriterien zur Feststellung des Vorliegens eines Pflichtwerkes ergibt, die durchaus praktikabel sind. Sollte der Arbeitgeber in einem bestimmten Bereich des Werkschaffens besonderes Interesse an der Rechtssicherheit im Hinblick auf die Frage des Vorliegens eines Pflichtwer-

---

[75] *Schaub*, § 31 VI Rdnr. 31 ff, S. 211 f. Der Arbeitnehmer muß, wenn im Arbeitsvertrag lediglich der Rahmen der von ihm zu verrichtenden Tätigkeit beschrieben ist, diejenigen Tätigkeiten ausführen, die gemäß § 315 BGB dem billigen Ermessen entsprechen und bei Vertragsschluß voraussehbar waren (BAG, Urteil vom 27. März 1980, in AP Nr. 26 zu § 611 BGB - Direktionsrecht).

[76] A.A. *Wandtke*, Rdnr. 103, S. 45, der im Interesse der Rechtssicherheit für beide Vertragspartner die detaillierte Aufnahme des Inhalts und Umfangs des Werkschaffens im Arbeitsvertrag empfiehlt.

kes i.S.d. § 43 UrhG haben, so kann er diesen speziellen Bereich explizit in den Arbeitsvertrag aufnehmen.

bb) Auslegung des Arbeitsvertrages

Ist eine detaillierte Regelung hinsichtlich des Inhalts und Umfangs der Verpflichtung zur Arbeitsleistung und damit eine Abgrenzung zwischen Pflicht- und Freiwerken aus den genannten Gründen im Arbeitsvertrag nicht enthalten, so bedarf es einer Auslegung des durch den Arbeitsvertrag in Verbindung mit den zwingenden gesetzlichen und tarifvertraglichen Bestimmungen gesteckten Rahmens. Hierzu haben Rechtsprechung und Literatur im Laufe der Zeit Kriterien entwickelt. Während die Rechtsprechung und ein Teil der Literatur ausschließlich auf objektive Kriterien abstellen, zieht ein Teil der Literatur auch subjektive Kriterien heran.

(1) Objektive Kriterien

Als objektive, d.h. arbeitsbezogene Kriterien verwenden Rechtsprechung und Literatur einhellig die betriebliche Funktion des Arbeitnehmers, seine Berufsbezeichnung, sein Berufsbild und die Verwendbarkeit des Werkes für den Arbeitgeber, d.h. den Betriebszweck[77]. Sollten die vorgenannten Kriterien nicht zu einem eindeutigen Ergebnis führen, so kann ergänzend auf die Branchenüblichkeit abgestellt werden[78]. Darüber hinaus lassen sich aus dem Umfang der bei Erstellung des Werkes in Anspruch genommenen Betriebsmittel sowie der Anregungen aus dem Betrieb des Arbeitgebers Anhaltspunkte für das Vorliegen eines Pflichtwerkes gewinnen[79]. Allerdings ist das letztgenannte Kriterium nur sehr zurückhaltend anzuwenden, da der Arbeitgeber seinem Arbeitnehmer durchaus Betriebsmittel zur privaten Verwendung zur Verfügung stellen kann, wie z.B. das Laptop, den Firmenwagen oder sonstige Maschinen und Werkzeuge, ohne die damit geschaffenen Werke für sich in Anspruch nehmen zu wollen[80]. Allein die Inanspruchnahme von Betriebs-

---

[77] Aus der Rechtsprechung z.B.: BGH, in GRUR 1952, S. 257 (258) - Krankenhauskartei; in GRUR 1974, S. 480 (482) - Hummelrechte; in GRUR 1978, S. 244 (246) - Ratgeber für Tierheilkunde; in GRUR 1985, S. 129 (130) - Elektrodenfabrik; BAG, in GRUR 1961, S. 491 (492) - Nahverkehrschronik; BAG, in GRUR 1984, S. 429 (431) - Statikprogramme. Aus der Literatur: *MünchArbR/Sack*; Band 1, § 102, Rdnr. 4, S. 2112; *Scholz*, S. 27 ff. Weitere Nachweise bei *Schricker/Rojahn*, § 43 Rdnr. 22, S. 683.

[78] *Schricker/Rojahn*, § 43 Rdnr. 22, S. 683; *MünchArbR/Blomeyer*, Band. 1, § 48 Rdnr. 5, S. 927; *MünchArbR/Sack*, § 102 Rdnr. 4, S. 2112; *Schlecht*, S. 100.

[79] BAG, in GRUR 1961, S. 491 (492) - Nahverkehrschronik; BAG, in GRUR 1984, S. 429 (431) - Statikprogramme; *Gaul*, in NJW 1961, S. 1509 (1511).

[80] BAG, in GRUR 1961, S. 491 (492) - Nahverkehrschronik; *Scholz*, S. 31; a.A. *Kraßer*, in Fs Schricker 1995, S. 77 (90), der dieses Kriterium als ungeeignet ablehnt, da die Verwendung betrieblicher Sachmittel wie auch betrieblich erworbener Kenntnisse und Erfahrungen keinen Anteil an den den urheberrechtlichen Schutz begründenden individuellen Zügen des geschaf-

mitteln oder die Werkschaffung mittels im Betrieb erworbener Kenntnisse genügt somit nicht, um das Werk als Pflichtwerk einzustufen[81].

Demgegenüber erscheint das von *Vinck*[82] vertretene räumliche Kriterium, mithin ein Abstellen auf den Ort des Werkschaffens zur Abgrenzung nicht geeignet und ist somit mangels Aussagekraft abzulehnen[83]. Bei Arbeiten mit einfacherem Charakter mag eine gewisse Indizwirkung gegeben sein. Demgegenüber ist gerade bei Diensten höherer Art und somit auch bei der schöpferischen Tätigkeit des Urhebers eine Bindung an die Betriebsstätte des Arbeitgebers häufig nicht gegeben. Geistige Tätigkeit kann, wie *Rojahn*[84] zutreffend bemerkt, nicht in einen bestimmten Stundenrhythmus gepreßt oder räumlich oder zeitlich eingegrenzt werden. Auch die zu Hause geschriebenen oder vollendeten Artikel des angestellten Journalisten, die Schriftsätze des angestellten Rechtsanwalts oder Programme des Softwareentwicklers, die diese möglicherweise von zu Hause per e-mail in ihr Büro schicken, werden, wenn sie nach objektiver Sicht dem im Arbeitsvertrag festgelegten Tätigkeitsbereich des Arbeitnehmers entsprechen, als Pflichtwerke anzusehen sein.

Die erforderliche Loslösung von dem räumlichen Kriterium des Ortes der Herstellung des Werkes wird bei Betrachtung der fortschreitenden technischen Entwicklung, in der Arbeitnehmer von zu Hause über das Internet und per e-mail ihren arbeitsvertraglich geschuldeten Tätigkeiten nachgehen können, besonders deutlich. Die Mobilität der Arbeitnehmer wird sich im Zuge dieser Entwicklung noch weiter verstärken. Ein Festhalten an der Räumlichkeit zeugt von dem überholten Verständnis des Arbeitsverhältnisses, in dem morgens um 8 Uhr das Büro betreten und nachmittags um 16 Uhr das Büro verlassen wird.

Aus denselben Gründen ist das von *Vinck*[85] vertretene Kriterium der Arbeitszeit heutzutage ungeeignet und für Dienste höherer Art nie geeignet gewe-

---

fenen Werkes habe. Ferner weist *Kraßer* darauf hin, daß es insofern keine den „Erfahrungserfindungen" i.S.d. § 4 Absatz 2 Nr. 2 ArbnErfG entsprechende Kategorie von Pflichtwerken gibt.

[81] *Schricker/Rojahn*, § 43, Rdnr. 31, S. 685 für Dienstverhältnisse.

[82] *Vinck*, S. 22; wohl auch: *Fromm/Nordemann/Vinck*, § 43 Rdnr. 3, S. 370, wo primär auf das Kriterium der Arbeitszeit abgestellt wird.

[83] Im Ergebnis ebenso: *Schricker/Rojahn*, § 43 Rdnr. 23, S. 683; *Wandtke*, Rdnr. 108, S. 46; *ders.*, in GRUR 1999, S. 390 (391 f); *Scholz*, S. 30; *Kraßer*, in Fs Schricker 1995, S. 77 (90); *Haberstumpf*, Rdnr. 449, S. 232; *Recher*, S. 177, *Mathis*, S. 53 f; OLG Nürnberg, in ZUM 1999, S. 657 (657) – Museumsführer.

[84] *Schricker/Rojahn*, § 43 Rdnr. 23, S. 683.

[85] *Fromm/Nordemann/Vinck*, § 43 Rdnr. 3, S. 370; *Vinck*, S. 22 f; ebenso *Henkel*, in BB 1987, S. 833 (833); zurückhaltend *Westen*, in JR 1967, S. 401 (406); wohl auch *Möhring/Nicolini/Spautz*, § 43 Rdnr. 7, S. 455.

sen[86]. Für Dienste höherer Art ist es gerade typisch, daß regelmäßig keine feste Arbeitszeit besteht und, daß bei Bestehen einer festen Kernzeit häufig Arbeiten mit nach Hause genommen oder nach Ablauf der eigentlichen Kernzeit erledigt werden. Gerade bei der Erbringung von schöpferischen Arbeitsleistungen ist ein festes Arbeitsregime in zeitlicher Hinsicht in der Regel nicht möglich und auch nicht notwendig[87]. Ebenso wie in räumlicher Hinsicht ist geistige und schöpferische Arbeitsleistung auch zeitlich nicht eingrenzbar[88]. Es stellte sich ferner auch bei sonstigen Diensten die Frage, wie die im Rahmen von Überstunden geschaffenen Werke zuzuordnen sein sollten.

Lediglich in einem Punkt muß eine zeitliche Komponente bei der Abgrenzung von Pflicht- und Freiwerken berücksichtigt werden. Das von § 43 UrhG umfaßte Werk muß als Pflichtwerk während der Dauer des Arbeitsverhältnisses geschaffen worden sein, da nur während des Arbeitsverhältnisses eine schuldrechtliche Verpflichtung zum Werkschaffen besteht. Werke, die der Arbeitnehmer vor Abschluß des Arbeitsvertrages oder nach seiner Beendigung und damit vor oder nach dem Ende des Arbeitsverhältnisses geschaffen hat, sind vom Anwendungsbereich des § 43 UrhG nicht umfaßt[89]. Daß dieses Ergebnis das einzig richtige sein kann, ergibt sich bereits aus der Überlegung, daß der Arbeitnehmer häufig zur Übertragung der Nutzungsrechte an einen Dritten, d.h. den vorigen oder nachfolgenden Arbeitgeber verpflichtet sein wird, da die Werke insoweit in den Anwendungsbereich des § 43 UrhG fallen als sie im Rahmen des anderen Arbeitsverhältnisses erschaffen worden sind. Eine Ausnahme ist allenfalls dann denkbar, wenn sich der aus dem Arbeitsverhältnis ausscheidende Arbeitnehmer gegenüber dem alten Arbeitgeber verpflichtet, ein Werk noch nach dem Ausscheiden zu vollenden[90].

(2) Subjektive Kriterien

Ein Teil der Literatur verwendet zur Abgrenzung zwischen Pflicht- und Freiwerken neben den oben dargelegten objektiven arbeitsbezogenen auch subjektive, d.h. arbeitnehmerbezogene Kriterien. Hierbei stellen die Vertreter dieser Ansicht auf das Eigeninteresse und den Eigenantrieb des Arbeitneh-

---

[86] Im Ergebnis ebenso: *Buchner*, in Lehmann, Rdnr. 36 S. 434; *Holländer*, S. 99; *Kraßer*, in Fs Schricker 1995, S. 77 (90); *MünchArbR/Sack*, Band 1, § 102, Rdnr. 4, S.2112; *Sack*, in BB 1991, S. 2165 (2166 f); *Mathis*, S. 52; *Kolle*, in GRUR 1985, S. 1016 (1020).

[87] *Wandtke*, Rdnr. 108, S. 46 f.

[88] *Schricker/Rojahn*, § 43 Rdnr. 23, S. 683.

[89] BGH, in GRUR 1985, S. 129 (130) - Elektrodenfabrik; *Wandtke*, Rdnr. 109, S. 47; *Kraßer*, in Fs Schricker 1995, S. 77 (90); *Rehbinder*, § 46 I 2 a), Rdnr. 329, S. 254; *ders.* in WiB 1994, S. 461 (462); *Sack*, in BB 1991, S. 2165 (2166); *MünchArbR/Sack*, Band 1, § 102 Rdnr. 5, S. 2113; *Scholz*, S. 30.

[90] *Kraßer*, in Fs Schricker 1995, S. 77 (90); *Rehbinder*, § 46 I 2 a), Rdnr. 329, S. 254; *ders.* in WiB 1994, S. 461 (462).

mers bei der Werkerstellung zur Differenzierung zwischen Pflichtwerken und Freiwerken ab[91].

Da insbesondere eine schöpferische und gestalterische Tätigkeit stets ein hohes Maß an eigener Initiative und eigenem Interesse an der Arbeit voraussetzt, erscheinen diese Kriterien zur Abgrenzung nicht geeignet und zumal innere subjektive Merkmale immer zu Rechtsunsicherheiten führen, da sie in der Regel nicht oder wiederum nur mit Hilfe objektiver Anhaltspunkte beweisbar sind. Zu diesem Ergebnis kommt auch *Scholz*[92], der zutreffend darauf hinweist, daß der schöpferisch tätige Arbeitnehmer im Rahmen seiner betrieblichen Tätigkeit geradezu aufgefordert ist, eigene Initiative zu ergreifen. Dies gelte, so *Scholz*, insbesondere dann, wenn der Arbeitgeber sein Direktionsrecht mangels speziellen Detailwissens nicht oder nicht mehr sinnvoll ausüben könne und daher auf die Initiative und Kreativität des Arbeitnehmers angewiesen sei.

Nicht maßgeblich für die Differenzierung zwischen Pflicht- und Freiwerken ist ferner der subjektive Wille des Arbeitnehmers etwas „für sich" oder „für den Arbeitgeber" erschaffen zu wollen. Auf einen der Schaffung für den Arbeitgeber entgegenstehenden Willen kommt es aufgrund der Eingliederung in die Arbeitsorganisation des Arbeitgebers nicht an[93].

Insofern macht auch die Rechtsprechung einen im Falle des § 43 UrhG angenommenen stillschweigenden Rechtsübergang ausdrücklich nicht von den subjektiven Vorstellungen des Urhebers abhängig[94].

b) Freiwerke

Diejenigen Werke des Arbeitnehmers, die den vorgenannten Kriterien nicht entsprechen, werden vom Anwendungsbereich des § 43 UrhG nicht erfaßt. Sie werden, wie oben unter Teil 2 B. II. 2. ausgeführt, im Rahmen der vorliegenden Untersuchung als „Freiwerke" bezeichnet.

aa) Differenzierung zwischen gebundenen und ungebundenen Freiwerken

In der Literatur wird zum Teil innerhalb der Kategorie der „Freiwerke" zwischen „gebundenen" und „ungebundenen" Freiwerken differenziert[95]. Als gebundene Freiwerke werden dabei diejenigen Freiwerke bezeichnet, die

---

[91] *Hubmann/Preuß*, in MittHV 1986, S. 31 (36 f); vgl. *Henkel*, in BB 1987, S. 833 (834 f).
[92] *Scholz*, S. 29.
[93] *Rehbinder*, § 46 I 2 a), Rdnr. 329, S. 254, *ders.* in WiB 1994, S. 461 (462); *Schricker/Rojahn*, § 43 Rdnr. 23 S. 683; *MünchArbR/Sack*, Band 1, § 102 Rdnr. 4, S. 2112.
[94] BGH, in GRUR 1952, S. 257 (258) – Krankenhauskartei.
[95] *Scholz*, S. 31 ff.

zwar keine Pflichtwerke darstellen, aber dennoch einer Anbietungspflicht gegenüber dem Arbeitgeber unterliegen sollen. Demzufolge werden diejenigen Werke, die dem § 43 UrhG nicht unterfallen und keiner Anbietungspflicht unterliegen, als ungebundene Freiwerke bezeichnet.

Nach der hier vertretenen Ansicht ist eine derartige Differenzierung unnötig da, wie noch zu zeigen sein wird, eine Anbietungspflicht (d.h. die Pflicht, dem Arbeitgeber die Nutzungsrechte zur Übertragung anzubieten) für Freiwerke ohnehin nicht besteht[96], so daß keine unterschiedlichen Kategorien von Freiwerken existieren, die mit einer differenzierten Begrifflichkeit gekennzeichnet werden könnten.

bb) Anbietungspflicht für Freiwerke

Zur Anbietungspflicht bei Pflichtwerken wird im Rahmen der Erörterungen der Rechtsfolge des § 43 UrhG detailliert Stellung genommen. An dieser Stelle nur soviel: Bei Pflichtwerken wird aufgrund des Austauschcharakters des Arbeitsverhältnisses überwiegend von einer Anbietungspflicht des Arbeitnehmers gegenüber dem Arbeitgeber ausgegangen. Das geschaffene Werk liegt im Rahmen der Verpflichtungen aus dem Arbeitsverhältnis[97]. Die Anbietungspflicht resultiert daraus, daß dem Arbeitgeber aufgrund des schuldrechtlichen Austauschcharakters des Arbeitsvertrages das Arbeitsergebnis, wie bereits oben unter Teil 2 A. II. 1. dargestellt, gebührt, und daß der Arbeitgeber mindestens die Nutzungsrechte ebenso wie das Sacheigentum zur wirtschaftlichen Verwertung des Arbeitsergebnisses benötigt.

Die Interessenlage im Hinblick auf die vom Arbeitnehmer geschaffenen Freiwerke ist eindeutig. Die außervertraglich geschaffenen Freiwerke sind keine Arbeitsergebnisse, so daß dem Arbeitgeber die Nutzungsrechte an diesen Werken nicht nach § 43 UrhG eingeräumt werden müssen. Dies ist aus der Sicht des Arbeitgebers mißlich, da er oft an einer Verwertung interessiert sein wird, zumal dann, wenn es sich um Werke handelt, die er für seinen Betrieb oder sein Unternehmen wirtschaftlich nutzen könnte, was häufig gegeben sein wird, wenn der Arbeitnehmer seine allgemeinen - nicht der Geheimhaltung unterliegenden - beruflichen Kenntnisse und Fähigkeiten auch privat zur Erstellung von Werken nutzt. Diesen Interessen des Arbeitgebers könnte durch die Annahme einer Anbietungspflicht des Arbeitnehmerurhebers nachgekommen werden.

---

[96] Im Ergebnis ebenso: *Hunziker*, in UFITA Band 101, 1985, S. 49 (49); *Löffler*, in Löffler, UrhRBT, Rdnr. 139, S. 1394.

[97] *Wandtke*, Rdnr. 116, S. 49 m.w.N.

Die Rechtslage hinsichtlich einer Anbietungspflicht für Freiwerke ist - anders als bezüglich der Pflichtwerke – umstritten, wobei jedoch die überwiegende Meinung im Schrifttum eine Anbietungspflicht für diejenigen Freiwerke annimmt, die zwar außerhalb der arbeitsvertraglichen Arbeitsaufgabe liegen, aber dennoch im Sachzusammenhang mit dem Arbeitsverhältnis stehen und im Tätigkeitsbereich des Betriebes liegen[98].

Der BGH, das BAG und die Oberlandesgerichte haben bisher, soweit ersichtlich, zum Problemkreis der Anbietungspflicht eines Arbeitnehmers in Bezug auf Freiwerke keine Stellung nehmen müssen. Es mußte lediglich zwischen außervertraglichen Werken und vertraglichen Werken differenziert und zu der Frage einer zusätzlichen Vergütung für bereits eingeräumte Nutzungsrechte Stellung genommen werden.

Die von der Literatur vorgebrachten Begründungen für eine Anbietungspflicht sind höchst unterschiedlich und rechtfertigen nach der hier vertretenen Auffassung eine Anbietungspflicht für Freiwerke nicht.

(1) Analogie zum ArbnErfG

Ein Teil des Schrifttums begründet eine Anbietungspflicht mittels einer Analogie zum ArbnErfG[99]. Dort ist in den §§ 18, 19 ArbnErfG geregelt, daß bei einer freien Erfindung der Arbeitnehmer verpflichtet ist, seine außervertragliche Leistung dem Arbeitgeber anzubieten, sofern die Erfindung im Sachzusammenhang mit dem Tätigkeitsbereich des Betriebes des Arbeitgebers steht. Die Vertreter dieser Ansicht weisen darauf hin, daß die Situation des Arbeitnehmerurhebers durchaus mit dem in den §§ 18, 19 ArbnErfG geregelten Sachverhalt vergleichbar sei, da beide Fallgruppen Leistungen eines Arbeitnehmers beträfen, die zwar nicht Gegenstand des Arbeitsverhältnisses seien,

---

[98] *Scholz*, S. 31 f; *Schricker/Rojahn*, § 43 Rdnr. 101, S. 711 m.w.N.; *Wandtke*, Rdnr. 117, S. 50. Siehe auch *Rehbinder*, § 46 Rdnr. 330, S. 254 ff, der noch weiter geht und die Beschränkung der Anbietungspflicht auf Fälle im Sachzusammenhang des Werkschaffens mit der geschuldeten Arbeitstätigkeit oder im Sachbereich des Betriebes ablehnt. Zur Begründung verweist er darauf, daß bei einer derartigen Beschränkung übersehen werde, daß die Treuepflichtverletzung, die in der fehlenden Anbietung der Nutzung des Werkes an den Arbeitgeber liege, keinen Bezug zur Arbeitspflicht habe, sondern daß in Fällen, in denen die Verwertung der Arbeitnehmerwerke in den **Tätigkeitsbereich des Arbeitgeber-Unternehmens** falle, ihre Zurverfügungstellung an Dritte unter Umgehung des Arbeitgebers oder die Eigennutzung gegen das arbeitsrechtliche Konkurrenzverbot verstoße; *ders.*, in: Das Urheberrecht im Arbeitsverhältnis, S. 11 f.
Aus der Rechtsprechung: BGH, in ZUM 1991, S. 580 (585) - Grabungsmaterialien.

[99] *Scholz*, S. 116 f; *Schmieder*, in GRUR 1963, S. 297 (299); *Westen*, in JR 1967, S. 401 (404); *Rojahn*, S. 158. So auch LG München I, in ZUM 1997, S. 659 (665), im Falle eines teilweise während der Dienstzeit unter Verwendung des Dienstcomputers erstellten Computerprogrammes.

aber auch nicht vollkommen losgelöst von diesem betrachtet werden könnten[100]. Insoweit kann dieser Ansicht noch zugestimmt werden. Auch der Rückblick auf die gesetzgeberische Wertung und Motivation, die in den §§ 18, 19 ArbnErfG zum Ausdruck gekommen ist, scheint eine Analogie zunächst zu tragen. Der Gesetzgeber wollte durch diese Regelungen eine Störung des Betriebsfriedens durch den Abschluß monopolartiger Verwertungsverträge seitens des Arbeitnehmers mit einem Dritten unter Ausschluß des Arbeitgebers verhindern[101]. Daß die Rechtslage im Falle des vom Arbeitnehmer geschaffenen freien Werkes durchaus identisch sein kann trifft zu. Auch der Arbeitnehmerurheber kann den Betriebsfrieden dadurch stören, daß er mit Dritten monopolartige Verwertungsverträge abschließt.

Dennoch rechtfertigt dies keine analoge Anwendung der Regelungen des ArbnErfG auf die Situation des Arbeitnehmerurhebers[102]. Eine Analogie setzt nach den allgemeinen Grundsätzen der Methodenlehre das Bestehen einer ungewollten und damit ausfüllungsbedürftigen Lücke voraus[103]. Eine derartige aufgrund ihrer Planwidrigkeit ausfüllungsbedürftige Lücke besteht jedoch

---

[100] *Scholz*, S. 116.

[101] Vgl. die amtliche Begründung zum ArbnErfG, BT-Drucks. II/1648, S. 37; *Scholz*, S. 117.

[102] Im Ergebnis ebenso, jedoch mit anderer Begründung: *Kraßer*, in Fs Schricker 1995, S. 77 (104) m.w.N. Danach stehe einer analogen Anwendung des ArbnErfG entgegen, daß dem Arbeitgeber, würde er von der Nutzung einer freien Erfindung des Arbeitnehmers ausgeschlossen, erheblich schwerer wiegende Nachteile drohen könnten als durch den Ausschluß von der Nutzung eines urheberrechtlich geschützten Freiwerkes des Arbeitnehmers; denn die Wirkungen des Patent- oder Gebrauchsmusterschutzes seien wesentlich einschneidender und reichten erheblich weiter als diejenigen des urheberrechtlichen Schutzes. Ebenso wie *Kraßer* weist auch *Schlecht* (S. 140) auf eine fehlende wertungsmäßige Vergleichbarkeit der Sachverhalte hin. Dem Arbeitgeber eines technischen Erfinders könnten durch Versagung des Rechts zur Nutzung der Erfindung erheblich schwerer wiegende Nachteile drohen als durch den Ausschluß eines Arbeitgebers von der Nutzung eines freien Werkes des Arbeitnehmerurhebers. Dies ergebe sich daraus, daß über das Patentmonopol des Arbeitnehmers oder eines lizenzberechtigten Dritten die vorhandene oder vorbereitete Produktion des Arbeitgebers als Folge der dem positiven Benutzungsrecht entsprechenden Verbotsansprüche des Patentinhabers gemäß § 9 PatG stillgelegt werden könne. Die Wirkungen eines Patent- oder Gebrauchsmusterschutzes seien damit wesentlich einschneidender und weiterreichend als diejenigen des urheberrechtlichen Schutzes. Bei letzterem sei der Arbeitgeber nämlich im Falle der Eigenverwertung des Freiwerkes durch den Arbeitnehmer nur dem Wettbewerb mit diesem oder einem Dritten ausgesetzt, nicht jedoch direkt in seinem wirtschaftlichen Handeln eingeschränkt. Auch *Rehbinder* lehnt unter ausdrücklicher Aufgabe seiner früheren Ansicht inzwischen eine analoge Anwendung des ArbnErfG, allerdings aufgrund der größeren Bedeutung des persönlichkeitsrechtlichen Bestandteils des Urheberrechts ab, sofern und solange der Arbeitnehmer eine Nutzung seines Werkes nicht beabsichtigt, in WiB 1994, S. 461 (463).

[103] *Larenz*, Methodenlehre, S. 373; BGH, vom 08. Juni 1978, in BGHZ 72, S. 23 (28); BGH vom 09. Juli 1992, in BGHZ 119, S. 152 (163).

im Falle des Arbeitnehmerurhebers nicht[104]. Aus einem Umkehrschluß aus den §§ 18, 19 ArbnErfG wird deutlich, daß der Gesetzgeber im Falle des Arbeitnehmerurhebers eine Anbietungspflicht für Freiwerke gerade nicht eingeführt hat, denn obwohl im Zeitpunkt der Ausarbeitung und Schaffung des UrhG, welches am 09. September 1965 verkündet worden und am 01. Januar 1966 in Kraft getreten ist, die Regelungen des am 25. Juli 1957 verkündeten ArbnErfG bekannt waren, hat der Gesetzgeber auf eine vergleichbare Regelung verzichtet. Dieser gesetzgeberische Wille ist zu respektieren und darf nicht im Wege einer Analogie konterkariert werden. Der Gesetzgeber hat einen weiten gestalterischen Spielraum, der lediglich durch die Grundrechte des einzelnen sowie die tragenden Verfassungsprinzipien begrenzt wird. Eine Überschreitung dieser Prinzipien ist vorliegend nicht gegeben und, soweit erkennbar, bisher auch nicht behauptet worden.

(2) Anbietungspflicht aufgrund der Treuepflicht des Arbeitnehmers

Ein anderer Teil des Schrifttums begründet die Anbietungspflicht des Arbeitnehmerurhebers gegenüber seinem Arbeitgeber für Freiwerke mit dem arbeitsrechtlichen Grundsatz der Treuepflicht des Arbeitnehmers[105].

Die Treuepflicht des Arbeitnehmers gegenüber dem Arbeitgeber wird meines Erachtens bei der Herleitung einer Anbietungspflicht aus der Treuepflicht überspannt. Der Grundsatz der Treuepflicht des Arbeitnehmers gegenüber seinem Arbeitgeber besagt als Gegenstück zur Fürsorgepflicht des Arbeitgebers gegenüber seinen Arbeitnehmern nur, daß der Arbeitnehmer verpflichtet ist, die Interessen des Arbeitgebers wahrzunehmen und alles zu unterlassen,

---

[104] So im Ergebnis für den Bereich einer vergütungsrechtlichen Gleichbehandlung von Arbeitnehmer-Erfinder und Arbeitnehmer-Urheber: *Hauptmann*, S. 107 ff m.w.N.; vgl. auch *Blatz*, S. 26 f.

[105] *Gaul*, in NJW 1961, S. 1509 (1511); *Kunze*, in RdA 1975, S. 43 (48); *Roithmaier*, S. 147; *Poll*, S. 72; *Sundermann*, in GRUR 1988, S. 350 (352); *Gloy*, S. 40 f; ähnlich BAG, vom 13. September 1983, in GRUR 1984, S. 429 (432) – Statikprogramme, wo allgemein auf den Grundsatz von Treu und Glauben abgestellt wird. So auch für das vergleichbare schweizerische Recht: *Rickenbach*, in UFITA Band 139, 1999, S. 233 (247). Differenzierend *Rehbinder*, in WiB 1994, S. 461 (463); *ders.* § 46 I 2 b, Rdnr. 330, S. 256 sowie *Möhring/Nicolini/Spautz*, § 43 Rdnr. 12, S. 457. Siehe auch BGH, in GRUR 1991, S. 523 (528) – Grabungsmaterialien, eine urheberrechtlich geschützte Leistung im Rahmen eines Dienstverhältnisses eines Hochschullehrers betrefffend. Hier wird der Umstand, daß die Schaffung des Werkes durch die betriebliche Tätigkeit und die Benutzung von sachlichen Betriebsmitteln gefördert wurde, als Anknüpfungspunkt für die Annahme einer Anbietungspflicht verwendet. Dies ist mit *Kraßer*, in Fs Schricker 1995, S. 77 (104) abzulehnen. Er weist zutreffend darauf hin, daß die arbeitsrechtliche und die urheberrechtliche Seite zu trennen sind. Wenn also der Arbeitnehmer im Falle der Inanspruchnahme von sachlichen Betriebsmitteln etc. gegen Pflichten aus dem Arbeitsvertrag oder dem Arbeitsverhältnis verstoße, möge der Arbeitgeber kündigen oder Schadensersatz einfordern. Die Einräumung urheberrechtlicher Nutzungsrechte könne er auf dieser Grundlage nicht verlangen.

was diese Interessen schädigen könnte. Der Arbeitnehmer darf mithin nicht den Zielen des Betriebes entgegenarbeiten und ist verpflichtet im Rahmen des Möglichen und Zumutbaren Schäden vom Arbeitgeber, dem Betrieb sowie anderen Arbeitnehmern abzuwenden[106]. Eine Ausprägung ist insoweit das Wettbewerbsverbot. Ihre Grenze findet die Treuepflicht dort, wo die gerechtfertigten Interessen des Arbeitnehmers überwiegen[107].

Der Arbeitnehmer ist aber keinesfalls verpflichtet, alles für den Arbeitgeber erdenklich Vorteilhafte und Nützliche zu tun. Die Treuepflicht verpflichtet den Arbeitnehmer in erster Linie, nicht zum Konkurrenten des eigenen Betriebes zu werden; eine positive Leistungspflicht des Arbeitnehmers läßt sich aus der arbeitsrechtlichen Treuepflicht grundsätzlich nicht ableiten[108]. Lediglich der Betriebsfrieden soll durch ein Konkurrenzverhalten des Arbeitnehmers nicht gefährdet werden.

Über diesen Regelungsgehalt ginge eine Anbietungspflicht weit hinaus. Sie würde dazu führen, daß der Arbeitnehmer nicht nur (negativ) zur Abwendung von Schäden verpflichtet wäre, sondern (positiv) alle privaten Interessen und Aktivitäten in den Dienst des Arbeitgebers zu stellen hätte, um dessen wirtschaftliche Bestrebungen optimal zu verwirklichen. Dies mag aus Arbeitgebersicht erfreulich und letzten Endes auch für den Arbeitnehmer von Vorteil sein, da bei einem florierenden Betrieb der Arbeitsplatz gesichert ist; aus dem arbeitsrechtlichen Treueprinzip läßt sich dies jedoch nicht herleiten. Folglich ist eine Anbietungspflicht für Freiwerke auch mit dem Argument der Treuepflicht nicht begründbar.

(3) Wettbewerbsverbot

Die berechtigten Interessen des Arbeitgebers werden nach zutreffender Ansicht hinreichend durch ein den Arbeitnehmer treffendes Wettbewerbsverbot geschützt, das nicht mit einer Anbietungspflicht gleichgesetzt werden darf[109]. Das während der Dauer des Arbeitsvertrages bestehende Wettbe-

---

[106] *Creifelds*, S. 1243; *Schaub*, § 53 I und II Rdnr. 1 ff, insbesondere Rdnr. 5, 14, S. 440 ff.

[107] Allgemein zum Wettbewerbsverbot siehe: *Creifelds*, S. 1243 und *Schaub*, a.a.O.

[108] *Lehmann/Buchner*, S. 421 (435), Rdnr. 39, der darauf hinweist, daß sich nach allgemeiner Ansicht aus der arbeitsrechtlichen Treuepflicht nicht einmal eine Pflicht zur Leistung von Überstunden ableiten lasse, so daß erst Recht nicht die Übertragung von Nutzungsrechten von privat erstellten Werken verlangt werden könne.

[109] *Kraßer*, in Fs Schricker 1995, S. 77 (104); *MünchArbR/Sack*, Band 1, § 102, Rdnr. 38, S. 2124; *Schwab*, in AuR 1993, S. 129 (132); *Steinberg*, S. 61 ff; ebenso *Rehbinder*, § 46 I 2 b, Rdnr. 330, S. 256, soweit der Arbeitnehmer eine Nutzung seines Werkes überhaupt nicht beabsichtigt. In diesem Entschluß sei der Arbeitnehmerurheber durch sein Urheberpersönlichkeitsrecht i.S.d. § 12 Absatz 1 UrhG geschützt. Mache der Arbeitnehmerurheber jedoch von seinem Veröffentlichungsrecht Gebrauch, so trete er in Konkurrenz zum Arbeitgeber, der dann neben der Unterlassung aus dem Wettbewerbsverbot auch die Einräumung

werbsverbot ist eine Ausformung der Treuepflicht des Arbeitnehmers in analoger Anwendung der für Handlungsgehilfen geltenden Vorschriften der §§ 60, 61 HGB[110].

Durch das Wettbewerbsverbot wird dem Arbeitnehmer untersagt in irgendeiner Art und Weise, d.h. unabhängig davon ob selbständig oder als Arbeitnehmer eines Dritten, zum Arbeitgeber in Konkurrenz zu treten. Folglich kann der Arbeitnehmer ein von ihm geschaffenes Freiwerk weder selbst nutzen noch durch einen Konkurrenten des Arbeitgebers nutzen lassen, wenn es dadurch zu einer Konkurrenztätigkeit im Tätigkeitsbereich des Arbeitgebers käme. Dann verbleibt faktisch lediglich der Weg das Freiwerk dem Arbeitgeber gegen eine Sondervergütung anzubieten. Im Unterschied zu den hier abgelehnten Ansichten, die eine Anbietungspflicht auch für Freiwerke annehmen, ist der Arbeitnehmerurheber aber nicht generell und - vorbehaltlich einer abweichenden Vereinbarung - auch nicht rechtlich verpflichtet ein Freiwerk seinem Arbeitgeber anzubieten, unabhängig davon ob er selbst das Werk überhaupt veröffentlichen und verwerten möchte. Nach der daher hier vertretenen Ansicht ist dem Arbeitnehmerurheber die Entscheidung freigestellt, ob er sein Werk wirtschaftlich verwerten und damit veröffentlichen will, oder ob er es für sich selbst behält. Dies führt dazu, daß die Interessen des Arbeitgebers nicht beeinträchtigt werden, auch wenn der Arbeitnehmer das Werk zunächst überhaupt nicht nutzen möchte. Dies entspricht dem Inhalt der Treuepflicht.

(4) Fazit

Eine Anbietungspflicht für Freiwerke besteht nach der hier vertretenen Ansicht somit nicht, da ein für die Interessen des Arbeitgebers ausreichender Schutz über das für alle Arbeitnehmer während der Vertragsdauer bestehende

---

eines ausschließlichen Nutzungsrechts an sich selbst zu angemessenen Bedingungen verlangen könne. Die Berufung des Arbeitnehmers auf sein Urheberrecht sei gegenüber dem Verlangen des Arbeitgebers nach Wahrung seiner Interessen durch Einräumung der Nutzungsmöglichkeit treuwidrig. Bei einem Entschluß des Arbeitnehmerurhebers zur Verwertung des Freiwerkes solle ihm sein Arbeitgeber, von dem er Unterhalt und eine gewisse Daseinsvorsorge erhalte, der nächste sein. - Diese Bewertung scheint durch moralische und nicht durch rechtliche Kriterien geprägt zu sein. Der Unterhalt sowie die Daseinsvorsorge sind keine Präsente des Arbeitgebers, sondern vielmehr Teile des Entgelts für die Arbeitsleistung und Arbeitsergebnisse des Arbeitnehmers. Sicherlich mag es moralisch näher liegen, ein Freiwerk über den eigenen Arbeitgeber zu verwerten, rechtlich geboten ist dies jedenfalls nicht, da dieser über das Wettbewerbsverbot hinreichend geschützt ist.

[110] BAG, Beschluß vom 17. Oktober 1969, in AP Nr. 7 zu § 611 BGB – Treuepflicht; *Schaub*, § 56 3 Rdnr. 3, S. 463; *Gross*, in CR 1991, S. 95 (97); *Kindermann*, in GRUR 1985, S. 1008 (1016). Für die Zeit nach Beendigung des Arbeitsverhältnisses bestimmt sich ein Wettbewerbsverbot des Arbeitnehmers nach der Rechtsprechung des BAG nach den Vorschriften der §§ 74-75 d HGB analog (vgl. *Schaub* a.a.O.).

Wettbewerbsverbot gewährleistet wird. Folglich ist die von *Scholz*[111] eingeführte Differenzierung zwischen „gebundenen" und „ungebundenen" Freiwerken nicht erforderlich. Freiwerke unterliegen generell keiner Anbietungspflicht, so daß sich eine Situation, die eine auch begriffliche Differenzierung gebieten könnte, nicht stellt.

C) Rechtsfolge des § 43 UrhG

I. Überblick

Die ausdrückliche Rechtsfolge des § 43 UrhG ist die Anwendbarkeit des zweiten Unterabschnitts des fünften Abschnitts des UrhG, mithin der §§ 31-44 UrhG über die Nutzungsrechte an urheberrechtlich geschützten Werken. Diese Anwendbarkeit eröffnet § 43 UrhG jedoch unter der Maßgabe, daß „sich aus dem Inhalt oder dem Wesen des Arbeits- oder Dienstverhältnisses nichts anderes ergibt".

Hiermit versucht § 43 UrhG den Besonderheiten des Arbeitsverhältnisses gerecht zu werden und das Urheberrecht entsprechend anzupassen. Da § 43 UrhG keine Einzelfallregelungen trifft, sondern eine allgemeine Einschränkung der Anwendung der Regelungen des UrhG enthält, die auch zur Nichtanwendbarkeit einer Norm führen kann, stellt er lediglich eine Auslegungsregel dar[112]. Diese - einschränkende - Auslegungsregel entfaltet nach ganz überwiegender Auffassung grundsätzlich auch Auswirkungen auf jene Vorschriften des zweiten Unterabschnitts, die zwingendes Recht darstellen[113], um der unterschiedlichen Interessenlage im Falle eines selbständigen Urhebers, für den die Regelungen des UrhG konzipiert sind, und im Falle eines angestellten abhängigen Urhebers gerecht werden zu können. § 43 UrhG wird daher auch als eine „die Nichtabdingbarkeit durchbrechende Spezialnorm" bezeichnet[114].

---

[111] *Scholz*, S. 31 f.

[112] *Wandtke*, Rdnr. 188, S. 70 f; *Hauptmann*, S. 65 f.

[113] *Schricker/Rojahn*, § 43 Rdnr. 36, S. 687; *Hauptmann*, S. 65; *Ulmer*, § 95 III, S. 404; *Hubmann*, § 19 III; S. 120 f; *Möhring/Nicolini/Spautz*, § 43 Rdnr. 3 f; sowie *Zöllner*, in Fs Hubmann, S. 523 (527), der darauf hinweist, daß § 43 UrhG nur einen Teil der im Arbeitsverhältnis bestehenden Besonderheiten regelt. Es könne kein ernstlicher Zweifel daran bestehen, daß auch andere, ebenfalls Rechtsfolgen regelnde Teile des Gesetzes wie insbesondere die §§ 12-23 UrhG vielfach nur eingeschränkt Anwendung finden könnten. § 43 UrhG sei daher nur eine eklektische, keine die Problematik der Anwendbarkeit von Urheberrecht im Arbeitsverhältnis vollständig regelnde Norm. A.A. hinsichtlich der einschränkenden Wirkung im Hinblick auf zwingende Normen: *Wandtke*, Rdnr. 189, S. 71; *Rieg*, in GRUR 1994, S. 425 (428). Der BGH hat die Frage in GRUR 1991, S. 133 (135) - Videozweitauswertung offen gelassen.

[114] *Schricker/Rojahn*, § 43 Rdnr. 36, S. 687; a.A. *v. Gamm*, § 43 Rdnr. 2, S. 507.

Zwar verweist § 43 UrhG seinem Wortlaut nach nur auf den zweiten Unterabschnitt des fünften Abschnitts, was sich daraus erklärt, daß dieser Bereich des UrhG von der speziellen Interessenlage im Arbeitsverhältnis besonders betroffen ist und der Gesetzgeber nur für diesen Bereich ein spezielles Regelungsbedürfnis gesehen hat[115]. Dies bedeutet jedoch keinesfalls, daß der Regelungsgehalt des § 43 UrhG auf diesen Abschnitt beschränkt ist; vielmehr findet er auch auf Bereiche außerhalb des zweiten Unterabschnitts des fünften Abschnitts Anwendung[116]. So sind im Arbeitsverhältnis insbesondere Einschränkungen der Urheberpersönlichkeitsrechte möglich[117].

Ob dabei die Regelung des § 43 UrhG analog angewendet oder ob lediglich der dieser Regelung zugrundeliegende Gedanke übertragen wird, ist insoweit ohne Bedeutung und bedarf hier keiner weiteren Erörterung.

II. Bedeutung von „Inhalt" und „Wesen" des Arbeitsverhältnisses

Aufgrund der unbestimmten Rechtsbegriffe des „Inhalts" und „Wesens des Arbeitsverhältnisses" hat der Gesetzgeber die Ausgestaltung der Einschränkungen der Regelungen der §§ 31 ff UrhG im Arbeitsverhältnis, insbesondere deren Umfang, dem Schrifttum sowie der Rechtsprechung überlassen.

1. Definition der Begriffe

Bereits aus dem die beiden Begriffe verbindenden, eine Alternativität implizierenden „oder" wird deutlich, daß die beiden Begriffe differenziert zu betrachten sind und nicht als Einheit verstanden werden sollen[118].

Während die Rechtsprechung, soweit ersichtlich, bisher noch keine Gelegenheit zur Stellungnahme hinsichtlich der Auslegung dieser Begriffe hatte, ist seitens der Literatur zu der Bedeutung des Satzteils „Inhalt oder Wesen" des § 43 UrhG Stellung bezogen worden.

Unterschiedliche Auffassungen bestehen im Schrifttum darüber, inwieweit die Begriffe „Inhalt" und „Wesen" des Arbeitsverhältnisses an das jeweilige Arbeitsverhältnis der in Streit befindlichen Arbeitsvertragsparteien, mithin konkret und individuell, oder allgemein am Arbeitsverhältnis als Rechtsinstitut, mithin generell abstrakt, anknüpfen.

---

[115] *Schricker/Rojahn*, § 43 Rdnr. 36, S. 687; *Hauptmann*, S. 66. Vgl. auch die amtliche Begründung in BT-Drucks. IV/270, S. 62.
[116] *Schricker/Rojahn*, § 43 Rdnr. 36, S. 687; *Hauptmann*; S. 66; *Zöllner*, in Fs Hubmann, S. 523 (526); *Vinck*, S. 5.
[117] *Schricker/Rojahn*, § 43 Rdnr. 36, S. 687.
[118] *Hauptmann*, S. 67 f; *Holländer*, S. 105; *Mathis*, S. 72.

a) „Inhalt des Arbeitsverhältnisses"

In der Literatur besteht weitgehend Einigkeit dahingehend, daß der Begriff des „Inhalts des Arbeitsverhältnisses" auf das jeweilige konkrete und individuelle Arbeitsverhältnis abstellt[119].

b) „Wesen des Arbeitsverhältnisses"

Hinsichtlich des „Wesens des Arbeitsverhältnisses" in § 43 UrhG stehen sich grundsätzlich zwei Meinungen gegenüber, die durch eine vermittelnde Meinung ergänzt werden. Innerhalb der jeweiligen Meinungen differieren die Begründungen jedoch stark. Da die unterschiedlichen Begründungen bereits an anderer Stelle einer ausführlichen kritischen Untersuchung unterzogen wurden, wird im Rahmen dieser Arbeit eine generalisierende Betrachtung vorgenommen, die nicht alle Feinheiten berücksichtigt. Eine detaillierte Untersuchung würde vom eigentlichen Schwerpunkt der Arbeit zu weit weg führen. Im übrigen wird auf die diesbezüglichen Ausführungen von *Hauptmann*[120] und *Mathis*[121] verwiesen.

aa) Individuell konkrete Ausrichtung / Kritische Bewertung

Ein Teil des Schrifttums vertritt die Auffassung, daß sich der Begriff des „Wesens" ebenso wie der des „Inhalts" auf das jeweilige individuell konkrete Arbeitsverhältnis beziehe[122]. Unter anderem wird als Stütze für diese Ansicht

---

[119] *Mathis*, S. 75; *Holländer*, S. 102 ff; *Kunze*, in RdA 1975, S. 42 (47); *Hauptmann*, S. 67; *Schricker/Rojahn*, § 43 Rdnr. 33, S. 686;

[120] *Hauptmann*, S. 68 ff.

[121] *Mathis*, S. 70 f.

[122] *Holländer*, S. 102 ff; *Vinck*, S. 11; *Westen*, in JR 1967, S. 401 (402 f), dort insbesondere Fußnote 16; *Rehbinder*, in RdA 1968, S. 309 (312) und *Stolz*, in UFITA Band 101, 1985, S. 29 (32) setzten das „Wesen" des Arbeitsverhältnisses mit dem Zweck i.S.d. § 31 Absatz 5 UrhG gleich. Ähnlich *Wandtke*, Rdnr. 192, S. 72, der den Begriff des Wesens des Arbeitsverhältnisses mit dem Zweck des „Unternehmens" gleichsetzt. Dies ist meines Erachtens hinsichtlich des Bezuges zum Unternehmen bedenklich. Sämtliche sonstigen Kriterien auf Arbeitgeberseite beziehen sich im Bereich des Arbeitnehmerurheberrechts nach nahezu einhelliger Ansicht auf die Zwecke des Betriebes (Def.: Betrieb ist die organisatorische Einheit, innerhalb derer ein Arbeitgeber allein oder mit seinen Arbeitnehmern mit Hilfe von sachlichen und immateriellen Mitteln bestimmte arbeitstechnische Zwecke fortgesetzt verfolgt, die sich nicht in der Befriedigung von Eigenbedarf erschöpfen. Vgl. *Schaub*, § 18 I 1, Rdnr. 1, S. 130), so beispielsweise bei der Bestimmung des Umfangs der Nutzungsrechtseinräumung s.u. Dies erscheint auch gerechtfertigt, da ansonsten die Arbeitnehmer, die bei einem relativ kleinen Arbeitgeber, mit nur einem Betrieb und einem eng begrenzten Tätigkeitsbereich beschäftigt sind, besser stünden als diejenigen, die bei einem großen Unternehmen (Anders als ein Betrieb ist das Unternehmen eine wirtschaftliche Einheit, d.h. ein Unternehmen kann mehrere Betriebe umfassen, die eventuell vollkommen unterschiedliche Betriebszwecke ver-

die Gesetzesbegründung herangezogen. So berufen sich sowohl *Westen* als auch *Holländer*[123] auf folgenden Passus der Gründe[124]:

> „In der Regel wird bereits aus dem Wesen des Arbeits- oder Dienstverhältnisses eine stillschweigende Übertragung der Rechte an den in seiner Erfüllung geschaffenen Werken abgeleitet werden können."

Daß dieser Teil der Gesetzesbegründung keinerlei Rückschlüsse auf eine konkret individuelle oder abstrakt generelle Ausrichtung des Begriffs „Wesen des Arbeitsverhältnisses" zuläßt, hat *Hauptmann*[125] zutreffend herausgearbeitet. Auf die diesbezüglichen Ausführungen ist an dieser Stelle zu verweisen.

Ferner macht die Verbindung der Begriffe „Inhalt" und „Wesen" in § 43 UrhG mit einem „oder" keinen Sinn, wenn beiden Begriffen eine konkret individuelle Ausrichtung beigemessen wird. „Oder" bietet bei regulärer Verwendung eine Alternative an, die zwar auch im Sinne eines „und-oder" verstanden werden kann, jedoch niemals eine Verbindung zweier gleichbedeutender Begriffe darstellt. Wenn vom Gesetzgeber ein derartiges Verständnis zugrunde gelegt worden wäre, hätte er eine Verbindung mit „und" vorgenommen.

bb) Vermittelnde Ansicht / Kritische Bewertung

Ergänzend ist darauf hinzuweisen, daß auch die vermittelnde Auffassung von *Hauptmann*[126] aus den selben Gründen nicht überzeugt, da er vom „Wesen" sowohl die Merkmale des Arbeitsverhältnisses an sich, also die allgemeinen abstrakten Merkmale, als auch die des konkreten individuellen Arbeitsverhältnisses umfaßt ansieht. Der Begriff „Inhalt" beziehe sich lediglich auf die besonderen Vereinbarungen der Arbeitsvertragsparteien[127]. Wenn dieses Ergebnis zutreffen sollte, dann wäre der Begriff „Inhalt des Arbeitsverhältnisses" überflüssig. Die Differenzierung, die *Hauptmann* zwischen der Definition des „Inhalts" und der des konkreten Aspektes des „Wesens" macht ist

---

folgen, so daß das Unternehmen definiert wird als „die organisatorische Einheit, die bestimmt wird durch den wirtschaftlichen oder ideellen Zweck, dem ein Betrieb oder mehrere organisatorisch verbundene Betriebe dienen. Vgl. *Schaub*, § 18 IV, Rdnr. 10, S. 132) oder gar Konzern (Der Begriff des Konzerns ist in § 18 Absatz 1 Satz 1 1. Halbsatz AktG legaldefiniert als eine Zusammenfassung eines herrschenden mit einem oder mehreren abhängigen Unternehmen unter der einheitlichen Leitung des herrschenden Unternehmens.) tätig sind, da deren Geschäftsfelder typischerweise wesentlich weiter gefächert sind. A.A. *MünchArbR/Sack*, Band 1, § 102, Rdnr. 20, S. 2118.

[123] Beide a.a.O.

[124] Amtliche Begründung zu § 43 UrhG, in BT-Drucks. IV/270, S. 62.

[125] *Hauptmann*, S. 69 ff.

[126] *Hauptmann*, S. 72.

[127] *Hauptmann*, S. 72.

vorgeschoben. Worin soll der Unterschied in den „besonderen Vereinbarungen der Arbeitsvertragsparteien“ mithin dem „Inhalt“ nach seinem Verständnis und den „Aspekten des besonderen Arbeitsverhältnisses“ mithin dem konkret individuellen Teil des Begriffs „Wesen“ nach seinem Verständnis liegen? Selbst unterstellt, es gäbe einen minimalen Unterschied, so führte eine derartige Differenzierung zu nahezu unlösbaren Abgrenzungsschwierigkeiten zwischen den Begriffen, die weder praxisgerecht noch erforderlich sind.

cc) Abstrakt generelle Ausrichtung

Daher ist mit der Gegenansicht in der Literatur von einem abstrakt generellen Verständnis des Begriffs „Wesen des Arbeitsverhältnisses“ auszugehen in eindeutiger und randscharfer Abgrenzung zum individuell konkreten und damit spezielleren Begriff des „Inhalts“. Folglich meint das „Wesen des Arbeitsverhältnisses“ i.S.d. § 43 UrhG, daß die den Arbeits- und Dienstverhältnissen allgemein immanenten Eigenarten und Besonderheiten, d.h. die Grundprinzipien zu beachten sind[128].

Insoweit ist zunächst der Umstand zu berücksichtigen, daß es sich beim Arbeitsverhältnis um ein Dauerschuldverhältnis handelt[129]. Eine weitere Besonderheit des Arbeitsverhältnisses sind die über den reinen Austauschcharakter des Arbeitsvertrages hinausgehenden personenrechtlichen Elemente, die eine Ausprägung in den Grundsätzen der arbeitgeberseitigen Fürsorge- und der arbeitnehmerseitigen Treuepflicht sowie der Weisungsgebundenheit des Arbeitnehmers hinsichtlich der Leistungserbringung gefunden haben[130]. Wesensmerkmal des Arbeitsverhältnisses ist es dabei auch, daß der Arbeitgeber grundsätzlich in erster Linie das legitime wirtschaftliche Interesse an der Gewinnerzielung verfolgt[131], wobei er das wirtschaftliche Risiko der Erstellung bzw. Verwertung des Werkes trägt.

Die hiergegen erhobenen Einwände vermögen nicht zu überzeugen. Insbesondere der von *Hauptmann* vorgenommene Vergleich der Bedeutungen des Begriffs „Wesen“ in § 43 UrhG und in § 79 UrhG ist letzten Endes nicht aussagekräftig. *Hauptmann* ist der Auffassung, daß der Begriff „Wesen“ in § 79 UrhG auch individuell konkrete Merkmale umfasse. Ob dies zutrifft kann vorliegend unentschieden bleiben, da selbst in diesem Fall keinerlei zwingende Rückschlüsse auf die Bedeutung in § 43 UrhG möglich sind. *Hauptmann* legt seiner Argumentation die - fehlerhafte - Vermutung zugrunde, daß

---

[128] *Schricker/Rojahn*, § 43 Rdnr. 33, S. 686; *Mathis*, S. 73 f und 77, der den Begriff des „Wesens“ des Arbeitsverhältnisses als die „Summe aller typenbildenden Strukturmerkmale“ definiert (S. 73).
[129] *Mathis*, S. 77.
[130] Vgl. auch *Wandtke*, Rdnr. 100, S. 43 sowie *Mathis*, S. 80.
[131] *Schricker/Rojahn*, § 43 Rdnr. 35, S. 686.

der Gesetzgeber ein und denselben Begriff („Wesen") im gleichen Zusammenhang (Arbeitnehmerurheberrecht) und im gleichen Gesetz (UrhG) nur mit derselben Bedeutung verwenden werde. Daß dem aber keineswegs so sein muß, belegt ein Beispiel aus dem BGB. Dort wird in demselbem Gesetz (dem BGB) innerhalb eines Titels (Auftrag und ähnliche Verträge) der Begriff der „Geschäftsbesorgung" in zwei unterschiedlichen Bedeutungen verwendet.

Während „Geschäftsbesorgung" in § 662 BGB, übrigens ebenso wie in § 677 BGB im Rahmen der Geschäftsführung ohne Auftrag, als „jede Tätigkeit in fremdem Interesse" verstanden wird, wobei die Tätigkeit in weitem Sinne zu verstehen ist, so daß darunter die Vornahme von Rechtsgeschäften, rechtsähnlichen und tatsächlichen Handlungen gleich welcher Art zu subsumieren ist, sofern sie im - nicht notwendig wirtschaftlichen[132] - fremden Interesse liegt[133], ist dies bei § 675 BGB anders. § 675 BGB, der die entgeltliche Geschäftsbesorgung regelt, versteht nach ganz herrschender Meinung unter „Geschäftsbesorgung" zwar auch eine Tätigkeit in fremdem Interesse, jedoch muß diese hier gerade eine selbständige Tätigkeit wirtschaftlicher Art darstellen[134]. Die Tätigkeit ist hier in der Regel rechtsgeschäftlicher Natur und muß, enger als beim Auftrag gemäß §§ 662 ff BGB, selbständig sein, mithin Raum für eigenverantwortliche Überlegungen und eine eigene Willensbildung des Ausführenden lassen, wobei die wirtschaftliche Art bei einer Beziehung zum Vermögen vorliegt[135].

Darüber hinaus wird dem Begriff der „Bedingung" in § 162 Absatz 1 und 2 BGB jeweils im ersten Halbsatz eine andere Bedeutung beigemessen als im jeweiligen zweiten Halbsatz. Während mit dem Begriff der „Bedingung" im ersten Halbsatz die verknüpfende vertragliche Regelung gemeint ist, mithin die in ein Rechtsgeschäft eingefügte Klausel, die die Wirkungen des Rechtsgeschäfts von einem zukünftigen ungewissen Ereignis abhängig macht[136], bezeichnet der Begriff der „Bedingung" im jeweiligen zweiten Halbsatz das Ereignis, mithin den tatsächlichen Umstand selbst[137].

Diese Beispiele beweisen, daß derselbe Begriff in demselben Regelungszusammenhang eines Gesetzes keinesfalls zwingend identisch gemeint und zu verstehen ist. Folglich ist die Argumentation und damit die Kritik von

[132] BGH, Urteil vom 17. Mai 1971, in BGHZ 56, S. 204 (207).
[133] *Palandt, Sprau*, § 662 BGB, Rdnr. 6 ff, S. 788 f, m.w.N.
[134] *Palandt, Sprau*, § 675 BGB, Rdnr. 2 ff, S. 797 f, m.w.N.; BGH, Urteil vom 25. April 1966, in BGHZ 45, S. 223 (228 f).
[135] *Palandt, Sprau*, § 675 BGB, Rdnr. 3, S. 797; BGH, in NJW-RR, 1992, S. 560 (560); BGH, Urteil vom 25. April 1966, in BGHZ 45, S. 223 (228 f).
[136] *Palandt, Heinrichs*, Einf. v. § 158, Rdnr. 1, S. 155.
[137] *Palandt, Heinrichs*, a.a.O.

Hauptmann an der hier vertretenen Ansicht, die das „Wesen des Arbeitsverhältnisses" in § 43 UrhG als generell abstrakt einstuft, nicht haltbar.

2. Ausfüllung der erarbeiteten Definitionen

a) „Inhalt des Arbeitsverhältnisses"

Wie im vorigen Abschnitt festgestellt, erfaßt § 43 UrhG mit dem Begriff des „Inhalts des Arbeitsverhältnisses" das konkrete individuelle Arbeitsverhältnis der Arbeitsvertragsparteien, in dem der Arbeitnehmer ein vom Urheberrecht geschütztes Werk geschaffen hat. Hierher gehören also sämtliche Besonderheiten in tatsächlicher und rechtlicher Hinsicht, die das konkret zu beurteilende Arbeitsverhältnis von der rechtlichen Grundstruktur des Arbeitsverhältnisses, wie es der Gesetzgeber und die Gesellschaft allgemein bestimmen, unterscheiden.

Hierher gehören zunächst etwaige vertragliche Vereinbarungen, die die konkreten Arbeitsvertragsparteien getroffen haben und die für den Bereich des Urheberrechts relevant sind. Unerheblich ist dabei, ob sie zum Zeitpunkt des Vertragsschlusses oder später getroffen wurden. Ferner gehören an diese Stelle sonstige arbeitsrechtliche Rechtsquellen die die arbeitsvertraglichen Rechte und Pflichten im konkreten Fall modifizieren oder ausgestalten, wie betriebliche Übungen, Gesamtzusagen, oder die Ausübung des arbeitgeberseitigen Direktionsrechts. Dies ist der Bereich des individuellen Arbeitsrechts, soweit er sich im Einzelfall als Ausgestaltung der allgemeinen Grundstruktur des Arbeitsverhältnisses darstellt. Hierher gehört aber auch das kollektive Arbeitsrecht, soweit es im Einzelfall für das konkrete Arbeitsverhältnis besondere, urheberrechtlich relevante Regelungen enthält. Dies sind beispielsweise tarifvertragliche Regelungen und Betriebsvereinbarungen.

Daneben gehören hierher auch die sonstigen tatsächlichen Umstände des jeweiligen Arbeitsverhältnisses, die sich durch ihre Berücksichtigung bei der Auslegung der vertraglichen Vereinbarungen über die Pflichten der Parteien auf die urheberrechtlichen Rechte und Pflichten auswirken können, beispielsweise bestimmte wirtschaftliche Zielsetzungen gerade des jeweiligen Arbeitgeberbetriebes.

b) „Wesen des Arbeitsverhältnisses"

Wie im vorigen Abschnitt festgestellt, erfaßt § 43 UrhG mit dem „Wesen des Arbeitsverhältnisses" dessen generell abstrakten Aspekt. Es sind also, wie oben unter Teil 2 C. II. 1. b) dargestellt, die dem Arbeitsverhältnis allgemein innewohnenden Eigenarten und Besonderheiten, also dessen Grundprinzipien zu berücksichtigen[138].

Bedeutsam ist zunächst die das Arbeitsverhältnis prägende Eigenschaft eines Dauerschuldverhältnisses. Die Arbeitsleistung kann nicht insgesamt in einem Zeitpunkt erbracht werden, sondern verteilt sich über einen Zeitraum, so daß die im Gegenseitigkeitsverhältnis stehenden Hauptleistungspflichten sowie die Nebenleistungspflichten über einen gewissen Zeitraum hin bestehen[139], wobei die Pflichten immer wieder für einen bestimmten Zeitabschnitt automatisch neu entstehen. Des weiteren ist bedeutsam, daß der Arbeitnehmer die Leistung von Arbeit, vorbehaltlich einer zusätzliche Vereinbarung nicht jedoch einen bestimmten Erfolg schuldet, der Arbeitsvertrag mithin einen Unterfall des Dienstvertrages i.S.d. § 611 BGB darstellt. Hierbei ist ferner zu berücksichtigen, daß der Arbeitnehmer persönlich abhängig ist und die Arbeitsleistung fremdbestimmt und eingegliedert in eine vom Arbeitgeber ausgestaltete Arbeitsorganisation erbringt[140].

Über den Begriff des „Wesens des Arbeitsverhältnisses" fließt auch der bereits zu Beginn dieser Untersuchung erwähnte arbeitsrechtliche Grundsatz, daß dem Arbeitgeber das Ergebnis der Arbeit zusteht[141] in das Arbeitnehmerurheberrecht mit ein.

Von entscheidender Bedeutung sind schließlich noch die besonderen Nebenpflichten im Rahmen des Arbeitsverhältnisses, die sich aufgrund des Umstandes, daß die Arbeitsleistung in persönlicher Abhängigkeit erbracht wird, ergeben. Zu nennen sind hier die Treuepflicht des Arbeitnehmers, deren Ausprägung beispielsweise das vertragsbegleitende Wettbewerbsverbot, die Verschwiegenheitspflicht und die Pflicht zur Interessenwahrung sind[142]. Dem steht andererseits die Fürsorgepflicht des Arbeitgebers gegenüber, deren Ausprägung beispielsweise Schutzpflichten für die Rechtsgüter des Arbeitnehmers, Sorgfaltspflichten sowie Auskunfts- und Hinweispflichten sind[143].

---

[138] *Schricker/Rojahn*, § 43 Rdnr. 33, S. 686.

[139] *Schaub*, § 29 I 5 Rdnr. 7, S. 200.

[140] *Schaub*, § 29 I 6 Rdnr. 8, S. 201.

[141] Siehe oben unter Teil 2 A. II 1.

[142] *MünchArbR/Blomeyer*, Band 1, § 51, Rdnr. 18 ff, S. 1015 ff.

[143] *Palandt, Putzo*, § 611 BGB, Rdnr. 39 ff, 96 ff, S. 669 f und 676; *Schaub*, § 29 I 4 Rdnr. 6, S. 200; *MünchArbR/Blomeyer*, Band 1, § 94, Rdnr. 14 ff, S. 1914 ff sowie Rdnr. 23 ff, S. 1917 ff; BAG, Urteil vom 13. November 1984, in AP Nr. 5 zu § 1 BetrAVG - Zusatzversorgungskassen.

III. Übertragung der Nutzungsrechte

Soweit nach den oben erörterten Voraussetzungen als Rechtsfolge des § 43 UrhG der Anwendungsbereich der §§ 31-44 UrhG eröffnet ist, stellt sich die Frage der Übertragung der Nutzungsrechte an den in Erfüllung der Verpflichtungen aus dem Arbeitsverhältnis geschaffenen Pflichtwerken vom Arbeitnehmer auf den Arbeitgeber.

Denn wie bereits oben dargelegt, entsteht das Urheberrecht an Pflichtwerken entgegen dem arbeitsrechtlichen Grundsatz, daß das Arbeitsergebnis dem Arbeitgeber gebührt nach dem auch im Bereich des Arbeitnehmerurheberrechts geltenden, in § 7 UrhG verankerten Schöpferprinzip beim Arbeitnehmer. Da das Urheberrecht aufgrund der dem UrhG zugrundeliegenden sog. monistischen Theorie, die den persönlichkeitsrechtlichen Aspekt des Urheberrechts als untrennbaren Bestandteil eines einheitlichen Rechts ansieht, nach § 29 Satz 2 UrhG unter Lebenden grundsätzlich rechtsgeschäftlich nicht übertragbar ist, verbleibt nur der Weg einer Übertragung der Nutzungsrechte. Folglich kann der Arbeitgeber das Werk nur verwerten, wenn ihm zuvor seitens des Arbeitnehmers die erforderlichen Nutzungsrechte eingeräumt worden sind. Solange dies nicht erfolgt, bleibt der Arbeitnehmer in der Lage, den Arbeitgeber an der beabsichtigten Nutzung und damit der wirtschaftlichen Verwertung zu hindern[144], wobei dies in der Regel einen Verstoß gegen die arbeitsvertraglichen Pflichten darstellen wird, welcher dann mittels arbeitsrechtlicher Sanktionsmöglichkeiten verfolgt werden kann.

Somit ist zunächst zu klären, ob der Arbeitnehmer zur Übertragung der Nutzungsrechte an Pflichtwerken verpflichtet ist, und wenn ja, in welcher Art und Weise die Übertragung der Nutzungsrechte erfolgt. Anschließend sind dann der Umfang der Pflicht zur Nutzungsrechtsübertragung sowie die in Frage kommenden Zeitpunkte zu untersuchen.

1. Pflicht zur Nutzungsrechtsübertragung

Der allgemein anerkannte arbeitsrechtliche Grundsatz, daß das Arbeitsergebnis dem Arbeitgeber zusteht, gilt auch im Bereich der im Arbeitsverhältnis geschaffenen urheberrechtlich geschützten Pflichtwerke[145], auch wenn er nach der derzeitigen Rechtslage im Arbeitnehmerurheberrecht nicht konsequent umgesetzt wird, wie die Regelung des § 43 UrhG i.V.m. § 7 UrhG deutlich macht. Denn bei einer strikten Anwendung müßte der Arbeitgeber originär

---

[144] *Kraßer*, in Fs Schricker 1995, S. 77 (84).

[145] BGH, in GRUR 1952, S. 257 (258 f) - Krankenhauskartei; BAG, in GRUR 1961, S. 491 (491 f)- Nahverkehrschronik; *Schricker/Rojahn*, § 43 Rdnr. 37, S. 687; *Hunziker*, in UFITA Band 101, 1985, S. 49 (73); *MünchArbR/Sack*, Band 1, § 100, Rdnr. 11, 14, S. 2060.

das Urheberrecht erwerben. Der Arbeitgeber hat aufgrund des Arbeitsvertrages einen Anspruch auf das Arbeitsergebnis, da die Nutzung des Pflichtwerkes, also seine wirtschaftliche Verwertung, dem Sinn und Zweck des Arbeitsverhältnisses als Austauschverhältnis entspricht[146]. Daher ist der Arbeitnehmerurheber aus dem Arbeitsvertrag i.V.m. dem arbeitsrechtlichen Grundsatz bezüglich der Berechtigung am Arbeitsergebnis verpflichtet, dem Arbeitgeber diejenigen Nutzungsrechte einzuräumen, die dieser benötigt, um die vom Arbeitnehmerurheber geschuldete Leistung vertragsgemäß nutzen und verwerten zu können[147].

Anders als bei den von § 43 UrhG nicht erfaßten Freiwerken besteht also bei den Pflichtwerken nach ganz herrschender Meinung eine Anbietungspflicht des Arbeitnehmerurhebers gegenüber seinem Arbeitgeber als erforderliche Mitwirkungshandlung des Arbeitnehmerurhebers bei der Übertragung der Nutzungsrechte[148]. Diese Anbietungspflicht erstreckt sich zunächst auf den ausdrücklich vertraglich festgelegten Umfang und bei Fehlen einer derartigen ausdrücklichen Vereinbarung in Anwendung der Zweckübertragungstheorie i.S.d. § 31 Absatz 5 UrhG zunächst auf die zur Verwirklichung des betrieblichen Zwecks erforderlichen Nutzungsrechte (siehe unten Teil 2 C. III. 3. b) aa)).

Allerdings ist die Anbietungspflicht, d.h. die Pflicht zur Nutzungsrechtseinräumung, nicht dauerhaft auf den zum Zeitpunkt des Vertragsschlusses aktuellen betrieblichen Tätigkeitsbereich beschränkt, sondern kann sich später auch auf zu diesem Zeitpunkt noch außerbetriebliche Zwecke erstrecken[149]. (Siehe insoweit unten unter Teil 2 C. III. 3. b) bb)). Soweit die Nutzung bzw. spätere Nutzungsrechtseinräumung über den zum Zeitpunkt des Vertragsschlusses bestehenden betrieblichen Zweck hinausgeht, steht dem Arbeitnehmerurheber jedoch ein Anspruch auf eine Sondervergütung zu, sofern nicht eine gegenteilige Vereinbarung vorliegt. Daß sich die Anbietungspflicht auch auf diese aus der Sicht zur Zeit des Vertragsschlusses außerbetriebliche Nutzung erstreckt, ergibt sich aus den Grundsätzen, die zur Begründung der Anbietungspflicht bei Pflichtwerken herangezogen werden. Sofern es sich um Pflichtwerke handelt, steht dem Arbeitgeber das Arbeitsergebnis umfassend zu, nicht zuletzt, um auch in Zukunft konkurrenzfähig und flexibel zu bleiben und die Verwertung auch in anderen Tätigkeitsfeldern vornehmen zu können.

---

146 *Rehbinder*, § 46 II 1 Rdnr. 331, S. 256 f; *Wandtke*, Rdnr. 116, S. 49; *Gross*, in CR 1991, S. 95 (96).

147 BGH, in GRUR 1974, S. 480 (482) - Hummelrechte; KG, in GRUR 1976, S. 264 (265) – gesicherte Spuren; *Rehbinder*, § 46 II 1 Rdnr. 331, S. 257; *Kraßer*, in Fs Schricker 1995, S. 77 (84, 90).

148 *Wandtke*, Rdnr. 116, S. 49 m.w.N.

149 *Rehbinder*, in AfP 1983, S. 305 (309 f) m.w.N.; *MünchArbR/Sack*, Band 1, § 102, Rdnr. 17, S. 2117; *Holländer*, S. 147 f, 224; *Zöllner*, in Fs Hubmann, 1985, S. 523 (532).

Müßte der Arbeitgeber bei einer Nutzung außerhalb des ursprünglichen Tätigkeitsbereiches die Nutzungsrechte erst „am Markt“ d.h. wie von einem freien Urheber erwerben, so wäre eine flexible Betriebsausrichtung, die sich an den jeweiligen Gegebenheiten orientiert, nicht gewährleistet. Dies würde auch dem Arbeitnehmerurheber zum Nachteil gereichen, da sein Arbeitsplatz in Gefahr wäre.

Teile der Literatur nehmen darüber hinaus ohne eine ausdrückliche vertragliche Vereinbarung auch eine Anbietungspflicht für Nutzungsrechte zur Verwertung des Werkes außerhalb des betrieblichen Zwecks an, ohne daß dies in der Änderung des Betriebszweckes begründet ist und damit nicht einmal zumindest zum Zeitpunkt der Verwertung des Werkes eine Nutzung im Rahmen des Betriebszwecks vorliegt. Die Vertreter dieser Ansicht leiten die Anbietungspflicht mittels eines Erst-Recht-Schlusses aus der von ihnen angenommenen Anbietungspflicht bei Freiwerken ab[150]. Da die Anbietungspflicht für Freiwerke jedoch abzulehnen ist[151], kann aus ihr nicht auf eine Anbietungspflicht bezüglich nicht im Rahmen des Betriebszwecks liegender Nutzungsrechte an Pflichtwerken geschlossen werden. Auch sie ist abzulehnen.

Sofern der Arbeitgeber das Pflichtwerk zu – sowohl zum Zeitpunkt des Vertragsschlusses als auch zum Zeitpunkt der Verwertung - außerbetrieblichen Zwecken nutzen möchte, steht ihm der Arbeitnehmerurheber wie ein freier Urheber gegenüber, d.h. es besteht keine Anbietungspflicht[152] und für den Fall der Nutzungsrechtseinräumung ist eine Sondervergütung zu entrichten. Es besteht vorbehaltlich einer abweichenden Vereinbarung aus dem „Wesen des Arbeitsverhältnisses“ i.S.d. § 43 UrhG keine Pflicht des Arbeitnehmers die außerbetrieblichen Zwecke des Arbeitgebers zu fördern.

2. Art und Weise der Nutzungsrechtseinräumung

Zunächst ist anzumerken, daß auch im Bereich des Arbeitnehmerurheberrechts das Abstraktionsprinzip zur Anwendung kommt, so daß eine Trennung zwischen der schuldrechtlichen kausalen Grundlage der Nutzungsrechtseinräumung und ihrem quasi-dinglichen[153] abstrakten Vollzug vorzunehmen ist.

---

[150] *Rehbinder*, in AfP 1983, S. 305 (309 f) m.w.N.; siehe auch die Darstellung bei *Himmelmann*, S. 86, insbesondere dort die Fußnote Nr. 51.

[151] Vgl. oben unter Teil 2 B. II. 2. b) bb) (4).

[152] Anderer Ansicht *MünchArbR/Sack*, Band 1, § 102 Rdnr. 20, S. 2118, der bei Arbeitnehmern eines Konzernunternehmens vom betrieblichen Zweck auch die Nutzung des Werkes durch alle dem Konzern angehörenden Unternehmen als umfaßt ansieht und damit den Anknüpfungspunkt des Betriebes verläßt.

[153] *Rehbinder*, § 46 II 1, Rdnr. 331, S. 257.

Die schuldrechtliche kausale Verpflichtung des Arbeitnehmers zur Einräumung von Nutzungsrechten an Pflichtwerken ergibt sich, wie bereits dargestellt, aus dem Zweck des Arbeitsverhältnisses. Das abstrakte (quasi-dingliche) Verfügungsgeschäft ist die Nutzungsrechtseinräumung.

Es ist zwischen den verschiedenen Varianten der Nutzungsrechtseinräumung zu differenzieren. Sie kann ausdrücklich im Arbeitsvertrag, im Tarifvertrag und in einer Betriebsvereinbarung oder aber auch stillschweigend erfolgen.

a) Individualvertragliche Vereinbarung über die Einräumung von Nutzungsrechten

aa) Ausdrückliche Regelung

Den Arbeitsvertragsparteien steht es frei, die Einräumung der Nutzungsrechte ausdrücklich bereits im Arbeitsvertrag zu vereinbaren. Neben der Einräumung der Nutzungsrechte selbst werden die Arbeitsvertragsparteien dann auch den Umfang und die Dauer der Nutzungsrechtseinräumung sowie die Frage einer Sondervergütung regeln.

(1) Rechtsnatur

Da es sich bei der Nutzungrechtseinräumung, mithin dem Verfügungsgeschäft, um einen abgeleiteten Erwerb handelt, kann die Übertragung nur vom Arbeitnehmer als dem ursprünglich Berechtigten ausgehen. Sofern das Gesetz oder kollektive arbeitsrechtliche Regelungen nicht, wie z.B. für Computerprogramme in § 69 b UrhG etwas besonderes regeln, ist eine rechtsgeschäftliche Einigung, mithin ein zweiseitiges Rechtsgeschäft gemäß §§ 413, 398 ff BGB zwischen Arbeitnehmer und Arbeitgeber erforderlich[154].

(2) Vorausverfügung und Anwendbarkeit des § 40 UrhG

Sofern die Parteien bereits im Arbeitsvertrag die zur Nutzungsrechtseinräumung erforderliche Einigung vornehmen, handelt es sich um eine Vorausverfügung über die Nutzungsrechte.

[154] *Kraßer*, in Fs Schricker 1995, S. 77 (83 f). Siehe auch *Palandt/Heinrichs*, § 413 Rdnr. 1, S. 473, zur Anwendbarkeit der §§ 413, 398 ff BGB auf Urheberrechte und gewerbliche Schutzrechte.

Da der Arbeitsvertrag mit seinen Nebenabreden auch mündlich wirksam geschlossen werden kann[155], sofern nicht eine - häufig bestehende - tarifvertragliche Regelung oder Betriebsvereinbarung die Einhaltung der Schriftform vorschreibt[156], stellt sich die Frage nach der Anwendbarkeit des § 40 UrhG.

Nach § 40 Absatz 1 Satz 1 UrhG bedarf ein Vertrag, durch den sich der Urheber zur Einräumung von Nutzungsrechten an künftigen Werken verpflichtet, sofern diese überhaupt nicht näher oder nur der Gattung nach bestimmt sind, der Schriftform. Folglich wäre bei wörtlichem Verständnis diese Regelung auf Arbeitsverträge mit einer derartigen Verpflichtung und einer gleichzeitigen Vereinbarung über die Nutzungsrechtseinräumung anwendbar, da die im Rahmen des Arbeitsverhältnisses seitens des Arbeitnehmers zu erschaffenden Werke in der Regel bei Vertragsschluß allenfalls der Gattung nach bestimmt werden können.

Nach zutreffender und überwiegender Ansicht, entfaltet die in § 43 UrhG enthaltene, am „Inhalt oder Wesen des Arbeitsverhältnisses" orientierte Einschränkung auch auf das Schriftformerfordernis des § 40 Absatz 1 Satz 1 UrhG Wirkung. Danach ergibt sich aus dem Wesen des Arbeitsverhältnisses die generelle Nichtanwendbarkeit des § 40 Absatz 1 Satz 1 UrhG[157], da die Unzulässigkeit einer mündlichen Vereinbarung der Pflicht zur Vorausübertragung mit dem Wesen des Arbeitsverhältnisses nicht in Einklang zu bringen ist. Aufgrund der gesamten Umstände des Arbeitsverhältnisses ist dem Arbeitnehmerurheber bekannt, daß die Ergebnisse seiner Tätigkeit im Rahmen des Arbeitsverhältnisses grundsätzlich dem Arbeitgeber gebühren und der Arbeitsvertrag typischerweise die Nutzung der künftig zu erschaffenden

---

[155] Arbeitsverträge bedürfen in der Regel keiner Form, da für sie der Grundsatz der Formfreiheit gilt. Sie können somit grundsätzlich schriftlich aber auch mündlich, ausdrücklich oder konkludent, d.h. auch „ohne Worte" durch tatsächliches Verhalten mit Rechtsgeschäftswillen abgeschlossen werden. Daran hat auch das auf der EG-Richtlinie 91/533/EWG vom 14. Oktober 1991 beruhende Nachweisgesetz vom 20. Juli 1995 nichts geändert. Danach muß der Arbeitgeber, sofern der Anwendungsbereich des Gesetztes eröffnet ist, lediglich deklaratorisch spätestens einen Monat nach dem vereinbarten Beginn des Arbeitsverhältnisses die wesentlichen Vertragsbedingungen schriftlich niederlegen, die Niederschrift unterzeichnen und sie dem Arbeitnehmer aushändigen (vgl. *Schaub*, § 32 III, Rdnr. 38 ff, S. 227 ff).

[156] Bei Schriftformklauseln in Tarifverträgen oder Betriebsvereinbarungen ist stets zu prüfen, ob die Formvorschrift konstitutive oder lediglich deklaratorische Wirkung hat. Eine lediglich deklaratorische Schriftformklausel ist dann anzunehmen, wenn nach dem Willen der Tarif- oder Betriebspartner die arbeitsvertraglichen Vereinbarungen auch ohne Wahrung der Formvorschrift Rechtswirksamkeit entfalten sollen, den Arbeitsvertragsparteien somit durch die Form des Arbeitsvertrages lediglich eine Beweiserleichterung eingeräumt werden soll (vgl. *Schaub*, § 32 III, Rdnr. 53 ff, S. 231 f).

[157] *Schack*, § 29 V 2, Rdnr. 984, S. 440; *Haberstumpf*, Rdnr. 452, S. 234; *Holländer*, S. 117 f; a.A. *Lucas*, S. 127.

Pflichtwerke zum Inhalt hat[158]. Dem Arbeitnehmerurheber ist somit, da er seine arbeitsvertraglichen Pflichten kennt, ebenfalls bekannt, welche Werke sein Arbeitgeber nutzen und verwerten wird oder zumindest verwerten möchte. Folglich bedarf er des besonderen Schutzes des Schriftformerfordernisses, welches eine Hinweis- und Warnfunktion vor der Eingehung einer zu weitgehenden Verpflichtung haben soll[159], anders als der freie Urheber nicht[160].

Überzeugend weist *Rojahn*[161] darauf hin, daß eine Anwendung des Schriftformerfordernisses des § 40 Absatz 1 Satz 1 UrhG aber dann in Betracht kommt, wenn der Arbeitnehmer nicht zum Zwecke der schöpferischen Werkerstellung eingestellt worden ist und nur zufällig schutzfähige Werke erstellt. Denn in diesen Fällen ist für den Arbeitnehmer bei Vertragsschluß nicht ersichtlich, zu welcher Nutzungsrechtseinräumung er sich im Zeitpunkt des Vertragsschlusses verpflichtet.

Ergänzend sei an dieser Stelle darauf hingewiesen, daß das in § 40 Absatz 1 Satz 2 und 3, Absatz 2 Satz 1 UrhG bestehende unverzichtbare Recht zur Kündigung einer Nutzungsrechtseinräumung an künftigen Werken nach einer Laufzeit von fünf Jahren im Arbeitsverhältnis nicht besteht. Dies ergibt sich wiederum aus der Einschränkung in § 43 UrhG „(...) soweit sich aus dem Inhalt oder dem Wesen des Arbeitsverhältnisses (...) nichts anderes ergibt". Ein solches Kündigungsrecht ist mit dem Wesen des Arbeitsverhältnisses als Austauschverhältnis nicht zu vereinbaren, denn es wäre widersprüchlich, wenn die sich aus dem Arbeitsvertrag ergebende Pflicht zur Nutzungsrechtseinräumung trotz des Fortbestehens des Arbeitsvertrages und des Arbeitsverhältnisses sowie der damit verbundenen Pflicht zur schöpferischen

---

158 *Rehbinder*, § 46 II 1 a), Rdnr. 331, S. 257; *Schricker/Rojahn*, § 43 Rdnr. 44, S. 688; *Möhring/Nicolini/Spautz*, § 43 Rdnr. 8, S. 455; *Hauptmann*, S. 87 f.

159 Vgl. die amtliche Begründung zu § 40 UrhG, in BT-Drucks. IV/270, S. 59; *Schricker/Schricker*, § 40 Rdnr. 1 f, S. 644 f; *Fromm/Nordemann/Hertin*, § 40 Rdnr. 2, S. 341; *Möhring/Nicolini/Spautz*, § 43 Rdnr. 8, S. 455; *Poll*, S. 45.

160 *Schricker/Rojahn*, § 43 Rdnr. 44, S. 688 m.w.N.; *Rehbinder*, in WiB 1994, S. 461 (463); *Kraßer*, in Fs Schricker 1995, S. 77 (93); *Wandtke*, Rdnr. 199, S. 73; *Ulmer*, § 95 III 1, S. 404; *MünchArbR/Sack*, Band 1 § 102 Rdnr. 13, S. 2115; *Schweyer*, in CR 1994, S. 684 (685); a.A *Fromm/Nordemann/Vinck*, § 43 Rdnr. 3, S. 369, *Vinck*, S. 15 f. Nach seiner Ansicht ist die Schutzfunktion des Schriftformerfordernisses gerade im Arbeitsverhältnis erforderlich. Es sei Aufgabe des UrhG, die Rechtsstellung des Urhebers zu schützen und es bestehe kein Anlaß, das Schriftformerfordernis des § 40 Absatz 1 UrhG im Arbeitsverhältnis nicht anzuwenden, da dies den Interessen des Arbeitnehmerurhebers zuwiderlaufen würde.

161 *Schricker/Rojahn*, § 43 Rdnr. 44, S. 689; so auch *Rehbinder*, in RdA 1968, S. 309 (313); *Bollack*, in GRUR 1976, S. 74 (77).

Tätigkeit im Interesse des Arbeitgebers beendet werden könnte[162]. Der Arbeitnehmer müßte weiterhin seine schöpferische Arbeitsleistung für den Arbeitgeber erbringen, der Arbeitgeber könnte die vom Arbeitnehmerurheber geschaffenen Werke aber unter Umständen nicht mehr verwerten, so daß der Ckarakter des Arbeitsverhältnisses als Austauschverhältnis gestört wäre. Eine Trennung der Pflicht zur Erbringung der Arbeitsleistung und der Pflicht zur Einräumung der Nutzungsrechte an den Pflichtwerken ist nicht möglich[163].

(3) Bestimmtheit

Die künftigen Werke sind regelmäßig zum Zeitpunkt des Vertragsschlusses nur der Gattung nach bestimmbar, wobei sich diese lediglich mittels der vertraglich vereinbarten Tätigkeit ermitteln lassen wird[164]. Dies ist jedoch unproblematisch. Wie bereits dargestellt, finden auf die Nutzungsrechtseinräumung die §§ 413, 398 ff BGB Anwendung. Aufgrund der entsprechenden Anwendung des § 398 BGB über die Verweisungsnorm des § 413 BGB entfalten die für die Forderungsabtretung entwickelten Grundsätze auch Wirkung für die Einräumung künftiger Nutzungsrechte an urheberrechtlich geschützten Werken.

Im Rahmen des § 398 BGB ist die Übertragbarkeit auch künftiger Forderungen allgemein anerkannt, sofern sie hinreichend bestimmt sind. Die abgetretene künftige Forderung muß dabei wie jeder Verfügungsgegenstand lediglich bestimmbar sein[165], d.h. bei der Vorausabtretung muß die abgetretene künftige Forderung so detailliert bezeichnet werden, daß sie mit Hilfe des Abtretungsvertrages spätestens bei ihrer Entstehung nach Schuldgrund, Inhalt, Umfang und Schuldner zweifelsfrei bestimmt werden kann[166].

bb) Typische Urheberrechtsklauseln in Arbeitsverträgen

Wie bereits dargestellt, steht es den Arbeitsvertragsparteien frei, die Einräumung der Nutzungsrechte, deren Inhalt und Umfang sowie eine etwaige Gegenleistung bereits ausdrücklich im Arbeitsvertrag zu vereinbaren. Die Arbeitsvertragsparteien regeln den Komplex der Nutzungsrechtseinräumung dann beim Abschluß des Vertrages und einigen sich auf eine Vorausverfügung hinsichtlich der Nutzungsrechte an den vom Arbeitnehmerurheber geschaffenen urheberrechtlich geschützten Werken. Im Interesse der Rechts-

---

[162] *Kraßer*, in Fs Schricker 1995, S. 77 (93), *Hauptmann*, S. 88 f, *Zöllner*, in Fs Hubmann, S. 523 (535); *Mathis*, S. 90 f; *Holländer*, S. 119.

[163] *Mathis*, S. 91; *Holländer*, S. 119.

[164] *Kraßer*, in Fs Schricker 1995, S. 77 (93).

[165] *Palandt/Heinrichs*, § 398 Rdnr. 11, 14, S. 461.

[166] BGH, in NJW 1981, S. 816 (817); BGH in NJW 1965, S. 2197 (2197); RG, Urteil vom 05. April 1933, in RGZ 140, S. 232 (251 ff) - Tonfilm.

sicherheit kann den Arbeitsvertragsparteien nur angeraten werden, eine möglichst detaillierte und unmißverständliche Vereinbarung hinsichtlich einer eventuellen Nutzungsrechtseinräumung zu treffen, um die Unsicherheiten, die aus den unterschiedlichen Auffassungen zur stillschweigenden Rechtseinräumung resultieren, aus dem Arbeitsverhältnis herauszuhalten. Zur Anwendbarkeit des Schriftformerfordernisses des § 40 Absatz 1 Satz 1 UrhG im Arbeitsverhältnis siehe oben unter Teil 2 C. III. 1. a) aa) (2).

Zur Veranschaulichung sollen an dieser Stelle einige Urheberrechtsklauseln aus Arbeitsvertragsmustern dargestellt und untersucht werden, wobei es sich um Vertragsmuster aus Wirtschaftszweigen handelt, in denen es regelmäßig zur Erstellung urheberrechtlich geschützter Werke durch die Arbeitnehmer im Rahmen der Erfüllung der Pflichten aus dem Arbeitsverhältnis kommt.

(1) Anstellungsvertrag für Journalistinnen und Journalisten in der Wirtschaft

Der vom Bundesfachausschuß „Journalisten in Wirtschaft und Verwaltung" des Deutschen Journalisten-Verbandes (DJV) erarbeitete „Anstellungsvertrag für Journalistinnen und Journalisten in der Wirtschaft" mit dem Stand Juli 1998[167] enthält unter § 10 ausdrückliche urheberrechtliche Regelungen, die aufgrund der Herkunft dieses Vorschlags naturgemäß eher arbeitnehmerfreundlich sind.

Dort heißt es wie folgt:

> **§ 10: Urheberrecht**
>
> (1) Der/die Journalist/in räumt der Firma für alle Publikationen der Firma das ausschließliche Recht der einmaligen Vervielfältigung und Verbreitung (gegebenenfalls: das räumlich, zeitlich und inhaltlich unbeschränkte Recht) an Beiträgen, die er/sie für die Firma verfaßt hat, unentgeltlich ein.
>
> (2) Alle weiteren Rechte, insbesondere Zweitverwertungsrechte, die von Verwertungsgesellschaften wahrgenommen werden, verbleiben dem/der Journalisten/in.
>
> (3) Der/die Journalist/in räumt für die Dauer des Dienstverhältnisses der Firma unentgeltlich das Recht ein, von ihm/ihr im Rahmen des Dienstverhältnisses für Firmenzwecke verfaßte Beiträge im Selbstverlag zu vervielfältigen und unentgeltlich für Firmenzwecke zu verbreiten. Soweit die Firma solche Beiträge im Selbstzweck kommerziell verwertet, ist der/die Journalist/in mit 50 v.H. am Nettoerlös (Brutto-Einnahmen abzüglich Druckkosten, Vertriebskosten und durch die Verwertung ausgelöste Steuern) zu beteiligen. Soll ein Dritter (Verlag, Rundfunk) mit kommerzieller Vervielfältigung, Ver-

[167] Das vollständige Vertragsmuster ist in der Sammlung Ludwig Delp (Hrsg.) „ Das gesamte Recht der Publizistik, Band 1, 2. Auflage Stand Mai 2000, Ziffer 300 d abgedruckt.

> breitung oder Sendung solcher Beiträge beauftragt werden, so kann die Firma während des Dienstverhältnisses den Abschluß eines Vertrages zwischen dem Dritten und dem/der Journalisten/in als Urheber zu angemessenen Bedingungen, die eine hälftige Beteiligung der Firma vorsehen, verlangen.

Unabhängig davon wie man zu dem Regelungsinhalt, d.h. der Frage, ob die jeweiligen Rechte der Arbeitsvertragsparteien ausgewogen berücksichtigt wurden, steht, was hier auch keiner abschließenden Bewertung unterzogen werden soll, enthält diese Musterregelung nicht sämtliche klärungsbedürftigen Elemente, um die erwünschte Rechtssicherheit für das Arbeitsverhältnis zu erlangen.

So ist in § 10 Absatz 1 des DJV-Mustervertrages der zeitliche sowie inhaltliche Umfang hinsichtlich der Nutzungsrechtseinräumung an Publikationen geregelt, wobei allerdings bei Verwendung der Version ohne den Zusatz in Klammern keine Aussage über die räumliche und zeitliche Reichweite getroffen wurde und auch bei der Version in Klammern keine Vereinbarung über die Befugnis zur Weiterübertragung bzw. Unterlizenzierung enthalten ist. Jedoch regelt Absatz 1 die Frage einer Sondervergütung, in dem er diese für den genannten Bereich ausschließt.

Absatz 2 des § 10 des DJV-Mustervertrages ergibt nur in Verbindung mit der nicht in Klammern gesetzten Version des Absatzes 1 einen Sinn, da ansonsten bereits das inhaltlich unbeschränkte Recht zur Nutzung eingeräumt worden ist und beinhaltet dann ebenfalls eine inhaltliche Ausgestaltung der Nutzungsrechtseinräumung.

Absatz 3 befaßt sich in Satz 1 zunächst bezüglich geschaffener Beiträge mit einer zeitlichen („für die Dauer des Dienstverhältnisses“) sowie einer inhaltlichen Komponente, da eine nicht kommerzielle Verwendung für Firmenzwecke im Selbstverlag vorausgesetzt wird, wobei beides im Zusammenhang mit der Frage einer Sondervergütung für die Nutzungseinräumung steht, die bei Einhaltung der genannten Kriterien nicht geschuldet sein soll. Offen bleibt jedoch die Frage einer Sondervergütung nach Beendigung des Arbeitsverhältnisses sowie die Frage der räumlichen Grenzen. Sofern die Firma die Beiträge nicht im Rahmen des Firmenzwecks, sondern zum Selbstzweck (wobei dies eine mißverständliche Formulierung ist) kommerziell verwertet, schuldet sie dem Arbeitnehmerurheber nach § 10 Absatz 3 Satz 2 des DJV-Mustervertrages eine Sondervergütung. Zur Vermeidung eines „groben Mißverhältnisses“ i.S.d. § 36 UrhG legt der Mustervertrag die Beteiligung des Arbeitnehmerurhebers begrüßenswerter Weise durch eine prozentuale Beteiligung fest, wobei sich über die Höhe, d.h. die Festsetzung einer 50%-igen Beteiligung des Journalisten am Nettoerlös, streiten läßt. Zu berücksichtigen ist dabei jedoch, daß es sich hierbei nach der im Rahmen dieser Untersuchung vertretenen Ansicht um Nutzungsrechte an Pflichtwerken handelt, für die eine Anbietungspflicht mangels Nutzung für betriebliche Zwecke nicht bestünde[168], wenn die ausdrückliche Vereinbarung nicht gegeben wäre, so daß der Arbeitnehmer dem Arbeitgeber grundsätzlich in der Konstellation des Absatzes 3 Satz 2 wie ein freier Urheber gegenübersteht und eine entsprechende Vergütung beanspruchen kann. Unter Berücksichtigung dieser Umstände erscheint die 50%-ige Beteiligung als angemessen.

Schließlich ist die Beteiligungsregelung auch insofern zu begrüßen, als sie hinsichtlich der Beteiligung nicht auf den Bruttoerlös, sondern den Nettoerlös abstellt und die in Abzug zu bringenden Aufwendungen explizit aufführt[169].

(2) Anstellungsvertrag für Graphikdesigner

Der vom Bund Deutscher Graphikdesigner erarbeitete Musteranstellungsvertrag für Graphikdesigner enthält zahlreiche Regelungen im Hinblick auf die Urheberrechte der angestellten Graphikdesigner[170]. Die urheberrechtlich relevanten Regelungen lauten wie folgt:

> **§ 4 Verpflichtungen bei Vertragsbeendigung**
> I. Der Arbeitnehmer verpflichtet sich, beim Ausscheiden sämtliche betrieblichen Arbeitsmittel, Unterlagen und sonstigen Gegenstände, die ihm während seiner Tätigkeit ausgehändigt wurden oder auf andere Weise zugänglich gemacht worden sind, zurückzugeben. Dazu gehören auch selbst angefertigte Aufzeichnungen und Entwürfe.
>
> II. Der Arbeitnehmer ist als Urheber oder Miturheber von bereits veröffentlichten Arbeiten berechtigt, Kopien zum eigenen Bedarf als Muster oder Arbeitsproben anzufertigen. Bei nicht veröffentlichten Arbeiten ist eine derartige Nutzung nur mit schriftlicher Zustimmung des Arbeitgebers gestattet.
>
> III. Sollte sich für nicht veröffentlichte Arbeiten, an denen der Arbeitnehmer als Urheber oder Miturheber mitgewirkt hat, eine Nutzung ergeben, für die die Arbeit nicht geschaffen war, so erhält der Arbeitnehmer eine besondere Nutzungsvergütung. Gleiches gilt für eine Nutzung zu einem anderen als dem vorgesehenen Zweck. Falls über die Höhe dieser Vergütung keine Vereinbarung erzielt wird, gilt die übliche Vergütung im Sinne des § 632 Absatz 2 BGB.

---

[168] Siehe oben unter Teil 2 C. III. 1.

[169] Vgl. insoweit auch Teil 3 D. V. 2. a).

[170] Der vollständige Musteranstellungsvertrag ist sowohl bei *Rainer Schmidt*, Urheberrecht und Vertragspraxis des Grafik-Designers, 1983, Braunschweig, S. 734 ff, als auch bei *Schlecht*, Anhang III, S. 198 ff abgedruckt.

§ 6 Nutzungsrechte

Der Arbeitnehmer räumt dem Arbeitgeber das ausschließliche Recht ein, Werke und Entwürfe, an denen er in Erfüllung seiner vertraglichen Pflichten Urheberrechte und verwandte Schutzrechte (insbesondere sogenannte Leistungsschutzrechte) als Urheber oder Miturheber erworben hat, vom Zeitpunkt der Rechtsentstehung an zu nutzen oder durch Dritte nutzen zu lassen. Dieses zeitlich, räumlich und inhaltlich unbeschränkte Nutzungsrecht umfaßt insbesondere:

a) das Veröffentlichungsrecht (§ 12 UrhG)
b) das Vervielfältigungsrecht (§ 16 UrhG)
c) das Verbreitungsrecht (§ 17 UrhG)
d) das Ausstellungsrecht (§ 18 UrhG)
e) das Vorführungsrecht (§ 19 UrhG)
f) das Recht der Wiedergabe durch Bildträger (§ 21 UrhG)

§ 7 Bearbeitung

Der Arbeitnehmer erteilt zur Bearbeitung, Umgestaltung oder sonstiger Änderung des Werkes seine Einwilligung, wenn damit keine Entstellungen oder andere Beeinträchtigungen verbunden sind.

§ 8 Signierung und Namensnennung

I. Der Arbeitnehmer ist als Urheber oder Miturheber berechtigt, das Werk zu signieren. Der Arbeitgeber kann sein Signum vor dem des Arbeitnehmers anbringen.

II. Ist der Arbeitnehmer Urheber oder Miturheber des Werkes, so kann er bestimmen, ob das Werk mit seiner Urheberbezeichnung zu versehen ist, es sei denn, daß die Urheberbezeichnung nach den besonderen Umständen des Einzelfalls nicht verkehrsüblich ist.

§ 9 Werkstücke

I. Das Eigentum an den Werken des Arbeitnehmers, die er in Erfüllung seiner vertraglichen Pflichten aus dem Arbeitsverhältnis gefertigt hat, geht auf den Arbeitgeber über. Für den Zugang zu den Werkstücken gilt § 25 UrhG.

II. Der Arbeitnehmer kann von den von ihm als Urheber oder Miturheber geschaffenen Werken innerhalb einer Frist von sechs Wochen nach Beendigung des Arbeitsverhältnisses Kopien auf eigene Kosten zu eigenem Gebrauch unter Ausschluß jeglicher anderweitiger Verwendung herstellen oder herstellen lassen.

§ 10 Vergütung

I. Die Einräumung der Nutzungsrechte nach den §§ 6 und 7 ist mit den Bezügen aus dem Arbeitsverhältnis und einer etwaigen Sondervergütung gemäß § 4 sowie § 36 UrhG abgegolten.

II. (...)

Auch dieses Vertragsmuster soll keiner abschließenden Bewertung unterzogen werden. Es werden hier lediglich einige Anmerkungen gemacht. Zunächst ist festzustellen, daß dieses Vertragsmuster eine deutlich detailliertere Regelung der Urheberrechtsfragen enthält als der zuvor dargestellte DJV-Mustervertrag. Der Musteranstellungsvertrag für Graphikdesigner enthält bis auf die Frage der Weiterübertragung oder Unterlizenzierung durch den Arbeitgeber sämtliche klärungsbedürftigen Regelungskomplexe im Bereich des Arbeitnehmerurheberrechts inklusive der Urheberpersönlichkeitsrechte.

So regelt § 4 Absatz 2 i.V.m. § 9 des Musteranstellungsvertrages das Zugangsrecht zum Werkstück bei Vertragsbeendigung sowie die Bedingungen einer Vervielfältigung zum eigenen Bedarf.

§ 4 Absatz 3 Satz 1 des Musteranstellungsvertrages gewährt dem Arbeitnehmerurheber eine urheberrechtliche Sondervergütung nach Beendigung des Arbeitsverhältnisses für den Fall, daß eine zunächst bei Vertragsbeendigung nicht veröffentlichte Arbeit später in einer Art und Weise genutzt wird, für die sie nicht geschaffen wurde. Ebenso erhält der Arbeitnehmerurheber eine urheberrechtliche Sondervergütung nach Vertragsbeendigung, wenn der Arbeitgeber das Werk später zu einem anderen als dem vorgesehenen Zweck nutzt. Zwar sind diese Regelungen in § 4 mit „Verpflichtungen bei Vertragsbeendigung" überschrieben, sie sollten jedoch dahingehend verstanden werden, daß die urheberrechtliche Sondervergütung bei Erfüllung der Voraussetzungen von Absatz 3 Satz 1 und 2 des Musteranstellungsvertrages bereits während der Dauer des Arbeitsverhältnisses zu entrichten ist, wobei die urheberrechtliche Sondervergütung dann nicht erst bei Beendigung des Arbeitsverhältnisses, sondern sofort fällig sein dürfte. Ein überzeugender Sachgrund für eine unterschiedliche Regelung des in Absatz 3 Satz 1 und 2 des Musteranstellungsvertrages genannten Sachverhalts vor und nach Beendigung des Arbeitsverhältnisses besteht nicht. Insoweit ist die Regelung etwas unglücklich formuliert und erzeugt eine unnötige Rechtsunsicherheit in diesem Punkt. Hinsichtlich der Höhe einer etwaigen Sondervergütung ist die Regelung demgegenüber unmißverständlich und verweist bei fehlender Einigung zwischen Arbeitnehmerurheber und Arbeitgeber auf die übliche Vergütung im Sinne des § 632 Absatz 2 BGB.

§ 6 des Musteranstellungsvertrages regelt explizit das Verfügungsgeschäft hinsichtlich der dem Arbeitgeber einzuräumenden Nutzungsrechte an dem vom Arbeitnehmerurheber geschaffenen Pflichtwerk. Der Arbeitnehmer räumt darin das ausschließliche Nutzungsrecht ein, und zwar bereits an den Vorstufen des eigentlichen Werkes, mithin den Entwürfen. Dieses ist ferner zeitlich, räumlich und inhaltlich unbeschränkt, wobei die Aufzählung von a) bis f), wie sich aus der Einleitung „insbesondere“ ergibt, nicht abschließend ist und somit lediglich deklaratorische Wirkung entfaltet.

§§ 7, 8, 9 des Musteranstellungsvertrages regeln urheberpersönliche Belange des Arbeitnehmerurhebers. Während § 7 Musteranstellungsvertrag das Änderungs- und Entstellungsverbot der auch im Arbeitsverhältnis anwendbaren §§ 14, 39 UrhG[171] zu Gunsten des Arbeitgebers entkräftet, normiert § 8 das Recht der Signierung und Namensnennung und § 9 i.V.m. § 4 Absatz 2 das Zugangsrecht an Werkstücken. Während sich § 9 Absatz 1 des Musteranstellungsvertrages im Hinblick auf Pflichtwerke auf das Zugangsrecht während des Arbeitsverhältnisses bezieht, was sich aus einem Vergleich mit der Regelung des § 4 Absatz 2 des Musteranstellungsvertrages ergibt, stellt § 9 Absatz 2 eine Ausschlußfrist für einen Zugang nach Vertragsbeendigung auf und hätte somit systematisch im Rahmen des § 4 Musteranstellungsvertrag geregelt werden sollen, der mit „Verpflichtungen bei Vertragsbeendigung“ überschrieben ist.

§ 10 Absatz 1 des Musteranstellungsvertrages regelt die Frage einer urheberrechtlichen Sondervergütung hinsichtlich der in den §§ 6 und 7 des Musteranstellungsvertrages eingeräumten Nutzungsrechte an Pflichtwerken des Arbeitnehmerurhebers dahingehend, daß vorbehaltlich einer Vergütung gemäß § 4 des Musteranstellungsvertrages sowie einer Beteiligung nach § 36 UrhG eine Abgeltung mit den Bezügen aus dem Arbeitsverhältnis erfolgt.

(3) Vertragsmuster mit Bezugnahmen auf Tarifverträge

Die bisher dargestellten Arbeitsvertragsmuster enthielten eigenständige Regelungen hinsichtlich des Arbeitnehmerurheberrechts, während die nachfolgenden Vertragsmuster auf tarifvertragliche Regelungen Bezug nehmen.

(aa) Anstellungsvertrag für Redakteurinnen und Redakteure an Tageszeitungen bzw. Zeitschriften

Der vom Deutschen Journalisten-Verband, der IG Druck und Papier sowie der DAG erarbeitete Anstellungsvertrag für Redakteurinnen und Redakteure an Tageszeitungen, Stand Juli 1998, sowie der vom Deutschen Journalisten-Verband erarbeitete Anstellungsvertrag für Redakteurinnen und Redakteure an Zeitschriften, ebenfalls Stand Juli 1998, enthalten wortgleich folgende urheberrechtlich relevante Klausel[172]:

---

[171] *Schricker/Rojahn*, § 43 Rdnr. 83 f, S. 704.

[172] Die vollständigen Musterverträge sind in der Sammlung Delp „Das gesamte Recht der Publizistik, Band 1, Stand Mai 2000, 93. Ergänzungslieferung, Ziffer 300 bzw. 300 a abgedruckt.

§ 11: Urheberrecht
I. Es gelten die entsprechenden Bestimmungen des Manteltarifvertrages (...).

II. Besondere Vereinbarungen:......

(bb) Arbeitsvertrag des Senders Freies Berlin

Der im Jahre 2000/2001 aktuelle Standardarbeitsvertrag des Senders Freies Berlin (SFB)[173] beinhaltet keine eigenen Regelungen hinsichtlich der Arbeitnehmerurheberrechte. Er enthält in § 4 des Vertrages lediglich folgende Regelung:

> **§ 4**
> Die beim SFB gültigen tarifvertraglichen Bestimmungen, Dienstvereinbarungen und Dienstvorschriften (Richtlinien, Dienstanweisungen) gelten als Bestandteil dieses Vertrages, soweit nicht ausdrücklich schriftlich etwas Abweichendes vereinbart wird.

(cc) Gründe und Auswirkungen der Bezugnahmen auf Tarifverträge

Zunächst ist anzumerken, daß auf den jeweiligen Inhalt der in Bezug genommenen Tarifverträge im nachfolgenden Teil der Untersuchung eingegangen wird.

(aaa) Sinn und Zweck einer individualvertraglichen Inbezugnahme

Eine Bezugnahme von tarifvertraglichen Regelungen in Individualarbeitsverträgen bietet sich aus verschiedenen Gründen an.

Zunächst ist eine Bezugnahme für die Arbeitsvertragsparteien einfacher als die Aufstellung eigener Regelungen durch eine individuelle Vereinbarung. Ferner haben Tarifverträge, da sie das Produkt paritätischer Verhandlungspartner sind, die Vermutung der Ausgewogenheit und Richtigkeit für sich[174], so daß die Arbeitsvertragsparteien grundsätzlich davon ausgehen können, mit der Inbezugnahme eine für beide Seiten akzeptable Lösung vereinbart zu haben. Darüber hinaus führt die Bezugnahme auf tarifvertragliche Regelungen zu einer Vereinheitlichung der Arbeitsbedingungen im Betrieb, da sowohl die Mitglieder der Tarifvertragsparteien als auch die nicht gewerkschaftlich organisierten Arbeitnehmer denselben Regelungen unterfallen und

---

[173] Der vollständige Standardvertrag ist in der Sammlung der beim SFB geltenden Regelungen, Fach 1100.1, S. 104 abgedruckt.
[174] *Lieb*, § 1 V Rdnr. 116, S. 39.

der Arbeitgeber daher alle Arbeitnehmer unabhängig von ihrer Mitgliedschaft in einer Gewerkschaft gleich behandeln und für die ergänzende Vertragsauslegung das Tarifrecht heranziehen kann[175]. Dies vereinfacht die Arbeitsabläufe im Betrieb, da nicht jeweils überprüft werden muß, ob jemand gewerkschaftlich organisiert ist, so daß der Tarifvertrag mit seinen urheberrechtlichen Regelungen zur Anwendung kommt oder ob die tarifvertraglichen Regelungen auf ihn keine Anwendung finden. Darüber hinaus müßte der Arbeitgeber jeweils informiert werden, wenn es zu einer Veränderung in der gewerkschaftlichen Mitgliedschaft eines seiner Arbeitnehmer kommt, damit er weiß, welche Regelungen für seine Arbeitnehmer Geltung entfalten. Dem steht jedoch die ganz herrschende Meinung entgegen, die die Frage nach der Gewerkschaftszugehörigkeit zumindest im Einstellungsgespräch für unzulässig hält[176].

Auch Einheitsarbeitsverträge würden dieses Problem nicht lösen, zumal die bestehenden Tarifverträge im Hinblick auf die Mitglieder der Tarifvertragsparteien, vorbehaltlich des Günstigkeitsprinzips i.S.d. § 4 Absatz 3 TVG, Anwendungsvorrang vor den Individualarbeitsverträgen genießen. Darüber hinaus wäre eine einheitliche Gestaltung der Arbeitsbedingungen auch insofern nahezu unmöglich, als im Falle der Veränderung der tarifvertraglichen Regelungen eine Anpassung der Regelung in den Einheitsarbeitsverträgen, die für die nicht tarifgebundenen Arbeitnehmer von Bedeutung sind, nur im Wege einer Änderungskündigung möglich wäre. Diese stellt jedoch der Rechtsnatur nach eine echte Kündigung dar und unterfällt ausweislich des § 2 KSchG den Beschränkungen des KSchG. Ferner genießt der Arbeitnehmer auch im Falle einer Änderungskündigung den Sonderkündigungsschutz nach § 9 MuSchG, § 15 SchwbG und §§ 15, 17 KSchG[177].

Speziell für den Fall einer Veränderung der tarifvertraglichen Regelungen wird die Einheitlichkeit der Arbeitsbedingungen im Betrieb allein durch eine dynamische Verweisung auf den jeweils gültigen Tarifvertrag gewährleistet. Zur Frage der Konkurrenz verschiedener Tarifverträge wird auf den Abschnitt (Teil 2 D. I. 2.) dieser Untersuchung verwiesen.

(bbb) Kein Verstoß gegen die negative Koalitionsfreiheit

Die individualvertragliche Inbezugnahme stellt keinen Verstoß gegen die ebenfalls von Art. 9 Absatz 3 Satz 1 GG geschützte individuelle negative

---

[175] *Schaub*, § 208 I 1, Rdnr. 1, S. 2038.

[176] Siehe insoweit *Schaub*, § 26 III 3, Rdnr. 18, S. 188, m.w.N., der die herrschende Meinung jedoch für „kaum zu billigen" hält.

[177] *Schaub*, § 137 I 2, Rdnr. 2, S. 1454; BAG, Urteil vom 10. März 1982, in AP Nr. 2 zu § 2 KSchG 1969.

Koalitionsfreiheit[178], also die Freiheit nicht Mitglied einer Vereinigung von Arbeitgebern oder Arbeitnehmern zur Wahrung und Förderung der Arbeits- und Wirtschaftsbedingungen zu werden, dar.

Dies ergibt sich bereits daraus, daß der Arbeitnehmer durch die individualvertragliche Inbezugnahme nicht gezwungen wird, Mitglied einer Gewerkschaft zu werden, sondern lediglich, als wären sie individualvertraglich ausgehandelt, die tariflichen Regelungen auf das Arbeitsverhältnis angewendet werden. Dies ist eine Ausprägung des Grundsatzes der Vertragsfreiheit. Die Tarifnormen gelten darüber hinaus bei der individualvertraglichen Inbezugnahme zwar unmittelbar, sind jedoch anders als bei einer Tarifbindung durch Mitgliedschaft in einer Tarifvertragspartei abdingbar und haben somit nicht die selbe Schutzwirkung[179].

(ccc)Auswirkungen der individualvertraglichen Inbezugnahme

Da die individualvertraglich in Bezug genommenen tarifvertraglichen Regelungen zwar unmittelbar zur Geltung kommen, jedoch abweichend von § 4 Absatz 1 Satz 1 TVG keine zwingende Wirkung entfalten, wird deutlich, daß die Bezugnahme primär der Vereinheitlichung der Arbeitsbedingungen dient[180].

Von entscheidender Bedeutung für die Auswirkungen der individualvertraglichen Inbezugnahme von Tarifverträgen ist die Frage, ob es sich bei der Verweisung um eine sog. dynamische oder eine sog. statische Verweisung handelt. Eine statische Inbezugnahme des Tarifvertrages ist gegeben, wenn auf einen genau definierten Tarifvertrag mit einem genauen zeitlichen Stand verwiesen wird, während eine dynamische Verweisung den jeweils gültigen Tarifvertrag in Bezug nimmt[181].

---

[178] So das BAG und das BVerfG, die die negative Koalitionsfreiheit aus Art 9 Absatz 3 GG herleiten, da nur dann die Koalitionsfreiheit in vollem Umfang gewährleistet sei, wenn der einzelne sowohl bezüglich seiner Entscheidung, ob er überhaupt einer Koalition beitreten solle, als auch bei der Entscheidung welcher Koalition er beitreten solle, von jeglichem Zwang befreit sei. (BVerfG, Beschluß vom 19. Oktober 1966, in BVerfG E 20, S. 312 (321 f); BVerfG, Beschluß vom 26. Juli 1974, in BVerfG E 44, S. 322 (352); BAG GS, Beschluß vom 29. November 1967, in AP Nr. 13 zu Art. 9 GG).

[179] *Schaub*, § 208 III 5, Rdnr. 17, S. 2041; *Wiedemann/Oetker*, § 3 Rdnr. 226, S. 931.

[180] *Schaub*, § 208 I 1, Rdnr. 1, S. 2038.

[181] Zum Teil wird darüber hinaus zwischen sog. halbdynamischen und volldynamischen Verweisungen differenziert, wobei die halbdynamische den jeweils im fachlichen Geltungsbereich zeitlich geltenden Tarifvertrag in Bezug nimmt, während die volldynamische auf den jeweils für den Betrieb geltenden Tarifvertrag verweist (*Schaub*, § 208 I 3 b, Rdnr. 4, S. 2038).

Welche der Varianten vorliegt, ist durch Auslegung der individualvertraglichen Vereinbarung zu ermitteln. Da die Arbeitsvertragsparteien im allgemeinen eine Vereinheitlichung der Arbeitsbedingungen erreichen wollen, besteht die Auslegungsregel, daß im Zweifel eine dynamische Verweisung gewollt ist[182]. Nur so ist sichergestellt, daß bei einer späteren Veränderung der tarifvertraglichen Regelungen die Vereinheitlichung der Arbeitsbedingungen im Betrieb Bestand hat, da eine statische Verweisung dann eine inzwischen überholte Tarifvertragsversion in Bezug nimmt und somit die Einheitlichkeit der Arbeitsbedingungen aufgehoben wäre.

Folglich sind die hier beispielhaft dargestellten Verweisungsnormen als dynamische Verweisungsnormen einzustufen, so daß sie den jeweils aktuellen Tarifvertrag in Bezug nehmen.

cc) Stillschweigende Regelungen

Häufig werden die Parteien die Nutzungsrechte an den vom Arbeitnehmer im Rahmen des Arbeitsverhältnisses geschaffenen Werken nicht ausdrücklich (weder mündlich noch schriftlich) eingeräumt haben, da insoweit das erforderliche Problembewußtsein in weiten Teilen der Arbeitswelt nicht vorhanden ist.

Haben die Parteien also im Arbeitsvertrag keine urheberrechtlichen Regelungen getroffen, insbesondere das Verfügungsgeschäft nicht vorgenommen, so ist nach nahezu einhelliger Ansicht aufgrund der arbeitsrechtlichen Verpflichtung regelmäßig von einer stillschweigenden Einräumung der Nutzungsrechte auszugehen[183]. Dies ergibt sich aufgrund der bereits dargestellten Sach- und Rechtslage, nach der der Arbeitgeber die Werke zur wirtschaftlichen Verwertung und nicht um ihrer selbst Willen erstellen läßt, und sich zur Verwertung des Werkes die diesbezüglichen Rechte vom Arbeitnehmer übertragen lassen muß. Allein die oben dargestellte schuldrechtliche Verpflichtung des Arbeitnehmers, dem Arbeitgeber die Nutzungsrechte an den geschaffenen Pflichtwerken zu übertragen, nützt dem Arbeitgeber aufgrund des Abstraktionsprinzips nichts. Er bedarf der „quasi-dinglichen" Verfügung.

---

[182] BAG, vom 28. Mai 1997, in AP Nr. 6 zu § 1 TVG - Bezugnahme auf Tarifvertrag.

[183] *Wandtke*, Rdnr. 201 ff, S. 74 f; *Möhring/Nicolini/Spautz*, § 43 Rdnr. 8, S. 455; *Schricker/Rojahn*, § 43 Rdnr. 40; S. 688, m.w.N.; *Fromm/Nordemann/Vinck*, § 43 Rdnr. 3, S. 369; *MünchArbr/Sack*, Band 1 § 102 Rdnr. 12, S. 2115; *Ulmer*, § 95 II 1, S. 402; *Rehbinder*, in RdA 1968, S. 309 (312). Aus der Rechtsprechung: RG, Urteil vom 14. November 1936, in RGZ 153, S. 1 (8); BGH, in GRUR 1952, S. 257 (258) - Krankenhauskartei; BGH, in GRUR 1974, S. 480 (483) - Hummelrechte; KG, in GRUR 1976, S. 264 (265) - gesicherte Spuren.

Diese Ansicht wird schließlich auch von der Begründung des Gesetzgebers des UrhG gestützt, nach der in der Regel bereits aus dem Wesen des Arbeits- und Dienstverhältnisses eine stillschweigende Übertragung der Rechte an den in seiner Erfüllung geschaffenen Werken abgeleitet werden könne[184].

Ergänzend ist darauf hinzuweisen, daß die Anwendbarkeit des § 40 UrhG im Rahmen der stillschweigenden Nutzungsrechtseinräumung keinen anderen Bewertungen unterliegt als im Falle der ausdrücklichen mündlichen Übertragung. Folglich ist auf die dortigen Ausführungen zu verweisen.

b) Kollektivrechtliche Vereinbarungen über die Einräumung von Nutzungsrechten

Neben der individualrechtlichen Ebene besteht im Arbeitsrecht und damit auch im Arbeitnehmerurheberrecht die Möglichkeit kollektiver Regelungen. Zu nennen sind hier in erster Linie der Tarifvertrag und die Betriebsvereinbarung.

An dieser Stelle der Untersuchung soll aufgrund des Sachzusammenhangs mit den individualrechtlichen Möglichkeiten zur Nutzungsrechtseinräumung auch ein kurzer Überblick und eine kurze Darstellung der nach der hier vertretenen Ansicht zulässigen Regelungen in Tarifverträgen gegeben werden. Eine detaillierte Untersuchung der Zulässigkeit der urheberrechtlichen Klauseln in Tarifverträgen sowie die Untersuchung einiger Tarifverträge mit urheberrechtlichen Regelungen erfolgt unten unter (Teil 2 D. II.).

aa) Tarifverträge

Der Anwendungsbereich von Tarifverträgen ist in § 1 Absatz 1 TVG geregelt. Danach regelt ein Tarifvertrag „die Rechte und Pflichten der Tarifvertragsparteien und enthält Rechtsnormen, die den Inhalt, den Abschluß und die Beendigung von Arbeitsverhältnissen sowie betriebliche und betriebsverfassungsrechtliche Fragen ordnen können“. Aufgrund dieser Regelung („Inhalt des Arbeitsverhältnisses“) ist davon auszugehen, daß zumindest alle Gegenstände, die in einem Arbeitsvertrag geregelt werden können auch in einem Tarifvertrag regelbar sind[185], ohne daß eine Deckungsgleichheit besteht[186]. Zum Inhalt des Arbeitsverhältnisses und damit auch zum potentiellen Inhalt

---

184 Amtliche Begründung zu § 43 UrhG, in BT-Drucks. IV/270, S. 62.

185 *Rojahn*, S. 44; *Löwisch/Rieble*, § 1 Rdnr. 41, S. 45. A.A. *Siebert*, in Fs Nipperdey, S. 119 (140).

186 *Wiedemann/Wiedemann*, § 1 Rdnr. 315, S. 468; a.A. BAG, Urteil vom 20. Dezember 1957, in AP Nr. 1 zu § 399 BGB.

des Arbeitsvertrages gehören auch die aus dem Arbeitsverhältnis entstehenden Rechte und Pflichten, so daß nach allgemeiner Ansicht auch urheberrechtliche Regelungen ebenso wie im Arbeitsvertrag im Tarifvertrag getroffen werden können[187]. Umstritten ist dabei in der Literatur, ob auch eine Verfügung über die Urheberrechte in Gestalt der Nutzungsrechtseinräumung, mithin der abstrakte (quasi-dingliche) Teil der rechtsgeschäftlichen Nutzungsrechtseinräumung, bereits im Tarifvertrag selbst vorgenommen werden kann. Nach der hier vertretenen Ansicht ist dies ohne weiteres möglich, wobei hinsichtlich der Begründung auf den ausführlichen Abschnitt über Tarifverträge und Urheberrechte in dieser Untersuchung zu verweisen ist, da dies an dieser Stelle zu weit von der Darstellung der unterschiedlichen Varianten der Nutzungsrechtseinräumung weg führen würde.

bb) Betriebsvereinbarungen

Zunächst zum Begriff der Betriebsvereinbarung i.S.d. § 77 BetrVG: Die Betriebsvereinbarung ist eine schriftliche Vereinbarung zwischen Arbeitgeber und Betriebsrat über Angelegenheiten, die zum Aufgabenbereich des Betriebsrates gehören. Die ganz herrschende Meinung stuft die Betriebsvereinbarung als privatrechtlichen kollektiven Normenvertrag ein, der als „Gesetz des Betriebes" von außen auf die einzelnen Arbeitsverhältnisse einwirkt, und diese gestaltet, ohne daß es auf eine Billigung oder Kenntnis der Vertragsparteien ankommt; es bedarf keiner Anerkennung, Unterwerfung oder Übernahme des Regelungsgehalts der Betriebsvereinbarung durch die Arbeitsvertragsparteien[188]. Die Betriebsvereinbarung ergänzt dabei den lediglich einen Rahmen bildenden Arbeitsvertrag und füllt die Rechte und Pflichten aus bzw. ergänzt diese, geht jedoch nicht in den Einzelarbeitsvertrag ein; sie bestimmt ebenso wie Gesetze oder Tarifverträge den Inhalt des einzelnen Arbeitsverhältnisses als übergeordnete Norm[189].

Dies ergibt sich aus § 77 Absatz 4 Satz 1 BetrVG, der ähnlich wie § 4 Absatz 1 TVG für den Tarifvertrag bestimmt, daß Betriebsvereinbarungen unmittelbar und zwingend gelten, so daß die Betriebsvereinbarung einem „Tarifvertrag auf betrieblicher Ebene" vergleichbar ist.

[187] *Fromm/Nordemann/Vinck*, § 43 Rdnr. 3, S. 369, *Kraßer*, in Fs Schricker 1995, S. 77 (91); *Wandtke*, Rdnr. 243 ff, S. 85 ff; *Rojahn*, S. 43 f; *Meiser*, in NZA 1998, S. 291 (293); *Rehbinder*, in WiB 1994, S. 461 (463 f), *ders.*, § 46 II, Rdnr. 331, S. 257 f, *Herschel*, UFITA Band 94, 1982, S. 35 (41 f); *Riepenhausen*, in RdA 1972, S. 232 (232).

[188] *F/K/H/E*, § 77 BetrVG, Rdnr. 11 ff, S. 978 f; *Stege/Weinspach*, § 77 BetrVG, Rdnr. 27, S. 538; *Schaub*, § 231 II 1, Rdnr. 4; S. 2187 f; BAG, in NZA 1990, S. 351 (353 f).

[189] *Windbichler*, in Fs Zöllner, Band II, S. 999 (1003); *Stege/Weinspach*, § 77 BetrVG, Rdnr. 27, S. 538; BAG, in NZA 1990, S. 351 (353 f).

Daher ist es allgemein anerkannt, daß kollektive urheberrechtliche Regelungen nicht nur in Tarifverträgen, sondern auch in Betriebsvereinbarungen getroffen werden können[190], denn in Betriebsvereinbarungen kann grundsätzlich dasselbe geregelt werden, wie in Tarifverträgen.

(1) Regelungsmacht der Betriebsrats

Betriebsvereinbarungen können jedoch nur über solche Fragen abgeschlossen werden, die zum Aufgabenbereich des Betriebsrates nach dem BetrVG gehören, da das BetrVG die Grundlage für die Tätigkeit des Betriebsrates ist[191].

Die Regelungszuständigkeit des Betriebsrates für urheberrechtliche Fragen ergibt sich nicht aus dem Mitbestimmungskatalog für soziale Angelegenheiten im Sinne des § 87 BetrVG. Die Regelungszuständigkeit ergibt sich vielmehr aus § 88 BetrVG in Gestalt einer freiwilligen Betriebsvereinbarung[192], obwohl sich die urheberrechtlichen Regelungen nicht unter die in § 88 UrhG aufgeführten Beispiele subsumieren lassen. Diese Aufzählung ist jedoch nicht abschließend, wie sich aus dem Einleitungshalbsatz („Durch Betriebsvereinbarungen können insbesondere geregelt werden (...)") ergibt.

Der Unterschied zwischen einer freiwilligen Betriebsvereinbarung und einer solchen nach § 87 BetrVG besteht darin, daß in den Fällen des § 87 BetrVG die Mitbestimmung des Betriebsrates, die in der Regel durch den Abschluß einer Betriebsvereinbarung ausgeübt wird, erzwingbar ist, was bei einer freiwilligen Betriebsvereinbarung, wie der Name schon sagt, nicht der Fall ist. Folglich ist die Macht des Betriebsrates in derartigen Fällen deutlich reduziert.

(2) Einschränkung der Regelungszuständigkeit des Betriebsrats

Die Regelungszuständigkeit des Betriebsrats ist zum Schutze der verfassungsrechtlich in Artikel 9 Absatz 3 GG garantierten Tarifautonomie und der Funktionsfähigkeit der Koalitionen eingeschränkt[193]. Die Tarifpolitik der Verbände soll durch betriebliche Regelungen nicht beeinträchtigt und der Betrieb soll vor einem internen Streit um die materiellen Arbeitsbedingungen

---

[190] *Birk*, in Fs Hubmann, S. 1 (11 f); *Scholz*, S.25 a.E.; *Hauptmann*, S. 95; *Holländer*, S. 110; *Kunze*, in RdA 1975, S. 42 (48); *Ullmann*, in CR 1986, S. 564 (569).

[191] *Schaub*, § 231 II 5, Rdnr. 18 f, S. 2190 f, BAG, Urteil vom 20. Dezember 1957, in AP Nr. 1 zu § 399 BGB.

[192] *Ullmann*, in CR 1986, S. 564 (569); *Birk*, in Fs Hubmann, S. 1 (11); *Holländer*, S. 110; *Gaul*, in CR 1988, S. 841 (846); *ders.*, in RdA 1993, S. 90 (93).

[193] *Waltermann*, in RdA 1996, S. 129 (131); *Belling/Hartmann*, in NZA 1998, S. 673 (676); *Schaub*, § 231 II 5 b), Rdnr. 21, S. 2191; *Säcker*, in RdA 1967, S. 370 (371).

bewahrt werden[194]. § 77 Absatz 3 Satz 1 BetrVG enthält insofern eine ausdrückliche Regelungssperre zum Schutz der Tarifautonomie. Danach können „Arbeitsentgelte und sonstige Arbeitsbedingungen, die durch Tarifvertrag geregelt sind oder üblicherweise geregelt werden, nicht Gegenstand einer Betriebsvereinbarung sein." Dies gilt nach § 77 Absatz 3 Satz 2 BetrVG nicht, wenn ein Tarifvertrag den Abschluß einzelner Betriebsvereinbarungen zuläßt.

Zwischen Verbands- und Firmentarifverträgen wird keine Differenzierung vorgenommen, so daß auch ein Firmentarifvertrag Sperrwirkung entfalten kann[195].

Die Regelungssperre des § 77 Absatz 3 Satz 1 BetrVG gilt in dem räumlichen[196], betrieblichen und fachlichen Geltungsbereich des Tarifvertrages[197] und greift nach zutreffender Ansicht unabhängig von einer tatsächlichen Tarifbindung des Arbeitgebers ein[198]. Dies ergibt sich aus der Überlegung, daß die Funktionsfähigkeit der Tarifautonomie auch dann gestört bzw. gefährdet ist, wenn ein nicht tarifgebundener Arbeitgeber mit dem Abschluß von Betriebsvereinbarungen Regelungen schaffen könnte, die mit den Bestimmungen des Tarifvertrages in Konkurrenz stehen[199]. Durch derartige Regelungen könnte die Tarifautonomie ausgehölt werden, da der Anreiz genommen wird, Tarifverträge abzuschließen, wenn die Materie bereits in einer Betriebsvereinbarung geregelt ist. Die Regelungssperre soll aber gerade verhindern, daß die Normsetzungsbefugnis der Tarifvertragsparteien dadurch ausgehöhlt wird, daß die Betriebspartner ergänzende oder abweichende Betriebsvereinbarungen in einem Bereich schließen, in dem keine Öffnungsklausel gemäß § 77 Absatz 3 Satz 2 BetrVG besteht[200].

---

[194] BAG, Urteil vom 06. März 1958, in AP Nr. 1 zu § 59 BetrVG; BAG, Urteil vom 27. März 1963, in AP Nr. 9 zu § 59 BetrVG; BAG, Urteil vom 08. Dezember 1970 in AP Nr. 28 zu § 59 BetrVG; siehe auch Wiese in RdA 1968, S. 41 (42 f); distanziert: Säcker, in RdA 1967, S. 370 (371).

[195] *Schaub*, § 231 II 5 d), Rdnr. 25, S. 2193.

[196] BAG, Urteil vom 09. Dezember 1997, in AP Nr. 11 zu § 77 BetrVG 1972 - Tarifvorbehalt.

[197] BAG, Urteil vom 01. April 1987, in AP Nr. 64 zu § 613 a BGB; BAG, Beschluß vom 01. Februar 1963, in AP Nr. 8 zu § 59 BetrVG; BAG, Urteil vom 27. Januar 1987, in AP Nr. 42 zu § 99 BetrVG 1972.

[198] BAG, Urteil vom 24. Januar 1996, in AP Nr. 8 zu § 77 BettrVG 1972 – Tarifvorbehalt. Ob eine Regelungssperre besteht, ist in diesen Fällen durch die Überlegung zu ermitteln, in welchen tariflichen Geltungsbereich der Betrieb des Arbeitgebers fiele, wenn eine Tarifbindung des Arbeitgebers vorläge (*Schaub*, § 231 II 5 d), Rdnr. 25, S. 2193).

[199] BAG, Urteil vom 24. Januar 1996, in AP Nr. 8 zu § 77 BetrVG 1972 - Tarifvorbehalt; BAG, Urteil vom 05. März 1997, in AP Nr. 10 zu § 77 BetrVG 1972 - Tarifvorbehalt; A.A. GK-Kreutz, § 77 Rdnr. 83, S. 244; Richardi, § 77 Rdnr. 244, S. 996.

[200] *Schaub*, in ZTR 2000, S. 10 (13); *ders.*, § 231 II 5, Rdnr. 21 ff, S. 2191 ff; *F/K/H/E*, § 77 BetrVG, Rdnr. 61 ff, S. 995 f m.w.N; BAG, in NZA 1999, S. 1059 (1062 f).

Der Umfang der Regelungssperre ist ebenso wie das Verhältnis des § 77 Absatz 3 BetrVG zu § 87 Absatz 1 BetrVG umstritten.

(aa) Vorrang- bzw. Zwei-Schranken-Theorie

Hinsichtlich des Verhältnisses zu § 87 Absatz 1 BetrVG sei, da er wie dargelegt hinsichtlich der Arbeitnehmerurheberrechte keine Anwendung findet nur soviel gesagt: Im Bereich der erzwingbaren Mitbestimmung des § 87 Absatz 1 BetrVG geht die herrschende Ansicht zutreffend vom Anwendungsvorrang des § 87 Absatz 1 BetrVG aus, sog. „Vorrang-Theorie". Nach dieser Auffassung schließt zum Schutz der Arbeitnehmer nur eine bestehende, abschließende tarifliche oder gesetzliche Regelung das Mitbestimmungsrecht des Betriebsrates und damit auch eine Betriebsvereinbarung aus. Die bloße Tarifüblichkeit i.S.d. § 77 Absatz 3 Satz 1 BetrVG reicht demnach für einen Ausschluß nach § 87 Absatz 1 1. Hs. BetrVG nicht[201].

(bb) Umfang der Regelungssperre des § 77 Absatz 3 BetrVG

Nach heute herrschender Ansicht wird die Regelungssperre des § 77 Absatz 3 BetrVG im Interesse eines umfassenden Schutzes der Tarifautonomie weit ausgelegt, so daß sowohl formelle Arbeitsbedingungen, als auch materielle Arbeitsbedingungen, die in einem Tarifvertrag geregelt sind oder üblicherweise geregelt werden, umfaßt sind.

Weiterhin ist umstritten, wann von einer bestehenden Tarifüblichkeit gesprochen werden kann. Tarifüblichkeit liegt unstreitig zumindest dann vor, wenn eine bestimmte Regelung Gegenstand mehrerer hintereinander abgeschlossener Tarifverträge oder eines über längere Zeit abgeschlossenen Tarifvertrages war und für einen objektiven Dritten nicht zu erkennen ist, daß die Tarifvertragsparteien diese Materie in Zukunft nicht mehr regeln wollen. Im Interesse eines effektiven Schutzes der verfassungsrechtlich garantierten Tarifautonomie nimmt die herrschende Meinung eine Tarifüblichkeit bereits bei einer erstmaligen tarifvertraglichen Regelung an, wenn ein Bestreben zur zukünftigen Fortführung dieser tarifvertraglichen Regelung deutlich wird. Keine Tarifüblichkeit besteht demgegenüber, wenn die Tarifvertragsparteien erst beabsichtigen, in Zukunft eine gewisse Materie tarifvertraglich zu regeln,

---

[201] BAG, in NZA 1997, S. 951 (954); BAG, in NZA 1996, S. 531 (532); *Schaub*, in NZA 1998, S. 617 (623). Anders die sog. "**Zwei-Schranken-Theorie**", nach der die mitbestimmungspflichtigen Regelungsgegenstände sowohl dem Eingangssatz des § 87 Absatz 1 BetrVG als auch dem Tarifvorrang im Sinne des § 77 Absatz 3 BetrVG unterfallen (*Hohmeister*, in BB 1999, S. 418 (419); *F/K/H/E*, § 77 BetrVG, Rdnr. 96 ff, S. 1006 f, m.w.N.).

oder bloße Verhandlungen über eine erstmalige tarifvertragliche Regelung geführt haben[202].

cc) Regelungsabrede

Die Einräumung von Nutzungsrechten in einer Regelungsabrede als weiterer Rechtsquelle des kollektiven Arbeitsrechts kommt hingegen nicht in Betracht.

Die Regelungsabrede ist eine formlose vertragliche Vereinbarung zwischen den Betriebspartnern, die ebenso wie die Betriebsvereinbarung nur im Aufgabenbereich des Betriebsrates abgeschlossen werden darf. Im Gegensatz zur Betriebsvereinbarung kommt der Regelungsabrede allerdings keine normative, unmittelbare und zwingende Wirkung auf die Arbeitsverhältnisse zu[203]. Daher kann sie keine Rechte und Pflichten zwischen Arbeitnehmer und Arbeitgeber begründen. Vielmehr bedarf es einer weiteren Umsetzungshandlung durch zulässige arbeitsrechtliche Gestaltungsmittel seitens des Arbeitgebers[204]. Für die Frage, ob eine Betriebsvereinbarung oder eine Regelungsabrede vorliegt ist neben der Auslegung des Geschäftswillens der Betriebspartner dahingehend, ob eine bloße wechselseitige Verpflichtung, oder aber eine normative Beeinflussung der Arbeitsverhältnisse gewollt ist, ergänzend auf die Wahrung der Schriftform gemäß § 77 Absatz 2 Satz 1 und Satz 2 1. Hs. BetrVG abzustellen.

Ob auf die Regelungsabrede ebenfalls die Regelungssperre des § 77 Absatz 3 BetrVG zur Anwendung kommt, ist umstritten. Nach zutreffender Ansicht ist dies jedoch insofern abzulehnen, als Regelungsabreden keine normative Wirkung entfalten und deshalb keine Konkurrenz für Tarifverträge darstellen[205] und folglich nicht die Gefahr der Aushöhlung der Tarifautonomie besteht.

3. Inhalt und Umfang der Nutzungsrechtseinräumung

Hinsichtlich der Feststellung des Inhalts und des Umfangs der Nutzungsrechtseinräumung ist zwischen zwei Konstellationen zu unterscheiden.

---

[202] *Schaub*, § 231 II 5 d), Rdnr. 24, S. 2192 f, *F/K/H/E*, § 77 BetrVG, Rdnr. 80 ff, S. 1001 f; BAG, Urteil vom 23. Oktober 1985, in AP Nr. 33 zu § 1 TVG - Metallindustrie.
[203] *Schaub*, § 231 III 2, Rdnr. 67 f, S. 2202.
[204] *Schaub*, § 231 III 2, Rdnr. 68, S. 2202.
[205] BAG, in NZA 1999, S. 887 (887; 890); *GK-Kreutz*, § 77 BetrVG Rdnr. 114, S. 255 f; *Waltermann*, in RdA 1996, S. 129 (132); *Heinze*, in NZA 1995, S. 5 (6); a.A. *Richardi*, § 77, Rdnr. 277, S. 1002; *Schaub*, § 231 II 5 g), Rdnr. 28, S. 2194, m.w.N.

a) Ausdrückliche Nutzungsrechtseinräumung

aa) Reichweite / Subsidiarität der Zweckübertragungstheorie

Inhalt und Umfang der Nutzungsrechtseinräumung richten sich in erster Linie nach den vertraglichen Vereinbarungen, wobei diese im Arbeits- oder Tarifvertrag oder in einer Betriebsvereinbarung enthalten sein können[206]. Erst wenn derartige Vereinbarungen nicht vorhanden sind, ist auf die in § 31 Absatz 5 UrhG zum Ausdruck kommende sog. „Zweckübertragungstheorie“ abzustellen[207]. Diese Subsidiarität der Zweckübertragungstheorie ergibt sich bereits aus dem Wortlaut des § 31 Absatz 5 UrhG. Dort heißt es:

> „**Sind** bei der Einräumung des Nutzungsrechts die Nutzungsarten, auf die sich das Recht erstrecken soll, **nicht einzeln bezeichnet, so** bestimmt sich der Umfang des Nutzungsrechts nach dem mit seiner Einräumung verfolgten Zweck.“

Insoweit ist jedoch die einschränkende Verweisung des § 43 UrhG zu beachten, nach der auch § 31 Absatz 5 UrhG nur insoweit zur Anwendung kommt, als sich aus dem Inhalt oder dem Wesen des Arbeits- oder Dienstverhältnisses nichts anderes ergibt.

Der Arbeitgeber kann sich rechtswirksam von seinen Arbeitnehmern die Nutzungsrechte inhaltlich, räumlich und zeitlich unbeschränkt einräumen lassen[208], da aufgrund des Vorrangs der vertraglichen Vereinbarung vor der Zweckübertragungslehre der betriebliche Zweck des Arbeitgebers zunächst unerheblich ist. Folglich kann sich der Arbeitgeber in den Grenzen von §§ 242, 138 BGB auch Nutzungsrechte ausdrücklich einräumen lassen, die er für seinen Betrieb überhaupt nicht benötigt[209]. Sittenwidrigkeit i.S.d. § 138 BGB ist erst erreicht, wenn die Regelung gegen das Anstandsgefühl aller billig und gerecht Denkenden verstößt, d.h. wenn nach einem durchschnittlichen Maßstab ein Verstoß gegen die herrschende Rechts- und Sozialmoral vorliegt[210]. Dabei ist auf § 138 BGB erst dann abzustellen, nachdem § 242 BGB

---

[206] *Hauptmann*, S. 90, 104.

[207] *Schlecht*, S. 118 f; *Hauptmann*, S. 100, 104.

[208] Inhaltsgleich sind die Formulierungsvorschlägen in den Formularsammlungen für urheberrechtliche Vertragsklauseln in Arbeitsverträgen. Für Computerprogramme schlägt beispielsweise *Koch*, S. 141, folgende Formulierung vor: „Der Arbeitgeber ist berechtigt, durch den Arbeitnehmer im Rahmen des Arbeitsverhältnisses entwickelte Arbeitsprodukte im Software-Bereich zeitlich und räumlich uneingeschränkt zu nutzen, zu ändern und zu verwerten. Dies gilt für alle Arbeitsprodukte, gleich, ob sie von Leistungsschutzrechten erfaßt werden oder auf welcher Stufe der Software-Entwicklung sie entstehen.“

[209] *Schricker/Rojahn*, § 43 Rdnr. 48, S. 690; *Holländer*, S. 128; *Hauptmann*, S. 104; *Gross*, in CR 1991, S. 95 (97).

[210] *Palandt, Heinrichs*, § 138 Rdnr. 1 ff, S. 118, m.w.N.

herangezogen worden ist[211], denn die Maßstäbe der §§ 138, 242 BGB stimmen nicht überein. Der Maßstab der guten Sitten in § 138 BGB ist enger als der von Treu und Glauben in § 242 BGB, denn Sittenwidrigkeit ist immer zugleich ein Verstoß gegen den Grundsatz von Treu und Glauben, umgekehrt ist aber nicht jede Treuwidrigkeit zugleich ein Verstoß gegen die guten Sitten[212].

Die Zweckübertragungslehre kommt jedoch auch bei ausdrücklichen Vereinbarungen über die Nutzungsrechtseinräumung zur Anwendung, wenn die vertragliche Nutzungsrechtseinräumung mehrdeutig oder nicht detailliert genug ist, weil die Vertragspartner beispielsweise die Nutzungsarten, auf die sich das Recht erstrecken soll, nicht einzeln bezeichnet haben und somit eine Auslegung der Verträge erforderlich wird[213].

bb) Auslegung von Tarifverträgen

Bei der Auslegung von Tarifverträgen sind insoweit einige Besonderheiten zu berücksichtigen, die ihren Grund in der Rechtsnatur des Tarifvertrages haben[214].

Tarifverträge weisen eine Doppelnatur auf, da sie einerseits schuldrechtliche und andererseits normative Elemente beinhalten, § 1 Absatz 1 TVG. Bei den schuldrechtlichen Elementen handelt es sich um die Vereinbarungen, die Rechte und Pflichten unmittelbar zwischen den Tarifvertragsparteien begründen und deren Rechtsbeziehungen zueinander gestalten. Demgegenüber besteht der normative Teil in denjenigen Regelungen, die gemäß § 3 Absatz 1 TVG den Mitgliedern der Tarifvertragsparteien gegenüber nach § 4 Absatz 1 Satz 1 TVG unmittelbare und zwingende Geltung entfalten, indem sie Rechtsnormen für die Arbeitsverhältnisse aufstellen. Diese Differenzierung wird bereits in der Definition des Tarifvertrages durch *Nipperdey*[215] deutlich. Danach ist ein Tarifvertrag „der schriftliche Vertrag zwischen einem oder mehreren Arbeitgebern oder Arbeitgeberverbänden und einer oder mehreren Gewerkschaften zur Regelung von arbeitsrechtlichen Rechten und Pflichten der Tarifvertragsparteien (schuldrechtlicher Teil) und zur Festsetzung von Rechtsnormen über Inhalt, Abschluß und Beendigung von Arbeitsverhältnissen sowie betriebliche und betriebsverfassungsrechtliche Fragen und gemeinsame Einrichtungen der Vertragsparteien (normativer Teil)".

---

[211] *Palandt, Heinrichs*, § 138, Rdnr. 14, S. 119.
[212] BAG, in NJW 1964, S. 1543 (1543).
[213] *Schricker/Rojahn*, § 43 Rdnr. 50, S. 690;
[214] *Schaub*, in NZA 1994, S. 597 ff.
[215] *Hueck/Nipperdey*, Band II, § 12 I 1, S. 207.

Diese Differenzierung zwischen dem schuldrechtlichen Teil als einem gegenseitigen schuldrechtlichen Vertrag mit einem arbeitsrechtlichen Inhalt und seinem normativen Teil als einem für Dritte rechtsverbindlichen zweiseitigen Normenvertrag[216], den die herrschende Ansicht als Gesetz im materiellen Sinne einstuft, führt zu unterschiedlichen Auslegungsmethoden.

Während der schuldrechtliche Teil eines Tarifvertrages wie ein sonstiger zivilrechtlicher Vertrag entsprechend den zu §§ 133, 157 BGB entwickelten Grundsätzen auszulegen ist, erfolgt die Auslegung des normativen Teils entsprechend den Grundsätzen der Gesetzesauslegung, mithin nach objektiven Kriterien[217].

Bei den im Rahmen dieser Untersuchung im Mittelpunkt stehenden urheberrechtlichen Klauseln in Tarifverträgen handelt es sich, da diese auch bei einem Firmentarifvertrag nicht die Rechtsbeziehungen zwischen den Tarifvertragsparteien, sondern vielmehr die Rechte der Arbeitnehmer als Mitgliedern der Tarifvertragspartei und dem Arbeitgeber regeln, um normative Elemente des Tarifvertrages. Folglich ist die Auslegung etwaiger urheberrechtlicher Klauseln in Tarifverträgen entsprechend den objektiven Grundsätzen der Gesetzesauslegung vorzunehmen.

Dabei ist nach der Rechtsprechung des BAG zunächst vom Wortlaut der jeweiligen Tarifvertragsnorm auszugehen[218], wobei der allgemeine Sprachgebrauch zugrunde zu legen ist. Bei der Verwendung von Rechtsbegriffen ist demgegenüber anzunehmen, daß die Tarifvertragsparteien sie in ihrer speziellen rechtlichen Bedeutung verwenden wollten.

Nach dem Wortlaut kann nach der Rechtsprechung des BAG der Gesamtzusammenhang des Tarifvertrages herangezogen werden, wobei eine feste Prüfungsreihenfolge seit der Entscheidung vom 12. September 1984 nicht mehr besteht[219]. Bei der Untersuchung des Gesamtzusammenhangs ist als Indiz auf die Verwendung der jeweiligen Begriffe in anderen Wortzusammensetzungen

---

[216] *Schaub*, § 198 III 1, Rdnr. 16, S. 1935.

[217] *Schaub*, in NZA 1994, S. 597 (598).

[218] Zur Reihenfolge der Auslegungskriterien siehe zunächst die Entscheidung des BAG, Urteil vom 26. April 1966, in AP Nr. 117, zu § 1 TVG – Auslegung. Darin stellte das BAG folgende Reihenfolge für die Auslegungskriterien auf: Tarifwortlaut, Tarifzusammenhang, Tarifgeschichte und Tarifübung, Entstehungsgeschichte des konkreten Tarifvertrages sowie an letzter Stelle die Anschauung der beteiligten Berufskreise zur Zeit der Entstehung des konkreten Tarifvertrages. Später hat das BAG festgestellt, daß bis auf den Ausgangspunkt des Wortlautes kein Zwang zu einer festen Prüfungsreihenfolge bestehe. BAG, Urteil vom 12. September 1984, in AP Nr. 135 zu § 1 TVG – Auslegung. Diese Rechtsprechung hat sich seit dieser Entscheidung zu einer ständigen Rechtsprechung des BAG entwickelt (vgl. BAG, Urteil vom 23. Februar 1994, in AP Nr. 2 zu § 1 TVG – Tarifverträge: Kirchen).

[219] BAG, Urteil vom 12. September 1984, in AP Nr. 135 zu § 1 TVG – Auslegung.

oder anderen Regelungen des Tarifvertrages abzustellen[220]. Hierbei ist jedoch zu beachten, daß derselbe Begriff keinesfalls zwingend die selbe Bedeutung haben muß[221].

Wenn auch die Berücksichtigung des Gesamtzusammenhangs des Tarifvertrages kein eindeutiges Auslegungsergebnis erbracht hat, kann ferner die tarifvertragliche Zwecksetzung, wie sie aus dem Gesamtzusammenhang des Tarifvertrages deutlich wird, herangezogen werden. Dies entspricht der teleologischen Auslegung von Gesetzen.

Ein weiteres Auslegungskriterium ist die Tarifgeschichte, verbunden mit einer etwaigen tariflichen Übung[222].

Schließlich sind Tarifverträge stets verfassungs- und gesetzeskonform auszulegen[223]. Im Arbeitnehmerurheberrecht kommt somit die Besonderheit hinzu, daß sich die Auslegung von mehrdeutigen Regelungen auch an der in § 31 Absatz 5 UrhG zum Ausdruck kommenden Zweckübertragungstheorie auszurichten hat[224].

b) Konkludente Nutzungsrechtseinräumung

Sind Inhalt und Umfang der Nutzungsrechtseinräumung nicht mittels eines der vorgenannten Rechtsinstitute ausdrücklich und detailliert vereinbart worden, so ist hinsichtlich der Ermittlung des Inhalts und Umfangs auf die in § 31 Absatz 5 UrhG zum Ausdruck kommende Zweckübertragungstheorie abzustellen. Bei einer derartigen konkludenten Nutzungsrechtseinräumung kommt § 31 Absatz 5 UrhG die größte Bedeutung zu, da naturgemäß deren Inhalt und Umfang gar nicht benannt sein können.

aa) Zweckübertragungstheorie

Das Urheberrecht bzw. die aus ihm resultierenden Nutzungsrechte haben im Anwendungsbereich des § 43 UrhG anders als im Bereich des § 69 b UrhG sowie des § 89 Absatz 1 UrhG[225] die Tendenz soweit wie möglich beim

---

[220] *Schaub*, § 198 III 3 c), Rdnr. 25, S. 1937.
[221] Vgl. in diesem Zusammenhang die Ausführungen oben unter Teil 2 C. II. 1. b) cc).
[222] BAG, Urteil vom 15. September 1971, in AP Nr. 15 zu § 611 BGB - Bergbau; BAG, Urteil vom 25. August 1982, in AP Nr. 2 zu § 1 TVG - Tarifliche Übung.
[223] BAG, Urteil vom 21. Januar 1987, in AP Nr. 47 zu Art. 9 GG, sowie BAG, Urteil vom 21. Juli 1993, in AP Nr. 144 zu § 1 TVG - Auslegung.
[224] OLG Hamburg, in GRUR 1977, S. 556 (558) – Zwischen Marx und Rothschild.
[225] *Schricker/Katzenberger*, § 89 Rdnr. 2 f, S. 1421 f; *Fromm/Nordemann/Hertin*, § 89 Rdnr. 10, 13, S. 616, der darauf hinweist, daß § 89 Absatz 1 UrhG eine Auslegungsregel zugunsten des Filmherstellers enthält, damit die Verwertung ungestört erfolgen kann.

Urheber zu verbleiben[226]. Diese Tendenz wird durch die Zweckübertragungstheorie i.S.d. § 31 Absatz 5 UrhG bestätigt.

Wonach bemißt sich nun dieser mit der „Einräumung verfolgte Zweck" i.S.d. § 31 Absatz 5 UrhG?

Es besteht weitgehend Einigkeit dahingehend, daß sich der Zweck am Betrieb des Arbeitgebers orientiert. Denn sofern nichts anderweitiges bestimmt ist, muß der Arbeitnehmer beim Abschluß des Arbeitsvertrages lediglich mit der Nutzung der von ihm geschaffenen Werke im Rahmen des Betriebes rechnen, in dessen Organisation er eingegliedert ist[227]. Allein diesen Betrieb kann er überblicken. Demgegenüber kann dem Arbeitnehmer aufgrund der oft unübersichtlichen gesellschaftsrechtlichen Verflechtungen nicht zugemutet werden, sämtliche für ihn undurchsichtigen Unternehmensbeteiligungen mit deren oft höchst unterschiedlichen Unternehmenszwecken zu ermitteln. Noch weniger kann erwartet werden, daß ihm sämtliche konzernrechtlichen Verbindungen mit sämtlichen wirtschaftlichen Zielsetzungen bei Vertragsschluß bekannt sein konnten oder er sich diese Kenntnis verschafft. Darüber hinaus wären sonst diejenigen Arbeitnehmer, die in einem Unternehmen mit mehreren Betrieben mit unterschiedlichen betrieblichen Zwecken tätig sind schlechter gestellt, als die in einem kleinen einzelnen Betrieb beschäftigten, denn die wirtschaftlichen Zwecke und Tätigkeitsbereiche wären bei einem solchen Unternehmen i.d.R. deutlich weiter gefächert.

Folglich sind diejenigen Nutzungsrechte als dem Arbeitgeber konkludent eingeräumt anzusehen, die er für seine betrieblichen Zwecke benötigt[228], wobei der Betrieb, in dem der Arbeitnehmer beschäftigt ist maßgeblich ist. Dem Arbeitgeber werden bei der konkludenten Nutzungsrechtseinräumung die Nutzungsrechte mithin nur in dem Umfang eingeräumt, in dem er sie für die betriebliche wirtschaftliche Auswertung des Werkes benötigt. Somit entscheidet der betriebliche Zweck, also der betriebliche wirtschaftliche Tätigkeitsbereich, mangels ausdrücklicher, oder wie oben dargelegt, mangels eindeutiger Regelung über die Nutzungsart i.S.d. § 31 Absatz 1 Satz 1 UrhG, den Umfang der Nutzungsrechtseinräumung, also über die Einräumung eines ausschließlichen oder eines einfachen Nutzungsrechtes i.S.d. § 31 Absatz 1 Satz 2 UrhG sowie über sonstige Beschränkungen in räumlicher, zeitlicher und inhaltlicher

---

226 OLG München, in NJW-RR 2000, S. 1574 (1575) – Literaturhandbuch; *Vinck*, S. 7.

227 *Rehbinder*, § 46 II 2 a, Rdnr. 332, S. 259; *Fromm/Nordemann/Vinck*, § 43 Rdnr. 3, S. 370; KG, in GRUR 1976, S. 264 (265) – Gesicherte Spuren.

228 *Fromm/Nordemann/Vinck*, § 43 Rdnr. 3, S. 370; *Schricker/Rojahn*, § 43 Rdnr. 51, S. 691; *Wandtke*, Rdnr. 206, S. 76; *Hauptmann*, S. 104 f; *Scholz*, S. 38 f; *Schack*, § 29 V 2, Rdnr. 983, S. 439; *Ulmer*, § 95 III 2, S. 405. Aus der Rechtsprechung: BGH, in GRUR 1974, S. 480 (482) - Hummelrechte; KG, in GRUR 1976, S. 264 (265) - Gesicherte Spuren; OLG Hamburg, in GRUR 1977, S. 556 (558 f) - Zwischen Marx und Rothschild.

Hinsicht i.S.d. § 32 UrhG[229]. Schließlich entscheidet der betriebliche Zweck auch über die Befugnis des Arbeitgebers, die eingeräumten Nutzungsrechte gemäß § 34 UrhG an Dritte weiter zu übertragen oder Unterberechtigungen i.S.d. § 35 UrhG einzuräumen.

Während hinsichtlich der Frage, welche Nutzungsarten, mithin welche konkrete, technisch und wirtschaftlich eigenständige Verwertungsform des Werkes[230], stillschweigend übertragen worden ist, keine vom konkreten Betriebszweck losgelösten Ausführungen gemacht werden können, ist dies hinsichtlich der Frage, ob sonstige Beschränkungen vorliegen anders.

(1) Ausschließliches oder einfaches Nutzungsrecht

Auch bei fehlender ausdrücklicher Regelung ist von der Einräumung eines ausschließlichen Nutzungsrechts gemäß § 31 Absatz 3 UrhG durch den Arbeitnehmerurheber auszugehen[231]. Dies ergibt sich zunächst aus der Überlegung, daß das Arbeitsergebnis allein dem Arbeitgeber gebührt und der Arbeitnehmer im Rahmen der arbeitsvertraglichen Pflichten seine Arbeitskraft im Zweifel ausschließlich seinem Arbeitgeber zur Verfügung stellt[232]. Ferner ist ein einfaches Nutzungsrecht zur betrieblichen wirtschaftlichen Verwertung insofern nicht ausreichend, als der Arbeitnehmer auch Dritten diese Nutzungsrechte rechtswirksam einräumen könnte. Dies wäre unbillig, da der Arbeitgeber das Betriebs- und das Wirtschaftsrisiko, mithin die Kosten und das Risiko der erfolgreichen Werkverwertung trägt und daher wenigstens die Gewißheit haben muß, als einziger über das Nutzungsrecht an dem jeweiligen Werk zu verfügen.

(2) Beschränkungen in zeitlicher oder räumlicher Hinsicht

Sofern ausdrückliche Regelungen nicht vorhanden sind, bemessen sich etwaige Beschränkungen der eingeräumten Nutzungsrechte in zeitlicher oder räumlicher Hinsicht ebenfalls nach der Zweckübertragungstheorie.

---

[229] *Fromm/Nordemann/Hertin*, Vor. § 31 Rdnr. 5, S. 238 f und §§ 31/32, Rdnr. 24, S. 300.

[230] BGH, in GRUR 1997, S. 464 (465) – CB-Infobank II; BGH, in GRUR 1995, S. 212 (213 f) – Videozweitauswertung III; *Fromm/Nordemann/Hertin*, §§ 31, 32, Rdnr. 6, S. 288.

[231] *Schack*, § 29 V 2, Rdnr. 983, S. 439; *Rehbinder*, § 46 II 2 b, Rdnr. 333, S. 260; *ders.* in WiB 1994, S. 461 (464); *Rojahn*, S. 55; *Schricker/Rojahn*, § 43, Rdnr. 45, S. 689; *Däubler*, in ArbuR 1985, S. 169 (172); *Kolle*, in GRUR 1985, S. 1016 (1022); *MünchArbR/Sack*, Band 1 § 102, Rdnr. 18, S. 2117; *Holländer*, S. 143 f; *Löffler*, in Löffler, UrhRBT, Rdnr. 137, S. 1393; *Megede*, Rdnr. 78, S. 44 f; *Mathis*, S. 113 f; *Vinck*, S. 32; OLG Koblenz, in BB 1983, S. 992 (993 f).

[232] *Rehbinder*, in WiB 1994, S. 461 (464).

Zunächst zur zeitlichen Reichweite der konkludenten Nutzungsrechtseinräumung.

Im Zweifel ist nicht davon auszugehen, daß die Einräumung des Nutzungsrechts auf die Dauer des Arbeitsverhältnisses beschränkt ist, so daß der Arbeitgeber auch nach Beendigung des Arbeitsverhältnisses zur Ausübung der Nutzungsrechte in dem eingeräumten Umfang berechtigt ist[233]. Dies ergibt sich in erster Linie aus dem Charakter des Arbeitsverhältnisses als einem auf den Austausch von Arbeit und Entgelt gerichteten schuldrechtlichen Austauschverhältnisses. Der Arbeitgeber beschäftigt den Arbeitnehmer nicht um seiner selbst Willen sondern um gegen ein monatliches Entgelt für die Erschaffung der Arbeitsergebnisse diese (also die Pflichtwerke) wirtschaftlich zu verwerten. Der Arbeitgeber trägt dabei das Risiko des Erfolges der wirtschaftlichen Verwertung, während der Arbeitnehmer unabhängig von der Verwertbarkeit der von ihm geschaffenen Werke sein Entgelt erhält. Es kann dem Arbeitgeber nicht auch noch das Risiko zugemutet werden, im Falle einer Kündigung durch den Arbeitnehmer oder einer vom Arbeitnehmer verursachten arbeitgeberseitigen Kündigung, die Nutzungsrechte zu verlieren, zumal er womöglich schon erhebliche Investitionen in die Nutzung des Werkes getätigt hat[234]. Es wäre für den Arbeitgeber zu keinem Zeitpunkt möglich,

[233] *Rehbinder*, § 46 II 2 c, Rdnr. 333, S. 260; *ders.*, in WiB 1994, S. 461 (464); *Kraßer*, in Fs Schricker 1995, S. 77 (97); *Scholz*, S. 70; *Kolle*, in GRUR 1985, S. 1016 (1022); *MünchArbR/Sack*, Band 1 § 102, Rdnr. 21, S. 2118; *Mathis*, S. 122; *Schlecht*, S. 119, m.w.N; *Holländer*, S. 140 ff; siehe auch zum vergleichbaren schweizerischen Recht: *Rickenbach*, in UFITA Band 139, 1999, S. 233 (249); BAG, in GRUR 1984, S. 429 (432) – Statikprogramme; OLG Koblenz, in BB 1983, S. 992 (993 f). A.A. Koch, Urheberrechte an Computerprogrammen sichern, Rdnr. 25, S. 28; wenn auch zurückhaltend: *Samson*, in Fs Roeber 1973, 547 (553); *Schwab*, in ArbuR 1993, S. 129 (135); Wandtke, Rdnr. 226 ff, S. 82 f, der die Auffassung vertritt, daß mit Beendigung des Arbeitsverhältnisses auch die Einräumung der Nutzungsrechte ende. Ebenso wie der Arbeitgeber die Nutzungsrechte erst durch das den Arbeitsvertrag begleitende Verfügungsgschäft erwerbe, sei ihm nach Beendigung der rechtliche Boden entzogen, es sei denn es liege eine gegenteilige Vereinbarung oder eine anderweitige gesetzliche Regelung wie z.B. § 69 b Absatz 1 UrhG vor. Eine fristlose Beendigung des Arbeitsverhältnisses führe jedoch nicht zwingend zu einer ebenfalls fristlosen Beendigung des urheberrechtlichen Nutzungsrechts. Die hier vertretene Ansicht verkenne den Unterschied zwischen Sacheigentum und geistigem Eigentum. Die Einschränkung des Urheberrechtes durch den Inhalt oder das Wesen des Arbeitsverhältnisses i.S.d. § 43 UrhG führe nicht zu einer Reduktion des Urheberrechtsschutzes, welcher über die Beendigung des Arbeitsverhältnisses hinaus fortdauere. Die urheberrechtlich relevante Nutzung nach Beendigung des Arbeitsverhältnisses bedürfe deshalb der Zustimmung des Urhebers sowie einer entsprechenden Vergütungsregelung. Lediglich in den Fällen, in denen eine Abgeltung der Nutzung der Werke nach Beendigung des Arbeitsverhältnisses vereinbart worden ist, sei von einer zeitlich unbeschränkten Rechtseinräumung auszugehen. Gegen die Annahme einer zeitlich unbeschränkten Nutzungsrechtseinräumung spricht sich auch *Dietz*, in ZUM 2001, S. 276 (281), aus.

[234] Vgl. insoweit auch *Schlecht*, S. 119.

die wirtschaftliche Lage des Betriebes zu überblicken, da er jederzeit mit einer Kündigung des Arbeitnehmerurhebers rechnen müßte. Eine ungerechtfertigte Behinderung des beruflichen Fortkommens des Arbeitnehmerurhebers besteht darin nicht, da er ohne weiteres mit seinem Wissen und seinen Fähigkeiten in den Grenzen eines eventuellen nachvertraglichen Wettbewerbsverbotes bei einem neuen Arbeitgeber vergleichbare Werke erstellen kann[235]. Vielmehr liegt eine verläßliche wirtschaftliche Planung der betrieblichen Zukunft auch im Interesse des Arbeitnehmerurhebers, da diese die Erhaltung seines Arbeitsplatzes bedeutet.

Schließlich müßte der Arbeitgeber auch bei in sonstiger Art und Weise, d.h. nicht auf den Zeitpunkt der Beendigung des Arbeitsverhältnisses bezogen, befristet eingeräumten Nutzungsrechten bei deren Ablauf befürchten, daß der Arbeitnehmer die Nutzungsrechte nicht verlängert und das Arbeitsverhältnis beendet[236], weil womöglich die Konkurrenten des Arbeitgebers höhere Entgelte in Aussicht stellen. Auch dies würde eine verläßliche wirtschaftliche Zukunftsplanung nahezu unmöglich machen. Der Arbeitgeber würde nie wissen, welcher Zeitraum ihm zur Verwertung und damit zur Gewinnerzielung verbleibt. Daß eine derartige Befristung entsprechend dem Grundsatz der Vertragsfreiheit gemäß § 32 UrhG ausdrücklich vereinbart werden kann, ist unbestritten. Sie entspricht jedoch nicht der ausgewogenen Berücksichtigung der beiderseitigen Interessen bei einer fehlenden ausdrücklichen Regelung.

Soweit dem hier gefundenen Ergebnis entgegengehalten werden sollte, daß dem Arbeitnehmer bei der stillschweigenden Rechtseinräumung ein so weitgehender Wille – Nutzungsrechtseinräumung ohne Sondervergütung auch nach Beendigung des Arbeitsverhältnisses – nicht unterstellt werden könne[237], liegt dem ein grundsätzliches Fehlverständnis zugrunde. Es geht an dieser Stelle nicht darum, eine Auslegung der konkludenten Willenserklärung und damit die Ermittlung des erkennbaren Willens des Arbeitnehmers vorzunehmen. Vielmehr stellt sich die im Zweifel zeitlich unbeschränkte Nutzungsrechtseinräumung als Folge der eingeschränkten Anwendbarkeit des UrhG entsprechend dem „Inhalt oder Wesen des Arbeitsverhältnisses“ im Sinne des § 43 UrhG dar, nach dem die Besonderheiten des Arbeitsverhältnisses zu berücksichtigen sind.

Schließlich werden Unbilligkeiten in finanzieller Hinsicht durch einen Anspruch des Arbeitnehmers aus § 36 UrhG ausgeglichen, der insbesondere bei sehr kurzen Arbeitsverhältnissen zur Anwendung kommen kann, da sich mit der kurzen Zeitspanne des Erhalts von Arbeitsentgelt das grobe Mißver-

---

[235] So auch *Kolle*, in GRUR 1985, S. 1016 (1022).
[236] *Schlecht*, S. 119; *Mathis*, S. 122 f.
[237] Darauf weist auch *Schwab*, in ArbuR 1993, S. 129 (135), hin.

hältnis zu den Erträgnissen aus der Nutzung des Werkes i.S.d. § 36 Absatz 1 UrhG begründen läßt[238].

Das dem Arbeitgeber eingeräumte Nutzungsrecht ist nach der vorherrschenden Ansicht in der Regel auch räumlich unbeschränkt[239]. Dies soll sogar gelten, wenn das Tätigkeitsgebiet des Arbeitgebers in räumlicher Hinsicht beispielsweise auf das Inland oder einen Teil des Inlandes beschränkt ist, da die räumliche Ausdehnung des Tätigkeitsgebietes und die grenzüberschreitende Vermarktung zur Dispositionsfreiheit des Arbeitgebers gehörten[240]. Insoweit wird man aber eine Einschränkung dahingehend machen müssen, daß eine von vornherein räumlich unbeschränkte Nutzungsrechtseinräumung nur bei international operierenden Betrieben anzunehmen ist, und daß im übrigen eine Ausdehnung des Betriebszwecks eines bisher räumlich begrenzt oder nur national agierenden Betriebes, beispielsweise auf das Ausland, für den Arbeitnehmerurheber vorhersehbar gewesen sein muß. Insoweit sind die zur Änderung des Betriebszwecks unter Teil 2 C. III. 3. b) bb) aufgestellten Grundsätze anzuwenden.

(3) Befugnis des Arbeitgebers zur Weiterübertragung und Unterlizenzierung

Sowohl die Übertragung der Nutzungsrechte durch den Arbeitgeber auf einen Dritten bedarf nach § 34 Absatz 1 Satz 1 UrhG der Zustimmung des Urhebers als auch bei einem eingeräumten ausschließlichen Nutzungsrecht die Einräumung eines einfachen Nutzungsrechtes durch Lizenzerteilung nach § 35 Absatz 1 Satz 1 UrhG. Diese Regelungen dienen dem Schutz des selbständigen Urhebers in materieller und immaterieller Hinsicht. Dieser ist im Falle des angestellten und damit sozial abgesicherten Urhebers nicht in demselben Maße von Bedeutung was zu einer abweichenden Interpretation der Normen führen könnte, zumal gemäß § 43 UrhG „Inhalt oder Wesen des Arbeitsverhältnisses“ zu berücksichtigen sind.

Dennoch kann auch der Arbeitgeber die genannten Verfügungen grundsätzlich nur mit Zustimmung des Arbeitnehmerurhebers vornehmen, da auch bei diesem, wenn vielleicht auch nicht in einem so bedeutenden Ausmaß, materielle oder immaterielle Interessen berührt sein können[241]. Wenn die Zustim-

---

[238] Im Ergebnis ebenso: *Hauptmann*, S. 114.

[239] *Kolle*, in GRUR 1985, S. 1016 (1022); *Schlecht*, S. 119; *Mathis*, S. 123; *Holländer*, S. 140 ff.

[240] *Kolle*, in GRUR 1985, S. 1016 (1022).

[241] *Rehbinder*, § 46 II 2 d, Rdnr. 334, S. 261; *ders.*, in WiB 1994, S. 461 (465); *Schricker/Rojahn*, § 43 Rdnr. 56, S. 693 m.w.N.; *Fromm/Nordemann/Vinck*, § 43 Rdnr. 3, S. 371; *Bollack*, in GRUR 1976, S. 74 (77); *Vinck*, S. 78, der als Beispiel für ein immaterielles

mung zu diesen Verfügungen nicht arbeitsvertraglich geregelt ist, kommt eine stillschweigende Zustimmung in Betracht. In Anwendung der Zweckübertragungstheorie ist von einer stillschweigenden Zustimmung des Arbeitnehmerurhebers auszugehen, wenn die Weiterübertragung der Nutzungsrechte an Dritte bzw. die Unterlizenzierung vom Betriebszweck erfaßt wird oder für diesen sogar typisch ist[242].

bb) Veränderungen des betrieblichen Zwecks

Während der Dauer eines unter Umständen Jahrzehnte andauernden Arbeitsverhältnisses kann sich der Betriebszweck verändern, wobei sowohl eine bloße Erweiterung, beispielsweise durch technischen Fortschritt, als auch ein grundlegender Austausch der betrieblichen Zwecke denkbar ist. Insoweit können sich für den Betrieb neue Verwertungsmöglichkeiten ergeben, die zum Zeitpunkt des Vertragsschlusses von beiden Seiten oder zumindest von Seiten des Arbeitnehmers nicht vorauszusehen waren.

Die Handhabung dieser Situationen ist, soweit ersichtlich, bisher nicht zufriedenstellend geklärt; eine eindeutig vorherrschende Ansicht ist nicht erkennbar. Fraglich ist, ob eine Veränderung des Betriebszwecks bezüglich der zuvor geschaffenen Werke eine zusätzliche Nutzungsrechtseinräumung durch den Arbeitnehmerurheber erforderlich macht.

Vinck[243] geht im Interesse der Konkurrenzfähigkeit des Arbeitgebers davon aus, daß Veränderungen grundsätzlich üblich und vorhersehbar sind, so daß die Nutzungsrechte als stillschweigend übertragen gelten, sofern der Arbeitgeber nicht in eine andere Branche einsteigt. Steige der Arbeitgeber in eine andere Branche ein oder erweitere er den Betriebszweck um eine andere Branche, so müsse der Arbeitgeber die erforderlichen Nutzungsrechte nachträglich vom jeweiligen Arbeitnehmerurheber erwerben, was in der Regel nicht stillschweigend, sondern ausdrücklich erfolgen müsse.

Rojahn[244] vertritt ebenfalls die Auffassung, daß bei Änderungen oder Erweiterungen des Betriebszweckes auch die neuen bzw. weiteren Nutzungsrechte von der stillschweigenden Nutzungseinräumung umfaßt sein können, da sich

---

Interesse des Arbeitnehmers auf das Ansehen des Dritten hinweist, beispielsweise eines bekannten und renommierten Verlages.

[242] *Wandtke*, Rdnr. 236, S. 84; *Schricker/Rojahn*, § 43 Rdnr. 57, S. 693; *Rehbinder*, § 46 II 2 d, Rdnr. 334, S. 261; *Haberstumpf*, Rdnr. 452 a.E., S. 234, *Schlecht*, S. 122; *MünchArbR/Sack*, Band 1 § 102 Rdnr. 20, S. 2117 f; *Bollack*, in GRUR 1976, S. 74 (77); zurückhaltender: *Fromm/Nordemann/Vinck*, § 43 Rdnr. 3, S. 371. Vgl. auch KG, in GRUR 1976, S. 264 (265) - Gesicherte Spuren; OLG Koblenz, in BB 1983, S. 992 (994).

[243] *Fromm/Nordemann/Vinck*, § 43 Rdnr. 3, S. 370.

[244] *Schricker/Rojahn*, § 43 Rdnr. 54, S. 691; ablehnend: *Haberstumpf*, Rdnr. 452, S. 234.

der Umfang der stillschweigenden Rechtseinräumung nicht unbedingt allein an den bei Vertragsschluß existierenden Betriebszwecken orientieren müsse. Das Arbeitsverhältnis sei ein Dauerschuldverhältnis, und somit Veränderungen unterworfen. Diesen Veränderungen müsse durch ergänzende Vertragsauslegung und bei erheblichen Veränderungen des Betriebszweckes durch eine Anpassung nach den Grundsätzen über das Fehlen oder den Wegfall der Geschäftsgrundlage Rechnung getragen werden. Eine stillschweigende Nutzungsrechtseinräumung bei Veränderungen des Betriebszweckes könne bei der Verwendung lediglich neuer Technologien angenommen werden, da der Arbeitnehmer damit rechnen müsse, daß der Arbeitgeber im Laufe des Arbeitsverhältnisses neue technische Entwicklungen einführen werde. Demgegenüber könne er aber nicht mit einer Ausdehnung des Geschäftsbetriebes auf neue Unternehmungen, d.h. mit einer Ausdehnung auf andere Branchen rechnen. *Rojahn* geht dabei jedoch von der unzutreffenden Prämisse aus, daß auf die „Diversifikation des Unternehmens auf andere Branchen" abzustellen sei. Daß nicht auf das Unternehmen, sondern nur auf denjenigen Betrieb, in den der jeweilige Arbeitnehmerurheber eingegliedert ist, abgestellt werden kann, wurde im Rahmen dieser Untersuchung bereits mehrfach ausgeführt.

Die dargestellten Ansichten, die im wesentlichen auf das Vorliegen einer neuen Branche im Unterschied zu lediglich neuen Technologien abstellen, führen jedoch zu keiner praktikablen Lösung. Die Abgrenzung zwischen lediglich neuen Technologien, für die eine auch nachträgliche stillschweigende Nutzungsrechtseinräumung angenommen wird und einer Erweiterung der betrieblichen Tätigkeit auf eine neue Branche ist nicht durchführbar. Was eine „neue Branche“ ausmachen soll, erläutern die Vertreter dieser Ansichten selbst nicht. Was ist beispielsweise die Erweiterung eines herkömmlichen Zeitungsverlages durch eine Internetausgabe derselben Zeitung? (Unterstellt bei Vertragsschluß handelte es sich bereits um eine bekannte Nutzungsart.) Ist dies eine bloße Technologieerneuerung durch Einführung einer neuen Verbreitungs- und Veröffentlichungsmethode oder gar eine neue Branche?

Es läßt sich sicherlich beides vertreten, was deutlich macht, daß die vorgeschlagene Differenzierung nahezu unlösbare Abgrenzungsschwierigkeiten verursacht.

Auch die Begründung für die genannte Differenzierung überzeugt nicht. Es wird angeführt, die Ausdehnung der betrieblichen Tätigkeit und damit des Betriebszwecks auf eine andere Branche sei für den Arbeitnehmer bei Vertragsschluß nicht vorhersehbar, mit neuen Technologien und Produktionsformen müsse er aber rechnen. Diese Unterscheidung ist willkürlich und sachlich nicht zu rechtfertigen. Niemand kann das Ausmaß der technischen Neuerungen, die im Laufe eines jahrzehntelangen Arbeitslebens womöglich eingeführt werden, voraussehen. Die durchaus zutreffende Billigkeitsüberlegung, daß zur Wahrung der Konkurrenzfähigkeit des Arbeitgebers der Arbeitnehmerurheber mit technischen Fortschritten und Produktionsveränderungen rechnen müsse, vermag die Differenzierung zur Erweiterung des betrieblichen Tätigkeitsbereichs auf andere Branchen nicht zu tragen. Es ist nicht ersichtlich, warum der Arbeitnehmerurheber - im Interesse der Konkurrenzfähigkeit – nicht auch eine Erweiterung der betrieblichen Tätigkeit um eine neue Branche voraussehen können oder zumindest damit rechnen müssen soll. Der Unterschied zu dem diffusen Kennen- oder Damit-Rechnen-Müssen hinsichtlich sämtlicher neuer Technologien ist nicht erklärlich. Viele Betriebe und Unternehmen haben sich in der Vergangenheit vollkommen neuen Branchen gewidmet. Erwähnt seien beispielsweise „Preussag", „Thyssen-Krupp" und „Mannesmann". Die Öffnung hin zu neuen Branchen ist somit aus der Sicht eines Arbeitnehmers keinesfalls ungewöhnlich oder nicht zu erwarten.

Deutlich plausibler und dogmatisch sauberer ist insoweit die von *Rehbinder*[245] vorgenommene Differenzierung im Falle einer Veränderung des betrieblichen Tätigkeitsbereiches.

Danach ändere sich mit dem veränderten Tätigkeitsbereich des Betriebes im Laufe des Arbeitsverhältnisses stillschweigend auch die Arbeitspflicht des Arbeitnehmerurhebers bzw. dessen Wissenshorizont dahingehend, daß er nunmehr mit der wirtschaftlichen Nutzung des Werkes in dem veränderten Tätigkeitsbereich rechnen müsse. Wird also der betriebliche Tätigkeitsbereich während der Dauer des Arbeitsverhältnisses verändert, so ist ab dem Zeitpunkt, wo dies eindeutig erkennbar ist und der Arbeitnehmer dennoch seine Tätigkeit fortsetzt, eine zumindest stillschweigende Änderung der Rechtseinräumung an ab diesem Zeitpunkt geschaffenen Werken anzunehmen[246], und zwar sowohl in kausaler schuldrechtlicher als auch in abstrakt verfügungsrechtlicher Hinsicht.

Anders sei dies jedoch bei früher im Rahmen dieses Arbeitsverhältnisses geschaffenen Werken. Hier könne die damalige ausdrückliche oder konkludente Vorausverfügung nicht nachträglich mit der Betriebsänderung als ebenfalls verändert angesehen werden. Dies ist auch dogmatisch zutreffend, denn wenn, wie noch zu zeigen sein wird, grundsätzlich von einer Vorausverfügung im Zeitpunkt des Vertragsschlusses auszugehen ist, kann sich diese nur nach den zu diesem Zeitpunkt erkennbaren Betriebszwecken richten und sich nicht im Nachhinein vollständig verändern. Das Nutzungsrecht muß zum Zeitpunkt der Vorausverfügung wenigstens so detailliert bezeichnet sein, daß es mit Hilfe des Verfügungsvertrages spätestens im Zeitpunkt der Entstehung des Rechts

---

[245] *Rehbinder*, § 46 II 2, Rdnr. 332 und 334, S. 259 und 261.
[246] So auch *Kraßer*, in Fs Schricker 1995, S. 77 (91).

nach Inhalt, Umfang, Schuldgrund und Schuldner zweifelsfrei bestimmt werden kann[247]. Da dieser Verfügungsvertrag, wie dargestellt, häufig stillschweigend erfolgt, lassen sich die künftigen Werke und damit auch die übertragenen Nutzungsrechte lediglich anhand der vertraglichen Tätigkeit und des Betriebszwecks der Gattung nach bestimmen. Dies richtet sich dann aber nach dem damaligen betrieblichen Tätigkeitsbereich. Eine nachträgliche Veränderung dieses betrieblichen Tätigkeitsbereichs kann folglich auf die Vorausverfügung zum Zeitpunkt des Vertragsschlusses keine Auswirkungen haben. Dies würde, so *Rehbinder*, eine einseitige Leistungsbestimmung durch den Arbeitgeber bedeuten, mit der der Arbeitnehmerurheber in der Regel aber nicht zu rechnen brauche.

Dies ist nur dann anders zu beurteilen, wenn die Arbeitsvertragsparteien eine derartige mögliche Veränderung des betrieblichen Tätigkeitsbereichs ausdrücklich in die vertragliche Vereinbarung aufgenommen haben, was ohne Bedenken rechtswirksam möglich wäre, sofern es sich nicht um eine unbekannte Nutzungsart[248] im Sinne des § 31 Absatz 4 UrhG handelt[249].

Bei diesen vor Erkennbarkeit der Änderung des Betriebszweckes geschaffenen Pflichtwerken ist aufgrund der bereits oben zu den Pflichtwerken dargestellten Grundsätze zwar auch hinsichtlich des veränderten oder erweiterten Betriebszwecks eine Anbietungs- und Übertragungspflicht in Bezug auf die Nutzungsrechte anzunehmen. Eine Übertragung der Nutzungsrechte hat dann jedoch nur gegen eine Sondervergütung, die sich der Höhe nach an derjenigen, die an einen freien Urheber zu zahlen wäre bemißt, zu erfolgen.

Dieser Lösungsvorschlag basiert auf einer ausgewogenen Berücksichtigung von Arbeitnehmer- und Arbeitgeberinteressen. Die Arbeitgeberinteressen sind zur Wahrung der Konkurrenzfähigkeit insoweit berücksichtigt, als er ohne Zahlung einer Sondervergütung trotz veränderter betrieblicher Zwecke, die Nutzungsrechte an den seit der Erkennbarkeit der Betriebsänderung geschaffenen Pflichtwerken erhält. Ferner stehen ihm auch die Nutzungsrechte bezüglich der veränderten betrieblichen Tätigkeit an den zuvor geschaffenen Pflichtwerken zu, wobei hier jedoch die Interessen des Arbeitnehmerurhebers insofern zu berücksichtigen sind, als ihm mangels Erkennbarkeit im Zeitpunkt

---

[247] Siehe unter Teil 2 C. III. 2. a) aa) (3).

[248] Eine Nutzungsart ist nach der Rechtsprechung des BGH jede wirtschaftlich bedeutsame, selbständige und abgrenzbare Art und Weise der Verwertung eines Werkes; siehe BGH, in GRUR 1995, S. 212 (213 f) – Videozweitauswertung III; BGH, in GRUR 1997, S. 464 (465) – CB-Infobank II.

[249] *Rehbinder*, § 46 II 2, Rdnr. 332, S. 259. § 31 Absatz 4 UrhG gehört zu den zwingenden Normen des UrhG und ist somit auch im Arbeitsverhältnis nicht abdingbar, da auch § 43 UrhG als die Nichtabdingbarkeit durchbrechende Spezialnorm zu keinem anderen Ergebnis zwingt (*Fromm/Nordemann/Vinck*, § 43 Rdnr. 3, S. 369).

der Vorausverfügung eine Sondervergütung hinsichtlich der Nutzungsrechtseinräumung entsprechend dem veränderten Tätigkeitsbereich zusteht.

Schließlich vermeidet dieser Lösungsweg die nahezu unmögliche Abgrenzung zwischen der Einführung einer lediglich „neuen Technologie“ und der Umstellung oder Erweiterung der betrieblichen Tätigkeit auf eine „neue Branche“ und trägt damit zu einer größeren Rechtssicherheit und Praktikabilität bei.

Lediglich der Vollständigkeit halber sei darauf hingewiesen, daß für den Fall eines Betriebsübergangs im Sinne des § 613 a BGB die bisher dem Betrieb, d.h. dem Arbeitgeber eingeräumten Nutzungsrechte auch ohne den Übergang des Arbeitsverhältnisses des Arbeitnehmerurhebers gemäß § 34 Absatz 3 UrhG auf den Erwerber des Betriebes übergehen[250].

4. Zeitpunkt der konkludenten Nutzungsrechtseinräumung

Als Zeitpunkte der konkludenten Nutzungsrechtseinräumung kommen der Abschluß des Arbeitsvertrages, die Fertigstellung des Werkes[251] und die Übergabe des vom Arbeitnehmer geschaffenen Pflichtwerkes an den Arbeitgeber in Betracht[252].

Einigkeit besteht zumindest darin, daß der Zeitpunkt der Übergabe der späteste Zeitpunkt ist, für den eine konkludente Einräumung der Nutzungsrechte anzunehmen ist[253]. Häufig wird jedoch den Interessen des Arbeitgebers mit einer Nutzungsrechtseinräumung erst im Zeitpunkt der Übergabe des Pflichtwerkes nicht hinreichend Rechnung getragen. Die Rechtseinräumung benötigt der Arbeitgeber zur Verwertung des Werkes. Will der Arbeitgeber bereits das noch unvollendete Pflichtwerk nutzen, oder möchte er das unvollendete Pflichtwerk durch einen anderen Arbeitnehmer vollenden lassen, wie es in der heutigen arbeitsteiligen Produktionsweise weit verbreitet ist, so benötigt er bereits zu diesen Zeitpunkten die Nutzungs- bzw. Bearbeitungsrechte. Diesem berechtigten Interesse kann nur dadurch Rechnung getragen werden, daß durch Auslegung des Arbeitsvertrages gemäß § 157 BGB als Zeitpunkt der stillschweigenden Rechtseinräumung bereits der Abschluß des Arbeitsvertrages angesehen wird, d.h., daß in diesem Zeitpunkt eine stillschweigende Vor-

---

[250] *Rehbinder*, § 46 II 2, Rdnr. 332, S. 259.

[251] So *Holländer*, S. 122 ff.

[252] *Möhring/Nicolini/Spautz*, § 43 Rdnr. 8, S. 455.

[253] *Schricker/Rojahn*, § 43 Rdnr. 41, S. 688; *Fromm/Nordemann/Vinck*, § 43 Rdnr. 3, S. 369; BGH, in GRUR 1974, S. 480 (483) – Hummelrechte, wo der Zeitpunkt der Nutzungsrechtseinräumung im Regelfall mit der Ablieferung des Werkes und der Annahme durch den Arbeitgeber gleichgesetzt wird.

ausverfügung erfolgt[254]. Nur so ist dem Arbeitgeber ein jederzeitiger Zugriff auf das auf sein Risiko vom Arbeitnehmer geschaffene Werk garantiert[255]. Dieses Ergebnis entspricht insoweit Treu und Glauben sowie der Verkehrssitte i.S.d. § 157 BGB, als die Parteien des Arbeitsvertrages aufgrund der arbeitgeberseitigen Fürsorgepflicht einerseits und der arbeitnehmerseitigen Treuepflicht andererseits regelmäßig dasjenige vereinbaren wollen, was der beiderseitigen Interessenlage ausgewogen Rechnung trägt.

Die selben Argumente stehen einer Nutzungsrechtseinräumung zum Zeitpunkt der Fertigstellung des Werkes entgegen, zumal dieser zeitlich nicht eindeutig festgelegt werden kann.

Die Ablieferung und die Übergabe des Werkes als Ergebnis der Arbeitsleistung sind lediglich notwendige Folgen des Schuldverhältnisses, soweit das Werk im Rahmen der vereinbarten Arbeitsaufgabe liegt, mithin ein Pflichtwerk darstellt[256].

IV. Finanzielle Ansprüche des Arbeitnehmerurhebers im Zusammenhang mit der Nutzungsrechtseinräumung

1. Anspruch auf eine Sondervergütung

Im Arbeitnehmerurheberrecht ist die Frage einer Sondervergütung des Arbeitnehmers für die Einräumung der Nutzungsrechte an den von ihm geschaffenen Pflichtwerken von besonderer Bedeutung. Einigkeit besteht lediglich insoweit, als individualvertraglich, tarifvertraglich oder in einer Betriebsvereinbarung eine Sondervergütung für die Einräumung von Nutzungsrechten an Pflichtwerken vereinbart werden kann. Demgegenüber besteht bei fehlenden ausdrücklichen Regelungen keine Einigkeit im Schrifttum. Während sich bei einem selbständigen, d.h. freien Urheber diese Frage nicht stellt, da dieser für die Einräumung von Nutzungsrechten selbstverständlich eine Vergütung erhält, ist dies beim Arbeitnehmerurheber nicht zwingend. Insoweit ist die besondere Situation des in eine fremde betriebliche Organisation integrierten Arbeitnehmerurhebers zu berücksichtigen. Der Arbeitnehmer hat gegenüber seinem Arbeitgeber, unabhängig von der Verwertbarkeit seiner Arbeitsergebnisse, einen Anspruch auf Zahlung des ver-

---

[254] So auch *Wandtke*, Rdnr. 202, S. 74 f; *Honig*, S. 45; *Rehbinder*, § 46 II 1 b, Rdnr. 331, S. 258; *ders.*, in WiB 1994, S. 461 (463); *Hauptmann*, S. 96; *Kolle*, in GRUR 1985, S. 1016 (1023); vgl. auch *Schricker/Rojahn*, § 43 Rdnr. 43, S. 688.

[255] *Rehbinder*, § 46 II 1 b, Rdnr. 331, S. 258; *ders.*, in WiB 1994, S. 461 (463); *Balle*, in NZA 1997, S. 868 (870).

[256] *Wandtke*, Rdnr. 202, S. 75.

einbarten oder mangels Vereinbarung gemäß § 612 Absatz 2 BGB des angemessenen Entgeltes.

a) Herrschende Meinung

Innerhalb der herrschenden Meinung, die grundsätzlich von einer Abgeltung der Nutzungsrechtseinräumung durch das Arbeitsentgelt ausgeht, muß hinsichtlich der Frage einer Sondervergütung zwischen verschiedenen Sachverhalten differenziert werden.

aa) Nutzungsrechte an Pflichtwerken innerhalb des Betriebszwecks

Mit dem Arbeitsentgelt wird nach der ganz herrschenden Ansicht neben der geschuldeten und erbrachten Arbeitsleistung und den daraus erwachsenen Arbeitsergebnissen zugleich auch die Einräumung der Nutzungsrechte für Pflichtwerke, soweit sie der Arbeitgeber für die betrieblichen Zwecke benötigt, abgegolten[257].

---

257 *Schack*, § 29 V 2, Rdnr. 986, S. 441; *Sack*, in GRUR 1991, S. 2165 (2170); *Schricker/Rojahn*, § 43 Rdnr. 64, S. 695, m.w.N.; *Schaub*, § 115 IX 2, Rdnr. 61, S. 1169; *Schlecht*, S. 126 f; *Rehbinder*, § 46 IV 1, Rdnr. 339, S. 265; *ders.*, in WiB 1994, S. 461 (467); *Himmelmann*, S. 224; *Kraßer*, in Fs Schricker 1995, S. 77 (108 ff); *Balle*, in NZA 1997, S. 868 (870); *Däubler*, in ArbuR 1985, S. 169 (172); *Dörner/Schaub*, in Löffler, BTArbR, Rdnr. 209, S. 1460; *Steinberg*, S. 60; *Zöllner*, in Fs Hubmann, S. 523 (533); *Kindermann*, in NZA 1984, S. 209 (212); *Buchner*, in Lehmann, Rdnr. 74 f, S. 421 (446 f); *DLW/Dörner*, Rdnr. 2074, S. 616; *Möhring/Nicolini/Spautz*, § 43 Rdnr. 7, S. 454 und Rdnr. 11, S. 456; *Kolle*, in GRUR 1985, S. 1016 (1024); *MünchArbR/Sack*, Band 1, § 102, Rdnr. 31, S. 2121 m.w.N.; *Poll*, S. 73; *Blatz*, S. 97; *Ulmer*, § 95 IV, S. 405; *Vinck*, S. 31 f; *Zeller*, in BB 1989, S. 1545 (1546); BGH, in GRUR 2001, S. 155 (157) – Wetterführungspläne; BAG, in GRUR 1984, S. 429 – Statikprogramme; wohl auch *Fromm/Nordemann/Vinck*, § 43 Rdnr. 4, S. 372, der das Arbeitsentgelt als die Gegenleistung für den erwarteten normalen Ertrag aus der Verwertung des Werkes bezeichnet. Kritisch: *Schlecht*, S. 163 ff sowie S. 175 f, die verfassungsrechtliche Bedenken im Hinblick auf Art. 14 GG (Nutzungsrecht als vermögenswerte Rechtsposition i.S.d. der Eigentumsgarantie des Art. 14 GG) hat. **Dies ist jedoch insofern nicht haltbar, als *Schlecht* bei ihren Ausführungen den Grundsatz der praktischen Konkordanz außer acht gelassen hat. Auf der Arbeitgeberseite ist zu berücksichtigen, daß auch das Recht am eingerichteten und ausgeübten Gewerbebetrieb vom Schutzbereich des Art. 14 GG umfaßt ist. Diese beiden einander entgegenstehenden Schutzbereiche müssen zu einem verhältnismäßigen Ausgleich gebracht werden. Dieser ist nur dann gewährleistet, wenn auch die Interessen des Arbeitgebers ausreichend berücksichtigt werden, was nach der hier vertretenen Ansicht nur dann gegeben ist, wenn die Nutzungsrechtseinräumung bei Pflichtwerken im Rahmen des voraussehbaren betrieblichen Tätigkeitsbereiches mit der Zahlung des Arbeitsentgeltes auch bei fehlender ausdrücklicher individualvertraglicher oder kollektivrechtlicher Vereinbarung abgegolten ist.**

(1) Abgeltungstheorie

Diese überzeugende sog. Abgeltungstheorie gründet sich auf folgende Überlegungen:

Der Arbeitgeber trägt das Risiko dafür, daß die betrieblichen Zwecke erreicht werden, da in der Regel das Arbeitsentgelt des Arbeitnehmerurhebers an einer erfolgreichen, d.h. wirtschaftlich verwertbaren Arbeit orientiert ist[258]. Die Arbeitsvertragsparteien gehen übereinstimmend davon aus, daß das jeweils geschaffene Produkt wirtschaftlich verwertet werden kann. Eine zusätzliche Vergütung für das Pflichtwerk des Arbeitnehmerurhebers, welches sich als berechtigterweise erwartetes Ergebnis der bereits durch das Gehalt abgegoltenen Tätigkeit darstellt[259], würde eine unbillige Verschärfung dieses vom Arbeitgeber zu tragenden Risikos darstellen. Darüber hinaus steht dem Arbeitgeber das Ergebnis der Arbeitstätigkeit seiner Arbeitnehmer nach den Grundsätzen des Arbeitsrechts ohnehin zur freien Verfügung zu, so daß der Arbeitnehmer an der wirtschaftlichen Verwertung des Pflichtwerkes grundsätzlich nicht zu beteiligen ist[260]. Dieser Grundsatz findet über § 43 letzter HS. UrhG auch im Urheberrecht Anwendung, so daß keine Gründe ersichtlich sind, die dafür sprechen, daß der Arbeitgeber bei der Einräumung von Nutzungsrechten an Pflichtwerken im Rahmen des Betriebszwecks eine Sondervergütung schuldet.

Schließlich soll der Arbeitnehmerurheber auch dann keine Sondervergütung erhalten, wenn Pflichtwerke im Rahmen des Betriebszwecks noch nach Beendigung des Arbeitsverhältnisses verwertet werden[261]. Die Entgeltzahlung des Arbeitgebers ist die Gegenleistung für die Arbeitstätigkeit und die Einräumung der Nutzungsrechte an den Pflichtwerken, wenn auch die urheberrechtliche Vergütung dogmatisch vom Arbeitsentgelt zu trennen ist. Die Einräumung der Nutzungsrechte ist von der laufenden Ausübung der Nutzungsrechte durch den Arbeitgeber zu unterscheiden, so daß die Fortsetzung der Nutzung nach dem Ende des Arbeitsverhältnisses keiner anderen Beurteilung unterliegen kann als die Nutzung während des Arbeitsverhältnisses; sie löst keinen Anspruch auf eine Sondervergütung aus[262]. Im Gegenseitigkeitsverhältnis stehen die Nutzungsrechtsübertragung und eine eventuelle Sondervergütung, nicht jedoch die Nutzung selbst. Denn ob der Arbeitgeber tatsächlich

---

[258] *Kraßer*, in Fs Schricker 1995, S. 77 (96 f, 108); *Lucas*, S. 21.

[259] *Kraßer*, in Fs Schricker 1995, S. 77 (96 f); *Schlecht*, S. 126 f; *Gross*, in CR 1991, S. 95 (99).

[260] *Lucas*, S. 21.

[261] *Rehbinder*, in WiB 1994, S. 461 (467); *Kraßer*, in Fs Schricker 1995, S. 77 (97); *MünchArbR/Sack*, Band 1 § 102, Rdnr. 31, S. 2121 f; a.A. wohl *Grunert*, in KUR 2000, S. 128 (143).

[262] *Kraßer*, in Fs Schricker 1995, S. 77 (97); *Buchner*, in Lehmann, Rdnr. 76, S. 421 (446 f).

das Werk nutzt, kann für die Vergütung keine Relevanz haben, da die Vergütung von einer Beteiligung i.S.d. § 36 UrhG zu unterscheiden ist, bei der es gerade auf den Umstand ankommt, daß durch die tatsächliche Nutzung ein wirtschaftlicher Erfolg eintritt. Darüber hinaus würde eine erst ab Beendigung des Arbeitsverhältnisses eintretende Vergütungspflicht faktisch zu einem Kündigungsverbot führen, da der Arbeitgeber als notwendige Folge einer Kündigung des Arbeitsverhältnisses dem dann ehemaligen Arbeitnehmer eine Sondervergütung entrichten müßte, um die Nutzung fortzusetzen. Dies wäre insbesondere in Fällen, in denen der Arbeitgeber auf die Nutzung des Werkes angewiesen, die finanzielle Situation des Betriebes jedoch angespannt ist, nicht gerechtfertigt, da dem Arbeitgeber faktisch nur die Möglichkeit verbliebe, den Arbeitnehmer weiter zu beschäftigen. Dies würde jedoch die Risikoverteilung zu sehr zu Ungunsten des Arbeitgebers verschieben, der ohnehin schon das Betriebs- und Wirtschaftsrisiko trägt.

(2) Keine Analogie zum ArbnErfG

Ein Anspruch des Arbeitnehmers auf eine Sondervergütung für die Nutzungsrechtseinräumung hinsichtlich der von ihm geschaffenen Pflichtwerke im Rahmen des Betriebszwecks ergibt sich auch nicht aus einer Analogie zu den §§ 9, 20 ArbnErfG, nach denen eine „Diensterfindung" stets gesondert zu vergüten ist. Eine derartige Analogie kommt sowohl aufgrund der fehlenden Vergleichbarkeit der Sachverhalte als auch wegen des Fehlens einer ausfüllungsbedürftigen Lücke im UrhG nicht in Betracht[263].

Der Arbeitnehmererfinder erhält für eine Diensterfindung i.S.d. ArbnErfG eine Sondervergütung, da er einen Leistungserfolg erbracht hat, dessen Eintritt nicht allein von den Bemühungen des Arbeitnehmererfinders abhängt. Der Arbeitnehmererfinder wird mit der Lösung eines technischen Problems beauftragt, wobei zunächst offen ist, ob er eine Lösung erreichen wird, die eine schutzfähige Erfindung darstellt, da dies voraussetzt, daß die Erfindung sich im Zeitpunkt der Anmeldung der Schutzrechte vom Stand der Technik durch Neuheit und erfinderische Tätigkeit oder – im Falle der Gebrauchsmuster – durch zumindest einen erfinderischen Schritt unterscheidet[264]. Dies ist aber nicht allein vom Arbeitnehmer abhängig, sondern auch von weiteren außerhalb seines Machtbereichs liegenden Umständen.

Eine Pflicht des Arbeitnehmers zur Schaffung einer Erfindung läßt sich mithin nicht sinnvoll vereinbaren, da ihre Erfüllung nicht ausschließlich von den

---

[263] *Schricker/Rojahn*, § 43 Rdnr. 64, S. 696 m.w.N.; *Rehbinder*, § 46 IV 1 Rdnr. 339, S. 265; *Schlecht*, S. 127; *Ulmer*, § 95 IV, S. 405; *Ullmann*, in CR 1986, S. 564 (567 f); A.A. *Schwab*, in ArbuR 1993, S. 129 (134) und *Lucas*, S. 167 ff.

[264] *Bartenbach/Volz*, § 2 Rdnr. 2 f, S. 131 f und Rdnr. 6, S. 133; *Schlecht*, S. 127.

Vertragsparteien abhängig ist[265]. Daß eine derartige Vereinbarung wohl rechtlich zulässig wäre, ist dabei für die hier zu entscheidende Frage unerheblich; die erfinderische Leistung hängt jedenfalls nicht allein vom Willen der Parteien ab. Somit erfolgt die arbeitsrechtliche Vergütung aber auch nicht für die Erfindung, sondern lediglich für die auf die Lösung des technischen Problems gerichtete Tätigkeit des Arbeitnehmers, d.h. für seine Bemühungen um eine Lösungserarbeitung[266]. Ob, wie von der überwiegenden Ansicht vertreten, eine gesonderte Vergütung für die Erfindung gerechtfertigt ist, weil der Arbeitnehmererfinder dem Arbeitgeber mit seiner Erfindung über das Patent- oder Gebrauchsmuster eine Art Monopolstellung im Wettbewerb verschafft[267], kann dabei innerhalb dieser Untersuchung dahinstehen, wobei die von *Himmelmann* dagegen aufgeführten Argumente durchaus einleuchtend erscheinen[268].

---

265 *Schricker/Rojahn*, § 43 Rdnr. 64, S. 696; *Kraßer*, in Fs Schricker 1995, S. 77 (110); *Schlecht*, S. 127; *Ullmann*, in GRUR 1987, S. 6 (7 f); *Ulmer*, § 95 IV, S. 405.

266 *Rehbinder*, § 46 IV 1, Rdnr. 339, S. 265; *Schricker/Rojahn*, § 43 Rdnr. 64, S. 696.

267 *Ullmann*, in GRUR 1987, S. 6 (8).

268 *Himmelmann*, §§ 11-13, S. 149 ff. Zwar tritt *Himmelmann* für eine vergütungsrechtliche Gleichbehandlung von Arbeitnehmererfinder und Arbeitnehmerurheber ein, jedoch sei in beiden Fällen eine Sondervergütung unberechtigt. Er hält zunächst den von der h.M. gewählten Ausgangspunkt für ungeeignet, nach dem die h.M. von einer fehlenden Vergleichbarkeit deshalb ausgeht, weil eine Verpflichtung des Arbeitnehmers zu einer Erfindung im Gegensatz zu der Verpflichtung zur Schaffung eines urheberrechtlich geschützten Werkes nicht möglich sei, der Arbeitnehmererfinder somit eine Sondervergütung nur deshalb erhalte, weil er eine Sonderleistung erbracht habe. *Himmelmann* hält diese sog. ergebnisbezogene Sonderleistungstheorie für verfehlt, da er der Auffassung ist, daß dem ArbnErfG vielmehr das sog. abgeschwächte Monopolprinzip zugrundeliege, welches die Sondervergütung mit dem Ausschlußrecht, d.h. der Monopolstellung, rechtfertige, die der Arbeitgeber dank der vom Arbeitnehmer erfundenen technischen Neuerung erwerbe bzw. erwerben könne. Bereits diese mögliche Schutzrechtserteilung löse den Vergütungsanspruch aus (§ 11, S. 149 f, sowie § 10, S. 135 ff). Dies sei der Ausgangspunkt für eine, von der Analogie vorausgesetzte, Vergleichbarkeit der Sachverhalte. Darüber hinaus geht *Himmelmann* selbst für den Fall der Anwendung der Ausgangsposition der h.M. abweichend von dieser, unter Berücksichtigung der gegenwärtigen Erfindungsbedingungen von einer rechtswirksamen Verpflichtungsmöglichkeit des Arbeitnehmers zur Entwicklung schutzfähiger Erfindungen aus (§ 11, S. 152). Dies resultiere daraus, daß der Großteil der heutigen Erfindungen keiner genialen erfinderischen Leistung bedürfe, sondern vielmehr das Resultat einer von selbst fortschreitenden Entwicklung sei (§ 11, S. 152 m.w.N.). Da einem Erfinder eine über die Anwendung des Durchschnittskönnens eines Fachmanns hinausgehende Leistung nicht mehr abverlangt werde, könne auch von einer fehlenden Voraussehbarkeit, die die h.M. anführt, nicht mehr ausgegangen werden, da sich der Arbeitnehmererfinder durchaus zu einer durchschnittlichen, dem Können eines Fachmannes entsprechenden Leistung arbeitsvertraglich verpflichten könne (§ 11, S. 158 f). Aufgrund dieser Vergleichbarkeit von Arbeitnehmerurheber und Arbeitnehmererfinder seien diese auch vergütungsrechtlich gleich zu behandeln. Diese Gleichbehandlung solle, auch im Interesse einer europäischen Rechtsangleichung, folgendermaßen aussehen: Obliegenheitserfindungen i.S.d. § 4 Absatz 2 Nr. 1 AbnErfG, d.h. Erfindungen, die sich als Ergebnis der arbeitsvertraglich geschuldeten Tätigkeit darstellen, sollen nicht gesondert vergütet werden, ebensowenig die Einräumung der Nutzungsrechte an Pflichtwerken des Arbeitnehmerurhe-

Demgegenüber stellt sich die Situation des Arbeitnehmerurhebers anders dar. Hier hängt die Erstellung des Werkes von den Bemühungen des Arbeitnehmers ab, ohne daß weitere Umstände hinzukommen, denn zwar kann die jeweilige Qualität des Arbeitsergebnisses höchst unterschiedlich sein, aber ein Werk, welches vom Schutz des Urheberrechts umfaßt ist, kann vom Arbeitnehmer gezielt erschaffen werden[269]. Ein Journalist kann ohne weiteres einen Beitrag oder Artikel erschaffen; welchen kulturellen Wert er hat, spielt für den urheberrechtlichen Schutz keine Rolle. Selbst bei der Erstellung von Computerprogrammen, die gemäß § 2 Absatz 1 Nr. 1 UrhG dem urheberrechtlichen Schutz unterfallen, ist keine Konstellation vorstellbar, in der die Schaffung des Werkes nicht allein von den Bemühungen des Arbeitnehmerurhebers abhängt. Ob das Computerprogramm wie gewünscht funktioniert, hängt zwar auch von technischen Umständen ab, hat jedoch keinen Einfluß auf den bestehenden urheberrechtlichen Schutz.

Die Erschaffung eines urheberrechtlich geschützten Werkes ist somit in der Regel voraussehbar und damit im Arbeitsvertrag vereinbar und auch vereinbart. Die h.M. ist dabei auch insofern konsequent, als urheberrechtlich geschützte Werke, die im Rahmen sog. zweckfreier Forschung an Universitäten geschaffen werden, mit einer Sondervergütung entlohnt werden. Hier schuldet der Arbeitnehmerurheber die geschützten Werke nicht, da er lediglich zu Forschungstätigkeiten, mithin zu Bemühungen zur Erstellung eines

---

bers, die der Arbeitgeber für die betrieblichen Zwecke benötigt. Dem Arbeitnehmer gebühre für die Ergebnisse der arbeitsvertraglich ohnehin geschuldeten Tätigkeiten bzw. „Bemühungen" keine Sondervergütung. Eine derartige Sondervergütung zusätzlich zu seinem Gehalt stehe ihm nur in den Fällen zu, in denen er mehr geleistet habe, als das, was er arbeitsvertraglich schuldete und wofür er sein Gehalt bekomme (§ 14, S. 224, 235 ff). Dieses Ergebnis möchte *Himmelmann* trotz der im ArbnErfG fixierten Vergütungsregelung erreichen, in dem die sog. Obliegenheitserfindungen, die aus der vom Arbeitnehmer ohnehin geschuldeten Tätigkeit hervorgehen, als sog. Nullfälle behandelt werden (§ 15, S. 245 f). Dies bedeutet, daß für den Fall, daß der Arbeitgeber die Erfindung in Anspruch nimmt, gemäß den zwingenden Normen der §§ 9, 10 ArbnErfG zwar dem Grunde nach ein Vergütungsanspruch entsteht, dieser jedoch der Höhe nach Null beträgt (§ 15, S. 246). Zur Begründung verweist *Himmelmann* insoweit unter anderem auf Nr. 38 der Vergütungsrichtlinien von 1959: „Ist der Anteilsfaktor sehr niedrig, so kann, wenn der Erfindungswert gleichfalls gering ist, die nach den vorstehenden Richtlinien zu ermittelnde Vergütung bis auf einen Anerkennungsbetrag sinken oder ganz wegfallen". Ferner stützt er seinen Vorschlag auf die amtliche Begründung des ArbnErfG, die es ausdrücklich nicht ausschließe, „daß eine Vergütung entfällt, soweit ihre Gewährung im Einzelfall nicht angemessen ist. Hierbei ist an Fälle zu denken, in denen die Entwicklungsarbeit auf dem Gebiet der Diensterfindung zu den vertraglichen Arbeiten des Arbeitnehmers gehört, dieser ein entsprechendes Gehalt dafür bezieht und die erfinderische Leistung des Arbeitnehmers im Verhältnis zum betriebsinternen Stand der Technik einen so geringen technischen Fortschritt bedeutet, daß die Zahlung einer besonderen Vergütung nicht angemessen erscheint" (§ 15 S. 243 f).

[269] *Rehbinder*, § 46 IV 1, Rdnr. 339, S. 265 f; *ders.*, in AfP 1983, S. 305 (307).

Werkes verpflichtet ist. Die Werke sind somit in diesen Fällen keine Pflichtwerke i.e.S.[270]. Schafft der Arbeitnehmerurheber dennoch ein urheberrechtlich geschütztes Werk und läßt der Arbeitgeber sich daran die Nutzungsrechte einräumen, so hat der Arbeitnehmer einen Anspruch auf eine Sondervergütung[271].

Da somit im urheberrechtlichen Bereich der Arbeitgeber bei entsprechenden Anstrengungen des Arbeitnehmers in der Regel mit dem erwünschten Erfolg in Gestalt eines wirtschaftlich verwertbaren Werkes rechnen kann, ist auch das Gehalt des Arbeitnehmers an dem erwarteten verwertbaren Werk orientiert. Nur wenn der Arbeitgeber sicher sein kann, daß er ein verwertbares Werk zur Nutzung erhält, kann und wird er die Gehälter seiner Arbeitnehmer daran orientieren, was sich für die Arbeitnehmer positiv bemerkbar macht. Die Gehälter werden bei hoher Gewinnerwartung steigen, bei geringer Gewinnerwartung steht in der Regel für die Arbeitnehmer als Sicherheitsfaktor nach unten das Tarifgehalt als Mindestarbeitsbedingung zur Verfügung.

Folglich ist die, wenn auch stillschweigend vorgesehene, vertragliche Nutzungsmöglichkeit im Rahmen der betrieblichen Zwecke ein entscheidendes Kriterium für die Bemessung der Höhe des Gehaltes. Für unvorhergesehene wirtschaftliche Erfolge im Rahmen der Nutzung steht die Ausgleichsmöglichkeit des § 36 UrhG zur Verfügung. Da die unter Umständen stillschweigende Vorausverfügung über die Nutzungsrechte an den Pflichtwerken im Rahmen des betrieblichen Tätigkeitsbereiches, wie dargestellt, zu den Pflichten aus dem Arbeitsverhältnis gehört, mithin keine Sonderleistung darstellt, ist auch kein Anspruch auf eine Sondervergütung gerechtfertigt[272]. Einer besonderen Belohnung für die Erschaffung eines urheberrechtlich geschützten Werkes bedarf es mithin im Bereich der Pflichtwerke grundsätzlich nicht[273].

Schließlich scheidet eine Analogie auch aus den bereits oben im Rahmen der Erörterung einer Anbietungspflicht dargestellten Argumenten aus. Bereits dort wurde eine analoge Anwendung des ArbnErfG auf Fälle, die dem UrhG unterfallen, abgelehnt[274]. Zur Vermeidung von Wiederholungen hier nur so viel: Eine Analogie setzt stets eine ausfüllungsbedürftige planwidrige Lücke voraus, die im Falle des Arbeitnehmerurheberrechts gerade nicht vorliegt[275]. Aus einem Umkehrschluß wird deutlich, daß der Gesetzgeber einen Anspruch

---

270 BAG, in GRUR 1991, S. 523 (527) – Grabungsmaterialien.

271 *Henkel*, in BB 1987, S. 833 (834 f); *Rehbinder*, in RdA 1968, S. 309 (314); *Himmelmann*, S. 81.

272 *Rehbinder*, § 46 IV 1 Rdnr. 339, S. 265; BAG, in GRUR 1984, S. 429 (431 ff) - Statikprogramme.

273 *Schricker/Rojahn*, § 43 Rdnr. 64, S. 696.

274 Vgl. oben unter Teil 2 B. II. 2. b) aa) (1).

275 *Sundermann*, in GRUR 1988, S. 350 (354).

auf eine Sondervergütung im Bereich des Arbeitnehmerurheberrechts gerade nicht eingeführt hat. Denn obwohl zum Zeitpunkt der Erarbeitung des am 09. September 1965 verkündeten UrhG die Sondervergütungsregelungen des am 25. Juli 1957 verkündeten ArbnErfG bekannt waren, hat der Gesetzgeber auf eine vergleichbare Regelung verzichtet. Von einer planwidrigen Lücke kann unter diesen Umständen keinesfalls ausgegangen werden[276].

bb) Außerhalb des Betriebszwecks ausgeübte Nutzungsrechte an Pflichtwerken

Eine Sondervergütung für die Einräumung von Nutzungsrechten am Pflichtwerk außerhalb des eigentlichen Betriebszweckes kann dem Arbeitnehmer überhaupt nur zustehen, wenn nicht bereits im Arbeitsvertrag, Tarifvertrag oder in einer Betriebsvereinbarung, was rechtlich in den Grenzen der §§ 242, 138 BGB zulässig ist, auch diese Nutzungsrechte dem Arbeitgeber gegen Abgeltung mit dem Gehalt eingeräumt worden sind[277].

Existiert eine derartig weitgehende ausdrückliche Vereinbarung nicht, und wurde auch stillschweigend eine so weitgehende Nutzungsrechtseinräumung ohne Sondervergütung nicht vereinbart, was ohnehin nur in ganz begrenzten Ausnahmefällen möglich sein dürfte, so steht dem Arbeitnehmer nach der herrschenden Ansicht auch ohne eine ausdrückliche Vereinbarung eine Sondervergütung zu, wenn der Arbeitgeber Nutzungsrechte am Pflichtwerk außerhalb des Betriebszwecks ausübt[278]. Dies ergibt sich aus der auch im Arbeitsverhältnis zur Anwendung kommenden Zweckübertragungslehre[279]. Eine zulässige Nutzung ohne eine ausdrückliche Vereinbarung der Arbeitsvertragsparteien über die Nutzungsrechtseinräumung kommt jedoch ohnehin nur in den Fällen in Betracht, in denen eine Anbietungspflicht des Arbeitnehmerurhebers besteht. Diese besteht nach der hier vertretenen Ansicht – vorbehaltlich einer weitergehenden ausdrücklichen Vereinbarung - nur für Pflichtwerke im Rahmen des betrieblichen Tätigkeitsbereiches, bei diesen aber auch für später veränderte betriebliche Zwecke im Rahmen des veränderten betrieblichen Zwecks. Folglich kommt nur in diesen Fällen der Änderung des betrieblichen Tätigkeitsbereiches eine außerhalb des ursprünglichen Betriebszwecks liegende Pflicht zur Nutzungsrechtseinräumung und damit verbunden, da zum Zeitpunkt der Vorausverfügung eine Nutzung in diesem Umfang nicht voraussehbar war, eine Sondervergütung in Betracht. Denn hin-

---

[276] Ähnlich *Ullmann*, in CR 1986, S. 564 (568); a.A. *Lucas*, S. 169 ff.

[277] *Schricker/Rojahn*, § 43 Rdnr. 65, S. 696.

[278] *Schricker/Rojahn*, § 43, Rdnr. 65 f, S. 696; *Fromm/Nordemann/Vinck*, § 43 Rdnr. 3, S. 370 f; vgl. auch BGH, Urteil vom 28. November 1961, in BGHZ 36, S. 171 (178 f) – Rundfunkempfang im Hotelzimmer I.

[279] *Schricker/Rojahn*, § 43 Rdnr. 66, S. 696; BGH, in GRUR 1991, S. 133 (135) – Videozweitauswertung.

sichtlich dieser nicht voraussehbaren Nutzung war der Arbeitnehmerurheber überhaupt nicht in der Lage in Verhandlungen über eine Vergütung für die Nutzungsrechtseinräumung einzutreten. Folglich muß er insoweit einem freien Urheber – auch hinsichtlich der Höhe der Vergütung – gleichgestellt werden. Schließlich läßt sich auch aus der einschränkenden Verweisung des § 43 UrhG, d.h. aus dem „Wesen des Arbeitsverhältnisses" kein Anhaltspunkt dafür herleiten, daß bei einem nachträglich veränderten betrieblichen Tätigkeitsbereich der Arbeitnehmerurheber keine Sondervergütung erhalten dürfte.

Der Anspruch auf eine Sondervergütung wird durch die bereits vom Reichsgericht begründete und vom BGH fortgesetzte Rechtsprechung gestützt, nach der dem Urheber überall dort, wo aus seinem Werk wirtschaftliche Früchte gezogen werden, grundsätzlich die Möglichkeit gewährt werden solle, daran zu partizipieren[280].

Bei einer eigenmächtigen sonstigen Nutzung des Werkes durch den Arbeitgeber außerhalb des betrieblichen Tätigkeitsbereichs steht dem Arbeitnehmerurheber demgegenüber ein Unterlassungs- und Schadensersatzanspruch nach § 97 UrhG zu. Der Arbeitnehmer steht dem Arbeitgeber wie ein freier Urheber gegenüber. Insoweit handelt es sich bei einem derartigen Sachverhalt nicht um die Frage einer Sondervergütung für die Nutzungsrechtseinräumung, sondern um die Ansprüche zur Beseitigung eines rechtswidrigen Zustandes und dessen Folgen, auch wenn die Schadensberechnung im Wege einer Lizenzanalogie vorgenommen wird.

cc) Freiwerke / Sonderleistungen

Bei den sog. Freiwerken wird der Arbeitnehmer ohnehin wie ein freier Urheber behandelt, so daß sich die Problematik einer Sondervergütung nicht stellt, da der Arbeitnehmer Nutzungsrechte, die er nicht einräumen muß, in der Regel nur gegen eine angemessene Vergütung gemäß §§ 612, 632 BGB dem Arbeitgeber einräumen wird. Bei einer derartigen, einen gesonderten Vertrag voraussetzenden, Rechtseinräumung genießt der Arbeitnehmer uneingeschränkt den Schutz des allgemeinen Urhebervertragsrechts. Besonderheiten aufgrund des Arbeitnehmerstatusses bestehen nicht[281].

---

[280] RG, Urteil vom 16. Februar 1929, in RGZ 123, S. 312 (318 f) - Wilhelm Busch; RG, Urteil vom 26. März 1930, in RGZ 128, S. 102 (113) - Schlagerliedbuch; BGH, Urteil vom 06. November 1953, in BGHZ 11, S. 135 (143) - Lautsprecherübertragung; BGH, Urteil vom 23. April 1954, in BGHZ 13, S. 115 (118) - Platzzuschüsse; BGH, Urteil vom 31. Mai 1960, in BGHZ 33, S. 1 (16 f) - Künstlerlizenz Schallplatten; BGH, Urteil vom 28. November 1961, in BGHZ 36, S. 171 (179) - Rundfunkempfang im Hotelzimmer I.

[281] *Kraßer*, in Fs Schricker 1995, S. 77 (109).

Von den sog. Freiwerken werden die urheberrechtsschutzfähigen Sonderleistungen unterschieden. Dies sind nach ganz herrschender Auffassung urheberrechtsschutzfähige Leistungen, die nicht mehr von den arbeitsvertraglichen Pflichten des Arbeitnehmerurhebers erfaßt werden und über die übliche Arbeitsleistung hinausgehen[282]. Für derartige besondere Leistungen steht dem Arbeitnehmer nach nahezu einhelliger Ansicht in Literatur und Rechtsprechung, insbesondere im Falle einer Leistung schöpferischer Art, auch ohne besondere Vereinbarung nach Treu und Glauben eine zusätzliche Vergütung zu, wenn die Leistung dem Arbeitgeber einen nicht unerheblichen Vorteil erbringt[283]. Ob zur Begründung auf den Grundsatz von Treu und Glauben zurückgegriffen werden muß[284], oder ob nicht ohnehin, da die Leistung außerhalb der Pflichten des Arbeitsverhältnisses erbracht wird, von einem Freiwerk des Arbeitnehmerurhebers auszugehen ist, an welchem, da es keiner Anbietungspflicht unterliegt, ohnehin nur gegen eine spezielle Vergütung Nutzungsrechte eingeräumt werden und somit eine „Sonder"Vergütung nicht vorläge[285], kann letztlich unentschieden bleiben. Im Ergebnis besteht jedenfalls vorbehaltlich einer abweichenden vertraglichen Vereinbarung ein Anspruch des Arbeitnehmerurhebers auf eine Vergütung für die Nutzungsrechtseinräumung.

Denkbar sind jedoch auch Fälle, in denen der Arbeitnehmer vom Arbeitgeber in einem Einzelfall eine qualitative Mehrarbeit einvernehmlich zugewiesen

[282] *Schricker/Rojahn*, § 43 Rdnr. 67, S. 697.

[283] *Rehbinder*, § 46 IV 2, Rdnr. 339, S. 266; *ders.*, in RdA 1968, S. 309 (314 f); *Buchner*, in GRUR 1985, S. 1 (10 ff); *MünchArbR/Sack*, Band 1, § 102 Rdnr. 41, S. 2124 f, *Koch*, in ZUM 1986, S. 75 (78); *Schlecht*, S. 128; *Blatz*, S. 100 ff m.w.N.; *Hubmann*, Fs Hueck, S. 43 (55 f). Aus der Rechtsprechung: BAG, in GRUR 1961, S. 491 (492 f) - Nahverkehrschronik; BAG, in GRUR 1966, S. 88 (89)- Abdampfverwertung. Nicht im Einklang mit der bisherigen Rechtsprechung steht jedoch die Entscheidung des BAG, in GRUR 1984, S. 429 – Statikprogramme, in der das BAG zwar festgestellt hat, daß eine nicht arbeitsvertraglich bedingte Leistung des Arbeitnehmers vorliegt, dennoch eine zusätzliche Vergütung mit dem Argument verneint wird, daß der Arbeitnehmer hätte klarstellen müssen, daß die Einräumung der Nutzungsrechte nur gegen ein Entgelt erfolgen solle.

[284] So *Schricker/Rojahn*, § 43 Rdnr. 67, S. 697.

[285] So wohl auch *Himmelmann*, S. 88, der jedoch auf Seite 90 zu dem Ergebnis gelangt, daß eine Fallgruppe „Sondervergütung für Sonderleistung" nicht existiere, da entweder der Urheber dem Arbeitgeber Nutzungsrechte vertraglich einräume, so daß ihm regelmäßig ein vertraglicher Vergütungsanspruch zustehe, oder aber der Arbeitgeber das Werk rechtsgrundlos nutze und insoweit die Urheberrechte des Arbeitnehmers verletze. Auch *Wandtke*, in GRUR 1992, S. 139 (143) lehnt den Lösungsweg einer Sondervergütung für eine nicht vertraglich geschuldete Leistung, wenn auch mit anderer Begründung, ab. Der Umstand, daß die urheberrechtliche Vergütung ihrem Wesen entsprechend nicht eine Tätigkeit entlohne, sondern das Entgelt für die Urheberrechtsnutzung bilde, schließe von vornherein den Lösungsweg einer Sondervergütung für eine nicht vertraglich geschuldete Leistung in Analogie zum Arbeitnehmererfinderrecht oder unter arbeitsrechtlichen Gesichtspunkten einer zusätzlichen höherwertigen Leistungserfüllung im Rahmen des Arbeitsvertrages aus.

bekommt, so daß die Arbeitspflicht gegenüber der ursprünglich vereinbarten Tätigkeit qualitativ verändert ist (und daher nicht mehr vom Direktionsrecht des Arbeitgebers umfaßt ist) und nunmehr für den Einzelfall eine vergleichsweise höherwertige Tätigkeit vertraglich geschuldet ist[286]. Dies kann im Zweifel einen Anspruch auf eine Sondervergütung für die Nutzungsrechtseinräumung nur mit Hilfe des Grundsatzes von Treu und Glauben begründen, da nunmehr für die Frage, ob es sich um ein Pflicht- oder Freiwerk handelt, die vertragliche Zusatzvereinbarung, in der die Arbeitspflicht qualitativ verändert wurde, maßgeblich ist, was dazu führt, daß es sich bei den in Erfüllung der Pflichten aus der Zusatzvereinbarung geschaffenen Werken um Pflichtwerke i.S.d. vertraglichen Zusatzvereinbarung handelt[287]. Enthält diese vertragliche Vereinbarung keine ausdrückliche Regelung im Hinblick auf eine urheberrechtliche Sondervergütung, so ist davon auszugehen, daß der Arbeitnehmer vorübergehend zu den Bedingungen arbeiten soll, die die sonst auf der anspruchsvolleren Stelle beschäftigten Arbeitnehmer erhalten. Dann wird aber in der Regel gerade keine Sondervergütung für die Nutzungsrechtseinräumung gezahlt, da es sich um Pflichtwerke handelt, bei denen die Nutzungsrechtseinräumung mit dem Gehalt abgegolten ist[288]. Lediglich ein höheres Arbeitsentgelt wird gezahlt werden müssen, da nach den arbeitsrechtlichen Grundsätzen vorbehaltlich einer abweichenden vorrangigen Vereinbarung in der Regel jeweils die ausgeübte Tätigkeit für die Entgelthöhe maßgeblich ist, sofern es sich um eine höherwertige als die grundsätzlich vertraglich vereinbarte handelt. Der Arbeitnehmer ist im Falle der Tarifbindung „höherzugruppieren", was jedoch lediglich deklaratorischen Charakter hat, da die Arbeitsvergütung automatisch dem höheren Arbeitswert folgt. Ist eine Tarifbindung der Arbeitsvertragsparteien nicht gegeben, kann sich ein Anspruch auf ein höheres Arbeitsentgelt aus § 612 Absatz 1 BGB ergeben[289].

b) Gegenansicht

In jüngster Zeit sind vor allem *Wandtke*[290] und *Schwab*[291] der ganz überwiegenden Ansicht von der Abgeltung der Nutzungsrechtseinräumung bei Pflichtwerken im Rahmen des betrieblichen Zweckes entgegengetreten[292].

---

[286] *Rehbinder*, § 46 IV 2, Rdnr. 339, S. 266. Vgl. auch BGH, in GRUR 1978, S. 244 (246) - Ratgeber für Tierheilkunde, wo für den entschiedenen Einzelfall eine Abänderung der Pflichten jedoch verneint wurde.

[287] So wohl auch *Kraßer*, in Fs Schricker 1995, S. 77 (109).

[288] Ähnlich *Kraßer*, in Fs Schricker 1995, S. 77 (109).

[289] *Schaub*, § 67 Rdnr. 27, S. 554 f

[290] *Wandtke*, Rdnr. 264 ff, S. 94 ff; *ders.*, in GRUR Int. 1990, S. 843 (849 ff) *ders.*, in GRUR 1992, S. 139 (141 ff); *ders.*, in GRUR 1999, S. 390 (394 ff).

[291] *Schwab*, in ArbuR 1993, S. 129 (133 ff); *ders.*, AiB 1997, S. 699 (707 ff); der zur Begründung auf eine analoge Anwendung des ArbnErfG zurückgreift, was bereits oben unter (Teil 2 B I 2 b) bb) (1)) als unzulässig abgelehnt worden ist. Vgl. auch *Henkel*, in BB 1987, S. 833

Die herrschende Meinung verkenne das Wesen des Lohnanspruchs des Arbeitnehmers. Es müsse streng zwischen dem arbeitsrechtlichen Lohn- bzw. Gehaltsanspruch und dem urheberrechtlichen Vergütungsanspruch differenziert werden[293]. Der arbeitsrechtliche Vergütungsanspruch erfasse die Tätigkeit, d.h. die unmittelbare Produktion von Werken, den Prozeß des Werkschaffens, während der urheberrechtliche Vergütungsanspruch erst aus der Rechtseinräumung sowie der Nutzung des erschaffenen Arbeitsergebnisses entspringe, welches einen Werkcharakter angenommen habe[294]. Ergänzend weist *Wandtke* darauf hin, daß die Quelle des urheberrechtlichen Vergütungsanspruchs die Ausschlußrechte, mithin die Verwertungsrechte des Urhebers seien. Der Arbeitnehmerurheber erhalte für die zu erbringende Leistung, wie jeder andere Arbeitnehmer auch, im Austauschverhältnis seinen Lohn bzw. sein Gehalt. Die h.M., die sowohl die vertraglich geschuldeten Arbeitsleistungen und Arbeitsergebnisse als auch die Einräumung der Nutzungsrechte an diesen, als grundsätzlich mit dem Arbeitsentgelt sowie den Sozial- und Nebenleistungen als Teil des Entgelts abgegolten ansieht, übersehe, daß „das Arbeitsentgelt als Mittel zur Sicherung der individuellen Reproduktion der Arbeitskraft des Arbeitnehmers die Urhebervergütung aus historischer Sicht gar nicht erfaßt hat“[295]. Soweit also die Nutzungsrechtseinräumung bzw. die tatsächliche Nutzung des vom Arbeitnehmer geschaffenen Werkes erfolge, entstehe ein urheberrechtlicher Vergütungsanspruch sui generis, der selbst bei der Einräumung von Nutzungsrechten für eine Verwertung im Rahmen des betrieblichen Tätigkeitsbereiches als originärer urheberrechtlicher Vergütungsanspruch entstehe[296].

Dennoch hält *Wandtke* es für möglich, daß zwischen dem Arbeitgeber und dem Arbeitnehmer im Rahmen der Vertragsfreiheit rechtswirksam eine ausdrückliche Vereinbarung dahingehend geschlossen werden kann, daß mit dem Lohn die Rechtseinräumung sowohl für den betrieblichen als auch für den außerbetrieblichen Zweck abgegolten ist[297]. Lediglich bei einer unklaren

---

(836 f) und länger zurückliegend: *Sahmer*, UFITA Band 121 (1956), S. 34 (38); *Samson*, in Fs Roeber, S. 547 (553 f).

[292] Im Ergebnis, jedoch mit ganz unterschiedlichen Begründungen, treten auch die folgenden Autoren gegen eine Abgeltung mittels des Arbeitsentgelts ein: *Henkel*, in BB 1987, S. 833 (836 f), der die Vergütungsregelungen des ArbnErfG analog anwendet; ebenso für das österreichische Recht *Dittrich*, S. 87 ff. Siehe auch *Pakuscher*, in Fs Gaedertz,, S. 441 (455 a.E.).

[293] So im Ergebnis auch *Schwab*, in ArbuR 1993, S. 129 (134), der der herrschenden sog. Abgeltungstheorie vorhält, sie vergleiche bzw. setzte Dinge zueinander ins Verhältnis, die nicht zu vergleichen seien, nämlich den Lohnanspruch auf der einen und das Nutzungsentgelt auf der anderen Seite. Ebenso *Sahmer*, in UFITA Band 21, 1956, S. 34 (38).

[294] *Wandtke*, Rdnr. 264 f, S. 94 f; *ders.*, in GRUR 1992, S. 139 (141).

[295] *Wandtke*, Rdnr. 265 f, S. 95, *ders.*, in GRUR 1992, S. 139 (141).

[296] *Wandtke*, Rdnr. 266, S. 95 f; *ders.*, in GRUR 1992, S. 139 (141).

[297] *Wandtke*, in GRUR 1992, S. 139 (143 a.E.).

Rechtslage oder bei einer stillschweigenden Rechtseinräumung sei im Zweifel davon auszugehen, daß das Gehalt die Rechtseinräumung nicht erfasse[298].

M.E. sind hier zwei Themenkreise zu unterscheiden. Zunächst ist festzustellen, ob eine strikte Trennung zwischen Arbeits- und Nutzungsentgelt zu erfolgen hat, um dann anschließend zu klären, ob eine urheberrechtliche Vergütung auch für Pflichtwerke im Rahmen des anfänglichen betrieblichen Zwecks zu leisten ist, da in den anderen Fällen ohnehin nach der hier vertretenen Ansicht für die Nutzungsrechtseinräumung seitens des Arbeitgebers grundsätzlich eine Sondervergütung zu leisten ist, so daß insoweit keine Differenzen auftreten.

Dogmatisch besticht die Ansicht von *Wandtke* durch ihren Ausgangspunkt von der exakten Trennung zwischen dem Arbeitsentgelt und dem urheberrechtlichen Nutzungsentgelt. Eine Vermengung von beiden Entgeltarten verbietet sich auch meines Erachtens bereits aufgrund der unterschiedlichen tatsächlichen Grundlagen, aus denen die jeweiligen Vergütungen geschuldet werden. Dennoch steht dies im Falle des Arbeitnehmerurhebers einer „einheitlichen Abgeltung" durch das Arbeitsentgelt nicht entgegen. Eine „Verkennung des Wesens des Lohnanspruchs" kann darin nicht liegen, zumal selbst *Wandtke* eine, wenn auch ausdrücklich vereinbarte, Abgeltung der Rechtseinräumung durch das Arbeitsentgelt für möglich hält. Eine „Abgeltung der Nutzungsrechtseinräumung durch das Arbeitsentgelt" bedeutet nicht notwendig eine Vermengung der beiden Entgeltarten.

Zwar ist *Wandtke* ebenfalls insoweit zuzustimmen, daß „dem Grunde nach auch im Arbeitsverhältnis dem Urheber ein urheberrechtlicher Vergütungsanspruch entsteht"[299]. Dieser urheberrechtliche Vergütungsanspruch ist der Höhe nach im Falle von Pflichtwerken, soweit der Arbeitgeber sie im Rahmen des anfänglichen Betriebszweckes nutzt, jedoch gleich „Null". Ob dies mittels eines konkludenten Verzichts oder mittels der arbeitsrechtlichen Besonderheiten, also mit Hilfe der einschränkenden Verweisung des § 43 UrhG, nach der die urheberrechtlichen Regelungen im Falle eines Arbeitnehmerurhebers nur insoweit zur Anwendung kommen, als sich aus „dem (...) Wesen des Arbeitsverhältnisses (...) nichts anderes ergibt" zu begründen ist, kann letztlich unentschieden bleiben. Hier wird jedoch die Ansicht vertreten, daß dem Arbeitnehmerurheber nicht der Wille unterstellt werden kann, auf ein zusätzliches Nutzungsentgelt i.S.d. § 397 BGB zu verzichten[300]. Dies würde faktisch zu einer Umkehr der Beweislast im Bereich des Erlasses führen, nach der der

[298] *Wandtke*, in GRUR 1992, S. 139 (142); *ders.*, Rdnr. 268, S. 96.
[299] *Wandtke*, Rdnr. 266, S. 95.
[300] So auch *Wandtke*, in GRUR 1992, S. 139 (144).

Schuldner (hier hinsichtlich einer Nutzungsvergütung der Arbeitgeber) die Beweislast zu tragen hat[301].

Aufgrund der oben unter Teil 2 A. II. 1. und 2. / Teil 2 C. III. 1. dargestellten Grundsätze steht das verwertbare Arbeitsergebnis ebenso wie das unverwertbare generell dem Arbeitgeber zu, soweit es um Pflichtwerke im Rahmen des voraussehbaren betrieblichen Tätigkeitsbereiches geht. Auf die der herrschenden Auffassung zugrundeliegenden Erwägungen ist an dieser Stelle zur Vermeidung von Wiederholungen zu verweisen. Insoweit muß der Arbeitgeber diese Werke aber auch unentgeltlich nutzen können da, wie dargestellt, die Höhe des Arbeitsentgelts an einer Verwertung des Werkes orientiert ist und der Arbeitgeber die Werke zur Gewinnerzielung und vor allem zur Erwirtschaftung der an die Arbeitnehmer zu entrichtenden Arbeitsentgelte benötigt. Würde dem Arbeitgeber nun zusätzlich eine Nutzungsvergütung auferlegt, so läge eine Äquivalenzstörung innerhalb des Arbeitsverhältnisses vor. Darüber hinaus ist ohne weiteres voraussehbar, daß es zu einer Reduzierung der Arbeitsentgelte, d.h. genauer gesagt zu einem verlangsamten Anstieg der Gehälter kommen würde, sofern die Arbeitgeber für Pflichtwerke Nutzungsvergütungen entrichten müßten. Warum sollte der Arbeitgeber aber überhaupt im urheberrechtlich relevanten Bereich noch Arbeitnehmer einstellen, an die er Arbeitsentgelte nebst Sozialabgaben zahlen, denen er Urlaub und Entgeltfortzahlung im Krankheitsfalle gewähren muß, auch wenn der Arbeitnehmer kein verwertbares Werk erstellt, und denen er zusätzlich eine urheberrechtliche Vergütung für ein im Rahmen des Betriebszweckes verwertbares Pflichtwerk zahlen muß, wenn er urheberrechtlich relevante Aufgaben auch an selbständige freie Urheber vergeben kann, denen er lediglich die Nutzungsvergütung und eventuell einen einmaligen Werklohn schuldet?

2. Beteiligungsanspruch nach § 36 UrhG

Ein „Vergütungsanspruch“ für die Einräumung von Nutzungsrechten besteht schließlich unter dem Gesichtspunkt des § 36 Absatz 1 UrhG, dem sog. Bestsellerparagraphen. Dieser gewährt, wie sich aus der Gesetzesbegründung sowie dem Aufbau des UrhG ergibt, in erster Linie dem selbständigen freien Urheber einen zusätzlichen Anspruch auf Beteiligung am Verwertungserlös für den Fall, daß der Nutzer des Werkes durch die Verwertung unerwartet hohe Gewinne erzielt, die in grobem Mißverhältnis zum Entgelt des freien Urhebers stehen, wobei die gesamte Beziehung des Urhebers zu dem Nutzer für die Feststellung des groben Mißverhältnisses heranzuziehen ist. Folglich handelt es sich bei der Regelung des § 36 Absatz 1 UrhG um einen spezialge-

---

[301] Vgl. hinsichtlich der Beweislast: *Palandt/Heinrichs*, § 397 BGB, Rdnr. 3 a, S. 459; BGH, in NJW-RR 1992, S. 1387 (1388).

setzlich geregelten Fall des Grundsatzes vom Fehlen bzw. Wegfall der Geschäftsgrundlage nach § 242 BGB[302].

§ 36 UrhG ist über den Verweis des § 43 UrhG auch auf einen Arbeitnehmerurheber anwendbar, da sich aus dem Wesen des Arbeitsverhältnisses nichts anderes ergibt und auch die Gesetzesbegründung[303] („in erster Linie zum Schutze des freien Urhebers") dies zuläßt. Zwar wird nach der hier vertretenen Auffassung mit dem Arbeitsentgelt die Leistung des Arbeitnehmers sowie die Einräumung der Nutzungsrechte an den Pflichtwerken hinsichtlich des voraussehbaren betrieblichen Tätigkeitsbereiches abgegolten, jedoch schließt dies die Anwendbarkeit des § 36 UrhG im Arbeitsverhältnis nicht von vornherein aus, da das Arbeitsentgelt nur die „Gegenleistung für den erwarteten normalen Ertrag aus der Verwertung des Werkes" darstellt, § 36 UrhG sich aber auf „anormale, außergewöhnlich hohe Gewinne" bezieht[304]. Es sind auch im Arbeitsverhältnis Situationen denkbar, in denen zwischen dem Arbeitsentgelt verbunden mit den sonstigen Leistungen des Arbeitgebers und dem durch die Verwertung des vom Arbeitnehmer geschaffenen Werkes erzielten Gewinn[305] ein grobes Mißverhältnis besteht, so daß die in § 36 Absatz 1 UrhG geregelte Konstellation auch im Arbeitsverhältnis vorliegen kann, weshalb dieser auch im Arbeitsverhältnis zur Anwendung kommt[306].

---

302 *Schricker/Schricker*, § 36 Rdnr. 1, S. 611; BGH, in ZUM 1992, S. 141 (142).

303 Amtliche Begründung zu § 43 UrhG, in BT-Drucks. IV/270, S. 62.

304 *Fromm/Nordemann/Vinck*, § 43 Rdnr. 4, S. 372.

305 Vgl. zum Kriterium des Gewinns unten unter Teil 3 D. V. 2. a).

306 Im Ergebnis ebenso: *Fromm/Nordemann/Vinck*, § 43 Rdnr. 4, S. 372; *Schricker/Rojahn*, § 43 Rdnr. 71, S. 698 f; *Rehbinder*, § 46 IV 3, Rdnr. 339, S. 266; *ders.*, in WiB 1994, S. 461 (467); *Wandtke*, Rdnr. 282, S. 100; *Kraßer*, Fs Schricker 1995, S. 77 (96); *Scholz*, S. 61; *Kolle*, in GRUR 1985, S. 1016 (1024); *Ullmann*, in GRUR 1987, S. 6 (14); *Meiser*, in NZA 1998, S. 291 (294); *Schmitt*, in ZTR 1987, S. 170 (173 f), *Ulmer*, § 95 IV, S. 403; *Schack*, § 29 V 2, Rdnr. 986, S. 441; *MünchArbR/Sack*, Band 1, § 102, Rdnr. 33, S. 2122 m.w.N; BAG, in GRUR 1984, S. 429 (432) - Statikprogramme. A.A. *Koch*, in ZUM 1986, S. 75 (79 f); *Buchner*, in Lehmann, Rdnr. 78 ff, S. 447 f; *Mathis*, S. 155; *v. Gamm*, § 36 Rdnr. 8, S. 465, die dem das Betriebs- und Wirtschaftsrisiko grundsätzlich allein tragenden Arbeitgeber auch das Recht an unerwartet hohen Erträgen zubilligen, ohne daß der Arbeitnehmerurheber daran zu beteiligen sei. Diese Auffassung konnte sich jedoch nicht durchsetzen. Sie läßt ferner die allgemeinen Wertungen des auch im Arbeitsverhältnis geltenden Grundsatzes vom Fehlen oder Wegfall der Geschäftsgrundlage i.S.d. § 242 BGB, die in der Regel zu einer Vertragsanpassung führen, außer Betracht. Des weiteren wird nicht berücksichtigt, daß auch der Arbeitgeber nicht uneingeschränkt das Betriebs- und das Wirtschaftsrisiko trägt, vielmehr Ausnahmen zum Nachteil des Arbeitnehmers anerkannt sind, so daß ebenfalls gewisse Ausgleichsmaßnahmen zugunsten des Arbeitnehmers durchaus denkbar sind. Zu Gunsten des Arbeitgebers und zu Lasten des Arbeitnehmers sind drei Ausnahmen von der Betriebsrisiko lehre anerkannt, in denen der Arbeitnehmer das Betriebsrisiko zumindest dadurch mit trägt, daß er eine Minderung des Arbeitsentgelts akzeptieren oder sogar ganz auf das Entgelt verzichten muß: Bei einer Existenzgefährdung des Betriebes, kann eine Entgeltminderung oder gar ein vollständiger Entfall eintreten (BAG, Urteil vom 08. Februar 1957, in AP Nr. 2 zu § 615 BGB – Betriebsrisiko, wo die Frage im Ergebnis unentschieden bleibt; BAG, Urteil

Von besonderer Bedeutung im Arbeitsverhältnis ist jedoch der Maßstab für die Feststellung des Vorliegens eines „groben Mißverhältnisses“ i.S.d. § 36 Absatz 1 UrhG. § 36 Absatz 1 UrhG macht das Vorliegen eines groben Mißverhältnisses von der Berücksichtigung der gesamten Beziehung zwischen Urheber und Werknutzer abhängig. Somit ist bei einem Arbeitsverhältnis als einem Dauerschuldverhältnis nicht lediglich der erzielte Ertrag aus dem einzelnen Werk dem vereinbarten Arbeitsentgelt gegenüber zu stellen[307], sondern vielmehr ein Vergleich auch mit den zuvor geschaffenen Werken des Arbeitnehmerurhebers anzustellen, die womöglich nicht oder nur schlecht zu verwerten waren und für deren Erstellung der Arbeitnehmer dennoch einen Anspruch auf das volle Arbeitsentgelt hatte. Darüber hinaus sind auch die gesamten Vorteile des Arbeitnehmerstatusses des Urhebers, wie z.B. die Entgeltfortzahlung im Krankheitsfall, die Gewährung bezahlten Urlaubs oder der Kündigungsschutz für die Feststellung eines groben Mißverhältnisses zu berücksichtigen[308].

Ferner kann sich das grobe Mißverhältnis i.S.d. § 36 Absatz 1 UrhG auch aus einer extrem kurzen Dauer des Arbeitsverhältnisses, oder einer sehr umfangreichen Nutzungsrechtseinräumung im Verhältnis zum jeweiligen Arbeitsentgelt ergeben[309].

Auf den Anspruch aus § 36 Absatz 1 UrhG kann gemäß § 36 Absatz 3 Satz 1 UrhG nicht im voraus verzichtet werden. Diese Regelung ist zwingend und wird zum Schutze des Arbeitnehmerurhebers auch nicht durch die „die

---

vom 30 Mai 1963, in AP Nr. 15 zu § 615 BGB – Betriebsrisiko; BAG, Urteil vom 28. September 1972, in AP Nr. 28 zu § 615 BGB – Betriebsrisiko; a.A. *Schaub*, § 101 II 2, Rdnr. 10, S. 1014, der diese Rechtsprechung für überholt hält, da sie auf dem Gedanken der Betriebsgemeinschaft beruhe, diese aber nur bei Beteiligung des Arbeitnehmers am Betriebsergebnis bestehe). Auch im Falle einer Betriebsstörung als Folge von Arbeitskämpfen, die u.U. sogar in anderen Tarifgebieten stattfinden können, kommt eine Einschränkung der Betriebsrisikolehre sowie des Wirtschaftsrisikos (vgl. *Schaub*, § 101 VI 1, Rdnr. 25, S. 1016) durch die Sonderregelungen des Arbeitskampfrisikos in Betracht, wenn aufgrund einer typisierenden Betrachtungsweise eine konkrete Störung der Arbeitskampfparität festgestellt werden kann (BAG, Urteil vom 22. Dezember 1980, in AP Nr. 70 zu Art. 9 GG – Arbeitskampf; BAG, Urteil vom 22. Dezember 1980, in AP Nr. 71 zu Art. 9 GG – Arbeitskampf; BAG in NZA 1997, S. 393 (395)). Schließlich ist die Betriebsrisikolehre tarifvertraglich oder arbeitsvertraglich abdingbar (BAG, Urteil vom 30. Mai 1963, in AP Nr. 15 zu § 615 BGB – Betriebsrisiko; BAG, Urteil vom 06. November 1968, in AP Nr. 16 zu § 615 BGB – Betriebsrisiko; BAG, Urteil vom 09. März 1983, in AP Nr. 31 zu § 615 BGB - Betriebsrisiko), so daß z.B. im Baugewerbe die Arbeitnehmer ein in der Höhe unter dem eigentlichen Gehalt liegendes sog. Schlechtwettergeld anstatt des vollen Gehaltes bekommen.

[307] *Rehbinder*, § 46 IV 3, Rdnr. 339, S. 266; *ders.*, in WiB 1994, S. 461 (467).

[308] *Hauptmann*, S. 113; *Fromm/Nordemann/Vinck*, § 43 Rdnr. 4, S. 372.

[309] *Hauptmann*, S. 114.

Nichtabdingbarkeit durchbrechende Spezialnorm“[310] des § 43 UrhG durchbrochen, so daß abweichende Regelungen in Arbeits- oder Tarifverträgen in Verbindung mit § 134 BGB aufgrund des Verstoßes gegen ein gesetzliches Verbot nichtig sind[311].

D. Tarifvertragliche Regelungen im Bereich des Urheberrechts

Wie bereits aus dem vorangegangenen Abschnitt deutlich wurde, haben Tarifverträge im Bereich des Urheberrechts nicht zuletzt aufgrund der häufigen individualvertraglichen Inbezugnahmen eine besondere Bedeutung. Auffällig ist dabei, daß insbesondere in denjenigen Bereichen, in denen der geistige Arbeitsprozeß durch starke Spezialisierung und Arbeitsteilung geprägt ist, mithin im Bereich des Rundfunks und der Printmedien, zahlreiche und sehr detaillierte tarifvertragliche Regelungen mit urheberrechtlichem Inhalt aufzufinden sind[312].

In diesem Abschnitt werden zunächst einige allgemeine Ausführungen vorangestellt, bevor anhand von Beispielen tarifvertragliche Regelungen mit urheberrechtlichem Inhalt untersucht werden.

I. Allgemeine tarifvertragliche Besonderheiten

Zur Vermeidung von Wiederholungen wird hinsichtlich der Rechtsnatur von Tarifverträgen sowie bezüglich der Auslegung von tarifvertraglichen Normierungen auf die Ausführungen oben unter Teil 2 C. III. 2. b) aa) und 3. a) bb) verwiesen.

Rechtsgrundlage eines Tarifvertrages ist Art. 9 Absatz 3 GG in Verbindung mit den konkretisierenden Vorschriften des TVG[313]. Vom Schutz des Art. 9 Absatz 3 GG werden dabei die Arbeits- und Wirtschaftsbedingungen als Gesamtheit der Bedingungen, unter denen abhängige Arbeit geleistet wird,

---

[310] So *Schricker/Rojahn*, § 43 Rdnr. 36, S. 687.

[311] *Wandtke*, Rdnr. 282, S. 100. A.A. *Holländer*, S. 129 f, 220 ff, der § 36 UrhG für vertraglich abdingbar hält. Dies entspricht jedoch nicht dem Inhalt und Wesen des Arbeitsverhältnisses i.S.d. § 43 UrhG, wie *Hauptmann*, S. 112 f, zutreffend feststellt. Ausweislich der amtlichen Begründung soll § 36 UrhG den Urheber in seiner rechtlichen Unerfahrenheit schützen (BT-Drucks. IV/270, S. 57). Aber auch ein Arbeitnehmerurheber bedarf des Schutzes vor Handlungen, die er aus Unerfahrenheit tätigt, wie beispielsweise die vertragliche Abbedingung des § 36 UrhG. Gerade dieser Schutz würde dem Arbeitnehmerurheber vorenthalten, wenn eine Abdingbarkeit angenommen werden würde.

[312] *Wandtke*, Rdnr. 243, S. 86.

[313] *MünchArbR/Löwisch/Rieble*, Band 3 § 252, Rdnr. 23 f, S. 235; *Steinberg*, S. 54 f, m.w.N.

umfaßt[314]. Darüber hinaus gewährleistet Art. 9 Absatz 3 GG in kollektiver Hinsicht nicht nur den Bestand der Koalitionen, sondern sein Schutzbereich umfaßt auch die koalitionsspezifische Betätigung[315]. Ein Teil dieser koalitionsspezifischen Betätigung ist die Mitgestaltung der Arbeits- und Wirtschaftsbedingungen durch den Abschluß von Tarifverträgen[316].

Die praktische Bedeutung der Tarifverträge zur Wahrung und Förderung der Arbeits- und Wirtschaftsbedingungen i.S.d. Art. 9 Absatz 3 Satz 1 GG sowie zum Schutz der schwächeren Vertragspartei[317] ist sehr groß, so daß sie zu den wichtigsten Anspruchsgrundlagen im Arbeitsrecht gehören. Ihre Bedeutung erklärt sich daraus, daß sie, da sie vom Arbeitgeberverband oder einem einzelnen Arbeitgeber auf der einen Seite sowie einer oder mehrerer Gewerkschaften auf der anderen Seite, mithin von im wesentlichen gleich starken Verhandlungspartnern, ausgehandelt sind, eine Gewähr dafür bieten, daß der ausgehandelte Vertrag sowohl den Interessen des Arbeitgebers als auch denjenigen des Arbeitnehmers gerecht wird[318]. Dies ist im Falle einer individualvertraglichen Regelung aufgrund der regelmäßigen faktischen Überlegenheit des Arbeitgebers nicht gewährleistet.

Wie bereits erwähnt sind im Rahmen der vorliegenden Untersuchung allein die normativen Regelungen der Tarifverträge von Bedeutung, da sie die Rechte der Mitglieder der Tarifvertragsparteien, d.h. von Arbeitgebern und Arbeitnehmern, regeln. Während der Tarifvertrag in seinem schuldrechtlichen Teil ein gegenseitiger obligatorischer Vertrag mit arbeitsrechtlichem Inhalt ist, ist er in seinem normativen Teil ein „für Dritte rechtsverbindlicher zweiseitiger korporativer Normenvertrag“, weshalb mit der nahezu einhelligen Ansicht davon auszugehen ist, daß der Tarifvertrag insoweit ein Gesetz im materiellen Sinne ist[319]. Der Unterschied zu einem Gesetz im formellen Sinne besteht nur darin, daß dieses vom Parlament beschlossen wird. Somit sind, wenn in einer Regelung von „Gesetzen“ gesprochen wird, grundsätzlich auch die normativen tarifvertraglichen Regelungen umfaßt, soweit sich nicht durch Auslegung ermitteln läßt, daß beispielsweise aufgrund der „wesentlichen“

---

[314] *Söllner*, in NZA 1996, S. 897 (898).
[315] BVerfG, Urteil vom 18. November 1954, in BVerfG E 4, S. 96 (106).
[316] So die ständige Rechtsprechung des BVerfG (z.B.: BVerfG E 50, S. 290 (368 f); 58, S. 233 (247)).
[317] *Vogel*, in Fs Schricker 1995, S. 117 (122).
[318] Vgl. zur Richtigkeits- und Ausgewogenheitsgewähr, *Lieb*, § 1 V, Rdnr. 116, S. 39.
[319] BVerfG, Beschluß vom 24. Mai 1977, in BVerfGE 44, S. 322 (341); BAG, Urteil vom 15. Januar 1955, in AP Nr. 4 zu Art 3 GG; BAG, Urteil vom 23. März 1957, in AP Nr. 16 zu Art 3 GG; BAG, Urteil vom 14. Juli 1961, in AP Nr. 1 zu Art 24 Verf. NRW; BVerfG, in AP Nr. 15 zu § 2 TVG, BVerfG, in NJW 1977, S. 2255 (2256); sowie BVerfG, in NJW 1981, S. 215 (215).

Bedeutung nur formelle, weil vom unmittelbar demokratisch legitimierten Parlament erlassene, Gesetze gemeint sind[320].

Da Tarifverträge somit ebenso wie parlamentarische Gesetze gemäß den Regelungen der §§ 1 Absatz 1 2. Halbsatz, 4 Absatz 1 TVG zumindest im Bereich des normativen Teils Rechtsnormen enthalten und auf einer Delegation staatlicher Regelungsmacht beruhen[321] bzw. eine Funktionsnachfolge vorliegt[322], besteht, wenn auch mit unterschiedlicher Begründung, im Ergebnis weitgehend Einigkeit dahingehend, daß die Grundrechte unmittelbar zur Anwendung kommen[323].

Schließlich ist die Normsetzungsbefugnis der Tarifvertragsparteien auch insoweit begrenzt, als die Regelungen nicht gegen höherrangiges Recht im allgemeinen, also auch Europarecht und sonstige zwingenden nationalen Gesetze verstoßen dürfen[324].

1. Anwendbarkeitsvoraussetzungen

Die normative Wirkung eines Tarifvertrages beschränkt sich auf diejenigen Arbeitsverhältnisse, die gemäß § 4 Absatz 1 Satz 1 TVG seinem Geltungsbereich unterfallen. Voraussetzung ist die Eröffnung des persönlichen, räumlichen, betrieblichen, fachlichen und zeitlichen Anwendungsbereiches.

In persönlicher Hinsicht ist die Geltung gemäß § 4 Absatz 1 Satz 1 TVG i.V.m. § 3 Absatz 1 TVG vorbehaltlich einer Allgemeinverbindlichkeitserklärung i.S.d. § 5 TVG sowie einer individualvertraglichen Inbezugnahme auf die tarifgebundenen Mitglieder der Tarifvertragsparteien sowie den Arbeitge-

---

320 *Schaub*, § 198 III 1, Rdnr. 16, S. 1935.

321 BAG, Urteil vom 15. Januar 1955, in AP Nr. 4 zu Art. 3 GG. Das BAG geht dabei von einer Grundrechtsbindung der Tarifpartner unmittelbar gemäß Art. 1 Absatz 3 GG aus. Dies dürfte wohl nicht zutreffend sein, da sich bereits aus der Aufzählung in Art. 1 Absatz 3 GG ergibt, daß mit der „Gesetzgebung" das Parlament gemeint ist, da die Aufzählung sämtliche formellen Gewalten enthält (So auch *MünchArbR/Richardi*, Band 1 § 10, Rdnr. 22, S. 90 und Rdnr. 27, S. 92).

322 *Lerche*, in Fs Steindorff, S. 897 (S. 905 ff).

323 Ständige Rechtsprechung des BAG, seit BAG, in AP Nr. 4 zu Art. 3 GG; BAG, Urteil vom 18. Oktober 1961, in AP Nr. 2 zu Art. 24 Verf. NRW; BAG, in NZA 1999, S. 1051 (1052) m.w.N.; *MünchArbR/Richardi*, Band 1, § 10 Rdnr. 22 ff, S. 90 ff; *MünchArbR/Löwisch/Rieble*, Band 3 § 259, Rdnr. 19 ff, S. 309 ff; *Säcker/Oetker*, S. 242; *MünchArbR/Richardi*, § 10 Rdnr. 22 ff, m.w.N., der die Grundrechtsbindung mit der Kartellfunktion der Tarifautonomie begründet. Die in der Kartellfunktion liegende Macht zur Regulierung der Arbeitsbedingungen sei der maßgebliche Gesichtspunkt für die Notwendigkeit einer Sicherung der Grundrechtsgehalte gegenüber den Tarifvertragsparteien und deren Mitgliedern (a.a.O., Rdnr. 27 ff, S. 93 ff).

324 *Schaub*, in NZA 1994, S. 597 (602); *Söllner*, in NZA 1996, S. 897 (897 ff).

ber, der bei einem Firmentarifvertrag selbst Partei des Tarifvertrages ist, beschränkt. Eine Ausnahme besteht nur für Rechtsnormen über betriebliche und betriebsverfassungsrechtliche Fragen, bei denen eine Tarifbindung des Arbeitgebers ausreichend ist.

Ferner muß der Tarifvertrag vom räumlichen Geltungsbereich her einschlägig sein, wobei der für den Erfüllungsort des Arbeitsverhältnisses geltende Tarifvertrag Anwendung findet. Dies ist in der Regel der Betriebssitz, auch wenn es vorübergehend zu einer Beschäftigung an einem anderen Ort kommt; entscheidend ist der Schwerpunkt des Arbeitsverhältnisses[325].

Des weiteren muß der Tarifvertrag vom betrieblichen Geltungsbereich her einschlägig sein, was sich nach dem Wirtschaftszweig bestimmt, für den der Tarifvertrag abgeschlossen worden ist. Dies ist durch Auslegung zu ermitteln, wofür auch die Gewerkschaftssatzung heranzuziehen ist. Da die Arbeitgeberverbände und die Gewerkschaften nach dem Industrieverbandsprinzip organisiert sind, werden die Tarifverträge regelmäßig nur für einen bestimmten Wirtschaftszweig abgeschlossen, so daß die Satzung der Verbände zur Auslegung sehr hilfreich ist[326].

In einem Betrieb findet nach einhelliger Auffassung derjenige Tarifvertrag Anwendung, der dem Schwergewicht der betrieblichen Tätigkeit entspricht, wobei die überwiegend im Betrieb zu leistende Arbeit oder die dem Betrieb nach der Verkehrsauffassung das Gepräge gebenden Merkmale für die Gewerbezuordnung entscheidend sind[327]. Hierbei gilt das Prinzip der Tarifeinheit, d.h. daß der ermittelte Tarifvertrag für alle Arbeitsverhältnisse des Betriebes gilt, auch wenn sie gewerbefremd sind. So gilt beispielsweise für sämtliche Arbeitnehmer von „Siemens" der MTV Metall, auch wenn sie unter Umständen Software, Computer, Telefone oder Haushaltsgeräte herstellen oder im Sekretariat tätig sind.

Der fachliche Geltungsbereich überschneidet sich sowohl mit dem betrieblichen als auch mit dem persönlichen Geltungsbereich und wird als dahingehende Aussage des Tarifvertrages verstanden, für welche Arten von Tätigkeiten er Geltung beansprucht, wobei regelmäßig nach Berufsgruppen (Mei-

---

[325] *Schaub*, § 203 III 1, Rdnr. 22, S. 1981; BAG, Urteil vom 03. Dezember 1985, in AP Nr. 5 zu § 1 TVG – Tarifverträge: Großhandel.

[326] Siehe insoweit auch BAG, in AP Nr. 11 zu § 4 TVG – Geltungsbereich.

[327] BAG, Urteil vom 27. November 1963, in AP Nr. 3 zu § 1 TVG – Tarifverträge: Bau; BAG, Urteil vom 17. Februar 1971, in AP Nr. 8 zu § 1 TVG – Tarifverträge: Bau; BAG, Urteil vom 14. April 1971, in AP Nr. 10 zu § 1 TVG - Tarifverträge: Bau; BAG, Urteil vom 19. Dezember 1958, in AP Nr. 6 zu § 4 TVG – Tarifkonkurrenz.

ster, Geselle, kaufmännischer oder technischer Angestellter etc.) sowie nach Vergütungsgruppen differenziert wird[328].

Der zeitliche Geltungsbereich bezeichnet schließlich den Beginn und das Ende der normativen Wirkung. Der Beginn der normativen Wirkung ist regelmäßig im Tarifvertrag selbst festgelegt. Ansonsten ist der Abschlußzeitpunkt bei unterstellter Tarifbindung maßgeblich[329]. Eine eventuelle Rückwirkung von tarifvertraglichen Regelungen unterliegt denselben Rechtmäßigkeitsvoraussetzungen, wie die Rückwirkung von Gesetzen. Es finden somit die für die echte und unechte Rückwirkung von Gesetzen entwickelten Grundsätze entsprechende Anwendung[330]. Eine Rückwirkung ist jedoch nur dann rechtswirksam möglich, wenn die Arbeitsvertragsparteien sowohl im Zeitpunkt der Änderung des Tarifvertrages als auch in dem Zeitpunkt, auf den sich die Rückwirkung bezieht, tarifgebunden waren.

Das Ende der normativen Wirkung tritt vorbehaltlich einer Allgemeinverbindlichkeitserklärung mit Fristablauf, Kündigung oder Aufhebung ein. Damit es dann jedoch nicht zu einem „tariflosen“ und damit u.U. „inhaltslosen“ Arbeitsverhältnis kommt, gelten die bisherigen tarifvertraglichen Regelungen, vorbehaltlich eines tarifvertraglichen Ausschlusses der Nachwirkung[331], gemäß § 4 Absatz 5 TVG fort, bis sie durch eine andere Abmachung ersetzt werden[332]. Da die gemäß § 4 Absatz 5 TVG nachwirkenden Tarifvertragsnormen jedoch keine zwingende Wirkung mehr haben, können sie auch durch individualvertragliche Regelungen und auch zum Nachteil des Arbeitnehmers abgeändert werden[333].

2. Tarifkonkurrenz und Tarifpluralität

Teilweise kann es zu Überschneidungen verschiedener Tarifverträge kommen. Es sind dann zwei Situationen zu unterscheiden.

Sofern in demselben Betrieb mehrere Tarifverträge zur Anwendung kommen, jeder Arbeitnehmer aber nur an einen Tarifvertrag gebunden ist, so spricht

---

[328] *Schaub*, § 203 V, Rdnr. 41 ff.

[329] *Zöllner/Loritz*, § 37 II 5, S. 416.

[330] BAG, in NZA 1999, S. 1059 (1063 f) m.w.N.; BAG, in DB 1995, S. 778 (778 ff); BAG, in NZA 1996, S. 603 (607).

[331] BAG, in NZA 1998, S. 492 (493) m.w.N.

[332] BAG, Urteil vom 28. Mai 1997, in AP Nr. 26 zu § 4 TVG – Nachwirkung; BAG, Urteil vom 10. Dezember 1997, in AP Nr. 20 zu § 3 TVG; BAG, Urteil vom 10. Dezember 1997, in AP Nr. 21 zu § 3 TVG.

[333] *Wiedemann/Wank*, § 4 Rdnr. 354, S. 1078 f sowie Rdnr. 361, S. 1081; BAG, in DB 1992, S. 1294 (1294 f).

man von der sog. Tarifpluralität[334]. Sie entsteht, wenn die Parteien eines Arbeitsverhältnisses gemeinsam nur an einen einzigen Tarifvertrag gebunden sind, jedoch wegen der Tarifbindung des Arbeitgebers an verschiedene konkurrierende Tarifverträge im Betrieb mehrere Tarifverträge nebeneinander zur Anwendung kommen. Dies setzt voraus, daß mehrere konkurrierende Gewerkschaften Tarifverträge über die gleiche Materie schließen. Demgegenüber liegt ein Fall der sog. Tarifkonkurrenz vor, wenn mehrere Tarifverträge auf dasselbe Arbeitsverhältnis anwendbar sind, also beide Parteien eines Arbeitsverhältnisses gleichzeitig an mehrere Tarifverträge gebunden sind[335]. Diese Situation kann entstehen, da z.B. für betriebliche und betriebsverfassungsrechtliche Normen gemäß § 3 Absatz 2 TVG die Tarifbindung des Arbeitgebers ausreicht.

Nach der Rechtsprechung des BAG und einer starken Ansicht in der Literatur sind beide Situationen nach dem Grundsatz der Tarifeinheit zu lösen, der besagt, daß zur Vereinheitlichung der Arbeitsbedingungen und zur Wahrung der Übersichtlichkeit und größeren Praktikabilität in einem Betrieb nur ein Tarifvertrag Anwendung finden und somit jeweils nur ein Tarifvertrag tatsächlich Wirkungen entfalten soll[336]. Ferner müßte, wenn verschiedene Tarif-

---

[334] *Schaub*, § 203 VII 1 Rdnr. 51 f, S. 1987; BAG, in NZA 1998, S. 40 (44). Dagegen lehnt das BAG einen Fall der Tarifpluralität ab, wenn ein nachwirkender Tarifvertrag mit einem Tarifvertrag zusammentrifft, an den allein der Arbeitgeber gebunden ist, da durch die bloße Nachwirkung der Arbeitnehmer nicht den Schutz des Kollektivrechts verlieren dürfe (BAG, vom 28. Mai 1997, in AP Nr. 26 zu § 4 TVG – Nachwirkung).

[335] BAG, in NZA 1994, S. 1038 (1040); *Bauer/Meinel*, in NZA 2000, S. 181 (181 f) m.w.N.

[336] BAG, in NZA 1994, S. 1038 (1040); BAG, in NZA 1998, S. 40 (44); *Säcker/Oetker*, in ZfA 1993, S. 1 ff; *Hromadka*, in DB 1996, S. 1872 (1873 f); ähnlich: *Schaub*, § 203 VII 2, Rdnr. 57, VII 3, Rdnr. 60 ff, VII 5 Rdnr.67, S. 1990. A.A. *Däubler*, TVG, Rdnr. 1502 f, 628 f, ders. in NZA 1996, S. 225 (230); *Löwisch/Rieble*, § 4 Rdnr. 290 ff, S. 302 ff, nach denen zumindest im Falle der Tarifpluralität durch die Auffassung der Rechtsprechung und des anderen Teiles der Literatur die Tarifautonomie der Verbände und die individuelle Koalitionsfreiheit der Arbeitnehmer verletzt werde. Die Mitglieder derjenigen Koalition, deren Tarifvertrag verdrängt wird, würden in den Status eines gewerkschaftlich nicht organisierten gedrängt, so daß sie faktisch gezwungen seien, die Koalition zu wechseln. Ferner werde die Tarifautonomie dadurch verletzt, daß eine Gewerkschaft aus dem Betrieb verdrängt werde. Schließlich sei die Ansicht des BAG schon deshalb nicht überzeugend, weil es ohnehin innerhalb eines Betriebes zu unterschiedlichen Arbeitsbedingungen zwischen Tarif- und Nichttarifgebundenen komme. Zumindest das letztgenannte Argument ist aber m.E. bereits dann nicht stichhaltig, wenn wie oben dargelegt, in sämtlichen Arbeitsverträgen eine individualvertragliche dynamische Inbezugnahme eines Tarifvertrages vereinbart wurde. Daher nimmt *Schaub*, § 203 VII 5, Rdnr. 66, S. 1990, in den Fällen der Tarifkonkurrenz und der Tarifpluralität, die auf einer individualvertraglichen Inbezugnahme beruhen, folgendes an: Bei einer statischen Verweisung finde der in Bezug genommene Tarifvertrag Anwendung (BAG, vom 04. September 1996, in AP Nr. 5 zu § 1 TVG – Bezugnahme auf Tarifvertrag), während bei einer dynamischen Verweisung der jeweils neue Tarifvertrag zur Anwendung komme, was nur dann nicht gelte, wenn die Verweisung in einen anderen Organisationsbereich verweise (vgl. BAG, Urteil vom 28. Mai 1997, in AP Nr. 6 zu § 1 TVG - Bezugnahme auf

verträge im Betrieb zur Anwendung kommen könnten, dem Arbeitgeber ein Fragerecht hinsichtlich der Gewerkschaftszugehörigkeit des einzelnen Arbeitnehmers eingeräumt werden[337].

Zur Anwendung kommt dabei der jeweils speziellere vor dem allgemeineren Tarifvertrag[338]. Der speziellere ist derjenige Tarifvertrag, der dem Betrieb räumlich, betrieblich, fachlich und bei Tarifkonkurrenz persönlich am nächsten steht[339]. Zu prüfen ist daher, welche tarifvertraglich beschriebene Tätigkeit dem Betrieb das Gepräge gibt, wobei die Zahl der vom jeweiligen Tarifvertrag erfaßten Arbeitnehmer[340], die Art der Arbeit, die der überwiegende Teil der Arbeitnehmer zu leisten hat sowie der Anteil am Umsatz und Gewinn zu berücksichtigen ist[341]. Folglich hat jedenfalls stets der Firmentarifvertrag Vorrang vor dem Verbandstarifvertrag, da der Firmentarifvertrag der eindeutig speziellere ist[342].

II. Urheberrechtliche Regelungen in Tarifverträgen

Urheberrechtliche Regelungen finden sich seit 1954 in Tarifverträgen. Im Tarifvertrag für die Arbeitnehmer des damaligen Nordwestdeutschen Rundfunks wurden im Jahre 1954 erstmalig urheberrechtliche Regelungen vereinbart[343]. Inzwischen hat sich die Aufnahme von urheberrechtlichen Klauseln in Tarifverträge zumindest in Bereichen, in denen typischerweise urheberrechtlich geschützte Werke seitens der Arbeitnehmer geschaffen werden, zu einer

---

Tarifvertrag). Damit sei gewährleistet, daß dieselben Grundsätze bei der Verweisung wie bei der originären Tarifbindung zur Anwendung kommen. Einen ganz anderen Lösungsvorschlag machen *Bauer/Meinel*, in NZA 2000, S. 181 (185 ff), die das Ziel des Grundsatzes der Tarifeinheit, nämlich der Vereinheitlichung der Arbeitsbedingungen, auf individualrechtlicher Ebene verwirklichen wollen. Danach soll der Arbeitgeber zur Änderungskündigung, von den Autoren als „Vereinheitlichungkündigung" bezeichnet, berechtigt sein, wenn er damit die Anwendung des speziellsten der für seinen Betrieb geltenden Tarifverträge erreichen wolle.

[337] *Schaub*, § 203 VII 3 b, Rdnr. 63, S. 1989.

[338] BAG, in DB 1990, S. 129 (129) und 2527 (2527 f).

[339] BAG, Urteil vom 22. Februar 1957, in AP Nr. 2 zu § 4 TVG – Tarifkonkurrenz; BAG, Urteil vom 29. März 1957, in AP Nr. 4 zu § 4 TVG – Tarifkonkurrenz; BAG, Urteil vom 02. November 1960, in AP Nr. 8 zu § 4 TVG – Tarifkonkurrenz; BAG, Urteil vom 24. September1975, in AP Nr. 11 zu § 4 TVG – Tarifkonkurrenz; BAG, Urteil vom 29. November 1978, in AP Nr. 12 zu § 4 TVG – Tarifkonkurrenz; BAG, Urteil vom 14. Juni 1989, in AP Nr. 16 zu § 4 TVG - Tarifkonkurrenz; BAG, in NZA 1994, S. 1038 (1041).

[340] BAG, Urteil vom 14. Juni 1989, in AP Nr. 16 zu § 4 TVG - Tarifkonkurrenz; BAG, Urteil vom 05. September 1990, in AP Nr. 19 zu § 4 TVG – Tarifkonkurrenz; BAG, Urteil vom 20. März 1991, in AP Nr. 20 zu § 4 TVG - Tarifkonkurrenz.

[341] BAG, in DB 1989, S. 1831 (1831) und 1980 (1980).

[342] *Schaub*, § 203 VII 5, Rdnr. 67, S. 1990.

[343] *Honig*, S. 45.

allgemeinen Praxis entwickelt[344]. So enthalten, soweit ersichtlich, von den derzeit insgesamt gültigen eingetragenen 51.568 Tarifverträgen, von denen rund 32.000 Verbandstarifverträge sind,[345] folgende Verbandstarifverträge, nämlich der Manteltarifvertrag für Redakteurinnen und Redakteure an Zeitschriften in der Fassung vom 01. Mai 1998, der Manteltarifvertrag für Redakteure/Redakteurinnen an Tageszeitungen in der Fassung vom 15. Dezember 1997, der Tarifvertrag für Design-Leistungen, in der Fassung vom 01. Dezember 1997, der Normalvertrag (NV) Solo in der Fassung vom 09. Juni 1994, der NV Chor/Tanz in der Fassung vom 02. November 2000[346] und der Tarifvertrag für arbeitnehmerähnliche freie Journalistinnen und Journalisten an Tageszeitungen vom 15. Dezember 1997, urheberrechtliche Regelungen[347]. Im Bereich der Firmentarifverträge ist in Anbetracht der Zahl von rund 19.500 gültigen Tarifverträgen im Jahr 1999[348] sowie der fehlenden Veröffentlichung der jeweiligen Inhalte eine Ermittlung sämtlicher Tarifverträge, die urheberrechtliche Regelungen enthalten, faktisch unmöglich, so daß hier lediglich einige Tarifverträge beispielhaft aufgeführt werden. So enthalten beispielsweise der Manteltarifvertrag des Senders Freies Berlin, vom 01. August 1974, sowie der Manteltarifvertrag des ZDF, vom 01. Dezember 1970, in der ab dem 01. Januar 1997 geltenden Fassung ebenso wie die Manteltarifverträge der anderen öffentlich-rechtlichen Rundfunkanstalten urheberrechtliche Klauseln.

1. Zulässigkeit urheberrechtlicher Regelungen in Tarifverträgen

Die sich in Bezug auf urheberrechtliche Regelungen in Tarifverträgen zunächst aufdrängende Frage der Zulässigkeit wird sowohl im arbeitsrechtlichen als auch im urheberrechtlichen Schrifttum bejaht[349], wobei jedoch häufig keine differenzierte Begründung gegeben wird[350].

---

[344] *Rojahn*, S. 43; *Steinberg*, S. 18.

[345] So die vom Bundesarbeitsministerium herausgegebenen „Tarifvertraglichen Arbeitsbedingungen im Jahre 1999, S. 5 und 6. Zum Vergleich: Nach *Wiedemann*, § 1, Rdnr. 26, S. 323 waren im Jahr 1997 lediglich 47.334 Tarifverträge in Geltung.

[346] Abgedruckt bei *Bolwin/Sponer*, Bühnentarifrecht.

[347] So auch *Steinberg*, S. 41 ff.

[348] So die vom Bundesarbeitsministerium herausgegebenen „Tarifvertraglichen Arbeitsbedingungen im Jahre 1999", S. 6. Laut *Steinberg*, S. 43, existierten im Jahre 1995 3.687 Firmenmanteltarifverträge, von denen nach *Steinberg* lediglich die Tarifverträge der öffentlich-rechtlichen Rundfunkanstalten, die Haustarifverträge der größeren Konzert- und Opernhäuser sowie die Tarifverträge der großen Presseagenturen (z.B. dpa und Reuthers) urheberrechtliche Klauseln enthalten. *Wiedemann* a.a.O. gibt die Zahl der Firmentarifverträge im Jahr 1995 mit 14.822 an, wobei die Differenz mit den wesentlich häufiger abgeschlossenen reinen Entgelttarifverträgen zu erklären ist, die ohnehin keine urheberrechtlichen Regelungen enthalten.

[349] *Möhring/Nicolini/Spautz*, § 43 Rdnr. 7, S. 454; *Fromm/Nordemann/Vinck*, § 43 Rdnr. 3, S. 369; *Gamillscheg*, Band I, § 15, S. 581; *Samson*, in UFITA Band 64, 1972, S. 181 (186); *Scholz*, S. 25; *Schack*, § 29 V 2, Rdnr. 984, S. 439; *Ullmann*, in CR 1986, S. 564 (569);

Der Regelungsinhalt der nach Art. 9 Absatz 3 GG geschützten Tarifverträge bzw. der einzelnen tarifvertraglichen Klauseln wird vom TVG und somit auch von § 1 Absatz 1 TVG konkretisiert und damit gleichzeitig beschränkt[351]. Dieser lautet wie folgt:

> „Der Tarifvertrag regelt die Rechte und Pflichten der Tarifvertragsparteien und enthält Rechtsnormen, die den Inhalt, den Abschluß und die Beendigung von Arbeitsverhältnissen sowie betriebliche und betriebsverfassungsrechtliche Fragen ordnen können."

Der Inhalt des Arbeitsverhältnisses wird durch die gegenseitigen Rechte und Pflichten der Arbeitsvertragsparteien bestimmt, die primär im Arbeitsvertrag geregelt werden. Wenn § 1 Absatz 1 TVG bestimmt, daß Tarifverträge Rechtsnormen über den Inhalt des Arbeitsverhältnisses enthalten können, folgt daraus, daß im Tarifvertrag zumindest alles das geregelt werden darf, was auch in einem Individualarbeitsvertrag zulässiger Weise vereinbart werden kann[352]. Darüber hinaus ergibt sich aus der Existenz tarifdispositiver Gesetzesvorschriften, daß der tarifvertragliche Regelungsspielraum im normativen Bereich z.T. weiter reicht als die Regelungsmacht der Arbeitsvertragsparteien im Individualvertrag[353].

Herschel, UFITA, Band 94, 1982, S. 35 (41 f); *Holländer*, S. 109 f; *Hauptmann*, S. 89 f; *Däubler*, Tarifvertragsrecht, Nr. 922 ff, S. 420 f, der jedoch nur Verpflichtungs- und keine Verfügungsregelungen für zulässig hält, da eine Abtretung als quasi-dingliches Geschäft kein tauglicher Gegenstand eines Tarifvertrages sei (a.a.O., Nr. 924, S. 420). - Eine Begründung bleibt er jedoch schuldig.

[350] Auch die Rechtsprechung nimmt die Zulässigkeit derartiger Tarifvertragsklauseln an, ohne dies jedoch explizit zu erörtern. Vielmehr wurde die Zulässigkeit beispielsweise in folgenden Entscheidungen stillschweigend unterstellt: OLG Hamburg, in GRUR 1977, S. 556 (558) - Zwischen Marx und Rothschild; LG Saarbrücken, in UFITA, Band 38, 1962, S. 224 (228ff).

[351] BVerfG, Beschluß vom 24. Mai 1977, in BVerfG E 44, S. 322 (349); *Steinberg*, S. 54 f.

[352] *Hueck/Nipperdey*, Band II/1, § 15 II 5 a, S. 253 ff; *Hubmann*, in RdA 1987, S. 89 (90); *Schricker/Rojahn*, § 43, Rdnr. 47, S. 689; *Rojahn*, S. 43 f; *Schlecht*, S. 90.

[353] *Steinberg*, S. 98, die jedoch den Vergleich mit dem rechtswirksam vereinbarem Inhalt eines Arbeitsvertrages als ungeeigneten Begründungsansatz einstuft. Dies begründet sie damit, daß im Tarifvertrag einerseits mehr als im Arbeitsvertrag (Stichwort: tarifdispositives Gesetzesrecht), andererseits aber weniger geregelt werden könne, wobei sie als Beispiel Regelungen heranzieht, die mit dem Arbeitsverhältnis in keinem oder lediglich in losem Zusammenhang stehen. Diese Kritik ist meines Erachtens insofern unbegründet, als in einem Tarifvertrag **wenigstens** das geregelt werden kann, was in einem Arbeitsvertrag vereinbart werden darf. Daß der Tarifvertrag darüber hinaus einen weiteren Anwendungsbereich hat, ergibt sich bereits aus dem Umstand, daß er auch betriebliche und betriebsverfassungsrechtliche Regelungen enthalten kann, sowie hinsichtlich der Inhaltsnormen aus der Existenz von tarifdispositivem Gesetzesrecht. Das Argument, der Arbeitsvertrag könne mit weiteren Regelungen verbunden werden, die nicht mit dem Arbeitsverhältnis in Zusammenhang stünden, ist bereits in sich selbst widersprüchlich, da *Steinberg* damit selbst davon ausgeht, daß die mitgeregelten Fragen nicht zum Arbeitsverhältnis selbst gehören und somit auch nicht Bestandteil

Da nun zumindest diejenigen Materien, die auch Inhalt eines Individualarbeitsvertrages sein können, im Tarifvertrag geregelt werden dürfen, sind auch urheberrechtliche Klauseln zulässig. Dies ergibt sich aus folgender Überlegung: Wie bereits oben unter Teil 2 C. III. 2. a) cc) ausgeführt, verpflichtet sich der Arbeitnehmer mit dem Eintritt in das Arbeitsverhältnis ausdrücklich oder konkludent zur Einräumung der Nutzungsrechte an den Pflichtwerken soweit der Arbeitgeber diese zur Verwirklichung der betrieblichen Zwecke benötigt. Daraus wird deutlich, daß eine Regelung hinsichtlich der urheberrechtlichen Rechte und Pflichten im Arbeitsverhältnis ein Teil des Arbeitsvertrages ist oder zumindest sein kann und die urheberrechtlichen Klauseln dabei die Arbeitsbedingungen des jeweiligen Arbeitsverhältnisses regeln[354]. Es geht bei den Regelungen der Arbeitnehmerurheberrechte um die Rechte am Ergebnis der Tätigkeiten des Arbeitnehmers, die er im Rahmen des Arbeitsverhältnisses oder im Zusammenhang mit diesem erbracht hat oder noch erbringen wird. Es werden die Bedingungen, unter denen der Arbeitnehmer zu arbeiten hat, sowie die Gegenleistungen des Arbeitgebers festgelegt. Folglich ist diese Materie als potentieller Inhalt eines individualrechtlichen Arbeitsvertrages auch einer kollektiven tarifvertraglichen Regelung zugänglich[355].

Nach *Herschel*[356] ergibt sich die Zulässigkeit zumindest der schuldrechtlichen urheberrechtlichen Tarifvertragsklauseln aus dem Umstand, daß sie in das Arbeitsverhältnis als Hauptpflicht eingebunden sind, so daß man von einem gemischten Vertrag sprechen könne. Bei einem gemischten Vertrag besteht die Besonderheit, daß nicht nur die Merkmale eines einzigen Vertragstyps

---

des Arbeitsvertrages sind. Der Umstand, daß derartige Regelungen womöglich in einer Vertragsurkunde aufgenommen wurden, macht sie nicht zum Inhalt des Arbeitsvertrages. Vielmehr handelt es sich dann um einen weiteren Vertrag eigener Art. Nur weil beispielsweise in einer Urkunde eine Dienstleistungsverpflichtung gegen eine Entgeltverpflichtung, sowie der Verkauf eines PKW, geregelt wurden, wird der Kauf des PKW nicht zu einer arbeitsvertraglichen Vereinbarung. Zwar kann der Abschluß in einer einheitlichen Urkunde für eine Vertragsverbindung mit gewissen einheitlichen rechtlichen Beurteilungen sprechen, jedoch bleiben es ihrer Rechtsnatur nach einzelne Verträge (*Palandt/Heinrichs*, Einf. v. § 305, Rdnr. 16 f, S. 379 f). Darüber hinaus sind mehrere Verträge zwischen denselben Parteien in der Regel voneinander unabhängig und rechtlich selbständig. Dies gilt sogar dann, wenn zwischen den Verträgen ein wirtschaftlicher oder tatsächlicher Zusammenhang existiert (*Palandt/Heinrichs*, Einf. v. § 305, Rdnr. 16, S. 379).

[354] *Rojahn*, S. 43f.

[355] *Schricker/Rojahn*, § 43 Rdnr. 47, S. 689 f m.w.N.; *Riepenhausen*, in RdA 1972, S. 232 (232); *Samson*, Fs Roeber 1973, S. 547 (548 ff); hinsichtlich des Verpflichtungsvertrages in Bezug auf Pflichtwerke ebenso *Steinberg*, S. 69. Demgegenüber lehnt sie eine Regelung im Hinblick auf Freiwerke ab, da es sich bei der Vereinbarung einer diesbezüglichen Anbietungspflicht um eine außerhalb des Arbeitsverhältnisses stehende Materie handele.

[356] *Herschel*, in UFITA Band 94, 1982, S. 35 (41 f).

erfüllt sind, sondern eine Vermengung einzelner Kriterien vorliegt, ohne daß ein Schwerpunkt feststellbar ist, so daß sie nur in ihrer Gesamtheit ein sinnvolles Ganzes ergeben[357]. Hieraus leitet *Herschel* mit der sog. Absorptionstheorie zum gemischten Vertrag, nach der der gemischte Vertrag grundsätzlich insgesamt nach den Regelungen desjenigen Vertragstyps zu beurteilen ist, der den Schwerpunkt, d.h. die Hauptleistung, bildet ab, daß aufgrund der Zuordnung des Leistenden zu einem fremden Betrieb der arbeitsrechtliche Teil der Schwerpunkt ist, so daß einheitlich das Arbeitsrecht Anwendung findet und somit ein tarifvertraglich regelbarer Gegenstand vorliegt[358].

2. Verfügungen über Urheberrechte in Tarifverträgen

Anders als im Falle der bloß schuldrechtlichen urheberrechtlichen Klauseln besteht hinsichtlich der Zulässigkeit von Verfügungen in Tarifverträgen, also im Hinblick auf die Nutzungsrechtseinräumung unmittelbar im Tarifvertrag, keine Einigkeit.

a) Ablehnende Äußerungen des Schrifttums

Nach einer Ansicht im Schrifttum sind derartige Verfügungen urheberrechtlichen Inhalts in Tarifverträgen generell unzulässig, wobei zur Begründung dieses Standpunktes sehr unterschiedliche Argumente vorgetragen werden.

Rojahn[359] führte zur Begründung ihrer inzwischen in *Schricker/Rojahn*[360] aufgegebenen Auffassung von der Unzulässigkeit der Verfügung im Tarifvertrag an, daß auch im Arbeitsvertrag selbst keine Verfügung vorgenommen werden könne, so daß, da der Tarifvertrag im Bereich der Inhaltsnormen nicht mehr regeln könne als der Arbeitsvertrag, eine entsprechende tarifvertragliche Regelung nicht zulässig sei. Die gleichzeitige Vorausverfügung über die Nutzungsrechte zum Zeitpunkt des Abschlusses des Arbeitsvertrages dürfe nicht darüber hinwegtäuschen, daß es sich um zwei unterschiedliche Verträge handele.

Wie bereits dargestellt, ist der Vergleich des zulässigen Inhaltes eines Tarifvertrages mit demjenigen des Individualarbeitsvertrages nur insoweit möglich, als der Tarifvertrag zumindest das regeln darf, was in einem Arbeitsvertrag regelbar ist. Eine vollkommene Identität der Regelungsgehalte ist dabei, wie dargelegt, aber nicht gegeben[361]. Darüber hinaus wird, soweit ersichtlich,

---

[357] *Palandt/Heinrichs*, Einf.v. § 305, Rdnr. 19, S. 380.
[358] *Herschel*, in UFITA Band 94, 1982, S. 35 (41 f).
[359] *Rojahn*, S. 45 f.
[360] *Schricker/Rojahn*, § 43 Rdnr. 47, S. 689.
[361] Nur insoweit ist auch die Kritik von *Steinberg*, S. 98, gerechtfertigt.

auch von niemandem ernstlich die Zulässigkeit der Regelung der Nutzungsrechtseinräumung als Bestandteil des Arbeitsvertrages sowie der Bezug zum Arbeitsverhältnis angezweifelt. Daß sich die Verfügung dabei nach den §§ 398, 413 BGB bestimmt, ist unerheblich, wie *Rojahn* nunmehr offenbar auch annimmt, da sie aufgrund der mit der Aufnahme des Arbeitsverhältnisses einhergehenden Verpflichtung des Arbeitnehmerurhebers zur Einräumung der für den Arbeitgeber im Rahmen des Betriebszwecks erforderlichen Nutzungsrechte, die urheberrechtliche Vereinbarung als „Teilgebiet des Arbeitsvertrages“ einstuft. Folglich dürfen auch nach ihrer Auffassung nunmehr urheberrechtliche Klauseln wirksam in Tarifverträge aufgenommen werden, die auch eine Vorausverfügung über die Nutzungsrechte selbst enthalten können[362].

Demgegenüber begründet *Steinberg*[363] die Unzulässigkeit von verfügungsrechtlichen Regelungen in Tarifverträgen mit dem Regelungsgehalt des § 1 Absatz 1 2. Halbsatz TVG. Dieser begrenze die tarifvertragliche Regelungsmacht der Tarifvertragsparteien auf die Bestimmung von Rechten und Pflichten der Arbeitsvertragsparteien nebst diesbezüglicher Nebenabreden. Der Begriff „Arbeitsverhältnis“ werde im Sinne eines obligatorischen Dauerschuldverhältnisses verstanden. Nur so könne ihn auch § 1 Absatz 1 2. Halbsatz TVG verstehen. Zwar könne man unter dem Begriff des „Arbeitsverhältnisses“ auch allgemein die Umstände verstehen, unter denen die Arbeitsleistung des Arbeitnehmers erbracht werde, wozu dann auch die quasidingliche Rechtslage gehören könnte. Daß dieses Verständnis dem TVG jedoch nicht zugrunde liege, ergebe sich daraus, daß § 1 Absatz 1 2. Halbsatz TVG vom „Inhalt des Arbeitsverhältnisses“ spreche, und Umstände keinen Inhalt haben könnten. Eine Auslegung sei schließlich ebenfalls nicht zulässig, da der Wortlaut die Grenze bilde[364]. Somit sei eine quasi-dingliche Verfügung im Tarifvertrag nicht wirksam regelbar[365]. Ferner diene die Tarifautonomie vor allem der sinnvollen Ordnung des Arbeitslebens. Hierfür sei aber die „Festlegung von Verpflichtungsregelungen“ ausreichend, so daß die weitergehende tarifvertragliche Sicherung der Rechtsposition des Arbeitgebers durch die Einräumung der Nutzungsrechte, mithin durch die quasi-dingliche

[362] *Schricker/Rojahn*, § 43 Rdnr. 47, S. 689 f.
[363] *Steinberg*, S. 100 f.
[364] *Steinberg*, S. 100 f.
[365] *Steinberg*, S. 105 f, die als Alternative die quasi-dingliche Nutzungsrechtseinräumung durch privatrechtliche Verträge der Koalitionen gemäß § 305 BGB vorschlägt, die neben den Tarifverträgen stehen. Diese privatrechtlichen Verträge seien allerdings insofern subsidiär, als sie nur für eine Materie zulässig seien, für die eine tarifvertragliche Regelung ausgeschlossen sei. Als Konstruktionsmöglichkeit für die Verfügung über die Rechte der Koalitionsmitglieder schlägt *Steinberg* a.a.O., S. 108 f, neben einer Verfügungsermächtigung den Weg der Stellvertretung i.S.d. § 164 BGB vor.

Verfügung nicht erforderlich sei, auch wenn dies für die Praxis unbefriedigend sei[366].

Auch *Wandtke*[367] hält im Anschluß an *Hubmann*[368] die Nutzungsrechtseinräumung unmittelbar im Tarifvertrag für unzulässig. Der Tarifvertrag könne lediglich eine diesbezügliche Verpflichtung aufstellen[369]. Dies ergebe sich aus der besonderen Bedeutung dieses Verfügungsgeschäfts, weshalb eine derartige Verfügung nur im Arbeitsvertrag selbst - ausdrücklich oder konkludent - vorgenommen werden könne. Darüber hinaus sei die urheberrechtliche Nutzungsrechtseinräumung ebenso wie die sachenrechtliche Übereignung an das Bestimmtheitsgebot gebunden, so daß die Parteien des Verfügungsgeschäfts feststehen müßten, was bei einer tarifvertraglichen Regelung nicht gewährleistet sei[370]. Daraus ergebe sich, daß nur eine bestimmte individuelle Person als Urheber die Nutzungsrechte einem anderen einräumen könne. Eine derartige Individualisierung sei nur bei einer Verfügung in einem Arbeitsvertrag gewährleistet, wobei insoweit auch über künftige Rechte verfügt werden könne.

b) Zulässigkeit urheberrechtlicher Verfügungsklauseln in Tarifverträgen

Entgegen der vorgenannten Auffassung im Schrifttum ist von der Zulässigkeit urheberrechtlicher Verfügungsklauseln in Tarifverträgen auszugehen[371]. Die von der Gegenansicht zur Begründung der Unzulässigkeit dieser Klauseln angeführten Argumente halten einer kritischen Überprüfung nicht stand.

Die gesamte Argumentation von *Steinberg* basiert auf der Auslegung des Begriffs „Inhalt des Arbeitsverhältnisses" in § 1 Absatz 1 TVG. Dabei ist die von *Steinberg* zum Wortlaut vertretene Ansicht jedoch keinesfalls zwingend. Weshalb eine Trennung zwischen dem „Inhalt" und den „Umständen" des Arbeitsverhältnisses vorgenommen werden soll, wird nicht überzeugend dargelegt.

---

[366] *Steinberg*, S. 104 f.

[367] *Wandtke*, Rdnr. 249, S. 88.

[368] *Hubmann*, in RdA 1987, S. 89 (91).

[369] Auch *Vogel*, in Fs Schricker 1995, S. 117 (131) hält Verfügungen in Tarifverträgen wohl für unzulässig, ebenso wie *MünchArbR/Sack*, Band 1, § 102, Rdnr. 14, S. 2116, ebenfalls im Anschluß an *Hubmann*.

[370] *Wandtke*, Rdnr. 249, S. 88; *Hubmann*, in RdA 1987, S. 89 (91); ebenso *MünchArbR/Sack*, Band 1 § 102, Rdnr. 14, S. 2116 f, der jedoch sogar bei einer Nutzungsrechtseinräumung im Arbeitsvertrag davon ausgeht, daß dies im Zweifel nur als Verpflichtung zur zukünftigen Rechtseinräumung zu verstehen sei.

[371] So auch *Schack*, § 29 V 2, Rdnr. 984, S. 439; *Holländer*, S. 120 ff; *Dörner/Schaub*, in Löffler, ArbRBT, Rdnr. 202, S. 1458; *Hesse*, in AfP 1987, S. 562 (565); *ders.*, in AfP 1986, S. 201 (201); *Samson*, in UFITA Band 64, 1972, S. 181 (186).

Unter den Begriff des „Inhalts des Arbeitsverhältnisses" lassen sich neben den Rechten und Pflichten, also den „Bedingungen" der Arbeitserbringung, zwanglos ebenfalls die quasi-dinglichen „Umstände", also die aus den Bedingungen resultierenden jeweiligen Rechtslagen, subsumieren. Dies ist nicht, wie von *Steinberg* vertreten, nur „ganz allgemein" möglich, sondern gerade auch im Rahmen des § 1 Absatz 1 2. Halbsatz TVG. Dabei muß nur der Wortlaut von § 1 Absatz 1 2. Halbsatz TVG vollständig betrachtet werden. Denn § 1 Absatz 1 2. Halbsatz TVG spricht davon, daß der Tarifvertrag **Rechtsnormen** enthält, die **„den Inhalt** (...) von Arbeitsverhältnissen **ordnen** können". Wenn aber durch den Tarifvertrag selbst etwas geordnet werden soll, dann ist dies auch oder gerade durch quasi-dingliche Verfügungen zu erreichen. Nur durch eine Einwirkung auch auf die dingliche Rechtslage ist eine effektive Ordnung möglich. Wäre die Prämisse von *Steinberg* zutreffend, dann hätte der Gesetzgeber des TVG sicher von „regeln können" oder „beschreiben können" gesprochen. Ferner steht der Begriff des „ordnens" im Gegensatz zu den „Rechten und Pflichten der Tarifvertragsparteien". Hätte der Gesetzgeber ebenso wie unmittelbar hinsichtlich der Tarifvertragsparteien die bloße Befugnis zur Aufstellung von schuldrechtlichen Rechten und Pflichten einräumen wollen, so hätte er zumindest innerhalb ein und desselben Satzes derselben Norm dieselben Begriffe verwendet. Daß dies in Anbetracht der z.T. innerhalb eines Gesetzes unterschiedlichen Verwendung desselben Begriffes nicht zwingend ist, steht nicht entgegen.

Die hier entwickelte Argumentation wird durch den Bezug zu dem Begriff der „Rechtsnorm" in § 1 Absatz 1 2. Halbsatz TVG bestärkt. Auch dem Gesetzgeber dürfte bekannt gewesen sein, daß eine Verfügung unmittelbar durch Rechtsnormen möglich ist, so daß er, wenn er eine quasi-dingliche Verfügung hätte ausschließen wollen, sicher nicht den eine Verfügung einbeziehenden Begriff des „Ordnens" im Zusammenhang mit dem Begriff der „Rechtsnorm" gewählt hätte.

Die Zulässigkeit urheberrechtlicher Verfügungsklauseln in Tarifverträgen ergibt sich des weiteren aus dem Charakter der Inhaltsnormen des Tarifvertrages als Gesetze im materiellen Sinne. Daß der Gesetzgeber unmittelbar von Gesetzes wegen, d.h. ohne weitere Umsetzungsakte, die Rechtslage gestalten kann, wird bereits an dem Rechtsinstitut der cessio legis sowie der Möglichkeit einer gesetzlichen Lizenz deutlich. Warum sollte der formelle Gesetzgeber beispielsweise in § 69 b Absatz 1 UrhG eine gesetzliche Lizenz[372] oder beispielsweise in § 6 Absatz 1 EntgeltFG, § 426 Absatz 2 BGB, § 774 Absatz 1 BGB sowie § 67 VVG jeweils eine cessio legis regeln können, während dies dem materiellen Gesetzgeber versagt sein sollte? Die Nutzungsrechtsein-

[372] *Schricker/Rojahn*, § 69 b UrhG, Rdnr. 11, S. 1087.

räumung unmittelbar im Tarifvertrag erfolgt somit aufgrund der „gesetzesgleichen Wirkung“ der urheberrechtlichen Inhaltsnormen der Tarifverträge[373].

Auch die gegen die Zulässigkeit quasi-dinglicher Regelungen im Tarifvertrag angeführte Begründung, eine Nutzungsrechtseinräumung im Tarifvertrag verstoße gegen den Bestimmtheitsgrundsatz, greift nicht durch[374]. Zunächst gilt dieser Grundsatz primär für rechtsgeschäftliche Verfügungen, während im Falle eines Tarifvertrages ein Gesetz im materiellen Sinne vorliegt, so daß eine gesetzliche Verfügung gegeben ist[375]. Wer von dieser gesetzlichen Verfügung betroffen wird, entscheidet sich aufgrund des generell-abstrakten Charakters von Gesetzesnormen notwendigerweise erst dann, wenn die jeweilige konkrete - unter den Tatbestand der Norm subsumierbare - Situation eintritt, d.h. hier durch die Tarifbindung der jeweiligen Arbeitsverhältnisse.

Des weiteren wurde bereits oben im Rahmen der Untersuchung der Vorausverfügung über die Nutzungsrechte darauf hingewiesen, daß auch bei einer rechtsgeschäftlichen Übertragung keine Schwierigkeiten im Hinblick auf eine Vorausübertragung bestehen. Wie dargestellt, finden auf die Nutzungsrechtsübertragung die §§ 413, 398 ff BGB Anwendung. Im Rahmen der §§ 398 ff BGB ist für die Abtretung zukünftiger Forderungen allgemein anerkannt, daß sie lediglich hinreichend bestimmbar sein muß, d.h. zum Zeitpunkt der Vorausabtretung muß die künftige Forderung lediglich so detailliert bezeichnet werden, daß sie spätestens im Zeitpunkt ihrer Entstehung nach Schuldgrund, Inhalt und Schuldner zweifelsfrei bestimmt werden kann. Da diese Grundsätze über die Verweisungsnorm des § 413 BGB auch für die Einräumung von urheberrechtlichen Nutzungsrechten zur Anwendung kommen, bestehen keine Bedenken hinsichtlich einer ausreichenden Bestimmtheit, da jedenfalls zum Zeitpunkt der Werkerstellung zwischen den Parteien des Arbeitsverhältnisses Schuldgrund, Inhalt und Schuldner eindeutig feststehen.

Demgegenüber kann der von *Herschel*[376] vertretenen Ansicht, die Zulässigkeit der Nutzungsrechtseinräumung unmittelbar im Tarifvertrag ergebe sich aus einer „Zuständigkeit kraft Sachzusammenhangs“, nicht gefolgt werden. Die so begründete Zulässigkeit quasi-dinglicher Regelungen im Tarifvertrag ergebe sich aus einem Vergleich mit den Gesetzgebungskompetenzen des Bundes und der Länder, da dort eine Gesetzgebungskompetenz kraft Sachzusammenhang anerkannt sei.

---

[373] *Hesse*, in AfP 1987, S. 562 (565).
[374] So auch *Holländer*, S. 120 ff.
[375] *Rehbinder*, in WiB 1994, S. 461 (464); *ders.*, § 46 II 1 b, Rdnr. 331, S. 258.
[376] *Herschel*, in UFITA Band 94, 1982, S. 35 (43 f); im Anschluß daran: *Holländer*, S. 120. Vgl. auch *MünchArbR/Löwisch/Rieble*, Band 3, § 260, Rdnr. 27, die für vor- und nachvertragliche Rechtsverhältnisse eine Regelungsmacht über eine Annexkompetenz herleiten.

Mit der Gesetzgebungskompetenz des Bundes kraft Sachzusammenhang wird eine Zuständigkeit des Bundes bejaht, wenn eine dem Bund ausdrücklich zugewiesene Materie nach vernünftigen Erwägungen nicht geregelt werden kann ohne eine weitere Materie, für die eine ausdrückliche Gesetzgebungskompetenz des Bundes nicht besteht, mit zu regeln[377]. Nach der Ansicht von *Herschel* ist diese Situation mit der Lage beim normativen Teil des Tarifvertrages vergleichbar, so daß die Tarifmacht über ihren eigentlichen Bereich hinaus auf Gebiete erstreckt werden müsse, die mit einer ohne weiteres im Tarifvertrag regelbaren Materie eine natürliche Einheit bilden. Dies sei bei der dinglichen Seite tarifvertraglicher Normierungen gegeben[378].

Dem ist jedoch mit *Steinberg*[379] entgegenzuhalten, daß sich die Abgrenzung staatlicher Gesetzgebungskompetenzen wesentlich von der Frage der tarifvertraglichen Regelungsmacht unterscheidet. Während bei der Frage, ob der Bundes- oder Landesgesetzgeber für eine gesetzliche Regelung zuständig ist, allein darüber entschieden wird, welcher formelle Gesetzgeber hinsichtlich der konkreten Materie regelungsbefugt ist, geht es bei der Frage der tariflichen Regelungsbefugnis darum, ob überhaupt eine tarifliche Regelung getroffen werden kann. Im ersten Falle ist für den Normunterworfenen die Auswirkung wesentlich geringer, da letztlich nur fraglich ist, ob ein Bundes- oder ein Landesgesetz geschaffen wird, während im zweiten Falle darüber zu entscheiden ist, ob überhaupt in die Rechte der Normunterworfenen eingegriffen werden kann. Aufgrund der fehlenden Vergleichbarkeit der Sachverhalte scheidet somit eine entsprechende Anwendung des Grundsatzes der Zuständigkeit kraft Sachzusammenhang aus. Des weiteren ist dieser Grundsatz bereits im originären Bereich der Gesetzgebungszuständigkeiten zwischen Bund und Ländern sehr zurückhaltend anzuwenden, da der Grundsatz vom Sachzusammenhang ein Übergreifen in eine materiell andersgeartete Materie bedeutet[380], für die aber eine ausdrückliche Kompetenz gerade nicht gegeben ist[381].

---

377 *Degenhart,* § 2 II 2 c), Rdnr. 136, S. 50.

378 *Herschel*, UFITA Band 94, 1982, S. 35 (44).

379 *Steinberg*, S. 102 f.

380 Deshalb wäre ohnehin besser ein Vergleich mit einer Annexkompetenz vorzunehmen, auch wenn er denselben grundsätzlich Bedenken unterliegt wie der Vergleich mit der Kompetenz kraft Sachzusammenhangs. Bei der Annexkompetenz kommt es nicht zu einem Übergreifen in einen materiell andersgearteten Bereich, sondern es werden Stadien der Vorbereitung oder der Durchführung in die Gesetzgebungskompetenz einbezogen (*Degenhart*, § 2 II 2 c), Rdnr. 135, S. 49). Ein Vergleich der quasi-dinglichen Nutzungsrechtseinräumung, also dem abstrakten Vollzug der schuldrechtlichen Verpflichtung, mit der Regelung einer Durchführungsfrage hätte m.E. näher gelegen.

381 *Degenhart,* § 2 II 2 c), Rdnr. 137, S. 50.

c) Zeitpunkt der Nutzungsrechtseinräumung / Tarifbindung

Als Zeitpunkt der quasi-dinglichen Verfügung aufgrund der urheberrechtlichen Klausel im Tarifvertrag kommt, da es sich bei derartigen Klauseln um Inhaltsbestimmungen und somit um normative Regelungen handelt, allein die beiderseitige Tarifbindung der Arbeitsvertragsparteien nach § 4 Absatz 1 TVG in Betracht, was auch im Wege einer Allgemeinverbindlichkeitserklärung nach § 5 TVG geschehen kann[382]. In diesem Zeitpunkt kommt es zu einer Vorausverfügung, die denselben rechtlichen Grundsätzen unterliegt wie die Vorausverfügung im Rahmen des Arbeitsvertrages, so daß auf die oben unter Teil 2 C. III. 2. a) aa) (2) und (3) gemachten Ausführungen vollumfänglich zu verweisen ist.

Vorbehaltlich einer Allgemeinverbindlichkeitserklärung i.S.d. § 5 TVG sind gemäß § 3 Absatz 1 TVG die Mitglieder der Tarifvertragsparteien und der Arbeitgeber, der selbst Partei des Tarifvertrages ist, tarifgebunden. Demgegenüber besteht keine Tarifbindung i.e.S. bei einer individualvertraglichen Inbezugnahme eines Tarifvertrages[383].

Die Tarifbindung selbst entsteht entweder mit Eintritt der Parteien des Arbeitsvertrages in die Tarifvertragsparteien oder, sofern die beiderseitige Mitgliedschaft bereits besteht bzw. der Arbeitgeber selbst mit der Gewerkschaft, deren Mitglied der Arbeitnehmer ist, einen Tarifvertrag schließt, mit Abschluß eines rechtswirksamen Tarifvertrages[384]. Da die überwiegende Anzahl der Koalitionen aus historischen Gründen als nichtrechtsfähige Vereine organisiert sind, beurteilt sich die Rechtswirksamkeit der Mitgliedschaft nach Vereinsrecht[385].

Die Tarifbindung endet entweder mit der Auflösung einer Tarifvertragspartei[386], mit dem Ausscheiden des Arbeitsverhältnisses aus dem Geltungsbereich des Tarifvertrages sowie ausweislich der Regelung des § 3 Absatz 3 TVG mit dem Ende des Tarifvertrages, wobei dann jedoch die nicht mehr zwingende Weitergeltung der tarifvertraglichen Regelungen aufgrund der Nachwirkung gemäß § 4 Absatz 5 TVG zu berücksichtigen ist. Bei einer Allgemeinverbindlichkeitserklärung endet die Tarifbindung der nicht anderweitig Tarifgebundenen gemäß § 5 Absatz 5 TVG mit dem Ende oder der Aufhebung der Allgemeinverbindlichkeitserklärung, wobei die Allgemeinverbindlichkeitserklärung spätestens mit dem Ablauf des Tarifvertrages endet.

---

[382] *Hesse*, in AfP 1987, S. 562 (565), *Rehbinder*, § 46 II 1 b, Rdnr. 331, S. 258; *ders.*, in WiB 1994, S. 461 (464).

[383] *Schaub*, § 206 IV 1, Rdnr. 40, S. 2028.

[384] *Wiedemann/Oetker*, § 3 Rdnr. 28 f, S. 847.

[385] BAG, Urteil vom 14. Oktober 1960, in AP Nr. 10 zu Art 9 GG – Arbeitskampf.

[386] BAG, Urteil vom 15. Oktober 1986, in AP Nr. 4 zu § 3 TVG.

Demgegenüber endet die Tarifbindung ausweislich der Regelung des § 3 Absatz 3 TVG nicht mit dem Austritt aus der Tarifvertragspartei, da sich beide Arbeitsvertragsparteien den Regelungen des Tarifvertrages nicht ohne weiteres entziehen können sollen. Vielmehr bleibt in diesem Falle die normative Wirkung der Inhaltsnormen bis zum Ende des Tarifvertrages bestehen. Ob danach noch eine Nachwirkung i.S.d. § 4 Absatz 5 TVG anzunehmen ist, ist umstritten, soll hier aber nicht näher untersucht werden[387]. Der Vollständigkeit halber soll an dieser Stelle darauf hingewiesen werden, daß nach der Rechtsprechung des Bundesarbeitsgerichts auch der Konkurs eines Arbeitgeberverbandes nicht automatisch zum Ende der Tarifbindung führt[388].

III. Beispielhafte Darstellung und Untersuchung einiger tarifvertraglicher Regelungen

Zur Veranschaulichung werden nachfolgend beispielhaft einige tarifvertragliche Regelungen mit urheberrechtlichem Inhalt dargestellt und auf ihren Regelungsinhalt und Regelungsumfang untersucht.

1. Manteltarifvertrag des ZDF

Ebenso wie die einzelnen Rundfunkanstalten der ARD hat auch das ZDF einen Firmentarifvertrag abgeschlossen. Der Manteltarifvertrag vom 01. Dezember 1970, in der Fassung vom 01. Januar 1997, zwischen der IG Medien, Druck und Papier, Publizistik und Kunst, der Deutschen Angestellten-Gewerkschaft, dem Deutschen Journalisten-Verband und der Vereinigung der Rundfunk-, Film- und Fernsehschaffenden einerseits und dem Zweiten Deutschen Fernsehen, Anstalt des öffentlichen Rechts (ZDF) andererseits, enthält in § 15 eine urheberrechtliche Regelung. Sie lautet wie folgt:

§ 15 Urheberrechte und sonstige Schutzrechte

(1) Die Arbeitnehmer, die in Erfüllung ihrer arbeitsvertraglichen Verpflichtungen Urheberrechte oder sonstige Schutzrechte (insbesondere Leistungsschutzrechte) nach dem Urheberrechtsgesetz erwerben, räumen diese dem ZDF zur Nutzung auf alle bekannten Nutzungsarten, ausgenommen diejenigen der Option des Absatz 2, auch durch Übertragung auf Dritte, ein. Das ZDF wird die Arbeitnehmer an den Erlösen aus Verwertungen gegenüber Dritten grundsätzlich angemessen beteiligen. Das Nähere über Umfang und Höhe der Beteiligung und

[387] Vgl. insoweit: BAG, vom 13. Dezember 1995, in AP Nr. 3 zu § 3 TVG – Verbandsaustritt; BAG, vom 10. Dezember 1997, in AP Nr. 21 zu § 3 TVG.

[388] BAG, Beschluß vom 27. Juni 2000, in NZA 2001, S. 334 (335 f).

den Kreis der zu berücksichtigenden Personen wird tarifvertraglich geregelt.

(2) Für die Umsetzung der Arbeitsergebnisse, an denen Rechte der Arbeitnehmer bestehen, in eine andere Nutzungsart (z.B. Bücher aus Sendungen oder Spielzeug) hat das ZDF gegenüber dem berechtigten Arbeitnehmer eine Option. Zweitwiedergaberechte, die durch Wahrnehmungsgesellschaften wahrzunehmen sind, bleiben dem Arbeitnehmer vorbehalten.

(3) Bestehende Einzelvereinbarungen des ZDF mit Arbeitnehmern, soweit sie nicht lediglich in der Bezugnahme auf andere Tarifverträge bestehen, bleiben unberührt.

(4) Die Bestimmungen dieses Paragraphen sind unter Einhaltung einer Kündigungsfrist von 3 Monaten, erstmals jedoch zum Ablauf des 6. Monats seit Inkrafttreten dieses Tarifvertrages, schriftlich kündbar. (...)

Zunächst ist in § 15 Absatz 1 Satz 1 des MTV (ZDF) eine unmittelbare Verfügung über die Nutzungsrechte an den im Rahmen des Arbeitsverhältnisses geschaffenen Pflichtwerken enthalten. Die Formulierung „Die Arbeitnehmer (...) räumen ein (...)“ bezeichnet bereits das Verfügungsgeschäft und kann aufgrund des eindeutigen Wortlautes nicht als bloße Verpflichtung zur Verfügung gedeutet werden[389].

§ 15 Absatz 1 Satz 1 MTV (ZDF) regelt zwar die Übertragung sämtlicher Nutzungsrechte für alle bekannten Nutzungsarten an den im Rahmen der arbeitsvertraglichen Verpflichtungen geschaffenen Werken, mithin den Pflichtwerken; er enthält jedoch keine Aussage über den räumlichen und zeitlichen Geltungsbereich, beispielsweise für den Zeitraum nach Beendigung des Arbeitsverhältnisses. Zur Ermittlung dieser Umstände muß somit auf die Zweckübertragungslehre, wie sie in § 31 Absatz 5 UrhG zum Ausdruck kommt, zurückgegriffen werden.

Ferner wird keine Aussage darüber getroffen, ob es sich um ein ausschließliches oder einfaches Nutzungsrecht handelt, so daß auch insoweit die Zweckübertragungstheorie herangezogen werden muß. Dennoch hat die Regelung durch die Einräumung sämtlicher Nutzungsrechte für alle bekannten Nutzungsarten einen sehr weiten Einräumungsbereich, da über den betrieblichen

---

[389] So jedoch für einen Parallelfall im Ergebnis *Hubmann*, in RdA 1987, S. 89 (91), der es zwar für möglich hält, daß die Tarifvertragsparteien mit dieser Formulierung die Rechtseinräumung selbst gemeint haben, dies aber als eine Überschreitung der rechtlichen Möglichkeit einstuft. Dieser Auslegung der Formulierung haben *Hesse*, in AfP 1987, S. 562 (565), sowie *Steinberg*, S. 97, zu Recht den eindeutigen Wortlaut entgegenhalten, wobei *Steinberg* die quasi-dingliche Verfügung unmittelbar im Tarifvertrag ebenfalls für unzulässig hält.

Zweck und Tätigkeitsbereich, also den spezifischen Fernsehzweck hinaus sämtliche Bereiche umfaßt werden. Der in § 15 Absatz 1 Satz 1 MTV (ZDF) gemachte Vorbehalt bezüglich der Option des Absatzes 2 stellt insoweit keine Einschränkung dar, auch wenn man dies im Wege eines Umkehrschlusses meinen könnte, was zur Folge hätte, daß in Absatz 1 nur die spezifischen Fernsehzwecke umfaßt wären. Dies ließe sich damit begründen, daß Absatz 2 dem ZDF für eine Umsetzung des Arbeitsergebnisses in eine andere Nutzungsart lediglich eine Option einräumt, so daß der Arbeitnehmerurheber insoweit wie ein freier Urheber zu behandeln ist, der lediglich einem Optionsrecht unterfällt. Man könnte nun vertreten, daß eine Sonderregelung für die Umsetzung in eine andere Nutzungsart nach der vorherigen Einräumung sämtlicher Nutzungsrechte für alle bekannten Nutzungsarten in Absatz 1 nur dann Sinn mache, wenn in Absatz 1 lediglich die fernsehspezifischen Nutzungen umfaßt sind. Absatz 2 meint jedoch nach wohl zutreffender Auslegung die Option auf Freiwerke des Arbeitnehmerurhebers, die auf den Pflichtwerken aufbauen oder von diesen abgeleitet sind, und stellt nach dem eindeutigen Wortlaut nur eine Verpflichtung, mithin das schuldrechtliche Kausalgeschäft dar. Dieses Verständnis ergibt sich m.E. daraus, daß in Absatz 2 nicht wie in Absatz 1 von den „in Erfüllung ihrer arbeitsvertraglichen Verpflichtungen" erschaffenen urheberrechtlich geschützten Werken die Rede ist, sondern von der Umsetzung der Arbeitsergebnisse in andere Nutzungsarten. Wäre die Umsetzung bereits aufgrund arbeitsvertraglicher oder sonstiger Verpflichtungen aus dem Arbeitsverhältnis erfolgt (beispielsweise aufgrund des konkretisierenden Direktionsrechts des Arbeitgebers), dann wäre bereits Absatz 1 einschlägig. Folglich wäre es besser gewesen, von der „Umarbeitung des Pflichtwerkes in ein anderes urheberrechtlich geschütztes Werk außerhalb der Pflichten aus dem Arbeitsverhältnis" zu sprechen. Derartig unklare und zweideutige Regelungen, wie in § 15 Absatz 2 i.V.m. Absatz 1 Satz 1 MTV (ZDF) sollten zur Schaffung von Rechtssicherheit sowie zur Vermeidung unnötiger Rechtsstreite vermieden werden[390]. Daß dies möglich ist, zeigt die detaillierte Regelung im nachfolgenden MTV (SFB), obwohl auch dieser in Textziffer 372.4 von der „Umsetzung (...) in eine andere Nutzungsart" spricht. Der Regelungsinhalt wird jedoch aus dem Zusammenhang heraus deutlich.

Obwohl Freiwerke gerade nicht in Erfüllung einer Pflicht aus dem Arbeitsverhältnis entstanden sind und sie somit nicht originär dem Arbeitsrecht zuzurechnen sind[391], können auch Freiwerke in eine tarifvertragliche Regelung

---

[390] Im Ergebnis ebenso für den Tarifvertrag des SDR: *Steinberg*, S. 66 f, insbes. Fn. 174, die darauf hinweist, daß der in der Klausel verwendete Begriff der „Nutzungsart" irreführend sei, da ausweislich des § 31 Absatz 1 UrhG nach der urheberrechtlichen Terminologie eine Nutzungsart eine bestimmte Form der Verwertung eines Werkes sei. Demgegenüber stelle die Umarbeitung keine Verwertung dar.

[391] *Steinberg*, S. 62.

einbezogen werden[392]. Dies ist, wie aus den nachfolgenden Tarifverträgen ersichtlich, auch allgemeine Praxis.

Die Zulässigkeit der Einbeziehung von Freiwerken in eine tarifvertragliche Regelung ergibt sich zunächst daraus, daß i.d.R. eine thematische Beziehung zum Arbeitsverhältnis gegeben ist, was in den MTV (SFB) und MTV (ZDF) ausdrücklich durch das Kriterium der „Umsetzung in eine andere Nutzungsart" gewährleistet wird. In diesen Fällen bestehen bereits aufgrund der engen Verflechtung der Freiwerke mit den Pflichtwerken keine durchgreifenden Bedenken an der Zulässigkeit der tarifvertraglichen Regelung. Darüber hinaus regeln die Tarifverträge die Arbeits- und Wirtschaftsbedingungen, mithin die Rechte und Pflichten der Arbeitsvertragsparteien, so daß sie in den Grenzen des höherrangigen Rechts auch gegenseitige Pflichtenausweitungen im Vergleich zur bestehenden Rechtslage begründen können.

Ferner wird nach der überwiegenden Ansicht in der Literatur eine Beschränkung der tarifvertraglichen Regelungsbefugnis auf originär arbeitsrechtliche Materien und Gegenstände überzeugend abgelehnt[393]. Zur Begründung wird darauf verwiesen, daß der Funktionszweck der Tarifautonomie es verbiete, den Schutzbereich des Art. 9 Absatz 3 GG, dessen Ausprägung die Tarifverträge sind, als feststehend definiert anzusehen. Es sei im Interesse einer flexiblen und effektiven Anpassung der tarifvertraglichen Regelungen an die fortschreitenden Entwicklungen im wissenschaftlichen und technischen Bereich, an die wechselnden politischen Machtverhältnisse sowie an die veränderten gesetzlichen Gegebenheiten erforderlich, den Tarifvertragsparteien möglichst vielfältige Reaktionsmöglichkeiten zu belassen. Daher sei der Begriff der Arbeits- und Wirtschaftsbedingungen als einheitlicher und dynamischer Tatbestand zu verstehen, der sich an der Funktion der tarifvertraglichen Regelungen orientiert, was auch durch die Rechtsprechung des BVerfG gestützt werde, nach der die Tarifautonomie neben dem Schutz der Arbeitnehmer der „sinnvollen Ordnung des Arbeitslebens" diene[394].

Unter die Funktion der „sinnvollen Ordnung des Arbeitslebens" lassen sich die Regelungen hinsichtlich der Freiwerke allemal subsumieren.

---

[392] *Steinberg*, S. 65 f.

[393] *Säcker/Oetker*, S. 64 ff, m.w.N.; *Scholz*, in M/D/H/S, Art. 9 Rdnr. 262 ff, S. 192, m.w.N; *Steinberg*, S. 64.

[394] *Säcker/Oetker*, S. 72; vgl. auch *Steinberg*, S. 64 f und 69, die zum Schutz der Arbeitnehmer eine tarifvertragliche Regelung des Inhalts von Verwertungsverträgen im Hinblick auf Freiwerke für zulässig hält, eine unmittelbare Angebotspflicht an Freiwerken in Tarifverträgen jedoch für unzulässig hält.

Durch § 15 Absatz 1 Satz 1 MTV (ZDF) wird das ZDF zur Weiterübertragung und Unterlizenzierung berechtigt, wobei im Falle der Verwertung durch eine Übertragung auf Dritte nach § 15 Absatz 1 Satz 2 MTV (ZDF) grundsätzlich eine angemessene Beteiligung der Arbeitnehmerurheber an den Erlösen zu erfolgen hat, hinsichtlich derer das Nähere nach § 15 Absatz 1 Satz 3 MTV (ZDF) in einem weiteren Tarifvertrag geregelt wird. Im Umkehrschluß ergibt sich aus der eingeschränkten Regelung eines Beteiligungsanspruchs, daß in der Regel kein Anspruch des Arbeitnehmerurhebers auf eine urheberrechtliche Sondervergütung für die Einräumung der Nutzungsrechte an den Arbeitgeber besteht. Eine ausdrückliche diesbezügliche Aussage wäre jedoch zur Vermeidung von Rechtsunsicherheiten wünschenswert gewesen.

2. Manteltarifvertrag des SFB

Auch der zwischen dem Sender Freies Berlin, Anstalt des öffentlichen Rechts, und der Rundfunk-Fernseh-Film-Union im DGB, dem Journalistenverband Berlin e.V. und der Deutschen Angestellten Gewerkschaft geschlossene Manteltarifvertrag (SFB) vom 01. August 1974 regelt unter den Textziffern 370 ff Urheberrechte. Er basiert auf einem mit den Gewerkschaften zur Vereinheitlichung der Arbeitsbedingungen innerhalb der ARD-Anstalten geschaffenen einheitlichen Manteltarifvertrag, den die überwiegende Anzahl der ARD-Anstalten, wenn auch mit Varianten, abgeschlossen hat[395]. Obwohl die überwiegende Anzahl der bei den Rundfunkanstalten tätigen Arbeitnehmer nicht gewerkschaftlich organisiert ist[396], entfalten die Tarifverträge, und somit auch der MTV (SFB), aufgrund der bereits oben unter Teil 2 C. V. 3. dargestellten individualvertraglichen Inbezugnahme in den Musterarbeitsverträgen für nahezu alle Arbeitsverhältnisse Wirkung. Die urheberrechtlich relevanten Textziffern des MTV (SFB) lauten wie folgt:

> **Textziffer 372 Nutzungsrechte**
> Textziffer 372.1
> Der Arbeitnehmer räumt der Rundfunkanstalt das ausschließliche, zeitlich, räumlich und inhaltlich unbeschränkte Recht ein, Urheberrechte und verwandte Schutzrechte (insbesondere sog. Leistungsschutzrechte) im Sinne des Urheberrechtsgesetzes, die er in Erfüllung seiner vertraglichen Pflichten aus dem Arbeitsverhältnis als Urheber oder Mitwirkender erworben hat, für Rundfunkzwecke vom Zeitpunkt der Rechtsentstehung an zu nutzen oder durch Dritte unter Übertragung dieses ausschließlichen Nutzungsrechts oder unter Einräumung einfacher Nutzungsrechte nach Maßgabe nachstehende Bestimmungen entgeltlich oder unentgeltlich nutzen zu lassen. Hierunter fällt auch Begleitmaterial zu Sendungen.

[395] *Hauptmann*, S. 92 f; *Schricker/Rojahn*, § 43 Rdnr. 115, S. 716; *Rojahn*, S. 73.
[396] *Schricker/Rojahn*, § 43 Rdnr. 116, S. 716; *Rojahn*, S. 73.

Textziffer 372.2
Zu Rundfunkzwecken werden daher der Rundfunkanstalt folgende zeitlich, räumlich und inhaltlich unbeschränkte Rechte eingeräumt:

a) das Senderecht (§§ 20, 76 UrhG),
b) das Vervielfältigungsrecht einschließlich des Rechts der Übertragung auf Bild- und Tonträger (§§ 16, 75 UrhG),
c) das Verbreitungsrecht (§ 17 UrhG),
d) das Ausstellungsrecht (§ 18 UrhG),
e) das Vortrags-, Aufführungs- und Vorführungsrecht (§ 19 UrhG),
f) das Recht der Wiedergabe durch Bild- oder Tonträger (§§ 21, 77 UrhG),
g) das Recht zur Verfilmung und Wiederverfilmung (§ 88 UrhG),
h) die unter a)-g) genannten Rechte an Lichtbildern (§ 72 UrhG) und Laufbildern (§ 95 UrhG),
i) das Recht am Filmwerk (§ 89 UrhG),
k) das Recht, im Zusammenhang mit Funkausstellungen, Festivals, Wettbewerben und Werbemaßnahmen für das Rundfunkwesen Funksendungen öffentlich wiederzugeben und Darbietungen durch Bildschirm, Lautsprecher oder ähnliche technische Einrichtungen öffentlich wahrnehmbar zu machen (§ 21, 22, 77 UrhG).

Textziffer 372.3
Die in 372.1 und 372.2 genannten Rechte an den Arbeitsergebnissen werden der Rundfunkanstalt auch ohne Beschränkung auf Rundfunkzwecke zur eigenen Nutzung oder zur Übertragung von Nutzungsrechten an Dritte eingeräumt. Diese Nutzung soll grundsätzlich gegen Entgelt erfolgen.

Textziffer 372.4
Der Arbeitnehmer verpflichtet sich, der Rundfunkanstalt die Nutzungsrechte an Werken oder Darbietungen einzuräumen, die bei einer Umsetzung seiner arbeitsvertraglichen Leistung in eine andere Nutzungsart entstehen (z.B. Bücher aus Sendungen, Filme aus Hörspielen, Kinderspielzeug aus graphischem Sendematerial u.ä.) und zur entsprechenden Nutzung erforderlich sind. Er ist zum Abschluß eines Nutzungsvertrages zu angemessenen Bedingungen innerhalb von vier Wochen nach Abgabe eines Angebotes verpflichtet; kommt ein solcher Vertrag nicht zustande, so kann der Arbeitnehmer über diese Rechte verfügen; die Rundfunkanstalt kann dem Arbeitnehmer eine solche Nutzung untersagen, soweit und solange dadurch überwiegende berechtigte Interessen der Rundfunkanstalt verletzt würden.

Textziffer 373 Bearbeitungen
Der Arbeitnehmer erteilt zur Bearbeitung, Umgestaltung, Änderung, Verfilmung, Wiederverfilmung, Synchronisation und Übersetzung des Werkes und seines Titels oder der Darbietung und zu der Nutzung auch in Ausschnitten im Rahmen von 372 vorbehaltlich 372.4 seine Einwilligung, wenn damit keine Entstellung oder andere Beeinträchtigungen verbunden sind (§§ 23, 39, 83, 88, 93, 95 UrhG).

Textziffer 374 Namensnennung
Urheber eines Werkes und die bei der Herstellung oder Darbietung eines Werkes Mitwirkenden sind, soweit die Nennung rundfunküblich ist, im Zu-

sammenhang mit der Sendung zu nennen, sofern sie nicht widersprochen haben.

Textziffer 375 Vergütungen
Die Einräumung der Rechte nach 372.1, 372.2 und 373 ist mit den Bezügen aus dem Arbeitsverhältnis abgegolten.

Die Abgeltung für die Einräumung der Rechte nach 372.3 ist Gegenstand eines besonderen Tarifvertrages.

Textziffer 376 Werkstücke
Das Eigentum an Werkstücken (z.B. Manuskript, bildnerischer Entwurf, lichtbildnerisches Werk) geht mit der Übergabe auf die Rundfunkanstalt über. Für den Zugang zu den Werkstücken gilt § 25 UrhG.

Urheber und Mitwirkende können mit ausdrücklicher Zustimmung der Rundfunkanstalt und der anderen Berechtigten im Einzelfall innerhalb einer Frist von sechs Wochen nach der Herstellung oder nach der Erstsendung Ton oder Bildträger-Kopien auf eigene Kosten zum eigenen Gebrauch und unter Ausschluß jeglicher anderweitiger Verwertung herstellen oder herstellen lassen, und zwar auf Wunsch der Rundfunkanstalt durch diese selbst. Kopien für Mitwirkende sind auf den Anteil ihrer Leistung zu beschränken. Die Zustimmung der Rundfunkanstalt darf aus wichtigem Grund, insbesondere bei unzumutbarem Aufwand der Rundfunkanstalt versagt werden.

Wie bereits der Umfang der urheberrechtlichen Regelungen im MTV (SFB) erahnen läßt, sind die urheberrechtlichen Rechte und Pflichten der Arbeitnehmerurheber sehr detailliert geregelt.

Zunächst regelt die Textziffer 372.1 MTV (SFB), daß die Nutzungsrechte an Pflichtwerken als ausschließliche Nutzungsrechte eingeräumt werden und dabei zeitlich, räumlich und inhaltlich unbeschränkt sind, soweit es um eine Verwertung für Rundfunkzwecke geht. Wie bereits oben im Zusammenhang mit der Untersuchung des MTV (ZDF) dargestellt, beinhaltet die Formulierung „(...) räumt (...) ein" bereits das quasi-dingliche Rechtsgeschäft der Nutzungsrechtseinräumung. Darüber hinaus regelt die Textziffer 372.1 MTV (SFB) die Befugnis des SFB zur Weiterübertragung der Nutzungsrechte auf Dritte sowie zur Unterlizenzierung.

Textziffer 372.2 MTV (SFB) zählt die vom Arbeitnehmerurheber dem SFB eingeräumten Nutzungsrechte an den Pflichtwerken auf, wobei der Aufzählung aufgrund der Formulierung des Einleitungssatzes eine Abgeschlossenheitserklärung zukommt.

In Textziffer 372.3 MTV (SFB) wird die Bindung der Nutzungsrechtseinräumung an die Rundfunkzwecke aufgehoben und eine Nutzungsrechtseinräumung für sämtliche Zwecke normiert, wobei allerdings eine Nutzungsrechtseinräumung zu nicht rundfunkspezifischen Zwecken „grundsätzlich nur gegen Entgelt“ erfolgen soll. Hierzu lautet die Protokollnotiz:

> „Es besteht Einverständnis darüber, daß bei einer anderweitigen Nutzung der übertragenen Rechte, die grundsätzlich gegen Entgelt erfolgen soll, eine unentgeltliche Nutzung auf selten begründete Ausnahmefälle zu beschränken ist.“

Textziffer 375 Absatz 2 MTV (SFB) nimmt diese Vergütungsregelung auf und verweist hinsichtlich der Höhe auf einen eigenständigen Tarifvertrag.

Die von *Wandtke*[397] erhobenen Bedenken gegen eine tarifvertragliche Nutzungsrechtseinräumung bzw. die Aufstellung einer diesbezüglichen Pflicht hinsichtlich einer Verwertung, die über den betrieblichen Tätigkeitsbereich hinausgeht, sind unbegründet. Es sei, so *Wandtke*, auch insoweit die Zweckübertragungslehre anzuwenden, so daß der betriebliche Zweck die Grenze bilde[398]. Dies ist meines Erachtens nicht zutreffend. Die Zweckübertragungslehre kommt, wie oben unter Teil 2 C. III. 3. a) aa) dargestellt, nur dann zur Anwendung, wenn eine ausdrückliche Regelung überhaupt nicht besteht oder aber mangels hinreichender Bestimmtheit auslegungsbedürftig ist. Dies ergibt sich bereits aus dem Wortlaut des § 31 Absatz 5 UrhG, der den Vorrang einer ausdrücklichen Regelung hinsichtlich des Umfangs des eingeräumten Nutzungsrechts und der Nutzungsarten vor der Anwendung der Zweckübertragungslehre statuiert[399]. Daß diese ausdrückliche Regelung auch ein Tarifvertrag sein kann unterliegt, da im Tarifvertrag zumindest auch das geregelt werden kann, was Inhalt eines Arbeitsvertrages sein darf (s.o. unter Teil 2 D. II. 1.), keinen Bedenken. Die Zweckübertragungslehre kommt eben gerade dann nicht zur Anwendung, wenn die Arbeitsvertrags- oder Tarifvertragsparteien den Umfang der Nutzungsrechtseinräumung im einzelnen vertraglich geregelt haben, da sonst die Vertragsfreiheit durch den betrieblichen Tätigkeitsbereich eingeschränkt wäre[400].

Die Regelung in Textziffer 372.4 MTV (SFB) entspricht der Regelung in § 15 Absatz 2 MTV (ZDF), wobei die Regelung hier vom Inhalt her unmißverständlich Freiwerke des Arbeitnehmers umfaßt und ebenfalls aufgrund des eindeutigen Wortlautes „verpflichtet“ im Gegensatz zur Textziffer 372.1 MTV (SFB) lediglich das schuldrechtliche Kausalgeschäft regelt. Daß hier die Freiwerke des Arbeitnehmers gemeint sind, ergibt sich daraus, daß sämtliche

---

397 *Wandtke*, Rdnr. 250 f, S. 88 f.

398 *Wandtke*, Rdnr. 250, S. 88.

399 Vgl. auch *Schricker/Rojahn*, § 43 Rdnr. 48 und 50, S. 690.

400 *Schricker/Rojahn*, § 43 Rdnr. 48, S. 690, die zu Recht darauf hinweist, daß erst § 138 BGB die Grenze der Vertragsfreiheit darstellt.

Nutzungsrechte an Pflichtwerken, ob für rundfunkspezifische Zwecke oder für sonstige Zwecke, bereits durch die Textziffern 372.1, 372.2 und 372.3 MTV (SFB) erfaßt werden, so daß allein die Freiwerke als Regelungsmaterie verbleiben.

Die Textziffer 373 MTV (SFB) regelt mit dem Recht des SFB zur Bearbeitung ebenso wie die Textziffern 374 MTV (SFB) mit der Namensnennung und die Textziffer 376 MTV (SFB) mit dem Zugangsrecht zum Werkstück urheberpersönliche Belange des Arbeitnehmerurhebers.

In Textziffer 375 Absatz 1 MTV (SFB) ist schließlich die Vergütungsfrage dahingehend geregelt, daß die Einräumung sämtlicher Nutzungsrechte an den Pflichtwerken zu Rundfunkzwecken mit dem Arbeitsentgelt abgegolten ist. Lediglich die Einräumung zu rundfunkfremden Zwecken sowie die Verwertung zu rundfunkfremden Zwecken durch die Übertragung der Nutzungsrechte auf Dritte hat gemäß Textziffer 375 Absatz 2 MTV (SFB) grundsätzlich einen Anspruch des Arbeitnehmerurhebers auf eine urheberrechtliche Sondervergütung zur Folge, dessen Ausgestaltung einem anderweitigen Tarifvertrag vorbehalten ist.

3. Manteltarifvertrag für Redakteure/Redakteurinnen an Tageszeitungen

Im Bereich der Printmedien enthält der zwischen dem Bundesverband Deutscher Zeitungsverleger e.V. als Vertreter der ihm angeschlossenen Landesverbände einerseits und der Industriegewerkschaft Medien, Druck und Papier, Publizistik und Kunst, sowie dem Deutschen Journalisten-Verband e.V., - Gewerkschaft der Journalisten - andererseits abgeschlossene Manteltarifvertrag für Redakteure/Redakteurinnen an Tageszeitungen vom 15. Dezember 1997 (MTV Tageszeitungen)[401] Regelungen bezüglich des Arbeitnehmerurheberrechts. Sie lauten wie folgt:

§ 18: Urheberrecht

1. Umfang der Urheberrechtsübertragung
Der Redakteur/die Redakteurin räumt dem Verlag das ausschließliche, zeitlich, räumlich und inhaltlich unbeschränkte Recht ein, Urheberrechte und verwandte Schutzrechte i.S. des Urheberrechtsgesetzes, die er/sie in Erfüllung seiner/ihrer vertraglichen Pflichten aus dem Arbeitsverhältnis erworben hat, vom Zeitpunkt der Rechtsentstehung an zu nutzen. Die Einräumung umfaßt die Befugnis des Verlages, die Rechte im In- und Ausland in körperlicher Form zu nutzen und in unkörperlicher Form öffentlich wiederzugeben, und zwar in Printmedien, Film, Rundfunk,

[401] Der vollständige Tarifvertrag ist in der Sammlung Delp, Das gesamte Recht der Publizistik, Band 1, Ziffer 296 abgedruckt.

ungeachtet der Übertragungs- und Trägertechniken. Die Einräumung erstreckt sich auf:

a) das Vervielfältigungsrecht gem. § 16 UrhG,
das Verbreitungsrecht gem. § 17 UrhG,
das Vorführungsrecht gem. § 19 Abs. 4 UrhG,
das Senderecht gem. § 20 UrhG,
das Recht der Wiedergabe von Funksendungen gem. § 22 UrhG,

b) das Recht zur Bearbeitung und Umgestaltung gem. § 23 UrhG,
das Recht zur Verfilmung und Wiederverfilmung gem. §§ 88, 94, 95 UrhG,

c) diese Rechte an Lichtbildern gem. § 72 UrhG.

Nicht von der Einräumung erfaßt wird die Vergütung für die Nutzung in sog. Pressespiegeln gem. § 49 UrhG. Sie soll dem Redakteur/der Redakteurin allein zustehen.

2. Urheberpersönlichkeitsrechte
Die Urheberpersönlichkeitsrechte des Redakteurs/der Redakteurin an seinen/ihren Beiträgen bleiben unberührt, insbesondere das Recht, Entstellungen, andere Beeinträchtigungen oder Nutzungen zu verbieten, die geeignet sind, seine/ihre berechtigten geistigen oder persönlichen Interessen am Beitrag zu gefährden.

3. Übertragung der Nutzungsrechte durch den Verlag auf Dritte
Der Redakteur/die Redakteurin räumt dem Verlag das Recht ein, die in Abs. 1 genannten Rechte auch durch Dritte unter Übertragung der entsprechenden Nutzungsrechte im In- und Ausland nutzen zu lassen.

4. Nutzung des Urheberrechts durch den Redakteur/die Redakteurin
Nach Beendigung des Arbeitsverhältnisses darf der Redakteur/die Redakteurin über seine/ihre Beiträge ohne Einwilligung des Verlages weiterverfügen, wenn seit dem Erscheinen mindestens 1 Jahr vergangen ist. Die Nutzungsrechte an Bildbeiträgen bleiben unbeschadet der persönlichkeitsrechtlichen Befugnisse des Redakteurs/der Redakteurin unbefristet und ausschließlich beim Verlag, sofern im Einzelfall nichts anderes vereinbart ist.

5. Rückrufsrecht
Übt der Verlag das Recht gemäß Abs. 1, 3 nicht oder nur unzureichend aus und werden dadurch berechtigte Interessen des Redakteurs/der Redakteurin erheblich verletzt, so kann dieser/diese das Nutzungsrecht frühestens 6 Monate nach Ablieferung des Textbeitrags zurückrufen. Dies gilt nicht, wenn die Nichtausübung oder die unzureichende Ausübung überwiegend auf Umständen beruht, deren Behebung dem Redakteur/der Redakteurin zuzumuten ist.
Der Rückruf kann erst erklärt werden, nachdem der Redakteur/die Redakteurin dem Verlag unter Ankündigung des Rückrufs eine angemessene Frist, die nicht mehr als 3 Monate zu betragen braucht, zur Ausübung der Rechte gemäß Absatz 1, 3 bestimmt hat.
Der Bestimmung der Frist bedarf es nicht, wenn die Ausübung der Rechte gemäß Abs. 1, 3 dem Verlag unmöglich ist oder von ihm verwei-

gert wird, oder wenn durch die Gewährung einer Frist überwiegende Interessen des Redakteurs/der Redakteurin gefährdet werden.
Dem Verlag verbleibt stets ein einfaches Nutzungsrecht. Der Redakteur/die Redakteurin darf nach erfolgtem Rückruf seine/ihre Rechte nur verwerten, wenn dies den berechtigten Interessen des Verlages nicht abträglich ist.

6. Vergütungsregelung
Die Nutzung der nach Abs. 1 eingeräumten Rechte in Objekten, für die der Redakteur/die Redakteurin nach Maßgabe seines/ihres Arbeitsvertrages tätig ist, erfolgt vergütungsfrei, ebenso die Nutzung des Archivs für interne Zwecke des Verlages oder zum persönlichen Gebrauch Dritter. Bei weitergehender Nutzung hat der Redakteur/die Redakteurin - auch nach Beendigung des Arbeitsverhältnisses - Anspruch auf eine zusätzliche angemessene Vergütung in den nachfolgenden aufgeführten Fällen:
a) für die öffentliche Wiedergabe der Beiträge in unkörperlicher Form mit Ausnahme der Werbung für den Verlag,
b) für die Übertragung der Nutzungsrechte an Dritte gem. Abs. 3 mit Ausnahme
- von Nutzungen innerhalb einer Redaktionsgemeinschaft,
- bei Mantellieferung und sonstiger vergleichbarer redaktioneller Zusammenarbeit (z.B. regelmäßige Lieferung von Teilen von Tageszeitungen wie Wirtschaftsteil, Wochenendbeilage),
c) für die Nutzung der Textbeiträge des Redakteurs/der Redakteurin in anderen Objekten desselben Verlages, auf die sich der Anstellungsvertrag nicht erstreckt, einschließlich der Buchform,
d) für die Nutzung von Bildbeiträgen in Buchform zu Verkaufszwecken.

Als angemessen gilt die Vergütung von mindestens 30% des Erlöses, den der Verlag aus der Verwertung erzielt bzw. erzielen könnte. Sie kann auch durch eine Pauschale erfolgen. Auf Verlangen des Redakteurs/der Redakteurin oder des Verlages ist ihre Angemessenheit zu überprüfen und die Pauschale ggf. neu festzusetzen.

Auch im Falle des MTV (Tageszeitungen) läßt bereits der Umfang der urheberrechtlichen Klauseln erkennen, daß eine umfassende und detaillierte Regelung des Arbeitnehmerurheberrechts zwischen den Tarifvertragsparteien vereinbart worden ist.

Ebenso wie in den zuvor dargestellten tarifvertraglichen Regelungen enthält auch § 18 Absatz 1 Satz 1 MTV (Tageszeitungen) das quasi-dingliche Verfügungsgeschäft der Nutzungsrechtseinräumung, was sich ebenfalls aus der Formulierung „räumt ein“ ergibt. Inhalt und Umfang der Nutzungsrechtseinräumung werden hinreichend genau bestimmt, indem der Redakteur/die Redakteurin „dem Verlag das ausschließliche, zeitlich, räumlich und inhaltlich unbeschränkte Recht“ einräumt. Diese umfassende Rechtseinräumung zugunsten des Verlages geht damit weit über die Einräumung für spezielle Verlagszwecke hinaus. Allerdings bezieht sich die Nutzungsrechtseinräumung dabei nur auf diejenigen Urheberrechte, die „er/sie in Erfüllung seiner/ihrer vertraglichen Pflichten aus dem Arbeitsverhältnis erworben hat", mithin auf Urheberrechte an Pflichtwerken. Hierbei definiert dieser Tarifvertrag im Gegensatz zur Regelung im MTV (ZDF) die Pflichtwerke zutreffend als die im Rahmen der Verpflichtungen aus dem Arbeitsverhältnis geschaffenen Werke und knüpft dabei an den weiteren Begriff des Arbeitsverhältnisses im Unterschied zum engeren Begriff des Arbeitsvertrages an[402]. Ferner ist es dem Verlag nach § 18 Absatz 1 Satz 2 MTV (Tageszeitungen) freigestellt, das Werk sowohl in den Printmedien als auch in Form eines Films oder im Rundfunk zu nutzen. Auffällig ist, daß gerade das Internet oder sonstige „neue Medien", wie die Verwertung über CD-ROM, in die im Dezember 1997 geschaffene Regelung nicht aufgenommen wurden, obwohl gerade in diesem Bereich derzeit der größte Regelungsbedarf besteht. Ferner enthält § 18 Absatz 1 Satz 3 MTV (Tageszeitungen) eine nähere Umschreibung der einzelnen dem Verlag vom Arbeitnehmerurheber eingeräumten Nutzungsrechte.

Absatz 2 des § 18 MTV (Tageszeitungen) befaßt sich allgemein mit den urheberpersönlichen Belangen des Arbeitnehmerurhebers und erklärt, daß die diesbezüglichen Rechte des Arbeitnehmers, wie beispielsweise das Entstellungsverbot i.S.d. § 14 UrhG, durch die tarifvertraglichen Regelungen nicht beeinträchtigt werden. Diese Regelung hat somit mangels eines eigenständigen Regelungsgehaltes lediglich deklaratorische Bedeutung.

In § 18 Absatz 3 MTV (Tageszeitungen) ist die Befugnis des Verlages zur Unterlizenzierung und Übertragung der Nutzungsrechte auf Dritte normiert.

§ 18 Absatz 4 MTV (Tageszeitungen) nimmt die in Absatz 1 geregelte zeitlich unbeschränkte ausschließliche Nutzungsrechtseinräumung zum Teil zurück, soweit es um den Zeitraum nach Beendigung des Arbeitsverhältnisses geht. Er gestattet in Satz 1 dem Arbeitnehmerurheber eine Weiterverfügung über die Rechte an seinen Beiträgen, wenn das Arbeitsverhältnis beendet und zugleich seit dem Erscheinen des Beitrages mindestens ein Jahr vergangen ist. Dies dürfte keine allzu große praktische Relevanz für den Arbeitnehmerurheber haben, da Beiträge in Tageszeitungen, die sich primär mit dem aktuellen Zeitgeschehen befassen, nach einem Jahr für Dritte nicht mehr von besonderem Interesse sein dürften und eine anderweitige Nutzung in der Regel schon faktisch nicht mehr in Betracht kommt. Demgegenüber ist für Bildbeiträge auch mehr als ein Jahr nach dem erstmaligen Erscheinen ein Markt gegeben. Man denke an die zahllosen Rückblicke auf das Geschehen der letzten zehn Jahre in Deutschland, insbesondere die Bilder vom Fall der Mauer oder der baulichen Veränderungen in Berlin. Gerade für diese Bildbeiträge verbleibt das ausschließliche und zeitlich unbefristete Nutzungsrecht, vorbehaltlich

[402] Zur erforderlichen Differenzierung siehe oben unter Teil 2 B. II. 1. b) aa).

einer abweichenden individualvertraglichen Vereinbarung, beim Verlag. Die auf den ersten Blick arbeitnehmerurheberfreundliche Regelung für den Zeitraum nach Beendigung des Arbeitsverhältnisses entpuppt sich somit bei näherer Betrachtung in ihren Auswirkungen als den üblichen zeitlich unbegrenzten Rechtseinräumungen nahezu identisch.

Eine Ausgestaltung des Rückrufsrechts wegen Nichtausübung i.S.d. § 41 UrhG enthält § 18 Absatz 5 MTV (Tageszeitungen). Zunächst wird die Frist für einen frühest möglichen Rückruf hinsichtlich eines Beitrags zu einer Tageszeitung von drei Monaten in § 41 Absatz 2 Satz 2 UrhG auf sechs Monate nach Ablieferung in § 18 Absatz 5 Unterabsatz 1 Satz 1 MTV (Tageszeitungen) hinaufgesetzt. Darüber hinaus konkretisiert § 18 Absatz 5 Unterabsatz 2 MTV (Tageszeitungen) die Frist für die Ankündigung des Rückrufs durch den Arbeitnehmerurheber gegenüber dem Verlag dahingehend, daß sie nicht mehr als drei Monate zu betragen brauche. Was innerhalb dieser drei Monate angemessen ist, verbleibt aber auch unter der Maßgabe des MTV (Tageszeitungen) eine Frage der Wertung der Umstände des Einzelfalles. Unterabsatz 3 des Absatzes 5 des § 18 MTV (Tageszeitungen) entspricht im Wesentlichen der Regelung in § 41 Absatz 3 Satz 2 UrhG und stellt somit eine deklaratorische Wiederholung des Gesetzestextes dar.

Eine vom Urheberrechtsgesetz gänzlich abweichende Regelung enthält § 18 Absatz 5 Unterabsatz 4 Satz 1 MTV (Tageszeitungen), in dem er anders als § 41 Absatz 5 UrhG bestimmt, daß selbst im Falle eines Rückrufs durch den Arbeitnehmerurheber dem Verlag stets ein einfaches Nutzungsrecht verbleibt. Darüber hinaus darf der Arbeitnehmerurheber auch nach dem erklärten Rückruf gemäß § 18 Absatz 5 Unterabsatz 4 Satz 2 MTV (Tageszeitungen) sein Werk nur dann verwerten, wenn dem nicht berechtigte Interessen des Verlages entgegenstehen.

§ 18 Absatz 6 MTV (Tageszeitungen) befaßt sich schließlich mit der aus Arbeitnehmersicht besonders bedeutsamen Frage der urheberrechtlichen Sondervergütung für die Einräumung von Nutzungsrechten. Nach dessen Satz 1 erhält der Arbeitnehmerurheber keine Sondervergütung für die Einräumung der Nutzungsrechte an den von ihm geschaffenen Pflichtwerken im Rahmen der in § 18 Absatz 1 MTV (Tageszeitungen) eingeräumten Rechte, sofern die Nutzung in Objekten erfolgt, für die der Arbeitnehmerurheber nach Maßgabe seines Arbeitsvertrages tätig ist. Auch die Nutzung des Archivs für interne Zwecke des Verlages oder Dritter zum persönlichen Gebrauch erfolgt unentgeltlich. Eine über die genannten Fälle hinausgehende Nutzung durch den Verlag führt bei Erfüllung der Kriterien der Auflistung in § 18 Absatz 6 Satz 2 MTV (Tageszeitungen) zu einem Anspruch des Arbeitnehmerurhebers auf eine urheberrechtliche Sondervergütung.

Auch die Frage der Angemessenheit der urheberrechtlichen Sondervergütung hat im MTV (Tageszeitungen) eine Regelung erfahren, wobei mindestens 30% des Erlöses, den der Verlag aus der Verwertung erzielt oder erzielen konnte anzusetzen sind, § 18 Absatz 6 Satz 3 MTV (Tageszeitungen). Unklar bleibt jedoch, ob unter Erlös der bloße Bruttoumsatz oder der eigentliche Gewinn nach Abzug der Kosten zu verstehen ist. Eine klärende Regelung ist wünschenswert.

Losgelöst von der inhaltlichen Festlegung der urheberrechtlichen Rechte und Pflichten, die je nach Standpunkt zu weit gehen, damit aber letztlich insgesamt für beide Seiten einen annehmbaren Kompromiß darstellen dürften, enthält § 18 MTV (Tageszeitungen) Normierungen hinsichtlich sämtlicher klärungsbedürftiger urheberrechtlicher Fragestellungen im Arbeitsverhältnis. Er trägt damit, sowie aufgrund seiner eindeutigen Formulierungen zur Erreichung des Ziels der Rechtsklarheit und Rechtssicherheit und letztlich zur Vermeidung von Rechtsstreitigkeiten bei und gleicht somit die im Arbeitnehmerurheberrecht bestehende unbefriedigende Gesetzeslage, die aus der generalklauselartigen Regelung des § 43 UrhG resultiert, aus. Dies gelingt beispielsweise der kurzen und damit mißverständlichen Regelung des § 15 MTV (ZDF) nicht in dem selben Maße.

Lediglich der Bereich der „neuen Medien" ist im MTV (Tageszeitungen) vernachlässigt worden.

4. Manteltarifvertrag für Redakteurinnen und Redakteure an Zeitschriften

Auch der zwischen dem Verband Deutscher Zeitschriftenverleger e.V. als Vertreter der ihm angeschlossenen Mitgliedsverbände einerseits und dem Deutschen Journalisten-Verband e.V. - Gewerkschaft der Journalistinnen und Journalisten -, der Industriegewerkschaft Medien, Druck und Papier, Publizistik und Kunst und der Deutschen Angestellten Gewerkschaft andererseits vereinbarte Manteltarifvertrag für Redakteurinnen und Redakteure an Zeitschriften vom 01. Mai 1998 enthält eine umfassende Klausel über die Fragestellung der Arbeitnehmerurheberrechte. Obwohl diese Normierung in § 12 MTV (Zeitschriften) der des Manteltarifvertrages für Redakteure/Redakteurinnen an Tageszeitungen sehr ähnelt, soll hier eine Darstellung erfolgen, da sie interessante Unterschiede aufweist und die zeitlich jüngere Regelung darstellt. Sie lautet wie folgt:

§ 12: Urheberrecht

1. Umfang der Urheberrechtsübertragung
   Die/der Redakteurin/Redakteur räumt dem Verlag das ausschließliche, zeitlich, räumlich und inhaltlich unbeschränkte Recht ein, Urheberrechte und verwandte Schutzrechte im Sinne des Urheberrechtsgesetzes, die sie/er in der Erfüllung ihrer/seiner vertraglichen Pflichten aus dem Arbeitsverhältnis erworben hat, vom Zeitpunkt der Rechtsentstehung an zu nutzen. Die Einräumung umfaßt die Befugnisse des Verlages, die Rechte im In- und Ausland in körperlicher Form zu nutzen und in unkörperlicher Form öffentlich wiederzugeben. Dies gilt insbesondere für Printmedien, Film, Rundfunk und/oder digitale Medien (Telekommunikations- und Datendienste, z.B. Online-Dienste sowie Datenbanken und elektronische Trägermedien (z.B. magnetische, optische, magneto-optische und elektronische Trägermedien wie CD-ROM und Disketten)), ungeachtet der Übertragungs- und Trägertechniken.
   Die Einräumung erstreckt sich auf:
   a) das Vervielfältigungsrecht gem. § 16 UrhG,
      das Verbreitungsrecht gem. § 17 UrhG,
      das Vorführungsrecht gem. § 19 Abs. 4 UrhG,
      das Senderecht gem. § 20 UrhG,
      das Recht der Wiedergabe von Funksendungen gem. § 22 UrhG,
   b) das Recht zur Bearbeitung und Umgestaltung gemäß § 23 UrhG,
      das Recht zur Verfilmung und Wiederverfilmung gemäß §§ 88, 94, 95 UrhG,
   c) die Rechte an Lichtbildern gemäß § 72 UrhG.

   Der/dem Redakteurin/Redakteur bleiben ihre/seine von urheberrechtlichen Verwertungsgesellschaften wahrgenommenen Zweitverwertungsrechte und Vergütungsansprüche nach §§ 21, 22, 26, 27, 49, 53, 54 und 54 a UrhG vorbehalten. Vereinbarungen zwischen Verlagen, Verlagszusammenschlüssen und Verwertungsgesellschaften werden hierdurch nicht berührt.

2. Urheberpersönlichkeitsrechte
   Die Urheberpersönlichkeitsrechte der/des Redakteurin/Redakteurs an ihren/seinen Beiträgen bleiben unberührt, insbesondere das Recht, Entstellungen, andere Beeinträchtigungen oder Nutzungen zu verbieten, die geeignet sind, ihre/seine berechtigten geistigen und persönlichen Interessen am Beitrag zu gefährden.

3. Übertragung der Nutzungsrechte durch den Verlag auf Dritte
   Die/der Redakteurin/Redakteur räumt dem Verlag das Recht ein, die in Ziffer 1 genannten Rechte auch durch Dritte unter Übertragung der entsprechenden Nutzungsrechte im In- und Ausland nutzen zu lassen.

4. Nutzung des Urheberrechts durch die/den Redakteurin/Redakteur
   Nach Beendigung des Arbeitsverhältnisses darf die/der Redakteurin/Redakteur über seine Beiträge ohne Einwilligung des Verlages weiterverfügen, wenn seit dem Erscheinen mindestens zwei Jahre vergangen sind.

5. Rückrufsrecht
   Übt der Verlag das Recht gemäß Ziffer 1, 3 nicht oder nur unzureichend aus, so kann die/der Redakteurin/Redakteur das Nutzungsrecht frühestens zwölf Monate nach Ablieferung des Beitrages zurückrufen. Dies gilt nicht, wenn die Nichtausübung oder die unzureichende Ausübung überwiegend auf Umständen beruht, deren Behebung der/dem Redakteurin/Redakteur zuzumuten ist.
   (...)
   Die/der Redakteurin/Redakteur darf nach erfolgtem Rückruf ihre/seine Rechte nur verwerten, wenn dies den berechtigten Interessen des Verlages nicht abträglich ist.

6. Einfaches Nutzungsrecht des Verlags
   Dem Verlag verbleibt in den Fällen der Ziffern 4 und 5 stets ein einfaches Nutzungsrecht.

7. Vergütungsregelung
   Die Nutzung der nach Ziffer 1 eingeräumten Rechte in Objekten (einschließlich ihrer digitalen Ausgaben), für die die/der Redakteurin/Redakteur nach Maßgabe ihres/seines Arbeitsvertrages tätig ist (Protokollnotiz: Voraussetzung ist, daß sich die vertragliche Arbeitspflicht auf das Objekt und/oder die digitale Ausgabe bezieht; nur die Rechteübertragung weiterer Nutzungsarten genügt dem nicht.), erfolgt vergütungsfrei, ebenso die Nutzung des Archivs/der Datenbanken für interne Zwecke des Verlags, verbundener Unternehmen und kooperierender Verlage oder zum persönlichen Gebrauch Dritter.
   Bei weitergehender Nutzung hat die/der Redakteurin/Redakteur - auch nach Beendigung des Arbeitsverhältnisses - Anspruch auf eine zusätzliche angemessene Vergütung in den nachfolgend aufgeführten Fällen:
   a) für die öffentliche Wiedergabe der Beiträge in unkörperlicher Form mit Ausnahme der Werbung für den Verlag,
   b) für die Übertragung von Nutzungsrechten an Dritte gem. Ziffer 3 mit Ausnahme
      - von Nutzungen innerhalb einer Redaktionsgemeinschaft,
      - bei Mantellieferungen und sonstiger vergleichbarer Zusammenarbeit,
   c) für die Nutzung der Beiträge der/des Redakteurin/Redakteurs in anderen Objekten desselben Verlags, auf die sich der Anstellungsvertrag nicht erstreckt, einschließlich der Nutzung in Buchform.

   Als angemessen gilt eine Vergütung von mindestens 40% des aus der Verwertung erzielten, hilfsweise des üblicherweise erzielbaren, um Aufwand und Mehrwertsteuer verminderten Nettoerlöses. Zum Aufwand rechnen die direkten Herstellungs-, Marketing- und Vertriebskosten.
   Die Vergütung für die Nutzung der Rechte der/des Redakteurin/Redakteurs ist durch Einzelabrechnung oder durch eine Monatspauschale möglich.
   (...)

Aufgrund der großen Ähnlichkeiten mit den Regelungen des MTV (Tageszeitungen) sollen hier nur die bedeutsamen Unterschiede im Regelungsgehalt einer näheren Betrachtung unterzogen werden, wobei auch hinsichtlich des

MTV (Zeitschriften) aufgrund der detaillierten und umfangreichen Regelungen zum Urheberrecht des Arbeitnehmers die Schaffung größerer Rechtssicherheit sowie die rechtsstreitvermeidende Wirkung hervorzuheben sind.

Im Unterschied zu § 18 MTV (Tageszeitungen) enthält § 12 MTV (Zeitschriften) eine Regelung hinsichtlich der sog. „neuen Medien". § 12 Ziffer 1 Satz 3 MTV (Zeitschriften) erstreckt die Einräumung der Nutzungsrechte ausdrücklich auch auf die neuen Medien, indem er die Befugnis des Verlages zur Nutzung der Pflichtwerke des Arbeitnehmerurhebers in den digitalen Medien statuiert[403]. Ergänzend konkretisieren die Tarifvertragsparteien den Begriff der „neuen Medien" und legen somit dar, wie er bei Anwendung des Tarifvertrages verstanden werden soll. Die Aufnahme des Regelungsbereiches „neue Medien" in den MTV (Zeitschriften) hat zu einer Folgeänderung im Bereich der Vergütungsregelung geführt. Danach ist auch die Nutzung durch den Verlag in Form der digitalen Ausgaben der Zeitschriften, für die der Arbeitnehmer nach Maßgabe seines Arbeitsvertrages tätig ist, gemäß § 12 Ziffer 7 Absatz 1 MTV (Zeitschriften) mit dem Arbeitsentgelt abgegolten, sofern sich die Arbeitspflicht auch auf die digitale Ausgabe erstreckt. Erstreckt sich die Arbeitspflicht nicht auf die digitale Ausgabe, so entsteht ein Anspruch des Arbeitnehmerurhebers auf eine urheberrechtliche Sondervergütung.

Die Regelung des Bereichs der „neuen Medien" im MTV (Zeitschriften) ist in der heutigen Zeit aufgrund der erheblichen Bedeutung der Materie im Interesse der Rechtssicherheit sehr zu begrüßen und sollte auch in den MTV (Tageszeitungen) aufgenommen werden, da sich im Geltungsbereich des MTV (Tageszeitungen) die gleichen Fragestellungen ergeben.

Ein weiterer - lediglich deklaratorischer - Unterschied gegenüber dem MTV (Tageszeitungen) besteht in der Aufnahme des § 12 Ziffer 1 Satz 5 MTV (Zeitschriften). Da die Nutzungsrechte ebenso wie in § 18 Absatz 1 Satz 3 MTV (Tageszeitungen) bereits zuvor abschließend aufgezählt werden, was sich aus der Formulierung „Die Einräumung erstreckt sich auf" verbunden mit der nachfolgenden Aufzählung ergibt, hat die in § 12 Ziffer 1 Satz 5 MTV (Zeitschriften) enthaltene Auflistung der beim Arbeitnehmerurheber verbleibenden Rechte keine konstitutive Wirkung, sondern stellt die ohnehin bestehende Rechtslage klar. Dennoch ist diese Klarstellung im Interesse der Rechtssicherheit zu begrüßen.

---

[403] Diese Regelung des Bereichs „neue Medien" widerlegt die Argumentation von *Peper*, in NJW 1996, S. 1394 (1394), der für einzelvertragliche Regelungen im Bereich des Arbeitnehmerurheberrechts plädiert, da im Hinblick auf neue Nutzungsarten eine zeitgemäße Beschlußfassung der Tarifpartner nicht zu erwarten sei.

Ziffer 4 des § 12 MTV (Zeitschriften) erklärt eine Verwertung des Pflichtwerkes durch den Arbeitnehmerurheber nach Beendigung des Arbeitsverhältnisses ohne Einwilligung des Verlages erst mit Ablauf einer Frist von zwei Jahren nach dem Erscheinen für zulässig. Diese im Unterschied zur Regelung im MTV (Tageszeitungen) deutlich längere Frist läßt sich mit dem häufig nicht ganz so zwingenden Aktualitätsbezug der Beiträge in Zeitschriften erklären, so daß für den Verlag auch nach einem längeren Zeitraum noch das Bedürfnis bzw. das Interesse an einer ausschließlichen Verwertung besteht. Aus dem selben Grund dürfte die Frist für einen frühestens zulässigen Rückruf durch den Arbeitnehmerurheber in § 12 Ziffer 5 Satz 1 MTV (Zeitschriften) auf zwölf Monate festgesetzt worden sein.

Weitergehend als im MTV (Tageszeitungen) verbleibt dem Verlag auch nach Beendigung des Arbeitsverhältnisses stets ein einfaches Nutzungsrecht.

Eine urheberrechtliche Sondervergütung erhält der Arbeitnehmerurheber schließlich weitergehend als im MTV (Tageszeitungen) nach § 12 Ziffer 7 Satz 1 MTV (Zeitschriften) auch dann nicht, wenn das Archiv oder die Datenbanken für interne Zwecke verbundener Unternehmen oder kooperierender Verlage genutzt werden. Sofern der Arbeitnehmerurheber jedoch eine Sondervergütung für die Nutzungsrechtseinräumung erhält, beträgt diese nach § 12 Ziffer 7 Satz 3 MTV (Zeitschriften) mindestens 40% des aus der Verwertung erzielten Erlöses, wobei der Begriff des Erlöses deutlich differenzierter geregelt ist als im MTV (Tageszeitungen), da es sich beim Erlös i.d.S. um den „um Aufwand und Mehrwertsteuer verminderten Nettoerlös“ handelt, wobei zum Aufwand die direkten Herstellungs-, Marketing- und Vertriebskosten gerechnet werden.

Nach alledem handelt es sich bei der Normierung der Arbeitnehmerurheberrechte in § 12 MTV (Zeitschriften) vom 01. Mai 1998 um eine noch ausführlichere und damit den Zielen der Rechtssicherheit und Rechtsklarheit noch besser dienende Regelung als die ohnehin schon begrüßenswerte Regelung in § 18 MTV (Tageszeitungen).

5. Manteltarifvertrag für Film- und Fernsehschaffende

Abschließend soll eine Untersuchung der urheberrechtlichen Regelung im Manteltarifvertrag für Film- und Fernsehschaffende erfolgen, wobei in dem zwischen dem Bundesverband Deutscher Fernsehproduzenten e.V., der Arbeitsgemeinschaft Neuer Deutscher Filmproduzenten e.V. und dem Verband Deutscher Spielfilmproduzenten e.V. einerseits und der Industriegewerkschaft Medien, Druck und Papier, Publizistik und Kunst sowie der DAG Deutsche Angestellten-Gewerkschaft Bundesberufsgruppe Kunst und Medien andererseits geschlossenen Tarifvertrag in der Fassung vom 24. Mai 1996 die urheberrechtliche Regelung der Ziffer 3 nicht mehr enthalten ist. Sie ist mit Wirkung zum 01. Januar 1995 gekündigt worden, weshalb sie nicht mehr als aktuelle Regelung abgedruckt ist[404]. Die Verhandlungen über den Inhalt einer neugestalteten Urheberrechtsklausel dauern noch an[405].

Dennoch entfaltet die bisherige urheberrechtliche Regelung für diejenigen Arbeitsverhältnisse Wirkungen, die bereits zum Zeitpunkt der Kündigung der Klausel bestanden haben. Im Falle einer Beendigung des Tarifvertrages oder einer Klausel, beispielsweise durch Kündigung, endet zwar die unmittelbare Wirkung, der Tarifvertrag bzw. die jeweilige Klausel entfaltet jedoch gemäß § 4 Absatz 5 TVG Nachwirkung[406]. Dies bedeutet, daß der Tarifvertrag mit der Beendigung zwar die schuldrechtlichen Wirkungen zwischen den Tarifvertragsparteien verliert, nicht jedoch jede Wirkung gegenüber den Mitgliedern der Tarifvertragsparteien. Ihnen gegenüber gelten die Rechtsnormen, wenn auch nicht mit zwingender Wirkung weiter, bis sie durch eine anderweitige Abmachung ersetzt werden. Derartige abweichende Vereinbarungen können wiederum Tarifverträge, oder aber Betriebsvereinbarungen und Individualvereinbarungen sein, wobei von den ursprünglichen tarifvertraglichen Regelungen auch zum Nachteil des Arbeitnehmers abgewichen werden kann[407]. Etwas anderes würde nur dann gelten, wenn die Tarifvertragsparteien die Nachwirkung des Tarifvertrags ausgeschlossen hätten[408]. Eine derartige tarifvertragliche Abbedingung der Nachwirkung im Sinne des § 4 Absatz 5 TVG ist im Vorläufer des aktuellen MTV für Film- und Fernsehschaffende, mithin im Tarifvertrag vom 15. April 1989, nicht enthalten.

Dies scheint *Rojahn*[409] zu verkennen, die die bisherige Klausel als derzeit „(wohl) ohne rechtliche Verbindlichkeit“ einstuft. Wenn sie nachfolgend der Klausel dennoch in der Praxis bis zum Abschluß einer neuen Vereinbarung eine Bedeutung beimißt, dann wird deutlich, daß dabei die ohnehin nach § 4 Absatz 5 TVG bestehende Nachwirkung nicht berücksichtigt worden ist.

Aufgrund der Bedeutung der Urheberrechtsklausel im MTV für Film- und Fernsehschaffende vom 15. April 1989 (MTV (Film)) im Rahmen der Nach-

---

404 Siehe den vollständigen Tarifvertrag mit der kursiv gedruckten alten Urheberrechtsklausel in *Delp*, Das gesamte Recht der Publizistik, Ziffer 656.

405 So *Schricker/Rojahn*, § 43, Rdnr. 122, S. 717.

406 *Schaub*, § 204 III 4, Rdnr. 12, S. 1994, § 199 IV 1, Rdnr. 39, S. 1958; § 199 IV 3, Rdnr. 49 f, S. 1960.

407 *Schaub*, § 119 IV 3, Rdnr. 50, S. 1960.

408 *Schaub*, § 204 III 4, Rdnr. 13, S. 1994.

409 *Schricker/Rojahn*, § 43, Rdnr. 122 a.E., S. 717.

wirkung soll die Regelung aus dem Vorläufer-Tarifvertrag dargestellt und einer kritischen Betrachtung unterzogen werden. Die relevante Ziffer 3 lautet wie folgt:

Ziffer 3: Rechte an Film, Foto und Namen

3.1
Der Filmschaffende räumt mit Abschluß des Vertrages alle ihm etwa durch das vertragliche Beschäftigungsverhältnis erwachsenden Nutzungs- und Verwertungsrechte an Urheber- und verwandten Schutzrechten dem Filmhersteller für die Herstellung und Verwertung des Films ausschließlich und ohne inhaltliche, zeitliche oder räumliche Beschränkung ein.

Die Einräumung umfaßt:
a) den Film als Ganzes, seine einzelnen Teile (mit und ohne Ton), auch wenn sie nicht miteinander verbunden sind, die zum Film gehörigen Fotos sowie die für den Film benutzten und abgenommenen Zeichnungen, Entwürfe, Skizzen, Bauten und dgl.;
b) die Nutzung und Verwertung des Films durch den Filmhersteller in unveränderter oder geänderter Gestalt, gleichviel mit welchen technischen Mitteln sie erfolgt, einschließlich Wieder- oder Neuverfilmungen, der Verwertung durch Rundfunk oder Fernsehen und der öffentlichen Wiedergabe von Funksendungen sowie der Verwertung durch andere zur Zeit bekannte Verfahren, einschließlich AV-Verfahren und -Träger, gleichgültig, ob sie bereits in Benutzung sind oder in Zukunft genutzt werden.
Der Filmhersteller erwirbt das Eigentum an den in Ziffer 3.1 a genannten, zum Film gehörenden Materialien, soweit es ihm nicht ohnehin zusteht.

3.2
Dem Filmhersteller sind die Rechte mit der Maßgabe eingeräumt, daß er sie lediglich für die Zwecke der Herstellung, Auswertung und Propagierung von Filmen benutzen darf, ohne dabei auf einen bestimmten Film beschränkt zu sein. Jedoch ist der Filmhersteller nur dann berechtigt, einzelne Aufnahmen oder Teile eines Films in andere Filme zu übernehmen, wenn durch eine solche Verwendung das künstlerische Ansehen des Filmschaffenden nicht gröblich verletzt wird.

3.3
Der Filmhersteller ist uneingeschränkt befugt, die ihm im Rahmen der Ziffer 3 eingeräumten Rechte insgesamt und einzeln auf Dritte weiter zu übertragen.

3.4
Der Filmschaffende hat dem Filmhersteller bei Vertragsabschluß zu versichern, daß er die dem Filmhersteller eingeräumten Nutzungs- und Verwertungsrechte nicht anderweitig, auch nicht Verwertungsgesellschaften, eingeräumt hat, und daß diese Rechte nicht mit Rechten Dritter belastet sind.

3.5
Die Entscheidung über die inhaltliche, künstlerische und technische Gestaltung des Films steht dem Filmhersteller zu. Durch die Gestaltung darf das künstlerische Ansehen des Filmschaffenden nicht gröblich verletzt werden.

3.6

Der Filmhersteller ist berechtigt, den Film, einzelne Teile daraus sowie alle für den Film hergestellten Fotos zur Werbung für diesen Film uneingeschränkt zu verwenden, auch soweit eine solche Werbung in besonderer Form erfolgt. Näheres bleibt dem Einzelarbeitsvertrag vorbehalten.
3.7
Der Filmhersteller kann von den unter Mitwirkung des Filmschaffenden zustande gekommenen Aufnahmen durch Synchronisation fremdsprachige Fassungen herstellen oder durch Dritte herstellen lassen. Er kann hierbei den Filmschaffenden durch eine andere Kraft ersetzen.
3.8
Der Filmhersteller kann Aufnahmen derselben Fassung nachsynchronisieren sowie Stummaufnahmen sprachlich synchronisieren und die Berechtigung hierzu Dritten einräumen. In solchen Fällen darf der Filmschaffende nur dann durch eine andere Kraft ersetzt werden, wenn dies aus künstlerischen oder wirtschaftlichen Gründen notwendig ist, insbesondere dann, wenn die durch eine Verwendung des ursprünglich tätig gewordenen Filmschaffenden anfallenden Kosten für den Filmhersteller unzumutbar sind.
3.9
Sich auf die Tätigkeit des Filmschaffenden im jeweiligen Film beziehende Ankündigungen, sonstige Mitteilungen und bildliche Darstellungen, auch Abbildungen der eigenen Person des Filmschaffenden, dürfen nur mit Zustimmung des Filmherstellers verbreitet werden.
3.10
Name und Bilder des Filmschaffenden stehen dem Filmhersteller für die Zwecke der Herstellung, der Auswertung und der Propagierung des mit dem Filmschaffenden hergestellten Films zur Verfügung. Einen Anspruch auf Nennung des Namens im Vor- oder Nachspann des Films haben, soweit ein Vor- oder Nachspann hergestellt wird, (...), andere Filmschaffende jedoch nur dann, wenn die Verpflichtung zu ihrer Nennung im Einzelvertrag vereinbart worden ist.
3.11
Die Bestimmungen der Ziffern 3.1 bis 3.10 gelten nicht für Kleindarsteller.

Hinsichtlich der Vergütung verweist Ziffer 11 auf einen gesonderten Gagentarifvertrag, der keinerlei Regelungen im Hinblick auf eine Vergütung für die Nutzungsrechtseinräumung enthält.

Auch in dieser tarifvertraglichen Regelung ist das quasi-dingliche Rechtsgeschäft der Nutzungsrechtseinräumung bereits unter Ziffer 3.1 enthalten. Danach räumt der Arbeitnehmerurheber dem Arbeitgeber „alle ihm etwa durch das vertragliche Beschäftigungsverhältnis erwachsenden Nutzungs- und Verwertungsrechte (...) für die Herstellung und Verwertung des Films (...) ein“. Hierbei ist die Formulierung „durch das Beschäftigungsverhältnis erwachsenden“ zu unbestimmt, da höchst unterschiedliche Auslegungsmöglichkeiten denkbar sind. So könnte die Formulierung im Sinne einer „conditio sine qua non“ zu verstehen sein, so daß sämtliche Nutzungs- und Verwertungsrechte, für die das vertragliche Beschäftigungsverhältnis in irgendeiner Weise kausal gewesen ist, dem Arbeitgeber eingeräumt werden. Dieses Verständnis ginge meines Erachtens zu weit, da dann auch sämtliche Freiwerke, die im Zusammenhang oder mit Kenntnissen aus dem Arbeitsverhältnis geschaffen wurden, für die aber eine Anbietungspflicht vorbehaltlich einer vertraglichen Vereinbarung grundsätzlich nicht besteht (Siehe oben unter Teil 2 B. II. 2. b) bb)), von der Nutzungsrechtseinräumung umfaßt wären, ohne daß dem Arbeitnehmerurheber dafür eine Sondervergütung zustehen würde.

Daß tarifvertragliche Regelungen über Freiwerke prinzipiell zulässig sind, wurde bereits unter Teil 2 D. III. 1. erörtert. Also ist zwar aufgrund der gesetzesgleichen normativen Wirkung von Tarifverträgen grundsätzlich auch eine derartige tarifvertragliche Regelung denkbar, solange nicht gegen höherrangiges Recht verstoßen wird. Eine derartige Verletzung liegt hier jedoch im Hinblick darauf vor, daß der Arbeitnehmerurheber im Falle von Freiwerken dem Arbeitgeber wie ein selbständiger Urheber gegenüber steht und somit für die Nutzungsrechtseinräumung einen Anspruch auf ein Entgelt hat. Der MTV (Film) regelt aber keinerlei Sondervergütung, so daß, unterstellt von Ziffer 3.1 MTV (Film) seien auch die Freiwerke umfaßt, dieser Entgeltanspruch aufgegeben wäre, ohne daß der MTV (Film) anderweitige Vergünstigungen oder Vergütungen des Arbeitnehmerurhebers gewährt.

Diesem Verständnis der Regelung der Ziffer 3.1 des MTV (Film) steht bereits der von der Rechtsprechung aufgestellte Grundsatz, daß insbesondere der freie Urheber „tunlichst an dem wirtschaftlichen Nutzen zu beteiligen (...) ist, der aus seinem Werk gezogen wird", entgegen[410].

Daß der Arbeitgeber auch die Nutzungsrechte an sämtlichen kausal mit dem Arbeitsverhältnis zusammenhängenden Freiwerken ohne ein Entgelt erhalten soll, ist darüber hinaus mit dem allgemeinen Grundsatz von Treu und Glauben i.S.d. § 242 BGB nicht vereinbar. Dieser Grundsatz verpflichtet zur billigen Rücksichtnahme auf die schutzwürdigen Interessen des anderen Teils sowie zu einem redlichen und loyalen Verhalten unter Berücksichtigung des Vertrauensschutzes[411]. Bei der Einbeziehung auch der Freiwerke in die Ziffer 3.1 MTV (Film), mithin in die Einräumung der Nutzungsrechte ohne Anspruch auf eine Sondervergütung, werden die Interessen der Arbeitnehmerurheber als Mitglieder der tarifvertragsschließenden Gewerkschaften ohne sachlichen Grund unbillig zurückgedrängt. Daher ist die Klausel aufgrund der übermäßigen Beschränkung der Interessen der Arbeitnehmerurheber auf ein vertretba-

---

[410] Siehe z.B. Urteil des BGH, vom 6. November 1953, in BGHZ 11, S. 135 (143) – Lautsprecherübertragung.

[411] *Palandt, Heinrichs*, § 242 BGB, Rdnr. 3, S. 227.

res Maß zu reduzieren und dahingehend auszulegen[412], daß allein die Pflichtwerke als umfaßt anzusehen sind.

Diese Nutzungsrechte an den Pflichtwerken werden nach Ziffer 3.1 Satz 1 MTV (Film) für die Herstellung und Verwertung des Films dem Arbeitgeber ausschließlich und ohne inhaltliche, zeitliche oder räumliche Beschränkung eingeräumt. Die Auflistung in Ziffer 3.1 Satz 2 MTV (Film) ist folglich deklaratorischer Natur und dient lediglich der Klarstellung.

In Ziffer 3.2 MTV (Film) wird der Arbeitgeber nach einer erneuten Klarstellung des Nutzungszwecks (Herstellung, Auswertung und Propagierung von Filmen) ermächtigt, Aufnahmen des einen Films innerhalb eines anderen Films zu verwenden, sofern das künstlerische Ansehen des Arbeitnehmerurhebers nicht gröblich verletzt wird.

Ziffer 3.3 MTV (Film) befugt den Arbeitgeber zur Weiterübertragung der Nutzungsrechte auf Dritte und zur Unterlizenzierung.

In den nachfolgenden Ziffern wird der Arbeitgeber, vorbehaltlich einer gröblichen Verletzung des Ansehens des Arbeitnehmerurhebers, zur alleinigen Gestaltung des Films ermächtigt und erhält die Befugnis zur Verwendung des Filmmaterials zur Werbung für den Film sowie die Befugnis zur Synchronisation. Schließlich darf der Arbeitgeber den Namen des Arbeitnehmerurhebers für den Film und seine Werbung verwenden.

Insgesamt ist also festzustellen, daß der Arbeitgeber in Ziffer 3 des MTV (Film) weitreichende Befugnisse im Hinblick auf Pflichtwerke eingeräumt bekommt, ohne daß er die Arbeitnehmerurheber, vorbehaltlich der Regelung des § 36 UrhG, an der wirtschaftlichen Verwertung des Filmes in irgendeiner Art und Weise oder für irgendeine Nutzungsart, beispielsweise durch Dritte in Form eines Verkaufs an Fernsehanstalten, beteiligen muß.

6. Bewertung der tarifvertraglichen Regelungen zum Arbeitnehmerurheberrecht / Daseinsberechtigung des Verbandstarifvertrages

Insbesondere die von der rechtlichen Betrachtung her nahezu vollkommenen urheberrechtlichen Regelungen im MTV (Tageszeitungen) sowie im MTV (Zeitschriften) machen deutlich, daß eine detaillierte Regelung des Arbeitnehmerurheberrechts durchaus möglich ist, wenn denn der gesetzgeberische Wille vorhanden wäre. Ferner wird deutlich, daß sowohl für die Arbeitgeber- als auch für die Arbeitnehmerseite eine akzeptable und damit insgesamt aus-

[412] *Palandt, Heinrichs*, § 138 BGB, Rdnr. 14, S. 119.

gewogene Lösung gefunden werden kann, so daß die Ängste der Parteien bzw. Fraktionen ihrer jeweiligen Klientel durch eine detailliertere Regelung „auf die Füße zu treten“ unbegründet sind.

Die urheberrechtlichen Normierungen im MTV (Tageszeitungen) und im MTV (Zeitschriften) tragen aufgrund ihrer detaillierten und ausgewogenen Regelungen dazu bei, daß das für alle Beteiligten erstrebenswerte Ziel, nämlich die Schaffung größtmöglicher Rechtssicherheit und die Herstellung von Rechtsfrieden durch Vermeidung unnötiger Prozesse erreicht werden kann. Um so unverständlicher erscheint insoweit unter diesem Gesichtspunkt die überwiegend von Seiten der Arbeitgeberverbände immer wieder angeregte Diskussion um die Abschaffung der Flächentarifverträge. Speziell das Beispiel dieser beiden Manteltarifverträge liefert eine Daseinsberechtigung der Flächentarifverträge. Gerade im Streit um einen Verbandstarifvertrag besteht ein paritätisches Kräfteverhältnis, welches einen ausgewogenen Regelungsinhalt garantiert. Im Falle eines Firmentarifvertrags sieht das anders aus, da sich gerade bei mittleren und kleineren Unternehmen unter Umständen die im Einzelfall wesentlich mächtigere Gewerkschaft durchsetzt, indem beispielsweise für das Unternehmen bedeutsame Schlüsselpositionen bestreikt werden, so daß eine ausgewogene Regelung nicht garantiert ist. Darüber hinaus stehen sich bei einem Verbandstarifvertrag zwei auch vom rechtlichen Sachverstand gleichwertige Verhandlungspartner gegenüber, was beim Firmentarifvertrag auf Arbeitgeberseite erst ab einer gewissen Unternehmensgröße gewährleistet ist.

Dabei wird nicht übersehen, daß ein Flächentarifvertrag in anderen Regelungsmaterien unter Umständen zu unflexibel und zu generalisierend ist und damit den Interessen im Einzelfall nicht hinreichend gerecht wird. So ist insbesondere bei Entgelttarifverträgen die Problematik gegeben, daß bei einem Flächentarifvertrag die jeweilige wirtschaftliche Lage des einzelnen Unternehmens oder Betriebes nicht berücksichtigt wird, so daß einige Arbeitgeber durch die tarifvertraglich festgelegten Arbeitsentgelte in finanzielle Engpässe getrieben werden und sich nur mit Hilfe von Kündigungen einer Zahlungsunfähigkeit entziehen können.

Je nach Anwendungsbereich sind somit Vor- und Nachteile gegeben, so daß zumindest eine generelle Abschaffung des Flächentarifvertrages meines Erachtens in Anbetracht der hiesigen Beispiele nicht angezeigt ist, sondern zwischen den einzelnen Regelungsmaterien unterschieden werden sollte, wobei für den Entgeltbereich eine Abschaffung des Flächentarifvertrages ohne weiteres zu befürworten wäre, um so den Gegebenheiten des Einzelfalles Rechnung tragen zu können. Aber auch aus Sicht der Arbeitgeberseite kann die generelle Abschaffung der Flächentarifverträge mit dem Ziel einer größeren Beweglichkeit insofern unerwünschte Folgen haben, als dann unter Umständen eine mächtige Gewerkschaft mit gut gefüllter Streikkasse einzelnen finanziell angeschlagenen Betrieben und Unternehmen gegenüber steht, die sich dann nicht mehr hinter ihren jeweiligen Arbeitgeberverband zurückziehen können. Dies kann nicht gewollt sein.

E) Reformvorschläge im Bereich des Arbeitnehmerurheberrechts

Die bisherige Darstellung des Arbeitnehmerurheberrechts macht, verbunden mit den hier vorgenommenen Untersuchungen und kritischen Bewertungen, das Bedürfnis einer Reform des Arbeitnehmerurheberrechts deutlich. Es kann nicht sein, daß eine aufgrund der zahlreichen unterschiedlichen Auffassungen in der juristischen Literatur und Rechtsprechung unsichere Rechtslage durch die Tarifvertragsparteien ausgeglichen werden muß und somit Arbeitsvertragsparteien, die keiner Tarifbindung unterliegen, „außen vor bleiben".

In der Vergangenheit sind bereits einige Reformvorschläge für den Bereich des Arbeitnehmerurheberrechts gemacht, jedoch nicht umgesetzt worden. Einige dieser Vorschläge sollen nachfolgend zusammen mit dem jüngsten Reformvorschlag, dem Professorenentwurf zum UrhG, dargestellt, verglichen und kritisch untersucht werden.

I. § 104 des Diskussionsentwurfs eines Arbeitsvertragsgesetzes des Arbeitskreises Deutsche Rechtseinheit im Arbeitsrecht / Gesetzesantrag des Freistaates Sachsen – Entwurf eines Arbeitsvertragsgesetzes

Bereits auf dem 59. Deutschen Juristentag im Jahre 1992 stellte der Arbeitskreis Deutsche Rechtseinheit im Arbeitsrecht in Vollziehung von Art. 30 Absatz 1 Nr. 1 des Einigungsvertrags vom 31. August 1990, der eine möglichst baldige einheitliche Kodifizierung des Arbeitsvertragsrechts vorschreibt, einen Diskussionsentwurf für ein Arbeitsvertragsgesetz (ArbVG) vor[413], der ausweislich seiner Einleitung eine Beschränkung auf für alle Arbeitsverhältnisse unverzichtbare Grundnormen darstellt. Ferner war es eine Zielsetzung des Entwurfs, insbesondere die sozialpolitische Verantwortung der Gewerkschaften und Arbeitgeberverbände zu erhalten[414]. Der durch den Freistaat Sachsen unter dem 23. Mai 1995 als Entwurf eines Arbeitsvertragsgesetzes dem Bundesrat zugeleitete Gesetzesantrag[415] weist im Bereich des Arbeitnehmerurheberrechts einen identischen Gesetzestext (ebenfalls in § 104 geregelt) und eine nahezu identische Begründung auf, so daß die nachfolgenden Ausführungen auch für diesen Entwurf gelten.

§ 104 ArbVG enthält eine Regelung zum Arbeitnehmerurheberrecht. Sie lautet wie folgt:

---

[413] Der vollständige Text ist abgedruckt in den „Verhandlungen des 59. Deutschen Juristentages Hannover 1992, Band I, Gutachten D, S. D 1 - D 141.

[414] Verhandlungen des 59. Deutschen Juristentages Hannover 1992, Band I, S. D. 17.

[415] BR-Drucks. 293/95 vom 23. Mai 1995, S. 52 und 133.

§ 104 Urheberrechtlich geschützte Werke

(1) Stellt der Arbeitnehmer in Erfüllung seiner Arbeitsaufgabe oder während der Arbeitszeit oder mit Mitteln des Betriebs ein urheberrechtlich geschütztes Werk her, so hat der Arbeitgeber das Recht, das Werk ausschließlich zu nutzen. Dasselbe gilt, wenn das Werk maßgeblich auf Erfahrungen oder Arbeiten des Betriebes beruht; in diesem Fall schuldet der Arbeitgeber dem Arbeitnehmer eine angemessene Vergütung.

(2) Bei einer Veröffentlichung ist der Arbeitnehmer als Urheber zu nennen, es sei denn, es ist etwas anderes vereinbart oder die Nennung ist unüblich.

Der Regelungsgehalt des § 104 ArbVG wird erst durch die Begründung deutlich. Darin heißt es unter anderem[416]:

> „Der Entwurf folgt den inhaltlichen Vorgaben der EG-Richtlinie 91/250 EWG vom 14.05.1991 über den Rechtsschutz von Computerprogrammen (...); er berücksichtigt die Rechtsprechung und bemüht sich um einen gewissen Gleichklang mit dem Arbeitnehmererfindungsrecht. Der Arbeitgeber erhält das originäre Recht, urheberrechtlich geschützte Werke, die der Arbeitnehmer in Erfüllung seiner Arbeitsaufgabe während der Arbeitszeit oder mit Mitteln des Arbeitgebers herstellt oder die maßgeblich auf Erfahrungen oder Arbeiten des Betriebes beruhen, ausschließlich und umfassend zu nutzen; gehört die Herstellung nicht zur Arbeitsaufgabe oder ist das Werk nicht während der Arbeitszeit oder mit Mitteln des Betriebes hergestellt worden, so schuldet der Arbeitgeber eine angemessene Vergütung § 104 Abs. 1). (...)".

Die Besonderheit dieses Entwurfes ist zunächst die Abkehr vom reinen Schöpferprinzip im Bereich des Arbeitnehmerurheberrechts durch die **originäre** Einräumung eines ausschließlichen Nutzungsrechts des Arbeitgebers[417]. Allerdings sind weder inhaltliche noch räumliche Spezifizierungen im Gesetzestext des § 104 ArbVG vorgenommen worden. Die bloße Ausführung in der

---

[416] Verhandlungen des 59. Deutschen Juristentages Hannover 1992, Band I, S. D 119 f.

[417] Aufgrund dieser Abkehr von den hergebrachten Grundsätzen des deutschen Urheberrechts bezeichnet *Wandtke*, in GRUR 1999, S. 390 (390 f), die Regelung des § 104 ArbVG als widersprüchlich und unvereinbar mit der de-lege-lata-Regelung des § 43 UrhG. Des weiteren sei ein sachlicher Grund für eine Einschränkung des Urheberrechtsschutzes über § 43 UrhG hinaus, wie mit § 104 ArbVG beabsichtigt, nicht gegeben. Dem kann meines Erachtens nicht ohne weiteres gefolgt werden. Ein sachlicher Grund liegt im Prinzip schon im Interesse des Arbeitgebers an der Verwertung sämtlicher Freiwerke, die mit der betrieblichen Tätigkeit im Zusammenhang stehen, zumal der weite Gestaltungs- und Einschätzungsspielraum der Legislative zu berücksichtigen ist. Es stellt sich dann nur die Frage, ob die Maßnahme in der Art und Weise ihrer konkreten Ausgestaltung verhältnismäßig ist und einen angemessenen Ausgleich der beiderseitigen Interessen herbeiführt. Dies ist hier meines Erachtens nicht gewährleistet.

Begründung, daß der Arbeitgeber das „umfassende" Recht zur Nutzung erhalte, hilft insoweit auch nicht viel weiter. Daß eine detailliertere Regelung möglich ist, zeigen die zuvor untersuchten tarifvertraglichen Regelungen. Auch die Frage einer Unterlizenzierung oder einer Weiterübertragung auf Dritte ist nicht ausdrücklich geregelt worden. Für die Klärung dieser Fragen bedarf es folglich ebenso wie nach der geltenden Rechtslage eines Rückgriffs auf die in § 31 Absatz 5 UrhG zum Ausdruck kommende Zweckübertragungslehre, so daß in erster Linie der betriebliche Tätigkeitsbereich, d.h. der betriebliche Zweck, maßgeblich ist. Dies führt wiederum zu Rechtsunsicherheiten und potentiellen Konfliktpunkten.

Die Regelung des § 104 Absatz 1 ArbVG enthält eine sehr weitreichende originäre Nutzungsrechtseinräumung zugunsten des Arbeitgebers, indem sie neben den Pflichtwerken, also den in „Erfüllung seiner Arbeitsaufgabe" geschaffenen Werken, auch die während der Arbeitszeit oder mit Mitteln des Betriebes geschaffenen Freiwerke nebst denjenigen Freiwerken, die allein auf den Erfahrungen oder Arbeiten des Betriebes beruhen, umfaßt. Daß diejenigen urheberrechtlich geschützten Werke, die zwar in der Arbeitszeit oder mit den Mitteln des Arbeitgebers, jedoch nicht in Erfüllung der Pflichten aus dem Arbeitsverhältnis geschaffen wurden, keine Pflichtwerke darstellen[418], wurde bereits oben unter Teil 2 B. II. 2. erörtert. Daß eine Herstellung von urheberrechtlich geschützten Werken außerhalb der Pflichten aus dem Arbeitsverhältnis aber innerhalb der Arbeitszeit des Arbeitnehmers oder mit den sachlichen Mitteln des Arbeitgebers womöglich eine Verletzung der arbeitsrechtlichen Pflichten, beispielsweise der arbeitsrechtlichen Treuepflicht darstellt, ist evident, berechtigt aber lediglich zu arbeitsrechtlichen Konsequenzen, d.h. zu Schadensersatzforderungen oder nach erteilter Abmahnung und Wiederholung der Verhaltensweise zur Kündigung. Die originäre **gesetzliche** Einräumung des ausschließlichen Nutzungsrechts an Freiwerken (mit Ausnahme derjenigen Freiwerke, die keinerlei Beziehungen im weitesten Sinne zum Arbeitsverhältnis aufweisen), erscheint im konkreten Fall des § 104 ArbVG aber zu weitgehend, auch wenn eine diesbezügliche vertragliche Vereinbarung durchaus zulässig und üblich ist (vgl. unten unter Teil 3 D. V. 1. b). Der Gesetzgeber hat die Interessen der betroffenen Parteien ausgewogen zu berücksichtigen. Auch wenn ihm insoweit ein weiter Spielraum zusteht, erscheint die vorliegende Regelung als unausgewogen.

Wie bereits mehrfach erörtert, steht der Arbeitnehmerurheber im Falle von Freiwerken dem Arbeitgeber wie ein selbständiger Urheber gegenüber, der für die Nutzungsrechtseinräumung in einem Lizenzvertrag auch ein Entgelt erhält. Einen Anspruch auf eine urheberrechtliche Sondervergütung räumt § 104 Absatz 1 Satz 2 2. Halbsatz ArbVG dem Arbeitnehmerurheber jedoch

[418] So auch *Kraßer*, in Fs Schricker 1995, S. 77 (115).

seinem Wortlaut nach nur in den Fällen ein, in denen ein Freiwerk lediglich maßgeblich auf Erfahrungen oder Arbeiten des Betriebs beruht. Die Begründung des Gesetzentwurfs erweitert die Sondervergütungsregelung, indem sie eine Vergütungspflicht annimmt, wenn das Werk nicht zur Arbeitsaufgabe gehört oder nicht während der Arbeitszeit und nicht mit Mitteln des Betriebes hergestellt worden ist. Diese Begründung ist mit dem Wortlaut des § 104 Absatz 1 Satz 2 2. Halbsatz ArbVG, der die Grenze der Auslegung bildet, nicht in Einklang zu bringen. Dieser 2. Halbsatz bezieht sich aufgrund der Verknüpfung „in diesem Fall“ zweifellos allein auf den 1. Halbsatz, in dem allein der Fall, daß das Freiwerk maßgeblich auf Erfahrungen oder Arbeiten des Betriebes beruht, geregelt ist.

Aber selbst wenn sich der in der Begründung gegebene Anwendungsbereich der Sondervergütungsregelung dem Wortlaut des Gesetzes entnehmen ließe, dann wäre auch diese noch unzureichend, da nach dem ersichtlichen Willen der Autoren zumindest die Fälle der Werkerstellung außerhalb der Pflichten aus dem Arbeitsverhältnis aber innerhalb der Arbeitszeit oder mit Hilfe von materiellen Betriebsmitteln nicht der Sondervergütungsregelung unterfallen sollen. Eine Sanktion ist jedoch im Falle einer arbeitsrechtlichen Verfehlung auf das Arbeitsrecht zu beschränken und kann keine Auswirkungen auf den Bereich des Urheberrechts haben. Hier werden nach dem offensichtlichen Willen der Autoren die Nutzungsrechte an Freiwerken in bestimmten Fällen ohne Sondervergütung dem Arbeitgeber ausschließlich zur Nutzung eingeräumt. Dies stößt jedoch auch auf verfassungsrechtliche Bedenken.

Eine unentgeltliche Nutzungsrechtseinräumung per Gesetz ist ein Eingriff in die Einrichtungs- und Bestandsgarantie des Eigentums i.S.d. Art. 14 GG[419] sowie subsidiär in das Auffanggrundrecht des Art. 2 Absatz 1 GG, der nicht verhältnismäßig sein dürfte, da ein Ausgleich für den Arbeitnehmerurheber nicht geregelt wurde. Eine ausgleichslose Nutzungsrechtseinräumung ist nur im Bereich der Pflichtwerke gerechtfertigt und zum ausgewogenen Ausgleich der Interessen auch nur dort erforderlich[420]. Solange der Arbeitnehmerurheber jedoch wie ein freier Urheber zu behandeln ist, hat er auch die gleichen Rechte. Wie bereits oben unter Teil 2 B. 2. b) bb) (3) dargelegt, sind im Bereich der Freiwerke die Interessen des Arbeitgebers hinreichend durch das bestehende Wettbewerbsverbot gewahrt. Wenn aber nun sogar eine Nutzungsrechtseinräumung an diesen Freiwerken erfolgt, was nach der hier vertretenen

---

419 Nach der Rechtsprechung des BVerfG, in BVerfGE 31, S. 229 (238 ff) stellt das vom Urheber geschaffene Werk und die darin verkörperte geistige Leistung in vermögensrechtlicher Hinsicht Eigentum im Sinne des Art. 14 Absatz 1 Satz 1 GG dar.

420 Ähnlich *Kraßer*, in Fs Schricker 1995, S. 77 (114 f).

Ansicht grundsätzlich möglich ist, dann ist dies nur durch eine angemessene urheberrechtliche Sondervergütung zu rechtfertigen[421].

Abschließend ist darauf hinzuweisen, daß die Kritik von *Himmelmann*, § 104 Absatz 2 ArbVG regele nur einen Bruchteil der Urheberpersönlichkeitsrechte, während das Schicksal der übrigen Urheberpersönlichkeitsrechte ungeregelt bleibe[422], nicht zutreffend ist, soweit man die vom Land Brandenburg im Rahmen seines Gesetzesantrages vorgenommene Interpretation vom Regelungsgehalt des dortigen wortgleichen § 104 zugrundelegt, nach der § 104 originär das gesamte Urheberrecht in der Person des Arbeitgebers entstehen lasse[423]. Denn der Arbeitgeber erwirbt dann originär die Urheberrechte und damit auch die Urheberpersönlichkeitsrechte, so daß diejenigen Rechte, die in § 104 Absatz 2 ArbVG nicht ausdrücklich dem Arbeitnehmer zugewiesen sind, aus der Natur des originären Erwerbs beim Arbeitgeber liegen. Es ist bei diesem Verständnis vom Regelungsgehalt des § 104 ArbVG jedoch nicht erklärlich, wie dem Arbeitnehmer, der dann zu keinem Zeitpunkt Urheber des Werkes ist, das Recht auf Namensnennung als Urheber zustehen können soll.

II. Gesetzesantrag des Landes Brandenburg / Entwurf eines Gesetzes zur Bereinigung des Arbeitsrechts

Ebenfalls in Vollziehung des Art. 30 Absatz 1 Nr. 1 des Einigungsvertrages vom 31. August 1990 hat das Land Brandenburg unter dem 12. September 1996 einen Entwurf eines Gesetzes zur Bereinigung des Arbeitsrechts (Entwurf Brbg.) als Gesetzesantrag in den Bundesrat eingebracht[424].

Dieser Entwurf enthält eine mit den vorgenannten Entwürfen identische Regelung des Arbeitnehmerurheberrechts in § 104 (Entwurf Brbg.), so daß hinsichtlich des Wortlautes auf die zuvor dargestellten Entwürfe zu verweisen ist.

---

[421] Anders *Himmelmann*, S. 276, der die Regelung des § 104 begrüßt und für rechtmäßig erachtet. Hierbei ist allerdings zu betonen, daß er den Begriff „Pflichtwerke" anders definiert, da er sämtliche in § 104 Absatz 1 Satz 1 ArbVG aufgeführten Werke als Pflichtwerke ansieht, wenn er in Anlehnung an das ArbnErfG ausführt: „Ganz in dem hier vorgeschlagenen Sinne soll dem Arbeitnehmer-Urheber ein Anspruch auf angemessene (Sonder-) Vergütung nur für „Erfahrungswerke", nicht aber für Pflichtwerke zustehen." Daß hinsichtlich der vom Arbeitnehmer geschaffenen Pflichtwerke keine Sondervergütung für die Nutzungsrechtseinräumung zu leisten ist, entspricht auch der hier vertretenen Ansicht, jedoch geht *Himmelmann* meines Erachtens von einer unzutreffenden Definition des Begriffs „Pflichtwerke" aus.

[422] *Himmelmann*, S. 276.

[423] Vgl. unten unter (Teil 2 E. II.) sowie *Himmelmann*, S. 276.

[424] BR-Drucks. 671/96, S. 76 f und 213 f.

Der Gesetzesantrag des Landes Brandenburg enthält jedoch eine abweichende Begründung des vorgeschlagenen Gesetzestextes. Dort lautet es unter anderem wie folgt:

> „(...) § 104 geht von dem inzwischen anerkannten Grundsatz aus, daß urheberrechtlich geschützte Werke, die der Arbeitnehmer in Erfüllung seiner Arbeitsaufgabe oder während der Arbeitszeit oder mit Mitteln des Betriebes herstellt, originär dem Arbeitgeber zustehen. Ein gesonderter Übertragungsakt ist nicht erforderlich.
>
> Dies gilt auch, wenn das Werk maßgeblich auf Erfahrungen oder Arbeiten des Betriebes beruht, d.h. die Entwicklung des Werkes funktional aus dem Bestehen des Arbeitsverhältnisses begründbar und ableitbar ist.
>
> Dies gilt dagegen nicht, wenn die Entwicklung des Werkes außerhalb der vertraglich umschriebenen Aufgabe liegt und überhaupt keine Verbindungen zu betrieblichen Erfahrungen oder Anregungen gegeben sind.
>
> Die Angemessenheit der Vergütung orientiert sich an dem wirtschaftlichen Nutzen, den der Arbeitgeber durch die Verwertung des Werkes erlangt bzw. an der marktgerechten Vergütung für Dritte."

Zunächst ist festzustellen, daß die Begründung, ebenso wie die Begründungen der beiden vorgenannten Entwürfe, dem § 104 Absatz 1 Satz 1 (Entwurf Brbg.) eine Bedeutung beimißt, die nicht ohne weiteres vom Wortlaut gedeckt ist. Während der Gesetzestext lediglich von der Befugnis des Arbeitgebers spricht, die aufgeführten Werke ausschließlich zu nutzen, geht die Begründung des Gesetzesantrages von einem **originären Erwerb des Urheberrechts insgesamt** durch den Arbeitgeber aus.

Eine maßlose Übertreibung oder aber eine vollständige Fehleinschätzung des gegenwärtigen Diskussionsstandes enthält die Behauptung, es sei ein „inzwischen anerkannter Grundsatz, daß urheberrechtlich geschützte Werke, die der Arbeitnehmer in Erfüllung seiner Arbeitsaufgabe oder während der Arbeitszeit oder mit Mitteln des Betriebes herstellt, *originär* dem Arbeitgeber zustehen." Davon, daß dies allgemein anerkannt ist, kann wohl keine Rede sein, zumal nach der Begründung, was dem Wortlaut des § 104 (Entwurf Brdbg.) nicht zu entnehmen ist, das gesamte Urheberrecht, inklusive der Urheberpersönlichkeitsrechte, in der Person des Arbeitgebers entstehen soll und nicht nur die Nutzungsrechte[425]. Ein über den abgeleiteten Erwerb hinausgehender originärer Erwerb mag zwar erstrebenswert und unter Umständen vorzugswürdig

[425] Vgl. auch *Himmelmann*, S. 278.

sein[426], ist aber in Deutschland derzeit keineswegs allgemein anerkannt und entspricht derzeit auch nicht dem Standpunkt der überwiegenden Ansicht.

Nicht einmal hinsichtlich eines zwingenden abgeleiteten Erwerbs der bloßen Nutzungsrechte bezüglich der im Entwurf unter anderem aufgeführten Pflichtwerke besteht Einigkeit. Erst Recht ist ein zwingender abgeleiteter Erwerb der Nutzungsrechte an Freiwerken, wie er dem Wortlaut der gesamten Entwürfe, jeweils in § 104 Absatz 1, zu entnehmen ist, derzeit keinesfalls allgemein anerkannt. Vielmehr ist eine derartige Regelung, wie dargestellt, in der vorliegenden Form ohne einen Anspruch auf eine Sondervergütung abzulehnen. Sofern es sich nicht um Pflichtwerke, mithin Werke, die in Erfüllung einer Pflicht aus dem Arbeitsverhältnis erschaffen werden, handelt, hat das Urheberrecht i.e.S. ohnehin beim Arbeitnehmer zu verbleiben, da er wie ein selbständiger Urheber zu behandeln ist. Auch wird dem arbeitsrechtlichen Grundsatz, nach dem dem Arbeitgeber das Ergebnis der Arbeit zusteht, eben aber auch nicht mehr, durch die - womöglich originäre - Zuordnung der Rechte an den Pflichtwerken, Genüge getan.

Schließlich ist es unverständlich, weshalb die Ausführungen in der Begründung zum Entwurf Brbg. hinsichtlich der Berechnung einer angemessenen urheberrechtlichen Sondervergütung nicht in den Gesetzestext selbst übernommen wurden, so wie es in den Tarifverträgen zum Teil auch geschehen ist. Dies wäre ein richtiger Schritt zur Erhöhung der Rechtssicherheit gewesen.

III. Vorschlag *Wandtkes* zur Reform des § 43 UrhG

Einen weiteren Vorschlag zur Reform des Arbeitnehmerurheberrechts macht *Wandtke*, der eine Neufassung des § 43 UrhG anregt[427]. Er lautet wie folgt:

§ 43 UrhG

(1) Dem Arbeitnehmer steht das Urheberrecht zu, wenn er das Werk in Erfüllung der arbeitsvertraglich vereinbarten Arbeitsaufgabe geschaffen hat. Die Vorschriften der §§ 31-42 sind entsprechend anzuwenden.

(2) Im Arbeitsvertrag ist der Inhalt und Umfang der Rechtseinräumung zu vereinbaren. Der Arbeitgeber hat das Recht, das von dem Arbeitnehmer in Erfüllung der vereinbarten Arbeitsaufgabe geschaffene Werk

[426] So auch *Himmelmann*, S. 277 f, der die Zuordnung des Urheberrechts im ganzen an den Arbeitgeber auf „kleine Münzen" und Werke „untypischer" Arbeitnehmerurheber beschränken will. Vgl. insoweit auch unten unter Teil 4 dieser Arbeit.

[427] *Wandtke*, in GRUR 1999, S. 390 (396).

zu betrieblichen Zwecken zu nutzen. Die Urheberpersönlichkeitsrechte sind dabei zu beachten.

(3) Der Arbeitnehmer erhält für die Nutzung seiner Werke eine angemessene Vergütung. Die Nutzung ist mit der Entlohnung abgegolten, soweit dies ausdrücklich im Arbeitsvertrag vereinbart worden ist. Ist weder im Arbeitsvertrag noch in Tarifverträgen die Vergütung für die Nutzung der Werke vereinbart worden, steht dem Arbeitnehmer eine zusätzliche Vergütung zum Lohn zu.

(4) Wird das Arbeitsverhältnis beendet, hat der Arbeitnehmer einen Anspruch auf eine angemessene Vergütung für die ausschließliche und unbefristete Nutzung seiner Werke, es sei denn, es ist etwas anderes arbeitsvertraglich oder tarifrechtlich vereinbart worden.

(5) Sinngemäß gelten die Abs. 1-4 auch für Dienstverhältnisse, es sei denn, es gelten Vorschriften, die eine Einschränkung des Urheberrechts nach Treu und Glauben sowie der Verkehrssitte zulassen.

Dieser Vorschlag hält das Schöpferprinzip i.S.d. § 7 UrhG aufrecht, indem § 43 Absatz 1 Satz 1 des Entwurfs Wandtke (UrhGE-Wandtke) das Urheberrecht, ebenso wie nach der aktuellen Rechtslage, dem das Werk erschaffenden Arbeitnehmer zuordnet. Dabei bezieht sich diese Regelung ausdrücklich nur auf die „in Erfüllung der arbeitsvertraglich vereinbarten Arbeitsaufgabe geschaffenen Werke, mithin die Pflichtwerke. Daß erst Recht die Urheberrechte an Freiwerken dem Arbeitnehmerurheber zustehen, ergibt sich aus einem a-maiore-ad-minus-Schluß, da diese einen geringeren Zusammenhang mit dem Arbeitsverhältnis aufweisen als die Pflichtwerke. In *Wandtkes* Entwurf wird der Begriff der Pflichtwerke enger definiert als nach der hier vertretenen Ansicht, da lediglich die Werke, die in Erfüllung „der arbeitsvertraglich vereinbarten Arbeitsaufgaben geschaffen" werden, umfaßt sind und nicht diejenigen, die aus der Erfüllung der Pflichten des gesamten **Arbeitsverhältnisses** resultieren. Diese Definition der Pflichtwerke ist meines Erachtens zu eng, da sich Pflichten neben dem Arbeitsvertrag, der häufig nur eine stichwortartige Tätigkeitsbeschreibung enthält, auch aus Gesetzen, Tarifverträgen und Betriebsvereinbarungen ergeben können.

Die Formulierung des § 43 Absatz 2 Satz 2 UrhGE-Wandtke „der Arbeitgeber **hat das Recht**" könnte isoliert darauf hindeuten, daß ein, aufgrund des Absatzes 1 Satz 1 zwar abgeleiteter, aber bereits von Gesetzes wegen erfolgender Erwerb der Nutzungsrechte durch den Arbeitgeber, mithin eine gesetzliche Lizenz, vorgesehen ist. Aus der Verbindung zu § 43 Absatz 2 Satz 1 UrhGE-Wandtke wird jedoch deutlich, daß Inhalt und Umfang der Rechtseinräumung individualvertraglich, d.h. im Arbeitsvertrag, zu vereinbaren sind, so daß Absatz 2 Satz 2 nicht das quasi-dingliche Rechtsgeschäft der Verfügung, sondern lediglich die Aufstellung einer schuldrechtlichen Pflicht enthalten soll. Der Zusatz in § 43 Absatz 2 Satz 2 UrhGE-Wandtke, daß von Gesetzes wegen lediglich die Pflicht des Arbeitnehmers besteht, die Nutzungsrechte an den Pflichtwerken insoweit einzuräumen, als sie für den betrieblichen Tätigkeitsbereich benötigt werden, ist unter der Geltung des Schöpferprinzips konsequent und entspricht auch der hier vertretenen Auffassung von der derzeitigen Rechtslage, nach der auch im Rahmen des Arbeitsverhältnisses das Schöpferprinzip Anwendung findet.

Im Unterschied zu der hier vertretenen Ansicht im Hinblick auf die aktuelle Rechtslage, ist eine Regelung des quasi-dinglichen Rechtsgeschäfts der Nutzungsrechtseinräumung im Tarifvertrag nach dem Entwurf Wandtke nicht mehr möglich, da § 43 Absatz 2 Satz 1 UrhGE-Wandtke allein den Arbeitsvertrag als Regelungsmöglichkeit auch hinsichtlich des Inhalts und Umfangs der Nutzungsrechtseinräumung vorsieht. Dies ist meines Erachtens im Interesse eines effektiven Arbeitnehmerschutzes bedenklich.

Bei der Regelung des Inhalts und Umfangs einer Nutzungsrechtseinräumung im Arbeitsvertrag, mithin auf individualrechtlicher Ebene, steht der Arbeitnehmer dem Arbeitgeber allein gegenüber. Der Arbeitnehmer ist in dieser Situation im Regelfall der schwächere Verhandlungspartner, da er zum Erwerb seines Lebensunterhaltes auf den Arbeitsplatz angewiesen ist und folglich bereit ist, weitgehende Zugeständnisse zu machen. Der Fall, daß ähnlich wie derzeit im IT-Bereich, der Arbeitnehmer bei exzellenter Qualifikation die stärkere Verhandlungsposition innehat, dürfte die Ausnahme bleiben. Unabhängig davon wird der Arbeitnehmer zum Zeitpunkt des Vertragsschlusses auch die Tragweite der Nutzungsrechtseinräumung nicht überblicken können, solange nur die in erster Linie bedeutsamen Arbeitsbedingungen, nämlich Entgelthöhe, Arbeitszeit und Urlaubsdauer, aus seiner Sicht zufriedenstellend geregelt sind.

Demgegenüber stehen sich im Falle der tarifvertraglichen Regelung der Nutzungsrechtseinräumung bzw. der Vereinbarung des diesbezüglichen Inhalts und Umfangs mit den Tarifvertragsparteien zwei in der Regel gleich starke Verhandlungspartner gegenüber. Einschränkungen müssen insoweit lediglich im Falle eines Firmentarifvertrages auf der Arbeitgeberseite gemacht werden, da kleinere Betriebe und Unternehmen nicht ohne weiteres über die erforderliche Sach- und Fachkunde verfügen dürften. Da sich somit im Falle einer tarifvertraglichen Regelung zwei nahezu gleichrangige Verhandlungspartner gegenüberstehen, ist die Wahrscheinlichkeit, daß am Ende der Verhandlungen eine für beide Seiten akzeptable Regelung über die Urheberrechte geschaffen wird, mithin eine ausgewogene Verteilung der Rechte an den Werken der Arbeitnehmerurheber verbunden mit einer angemessenen Sondervergütung erfolgt, deutlich größer. Die teilweise geäußerten Bedenken, eine tarifvertragliche Regelung könne dazu führen, daß die urheberrechtlichen Vereinbarungen als Teil der Verhandlungsmasse unter Umständen zu Gunsten anderer Vorteile für den Arbeitnehmerurheber nachteiliger ausgestaltet werden könnten[428], greifen nicht durch, da sie ebenso für eine individuelle Vereinbarung zwischen Arbeitgeber und Arbeitnehmer zu gelten haben. Der einzige Unterschied ist der, daß dann der Arbeitnehmer selbst versucht, die einzelnen Teile der Verhandlungsmasse zu gewichten. Dieser Umstand entspringt jedoch der Konstruktion eines kollektiven Gestaltungsmittels und kann folglich einer tarifvertraglichen Regelung nicht entgegengehalten werden.

Im Unterschied zur derzeit wohl überwiegenden Ansicht, (vgl. oben unter Teil 2 C. IV. 1. a)) stellt § 43 Absatz 3 Satz 1 UrhGE-Wandtke den Grundsatz auf, daß der Arbeitnehmerurheber für die Nutzung der Pflichtwerke durch den Arbeitgeber einen Anspruch auf eine angemessene Sondervergütung erhält. Satz 2 des § 43 Absatz 3 UrhGE-Wandtke enthält von diesem Grundsatz nur eine Ausnahme dahingehend, daß im Arbeitsvertrag ausdrücklich eine Abgeltung durch das Arbeitsentgelt vereinbart werden kann.

Nach der hier vertretenen Ansicht sollte bereits nach der aktuellen Rechtslage für die Nutzungsrechtseinräumung an Pflichtwerken im Rahmen des zum Zeitpunkt der Nutzungsrechtseinräumung erkennbaren betrieblichen Tätigkeitsbereichs die Abgeltung durch das Arbeitsentgelt der Regelfall sein (vgl. oben unter Teil 2 C. IV. 1. a)). § 43 Absatz 3 Satz 1 UrhGE-Wandtke enthält eine Abkehr von diesem Grundsatz. Letztlich dürfte jedoch auch eine Realisierung dieses Vorschlags in der Praxis keinerlei Änderungen bewirken, da zu vermuten ist, daß in jeden Standardarbeitsvertrag eine Abgeltungsvereinbarung aufgenommen werden würde, so daß die Rechtslage dann faktisch der aktuellen rechtlichen Situation entsprechen würde.

§ 43 Absatz 3 Satz 3 UrhGE-Wandtke enthält schließlich eine Zweifelsregelung dahingehend, daß, sofern weder im Arbeits- noch in einem einschlägigen Tarifvertrag eine Sondervergütung vereinbart worden ist, dem Arbeitnehmerurheber ein Anspruch auf eine derartige Sondervergütung zusteht. Dies ergibt sich aber im Prinzip schon aus dem Grundsatz des § 43 Absatz 3 Satz 1 UrhGE-Wandtke, von dem die Abgeltungsregelung in Absatz 3 Satz 2 lediglich eine Ausnahme darstellt, so daß der Absatz 3 Satz 3 rein deklaratorischen Charakter hat.

§ 43 Absatz 4 UrhGE-Wandtke befaßt sich mit der Vergütungsfrage nach Beendigung des Arbeitsverhältnisses. Er stellt, entgegen der hier zur aktuellen Rechtslage vertretenen Ansicht, den Grundsatz auf, daß auch bei Beendigung des Arbeitsverhältnisses dem Arbeitnehmerurheber, vorbehaltlich einer anderweitigen arbeits- oder tarifvertraglichen Regelung, für die ausschließliche und unbefristete Nutzung, ein Anspruch auf eine angemessene Sondervergütung zusteht. Lediglich für ein einfaches Nutzungsrecht hat der Arbeit-

---

[428] *Steinberg*, S. 19.

nehmerurheber bereits von Gesetzes wegen keinen Anspruch auf eine Sondervergütung nach Beendigung des Arbeitsverhältnisses. Allerdings liegt auch hinsichtlich dieser Regelung die Vermutung nahe, daß sie durch eine standardisierte Regelung in den Arbeitsverträgen ausgehebelt werden würde.

Im Ergebnis ist festzuhalten, daß dieser Entwurf, bis auf die Frage der Unterlizenzierung bzw. Übertragung der Nutzungsrechte auf Dritte, alle wesentlichen Fragen des Arbeitnehmerurheberrechts, wenn auch nicht im Sinne der hier vertretenen Ansicht, regelt und somit im Falle einer Realisierung erheblich zu einer Erhöhung der Rechtssicherheit und zur Vermeidung von Rechtsstreitigkeiten beitragen würde. Selbst wenn die in § 43 Absatz 3 Satz 1 und Absatz 4 UrhGE-Wandtke geregelten Grundsätze hinsichtlich der Vergütung durch standardisierte Verträge umgangen werden würden, so wären doch in der Praxis weit verbreitete ausdrückliche Regelungen hinsichtlich der derzeit umstrittenen Sondervergütungsfrage die Folge, die zur Rechtsicherheit – dann in Form der Arbeitsverträge - beitragen würden.

IV. Entwurf eines Gesetzes zur Stärkung der vertraglichen Stellung von Urhebern und ausübenden Künstlern (Professorenentwurf)

Auf Anregung der Bundesministerin der Justiz, Frau Prof. Dr. Däubler-Gmelin haben einige Professoren und Richter einen Entwurf eines Gesetzes zur Stärkung der vertraglichen Stellung von Urhebern und ausübenden Künstlern (ProfE) erarbeitet. Dieser Gesetzesentwurf mit dem Stand 17. August 2000 enthält in Artikel 1 zahlreiche, z.T. grundlegende Änderungen des UrhG. Soweit das den Gegenstand dieser Untersuchung bildende Arbeitnehmerurheberrecht betroffen ist, wird zunächst der Entwurf wiedergegeben (1.), wonach eine Darstellung der Begründung der Verfasser nebst zustimmender Stellungnahmen aus dem Schrifttum folgt (2.). Im Anschluß daran werden die wesentlichen Argumente der zum Teil vehementen ablehnenden Stellungnahmen zu diesem Entwurf aus dem Kreis der Verwerter dargestellt und zugleich einer kritischen Untersuchung - verbunden mit einer eigenen kritischen Stellungnahme zum ProfE - unterzogen (3.). Daß der ProfE, im Unterscheid zu den zuvor dargestellten Entwürfen, wesentlich ausführlicher dargestellt und untersucht wird, liegt daran, daß er Gegenstand kontroverser Diskussionen ist und darüber hinaus den Ausgangspunkt für den nunmehr erschienen Regierungsentwurf bildet, dessen Grundstruktur und Begründung in weiten Teilen denen des ProfE entsprechen.

1. Darstellung des Professorenentwurfs in den arbeitnehmerurheberrechtlich relevanten Bereichen im Wortlaut

Der ProfE lautet in seinen arbeitnehmerurheberrechtlich relevanten Bereichen wie folgt:

§ 32 Angemessene Vergütung

(1)Wer aufgrund eines vom Urheber eingeräumten Nutzungsrechts oder einer Erlaubnis des Urhebers ein Werk nutzt, hat dem Urheber eine nach Art und Umfang der Werknutzung angemessene Vergütung zu zahlen. Soweit aus der Werknutzung Einnahmen erzielt werden, ist zu berücksichtigen, daß dem Urheber daran eine angemessene Beteiligung gebührt.

(1)Auf den Vergütungsanspruch kann im voraus nicht verzichtet werden. Er kann im voraus nur an eine Verwertungsgesellschaft abgetreten werden. Fälligkeit und Zahlungsweise können vertraglich geregelt werden; der Urheber darf hierdurch nicht unangemessen benachteiligt werden. (...)

§ 36 Gesamtverträge

(1)Verbände von Urhebern können mit Werknutzern und mit zum Abschluß ermächtigten Vereinigungen von Werknutzern Gesamtverträge über Mindestvergütungen und andere Mindestbedingungen von Verträgen über die Einräumung von Nutzungsrechten in einzelnen Nutzungsbereichen abschließen, wenn dem betreffenden Verband angehörende Urheber für die Werknutzer tätig sind oder diese sonst Werke solcher Urheber nutzen. Von den Gesamtverträgen kann zu Lasten der betroffenen Urheber nicht abgewichen werden. § 12 a des Tarifvertragsgesetzes bleibt unberührt.

(2)Führen Verhandlungen über Gesamtverträge nach Absatz 1 spätestens ein Jahr, nachdem eine Partei ihre Aufnahme verlangt hat, nicht zum Abschluß oder zur Änderung eines Gesamtvertrages oder weigert sich eine Partei, Verhandlungen darüber aufzunehmen, so kann jede Partei wegen des Abschlusses oder der Änderung eines Gesamtvertrages unter Vorlage des von ihr angestrebten Gesamtvertrages die Schiedsstelle nach § 14 des Urheberrechtswahrnehmungsgesetzes anrufen. Anstelle der Anrufung der Schiedsstelle kann aufgrund einer Schiedsvereinbarung nach § 1029 der Zivilprozeßordnung zwischen den Parteien auch ein schiedsrichterliches Verfahren nach den §§ 1025 bis 1066 der Zivilprozeßordnung durchgeführt werden.

(3)Beantragt ein Verband von Urhebern den Abschluß eines Gesamtvertrages, so kann die andere Partei, wenn es sich um eine Vereinigung von Werknutzern handelt, erklären, daß sie zum Abschluß des Vertrages nicht ermächtigt sei. Gibt sie die Erklärung ab, so ist das Verfahren vor der Schiedsstelle einzustellen. Das Nähere regelt eine Rechtsverordnung nach § 15 des Urheberrechtswahrnehmungsgesetzes.

(4)Die nach Absatz 2 angerufene Schiedsstelle hat den Beteiligten einen Einigungsvorschlag zu machen, der den Inhalt des Gesamtvertrages enthält. Er gilt als angenommen und ein dem Inhalt des Vorschlags entsprechender Gesamtvertrag nach Absatz 1 als zustande gekommen, wenn ihm nicht innerhalb von drei Monaten nach seiner Zustellung schriftlich widersprochen wird.

(...)

§ 43 Urheber in Arbeits- und Dienstverhältnissen

(1)Die Vorschriften dieses Gesetzes gelten auch für Urheber, die das Werk in Erfüllung ihrer Verpflichtungen aus einem Arbeits- oder Dienstverhältnis schaffen.

(2)Im Zweifel erwirbt der Arbeitgeber oder Dienstherr ausschließliche Nutzungsrechte, soweit sie für die Zwecke seines Betriebes benötigt werden. § 69 b bleibt unberührt.

(3)Bei der Berechnung der angemessenen Vergütung nach § 32 ist zu berücksichtigen, ob und inwieweit diese bereits durch Lohn oder Gehalt abgegolten ist.

2. Begründung des Professorenentwurfs und zustimmende Stellungnahmen

a) Ausführungen der Autoren des Professorenentwurfs / Regelungsgehalt

Die Autoren des ProfE schätzen die Wirkung der derzeitigen Schutzvorschriften zugunsten der Urheber insgesamt als unzureichend ein. So ließe sich beispielsweise der Umfang der Rechtsübertragung mit Hilfe der in § 31 Absatz 5 UrhG zum Ausdruck kommenden Zweckübertragungstheorie nicht hinreichend beschränken, da in der Vertragspraxis derzeit sämtliche Nutzungsarten ausdrücklich aufgenommen werden würden. Auch für den Bereich der kollektiven Regelungen sei derzeit kein befriedigender Zustand festzustellen, da für weite Wirtschaftszweige, in denen sich einheitliche Vertragsgestaltungen empfehlen würden, wie beispielsweise im privaten Rundfunk, keine kollektiven Regelungen existieren. Dennoch weisen die Autoren darauf hin, daß, wie oben unter Teil 2 D. III. 6. bereits dargelegt, im Bereich des öffentlichen Rundfunks sowie im Bereich der Zeitungs- und Zeitschriftenverlage zum Teil vorbildliche tarifvertragliche Regelungen existieren[429].

Diese hier nur kurz skizzierten, von den Autoren des ProfE ausgemachten, derzeitigen Mißstände sollen nach ihrem Willen vornehmlich durch die oben dargestellten §§ 32 und 36 ProfE, die über § 43 ProfE auch für den Bereich des Arbeitnehmerurheberrechts zur Anwendung kommen, beseitigt werden. So soll mit Hilfe des § 32 UrhG in sämtlichen Verwertungsbereichen eine

[429] Vgl. insoweit die ausführliche Begründung des Professorenentwurfs in GRUR 2000, S. 764 (771 ff).

angemessene Vergütung des Urhebers durch Einführung eines gesetzlichen Vergütungsanspruchs gewährleistet werden. Sofern jedoch aufgrund vertraglicher Vergütungsansprüche bereits eine angemessene Vergütung gezahlt wird, so entfällt der gesetzliche Vergütungsanspruch bzw. erfolgt eine Anrechnung der vertraglich vereinbarten und an den Urheber ausgezahlten Vergütung auf den gesetzlichen Vergütungsanspruch[430]. Da die Unangemessenheit i.S.d. Vorschrift weder ein grobes Mißverhältnis noch eine unerwartete Entwicklung voraussetze, sei der bisherige § 36 UrhG überflüssig und soll nach dem ProfE aufgehoben werden[431].

Bei der Bestimmung der Angemessenheit ist nach der Begründung des ProfE von dem seitens der Rechtsprechung[432] auch bisher aufgestellten Grundsatz auszugehen, daß „nach Art. 14 GG die vermögenswerten Ergebnisse des geistigen Eigentums grundsätzlich dem Urheber zuzuordnen sind“[433]. Ausgangspunkt sei dabei die Frage, welcher Anteil am Endprodukt auf der Tätigkeit des Urhebers, und welcher Anteil auf der Tätigkeit des Verwerters beruhe. Hierbei sollten nach der Auffassung der Autoren sämtliche relevanten Umstände des Einzelfalles berücksichtigt werden, wobei beispielhaft die Art und der Umfang der Nutzung, die jeweiligen Marktverhältnisse, die Investitionskosten, die Verteilung des Risikos, sonstige Kosten sowie die zu erzielenden Einnahmen bei redlicher Verkehrsübung genannt werden[434]. Der gesetzliche Vergütungsanspruch sei dabei an jegliche Nutzungen des Werkes gekoppelt, d.h. bei Nutzung des Werkes in mehrfacher Hinsicht sei ein Vergütungsanspruch für jede Art und Weise der Nutzung des Werkes gegeben. Dabei solle der Vergütungsanspruch, vorbehaltlich einer abweichenden vertraglichen Regelung, anders als bisher erst durch die tatsächliche Nutzung oder das tatsächliche Nutzenlassen begründet werden, so daß die bloße Einräumung der Nutzungsrechte allein nicht ausreicht. Die Autoren begründen dies mit den Schwierigkeiten, die sonst bei der Berechnung einer angemessenen Vergütung entstünden[435].

Die zweite wesentliche Säule des ProfE ist dessen § 36. Dieser eröffne die Chance, „durch gerichtlich überprüfbare Gesamtverträge über Mindestkonditionen in allen besonderen Vertragsverhältnissen (...) auch solchen Kreativen ausgewogene Vertragsbedingungen zu sichern, die nach geltendem Recht wegen fehlender Arbeitnehmereigenschaft oder Arbeitnehmerähnlichkeit

---

[430] Vgl. die Begründung zu § 32 ProfE, in GRUR 2000, S. 764 (773).
[431] in GRUR 2000, S. 764 (773).
[432] Vgl. zuletzt z.B. BGH, in GRUR 2000, S. 144 (145) – Comic-Übersetzung II sowie BVerfG, Beschluß vom 07. Juli 1971, in GRUR 1972, S. 481 (483) – Kirchen und Schulgebrauch.
[433] So auch *Reber*, in ZUM 2001, S. 282 (286).
[434] Vgl. GRUR 2000, S. 764 (774).
[435] Vgl. GRUR 2000, S. 764 (774).

nicht in den Genuß tarifvertraglicher Regelungen kommen"[436]. § 36 ProfE hat somit sowohl eine Verallgemeinerung des Regelungsgehaltes des § 12 a TVG, als auch auf der Verwerter-Seite eine Einbeziehung derjenigen Werknutzer bzw. ihrer Verbände zur Folge, die den Urheberverbänden angehörende Urheber beschäftigen oder zumindest deren Werke nutzen[437]. Darüber hinaus heißt es in der Begründung zu § 36 ProfE wie folgt[438]:

> „§ 36 (neu) betritt als zweite zentrale Regel des Entwurfs juristisches Neuland. Als eine neuartige Vorschrift des kollektiven Urhebervertragsrechts verbindet er Elemente des Tarifvertrags, des zwingenden individuellen Urhebervertragsrechts, des Gesamtvertrages nach dem Urheberrechtswahrnehmungsgesetz und der Schlichtung nach diesem Gesetz miteinander, um ausgewogenen Vertragsbedingungen auch dort Geltung zu verschaffen, wo Urheber und Künstler bisher aufgrund ihrer geringen Verhandlungsmacht und auf sich gestellt keine befriedigenden Konditionen vereinbaren konnten. Gesamtverträge im Sinne dieser Vorschrift können Tarifverträge, Betriebsvereinbarungen in Form kollektiv ausgehandelter allgemeiner Geschäftsbedingungen oder verbindlich ausgehandelte Normverträge sein. All diesen Vertragstypen soll zukünftig die bindende Festlegung von urheberrechtlichen Mindestvergütungen und sonstigen Mindestbedingungen gemeinsam sein."

Da aber im Bereich des bisherigen § 12 a TVG mangels Durchsetzungsmöglichkeiten auch gegen den Willen des jeweiligen Gegenspielers am Ende häufig lediglich gescheiterte Vertragsverhandlungen und nicht die erstrebten kollektiven Regelungen zu verzeichnen gewesen seien[439], schlagen die Autoren des ProfE in § 36 Absatz 2 ProfE vor, eine Einigung in Gestalt eines ausgewogenen Gesamtvertrages notfalls durch die Einleitung eines Schiedsstellenverfahrens nach §§ 14 ff Urheberrechtswahrnehmungsgesetz zu erreichen. Die Schiedsstelle hat dann nach § 36 Absatz 2 Satz 1 2. Halbsatz ProfE auf der Grundlage der von den Parteien vorgelegten Gesamtvertragsentwürfen zu entscheiden. Von diesen Gesamtverträgen, die Mindestbedingungen ausgestalten sollen, darf dann gemäß § 36 Absatz 1 Satz 2 ProfE zum Nachteil der Urheber nicht abgewichen werden.

Die Regelung des § 43 ProfE soll die vollständige Integrierung der Arbeitnehmerurheber wie auch der Urheber im öffentlichen Dienst gewährleisten, indem die Vorschriften des UrhG in der Fassung des ProfE insgesamt für anwendbar erklärt werden, sofern das Werk in Erfüllung einer Verpflichtung aus einem Arbeits- oder Dienstverhältnis geschaffen wurde, § 43 Absatz 1

[436] Vgl. GRUR 2000, S. 764 (772).
[437] Vgl. GRUR 2000, S. 764 (775).
[438] Vgl. GRUR 2000, S. 764 (775).
[439] Vgl. GRUR 2000, S. 764 (775).

ProfE. Dabei beschränkt § 43 Absatz 2 Satz 1 ProfE die Nutzungsrechtseinräumung entsprechend der bisherigen Rechtslage im Zweifel auf den Betriebszweck, d.h. seinen Tätigkeitsbereich.

Von besonderer Bedeutung ist dabei, daß infolge der pauschalen Verweisung in § 43 Absatz 1 ProfE auf sämtliche Vorschriften des UrhG in der Fassung des ProfE, auch für Arbeitnehmerurheber und Urheber im öffentlichen Dienst das Prinzip der angemessenen Vergütung i.S.d. § 32 UrhG gelten soll, wobei gemäß § 43 Absatz 3 UrhG bei der Berechnung der angemessenen Vergütung das Arbeitsentgelt sowie die Frage einer Abgeltung der Nutzung bzw. Nutzungsrechtseinräumung durch das Arbeitsentgelt zu berücksichtigen ist.

Von einer Regelung der Nutzungsdauer nach Auflösung des Arbeitsverhältnisses haben die Autoren ausweislich der Begründung des Entwurfs ausdrücklich abgesehen. Ob und wenn ja wie lange ein Nutzungsrecht des Arbeitgebers nach Beendigung des Arbeitsverhältnisses des Arbeitnehmerurhebers besteht, sei nach den Umständen des Einzelfalles zu bestimmen, wobei insbesondere die jeweiligen betrieblichen Erfordernisse zu berücksichtigen seien[440]. Auch wenn es dem Wortlaut der Regelung des § 43 ProfE nicht zu entnehmen ist, so sollen ausweislich der Begründung wie bisher die Besonderheiten des Arbeitsverhältnisses bei der Auslegung im Einzelfall berücksichtigt werden[441], ein Umstand, der in den vorgeschlagenen Gesetzestext selbst hätte aufgenommen werden sollen.

b) Zustimmende Stellungnahmen aus dem Schrifttum und dem Kreis der Urheber

Im Hinblick auf den ProfE zustimmende Stellungnahmen kommen insbesondere aus dem Schrifttum, von Seiten der Gewerkschaften und von sonstigen Arbeitnehmerinteressenverbänden. Sowohl die zustimmenden als auch im Anschluß daran die ablehnenden Stellungnahmen sollen hier nur insoweit dargestellt und bewertet werden, als sie speziell für den Gegenstand der hiesigen Untersuchung, mithin den Bereich des Arbeitnehmerurheberrechts und der Tarifverträge, von Bedeutung sind. Zwar wirken sich sämtliche Vorschläge des ProfE auf das Arbeitnehmerurheberrecht aus, da die Regelung des § 43 Absatz 1 ProfE pauschal auf alle Normen des UrhG in der Fassung des ProfE verweist, jedoch würde eine Besprechung sämtlicher Vorschläge über den Rahmen dieser Untersuchung weit hinausgehen und den Schwerpunkt dieser Arbeit verlassen. Folglich werden nur diejenigen Vorschläge des ProfE verbunden mit den jeweiligen kritischen Stellungnahmen untersucht, die sich in besonderer Weise auf den Bereich des Arbeitnehmerurheberrechts und der

[440] Vgl. GRUR 2000, S. 764 (777).
[441] Vgl. GRUR 2000, S. 764 (777).

Tarifverträge auswirken, mithin die Regelungen des § 32 ProfE über eine angemessene Vergütung, die des § 36 ProfE über Gesamtverträge und die Regelung des § 43 ProfE über das Arbeitnehmerurheberrecht.

Zustimmung findet der ProfE zunächst bei *Reber*. Er begrüßt die ausdrückliche Regelung des bereits bisher von der Rechtsprechung aufgestellten Grundsatzes der Beteiligung des Urhebers an dem wirtschaftlichen Erfolg des Werkes im ProfE[442]. Aus der Sichtweise der freien Urheber sei die Schaffung eines kollektiven Urheberrechts durch den § 36 ProfE von Vorteil[443]. Die Möglichkeit des Abschlusses von Gesamtverträgen mit Mindestbedingungen, von denen nicht zu Lasten des Urhebers abgewichen werden darf, führe zu einer wesentlichen Stärkung der Rechte der Urheber. Insbesondere die Möglichkeit der zwangsweisen Herbeiführung eines Schiedsverfahrens oder die Einschaltung der Schiedsstelle beim Deutschen Patent- und Markenamt nach § 36 Absatz 2 ProfE führe zu einer Parität der Verhandlungspartner und damit mittelbar zu ausgewogenen Vertragsbedingungen. Dabei erkennt auch *Reber*, daß § 36 ProfE nicht zwischen Arbeitnehmern und selbständigen Urhebern differenziert[444]; er problematisiert dies jedoch nicht.

Ebenso begrüßt *von Olenhusen* den ProfE als „(...) Meilenstein in der langen Stagnation des Vertragsrechts, der auch der Verwerterseite mehr Rechtssicherheit, auch für den Multimediabereich einräumen würde“[445]. Dennoch steht er dem Entwurf in Teilen auch kritisch gegenüber. So wirft § 43 ProfE im Hinblick auf die Arbeitnehmerurheber nach seiner Ansicht mehr Fragen als Antworten auf[446]. Insoweit kritisiert er den im Zweifel erfolgenden Erwerb eines ausschließlichen Nutzungsrechts durch den Arbeitgeber soweit er diesen für den Betriebszweck benötigt. Damit werde das Verhandlungsgleichgewicht von vornherein auf die Seite der Verwerter verlagert. Dies werde auch nicht durch das ebenfalls für den Arbeitnehmerurheber geltende Prinzip der angemessenen Vergütung beseitigt, da der ProfE implizit davon ausgehe, daß die Vergütung für die Nutzung bzw. Nutzungsrechtseinräumung in der Regel durch das Arbeitsentgelt abgegolten sei[447].

Demgegenüber steht *Flechsig*[448] dem ProfE insgesamt distanzierter gegenüber. Er begrüßt jedoch die Einführung von Gesamtverträgen in § 36 ProfE. Er führt insoweit aus: „Der Charme dieser Regelung liegt nach diesseitigem Dafürhalten bei näherem Hinsehen in der Tat darin, der privatautonomen

---

[442] *Reber*, in ZUM 2000, S. 729 (732); *ders.*, in ZUM 2001, S. 282 (286).
[443] *Reber*, in ZUM 2000, S. 729 (734).
[444] *Reber*, in ZUM 2000, S. 729 (735).
[445] *von Olenhusen*, in ZUM 2000, S. 736 (739).
[446] *von Olenhusen*, in ZUM 2000, S. 736 (738).
[447] *von Olenhusen*, in ZUM 2000, S. 736 (738).
[448] *Flechsig*, in ZUM 2000, S. 484 (490).

Regelung durch Verbände Regelungsvorrang zu gewähren, indem deren Sachnähe erwarten läßt, ausgewogene Vertragsabsprachen zu suchen und zu finden, sowie auch akzeptiert zu werden, was einer gesetzlichen Regelung (...) in jedem Falle vorzugswürdig ist“[449].

Andererseits kritisiert *Flechsig* insbesondere die Regelung eines angemessenen gesetzlichen Vergütungsanspruchs in § 32 Absatz 1 ProfE, da der Begriff der „Angemessenheit“ die Gefahr streitiger Auseinandersetzungen berge, sofern nicht von vornherein feststehe, was als angemessen einzustufen ist[450]. Nach seiner Auffassung ist die Bestimmung der Angemessenheit im Bereich des privatautonomen Lizenzverkehrs, anders als im Bereich der gesetzlichen Vergütungsansprüche, höchst problematisch. Dabei erwähnt selbst *Flechsig* die herrschende Auffassung zur Angemessenheit im Schadensersatzrecht, nach der diejenige Lizenzgebühr anzusetzen ist, „die verständige Vertragspartner verständigerweise und damit üblicherweise vereinbart hätten, wofür Tarife vorhanden sind oder wo bei Fehlen derselben entsprechende Merkmale herangezogen werden können“[451]. Eine Übertragbarkeit dieser Grundsätze lehnt *Flechsig* unter Berufung auf die Begründung zum ProfE ab[452]. Dies ist unverständlich, da ausweislich der Begründung des ProfE die gerichtliche Praxis zur Bemessung gesetzlicher Vergütungsansprüche und zur Schadensberechnung im Wege der Lizenzanalogie ausdrücklich herangezogen werden kann[453].

Grundsätzlich positiv wird der ProfE auch in der Stellungnahme der *„Initiative für die Reform des Urhebervertragsrechts“* beurteilt, wobei die Initiative teilweise über den ProfE hinausgehende Vorschläge unterbreitet[454]. Die Initiative für die Reform des Urhebervertragsrechts besteht aus zahlreichen unterschiedlichen Mitgliedern, wie beispielsweise dem Deutschen Journalisten-Verband e.V. – Gewerkschaft der Journalistinnen und Journalisten, der Genossenschaft Deutscher Bühnen-Angehöriger in der DAG, der IG Medien, dem P.E.N.-Zentrum Deutschland etc.

---

[449] *Flechsig*, in ZUM 2000, S. 484 (487).
[450] *Flechsig*, in ZUM 2000, S. 484 (490).
[451] *Flechsig*, in ZUM 2000, S. 484 (490); vgl. auch *Schimmel*, in ZUM 2001, S. 289 (292), der ebenfalls darauf hinweist, daß in aller Regel der Schadensersatzanspruch aus § 97 UrhG auf der Grundlage einer „angemessenen“ Lizenzgebühr ermittelt wird.
[452] *Flechsig*, in ZUM 2000, S. 484 (490).
[453] Vgl. die Begründung, in GRUR 2000, S. 764 (774).
[454] Die Stellungnahme vom 09. August 2000 ist im Internet auf der Seite des Instituts für Urheber- und Medienrecht e.V., Salvatorplatz 1, 80333 München, (www.urheberrecht.org), oder unter der Kontaktadresse c/o VG-Büro Berlin, Köthener Straße 44, 10963 Berlin erhältlich.

Die Initiative versteht den die angemessene Vergütung regelnden § 32 Absatz 1 ProfE dahingehend, daß dem Urheber neben dem Anspruch auf eine angemessene Vergütung nach § 32 Absatz 1 Satz 1 ProfE für jeden Fall der Nutzung ein Anspruch auf eine angemessene Beteiligung nach § 32 Absatz 1 Satz 2 ProfE zusteht, soweit aus der Werknutzung Einnahmen erzielt werden. Dieser Beteiligungsanspruch soll dann über die angemessene Vergütung hinaus gehen. Die ebenso mögliche Interpretation, daß der Anspruch auf angemessene Beteiligung an den Einnahmen im Rahmen des Zahlungsanspruchs nach § 32 Absatz 1 Satz 1 ProfE berücksichtigt werden muß, wird mit der Argumentation abgelehnt, daß nach der Begründung des ProfE bereits bei der Bemessung der Angemessenheit der Vergütung nach § 32 Absatz 1 Satz 1 ProfE unter anderem die zu erzielenden Einnahmen zu berücksichtigen seien[455]. Eine Argumentation, die meines Erachtens keineswegs überzeugend ist, sondern vielmehr dafür spricht, daß eine Anrechnung bzw. Berücksichtigung der Beteiligungsansprüche an den Einnahmen bei der Berechnung der angemessenen Vergütung nach § 32 Absatz 1 Satz 1 ProfE zu erfolgen hat.

Unabhängig davon teilt die Initiative für die Reform des Urhebervertragsrechts die von *Flechsig* geäußerten Bedenken hinsichtlich des Begriffs der „angemessenen" Vergütung ebenfalls nicht. Zur Begründung verweist sie zutreffend auf die in der Rechtsordnung bereits bekannten und keine gravierenden Probleme aufwerfenden Regelungen wie beispielsweise die in § 632 Absatz 2 BGB geregelte „übliche" Vergütung. Darüber hinaus ergebe sich die angemessene Vergütung aus Tarifverträgen bzw. im Falle einer Realisierung des ProfE aus den in § 36 ProfE vorgesehenen Gesamtverträgen. Ergänzend ist zu erwähnen, daß der Begriff der „angemessenen" Vergütung bereits nach der derzeitigen Rechtslage im UrhG enthalten ist, nämlich in § 49 Absatz 1 Satz 2 UrhG.

Wohl resultierend aus der Zusammensetzung der Initiative für die Reform des Urhebervertragsrechts (Mitglieder sind vor allem auch Gewerkschaften) enthält deren Stellungnahme detaillierte Überlegungen zum Verhältnis zwischen Tarifverträgen und den in § 36 ProfE vorgesehenen Gesamtverträgen. Danach bedürfe es für angestellte und arbeitnehmerähnliche Urheber der Regelung des § 36 ProfE nicht, da diese Urheber durch die Möglichkeiten der Gewerkschaften, Tarifverträge auch mit arbeitnehmerurheberrechtlichem Inhalt zu schließen, ausreichend geschützt seien. Daher müßten die Regelungen des Tarifvertragsgesetzes unberührt bleiben, was nach dieser Auffassung ausdrücklich in § 36 Absatz 1 ProfE aufgenommen werden sollte[456]. Daß diese Argumentation primär zum Zwecke der Wahrung der eigenen „Besitzstände"

[455] Vgl. Stellungnahme der Initiative vom 09. August 2000, S. 4.
[456] Vgl. insoweit die Stellungnahme der Initiative, S. 9.

und Zuständigkeiten der Gewerkschaften verfolgt wird, ist offensichtlich, aber, wie noch zu zeigen sein wird, letztlich nicht zu beanstanden.

Deutlich weiter als der ProfE geht die Stellungnahme der Initiative für die Reform des Urhebervertragsrechts im Bereich des § 43 ProfE, indem sie die Streichung der vorgeschlagenen Absätze 2 und 3 fordert, da diese den Verhandlungsspielraum der Tarifvertragsparteien einschränken würden[457].

§ 43 Absatz 2 ProfE führe insofern zu einer Verschlechterung der rechtlichen Situation des Arbeitnehmerurhebers, als bisher die Frage, ob ein ausschließliches oder einfaches Nutzungsrecht eingeräumt sei und welchen Umfang es aufweise, nicht wie nunmehr allein nach dem Betriebszweck, sondern nach dem Vertragszweck beurteilt worden sei. Der Begriff des Vertragszweckes sei umfassender als der des Betriebszweckes, da er durch „bewußte und gemeinsame Vorstellungen und Gedanken über konkrete Nutzungen der urheberrechtlich geschützten Werke“ bestimmt werde, von denen ein Aspekt der betriebliche Zweck sei. Dazu gehörten aber auch noch die beiderseitigen wirtschaftlichen Interessen, das Verhältnis von Leistung und Gegenleistung sowie die Branchenübungen. Der Regelung des § 43 Absatz 2 ProfE komme in ihren Auswirkungen dem derzeitigen § 69 b Absatz 1 UrhG gleich, da Nutzungsrechte im weitestmöglichen Umfang auf den Arbeitgeber übergehen würden[458].

Ferner wirke sich die Regelung des § 43 Absatz 2 ProfE dann für den Arbeitnehmerurheber nachteilig aus, wenn der Arbeitgeber den Betriebszweck ändere oder erweitere, worauf der Arbeitnehmerurheber keinen Einfluß habe, da § 43 Absatz 2 ProfE den automatischen Rechtserwerb des Arbeitgebers in einem derartigen Fall vorsehe. Demgegenüber resultiere aus der derzeitigen Rechtslage das Erfordernis einer zusätzlichen ausdrücklichen Einräumung der erforderlichen Nutzungsrechte unter Umständen verbunden mit einem Anspruch auf zusätzliche Vergütung[459].

Gänzlich unberechtigt erscheint schließlich die durch die Initiative für die Reform des Urhebervertragsrechts vorgenommene Einstufung des § 43 Absatz 3 ProfE als überflüssig. Mag man dem ProfE auch kritisch gegenüberstehen, die Regelung des § 43 Absatz 3 ProfE ist eine im Gesamtkonzept des ProfE stimmige und keineswegs überflüssige Regelung. Insoweit unterliegen die Autoren der Stellungnahme einem grundlegenden Irrtum. Nach ihrer Auf-

---

[457] Vgl. die Stellungnahme der Initiative, S. 11 ff.

[458] Vgl. Stellungnahme der Initiative, S. 12.

[459] Vgl. Stellungnahme der Initiative, S. 12. Dies entspricht nicht exakt der hier zur Betriebsänderung vertretenen Auffassung, zumal nicht zwischen den Werken, die vor der Betriebsänderung geschaffen wurden, und denen, die danach erstellt werden, differenziert wird. Vgl. insoweit oben Teil 2 C. III. 3. b) bb).

fassung besteht für die Regelung keine Notwendigkeit, da über § 43 Absatz 1 ProfE die Regelung des § 32 Absatz 1 ProfE zu Anwendung kommt, die bereits die Berücksichtigung einer vertraglich vereinbarten Vergütung bei der Bemessung einer angemessenen gesetzlichen Vergütung enthalte. Eine derartige vertraglich vereinbarte Vergütung sei aber auch der Lohn und das Gehalt[460]. Dies ist eine, wie bereits oben (unter Teil 2 C. IV. 1. b)) dargelegt, unzulässige Gleichsetzung des Arbeitsentgelts mit der urheberrechtlichen Vergütung für die Einräumung von Nutzungsrechten bzw. die Nutzung selbst. § 32 Absatz 1 ProfE regelt in Verbindung mit der Begründung des ProfE allein die Berücksichtigung der vertraglich vereinbarten Vergütung für die Nutzungsrechtseinräumung bzw. für die Nutzung selbst. Folglich war bei richtigem dogmatischem Verständnis im Bereich des Arbeitnehmerurheberrechts, mithin in § 43 ProfE, eine Regelung hinsichtlich der Anrechnung des Arbeitsentgelts erforderlich. Insoweit ist erneut anzumerken, daß die dogmatische Trennung zwischen urheberrechtlicher und arbeitsrechtlicher Vergütung einer Abgeltung der urheberrechtlichen Vergütung mittels der arbeitsrechtlichen Vergütung nicht entgegensteht; erstere ist dann gleich null (siehe oben unter Teil 2 C. IV. 1. b)). Von dieser Möglichkeit geht offensichtlich auch der ProfE in § 43 Absatz 3 aus, so daß er schon aufgrund dieser klarstellenden Bedeutung in Anbetracht der unterschiedlichen Auffassungen im Schrifttum zur derzeitigen Rechtslage keinesfalls überflüssig ist.

3. Ablehnende Stellungnahmen aus dem Kreis der Verwerter / Kritische Stellungnahme

Überwiegend ablehnende Stellungnahmen hinsichtlich des ProfE kommen aus dem Bereich der Verwerter, wobei die Stellungnahmen, wie dargelegt, nur hinsichtlich des Gegenstandes dieser Untersuchung betrachtet werden.

a) Gemeinsame Stellungnahme von ARD und ZDF zum Entwurf eines Gesetzes zur Stärkung der vertraglichen Stellung von Urhebern und ausübenden Künstlern (ProfE)

ARD und ZDF nehmen in ihrer gemeinsamen Stellungnahme ausdrücklich für sich in Anspruch, daß die bei ihnen gültigen individualvertraglichen bzw. tarifvertraglichen Regelungen dem Urheber eine angemessene Vergütung garantieren[461]. Insoweit weisen sie darauf hin, daß sowohl die Bundesministe-

[460] Vgl. Stellungnahme der Initiative, S. 12.

[461] Die gemeinsame Stellungnahme von ARD und ZDF ist auf der Internetseite des Instituts für Urheber- und Medienrecht e.V., Salvatorplatz 1, 80333 München,(www.urheberrecht.org) erhältlich.

rin der Justiz, Frau Prof. Däubler-Gmelin[462], als auch die Autoren des ProfE[463] die Vorbildfunktion des im Bereich der öffentlich-rechtlichen Rundfunkanstalten existierenden funktionierenden Vertrags- und Vergütungssystems hervorgehoben haben.

Dieses bei den öffentlich-rechtlichen Rundfunkanstalten bestehende Vergütungssystem sowie das tarifvertragliche Regelungssystem insgesamt sehen sie durch den ProfE als gefährdet an[464]. Denn bisher sei es möglich gewesen, die Ausgestaltung der Vertragsbeziehungen ohne Rücksicht auf gesetzliche Einschränkungen vorzunehmen, so daß alle bestehenden Fragen in die tarifvertraglichen Regelungen hätten aufgenommen werden und damit eine umfassende Regelung der Beschäftigungsverhältnisse hätte erfolgen können. So seien beispielsweise flankierende soziale Leistungen normiert worden. Nunmehr verkürze der ProfE aber den Blickwinkel allein auf die Frage der Angemessenheit der Vergütung. ARD und ZDF weisen meines Erachtens insoweit zutreffend darauf hin, daß erst die Summe aller Regelungspunkte eine Bewertung der Leistungen und Gegenleistungen als angemessen oder unangemessen zulasse[465]. Die Vergütung ist gerade im Arbeitsverhältnis nur ein Kriterium für die Feststellung der Angemessenheit von Leistung und Gegenleistung. Dies hätte, so ARD und ZDF, klargestellt werden müssen.

§ 32 ProfE schieße weit über das angestrebte Ziel hinaus, indem er unangemessen in die Vertragsfreiheit sowie die Tarifautonomie eingreife[466]. Der auch meines Erachtens bestehende Eingriff in die Tarifautonomie ergibt sich daraus, daß § 32 ProfE über § 43 ProfE auch im Arbeitsverhältnis zur Anwendung kommt, wobei gerade die Vergütungsfrage häufig durch Tarifverträge geregelt ist.

Von besonderer Bedeutung für den Gegenstand dieser Untersuchung sind die Bedenken im Hinblick auf die Tarifvertragsautonomie. Nach den zutreffenden Ausführungen in der gemeinsamen Stellungnahme von ARD und ZDF führen die Regelungen des ProfE dazu, daß die Feststellung der Angemessenheit eines Vergütungsanspruchs letztlich den Verwertungsgesellschaften überlassen bleibt, deren Festsetzungen von Vergütungstarifen lediglich nach den Vorschriften des Urheberrechtswahrnehmungsgesetzes überprüft werden können. Die im Bereich des öffentlichen Rundfunks bestehenden Vergütungstarifverträge müßten sich somit bei einer Realisierung des ProfE an den Vergütungssätzen der Verwertungsgesellschaften zur Feststellung der Ange-

---

[462] GRUR 2000, S. 764 (765).
[463] GRUR 2000, S. 764 (771 f).
[464] Vgl. die gemeinsame Stellungnahme, S. 2.
[465] Vgl. die gemeinsame Stellungnahme, S. 6.
[466] Vgl. die gemeinsame Stellungnahme, S. 10 und S. 26.

messenheit messen lassen. Gerade dies stelle einen Eingriff in die Tarifautonomie des Art. 9 Absatz 3 GG dar, der in Anbetracht der im Rundfunkbereich bestehenden ausgewogenen tarifvertraglichen Regelungen nicht gerechtfertigt werden könne[467].

Ergänzend ist meines Erachtens darauf hinzuweisen, daß das derzeitige Tarifvertragssystem auf der Verhandlungsparität der Tarifvertragsparteien basiert, weshalb den Tarifverträgen als Produkt der Verhandlungen eine Richtigkeits- und Ausgewogenheitsgewähr zu gute kommt, so daß eine gerichtliche Überprüfung des Regelungsgehaltes, mit Ausnahme des Verstoßes gegen zwingendes höherrangiges Recht, nicht vorgenommen wird; es erfolgt lediglich eine Rechtskontrolle, grundsätzlich aber keine Billigkeitskontrolle[468]. Von diesen Grundsätzen würde mit dem ProfE ohne Not abgewichen, da nunmehr für die Angemessenheit die von den Verwertungsgesellschaften, als Interessenvertreter der Urheber, festgesetzten Vergütungstarife zur Bestimmung der Angemessenheit herangezogen werden würden.

Insbesondere im Hinblick auf die zweite Säule des ProfE, die in § 36 ProfE vorgesehenen sog. Gesamtverträge, äußern ARD und ZDF in ihrer gemeinsamen Stellungnahme Bedenken. Dabei weisen sie zunächst überzeugend darauf hin, daß die Nutzer bei der Realisierung des § 36 ProfE womöglich einer Vielzahl unterschiedlicher Urheberverbände und damit zahlreichen Verhandlungspartnern gegenüber stehen werden[469]. Hierbei ist meines Erachtens zu bedenken, daß dies zu einer nahezu unüberschaubaren Flut von unterschiedlichen anwendbaren Regelungen in einem Betrieb oder Unternehmen führen wird, was einen immensen Verwaltungsaufwand nach sich zieht. Auch insoweit weisen tarifvertragliche Regelungen einen Vorteil auf. Bei ihnen gilt, wie oben unter Teil 2 D. I. 2. dargelegt, der Grundsatz der Tarifeinheit, so daß innerhalb eines Betriebes letztlich nur ein Tarifvertrag zur Anwendung kommt.

Darüber hinaus erheben ARD und ZDF verfassungsrechtliche Bedenken bezüglich der in § 36 ProfE enthaltenen Ermächtigung der Urheberverbände, einseitig den Abschluß der sog. Gesamtverträge verlangen zu können. Dies sei mit der negativen Koalitionsfreiheit i.S.d. Art. 9 Absatz 3 GG bzw. der negativen Vereinigungsfreiheit nach Art. 9 Absatz 1 GG nicht zu vereinbaren, da Art. 9 Absatz 3 GG auch die Freiheit der Tarifvertragsparteien schütze,

---

[467] Vgl. hinsichtlich der Bedenken bezüglich der Tarifautonomie die gemeinsame Stellungnahme, S. 13.

[468] *Lieb*, § 1 V Rdnr. 116, S. 39; *Zöllner/Loritz*, § 38 VI, S. 434; *Löwisch/Rieble*, Grundl. Rdnr. 39, S. 16 f und § 1 Rdnr. 5, S. 37 f; BAG, Urteil vom 06. Februar 1985, in AP Nr. 1 zu § 1 TVG – Tarifverträge: Süßwarenindustrie.

[469] Vgl. die gemeinsame Stellungnahme, S. 16.

Verträge abzuschließen[470]. Insoweit kann mit der „negativen Koalitionsfreiheit" allein die auf spezifische koalitionsmäßige Betätigung gerichtete „kollektive" Koalitionsfreiheit, also die des Verbandes selbst und nicht die der einzelnen Mitglieder, gemeint sein[471]. Die negative Koalitionsfreiheit i.S.d. Art. 9 Absatz 3 GG ist nach herkömmlicher Terminologie ein Unterfall der den einzelnen Mitgliedern der Koalition zustehenden individuellen Koalitionsfreiheit[472]. Dabei umschreibt der Begriff der individuellen negativen Koalitionsfreiheit die Freiheit des Einzelnen, Mitglied einer Koalition zu werden oder aus ihr auszutreten[473]. Nach der Rechtsprechung des BAG muß der Einzelne dabei auch die Freiheit haben zu entscheiden, welcher von mehreren vorhandenen Koalition er beitritt[474].

Bisher hat, worauf in der gemeinsamen Stellungnahme hingewiesen wird, das BAG bereits einen Verhandlungsanspruch zugunsten einer Koalition gegenüber dem sozialen Gegenspieler als Verstoß gegen Art. 9 Absatz 3 GG und unvereinbar mit der von Art. 2 Absatz 1 GG geschützten allgemeinen Vertragsfreiheit abgelehnt[475], so daß mit diesen Grundsätzen ein einseitiger Abschlußzwang zugunsten der Urheberverbände unvereinbar wäre[476]. Da ausweislich der Begründung des ProfE zu den „erzwingbaren" Gesamtverträgen auch Tarifverträge gehören sollen und § 36 ProfE nicht nur für den Bereich der freien Urheber zur Anwendung kommt, um ihnen den Zugang zu tarifvertraglichen Regelungen zu ermöglichen, sondern auch Wirkungen im Bereich der Arbeitnehmer entfaltet, da § 43 Absatz 1 ProfE ohne Einschränkung auf § 36 ProfE verweist, stellt der ProfE auch meines Erachtens insoweit einen Verstoß gegen die kollektive Koalitionsfreiheit i.S.d. Art. 9 Absatz 3 GG und den Grundsatz der allgemeinen Vertragsfreiheit dar[477]. Die Freiheit zur koalitionsspezifischen Betätigung, nämlich selbst zu entscheiden ob und

---

[470] Vgl. die gemeinsame Stellungnahme, S. 17; ebenso *Weber*, in ZUM 2001, S. 311 (313). A.A. *Schimmel*, in ZUM 2001, S. 289 (292), jedoch ohne Begründung.

[471] *Schaub*, § 188 VI, Rdnr. 18, S. 1870.

[472] BAG GS, Beschluß vom 29. November 1967, in AP Nr. 13 zu Art. 9 GG, m.w.N.

[473] *Schaub*, § 188 III 2, Rdnr. 5, S. 1866.

[474] BAG, Beschluß vom 29. November 1967 , in AP Nr. 13 zu Art. 9 GG; BVerfG, Beschluß vom 19. Oktober 1966, in BVerfGE 20, S. 312 (321 f); BVerfG, Beschluß vom 24. Mai 1977, in BVerfGE 44, S. 322 (352).

[475] BAG, in DB 1981, S. 1576 (1576); BAG, vom Urteil vom 02. August 1963, in AP Nr. 5 zu Art. 9 GG; BAG, Urteil vom 14. Februar 1989, in AP Nr. 52 zu Art. 9 GG; BAG, Urteil vom 14. Juli 1981, in AP Nr. 1 zu § 1 TVG – Verhandlungspflicht. A.A. *Wiedemann/Wiedemann*, § 1 Rdnr. 182 ff, S. 400 ff; auch *Coester*, in ZfA 1977, S. 87 (94 f) hält eine Verhandlungspflicht der Tarifvertragsparteien für grundsätzlich mit der Koalitionsfreiheit vereinbar; *Mayer-Maly*, in RdA, 1966, S. 201 ff.

[476] Vgl. die gemeinsame Stellungnahme, S. 17. Dies erkennt auch *Schack*, in ZUM 2001, S. 453 (462 f).

[477] Ebenso *Ory*, in ZUM 2001, S. 195 (196); vgl. auch *Schack*, in ZUM 2001, S. 453 (463), der auf die Verfassungswidrigkeit eines derartigen Kontrahierungszwangs hinweist.

zu welchen Bedingungen ein Tarifvertrag abgeschlossen wird, ist den Koalitionen damit genommen. Darüber hinaus dürfte es mit der Rechtsprechung des BAG erst Recht nicht zu vereinbaren sein, daß die im ProfE vorgesehenen sonstigen Urheberverbände, die nicht den verfassungsrechtlichen Schutz genießen wie die Tarifvertragsparteien, durch Einräumung eines einseitigen Abschlußzwanges zu ihren Gunsten, weitergehende Rechte erhalten[478].

Ferner stellt § 36 ProfE i.V.m. § 43 Absatz 1 ProfE für den originären Tätigkeitsbereich der Gewerkschaften eine Einigungspflicht auf und bringt damit die Verhandlungsparität der Tarifvertragsparteien aus dem Gleichgewicht[479], was bei einer Realisierung des Entwurfs erhebliche Zweifel an dem Fortbestand der Richtigkeits- und Ausgewogenheitsgewähr von tarifvertraglichen Regelungen im urheberrechtlichen Bereich zur Folge hätte. Die Regelung des § 36 ProfE geht somit über das erklärte Ziel einer Einbeziehung auch der freien Urheber in ein kollektives Regelungssystem[480] weit hinaus.

Bezüglich der Regelung des § 43 ProfE bemängeln ARD und ZDF den Entfall des die Flexibilität sichernden Zusatzes, nach dem die Regelungen des UrhG nur insoweit anwendbar sind, als sich aus dem Inhalt oder Wesen des Arbeitsverhältnisses nichts anderes ergibt. Zu Recht weisen sie darauf hin, daß durch die vorbehaltlose Inbezugnahme sämtlicher Regelungen des UrhG in Gestalt des ProfE keine ausreichende Berücksichtigung der von der Arbeitgeberseite im Arbeitsverhältnis erbrachten Leistungen gewährleistet sei[481]. Insoweit ist, wie bereits erwähnt, nicht allein auf das reine Arbeitsentgelt abzustellen, sondern auf sämtliche sozialen Leistungen, die der Arbeitgeber dem Arbeitnehmer gewährt, so wie dies übrigens derzeit im Rahmen des aktuellen Beteiligungsanspruchs gemäß § 36 UrhG auch erfolgt.

Ebenfalls vollkommen zutreffend weist die Stellungnahme von ARD und ZDF darauf hin, daß der Entwurf, zweifellos ungewollt, die Festanstellung von Urhebern im Falle einer Realisierung behindern wird, da für den Arbeitgeber keine Gründe ersichtlich sein dürften, eine Festanstellung vorzunehmen[482]. Denn wenn der Arbeitgeber als Gegenleistung für die Nutzungsrechtseinräumung bzw. die Nutzung ohnehin die selbe „angemessene Vergütung" entrichten muß wie einem selbständigen Urheber, jedoch den sonstigen

---

[478] Ebenso *Weber*, in ZUM 2001, S. 311 (313) und wohl auch *Ory*, in ZUM 2001, S. 195 (196).
[479] So auch *Ory*, in ZUM 2001, S. 195 (197).
[480] Vgl. die Begründung in GRUR 2000, S. 764 (775).
[481] Vgl. die gemeinsame Stellungnahme, S. 26. Bereits unter Teil 2 E. IV. 2. a) am Ende wurde darauf hingewiesen, daß allein die in der Begründung zu § 43 ProfE enthaltene Maßgabe der Berücksichtigung der Umstände des Arbeitsverhältnisses bei der Auslegung im Einzelfall nicht ausreichend ist.
[482] Vgl. gemeinsame Stellungnahme, S. 26 f.

Nachteilen einer Festanstellung (wie z.B. Kündigungsschutz, Sozialabgaben, Urlaubsgewährung) unterliegt, ist ein Anreiz für ein festes Arbeitsverhältnis nicht gegeben. Vielmehr wird der Arbeitgeber für eine feste Anstellung des Urhebers noch durch erheblich höhere Aufwendungen bestraft.

b) Stellungnahme des Arbeitskreises „Verwerter"

Ebenfalls insgesamt ablehnend steht der Arbeitskreis der „Verwerter" den Regelungen des ProfE gegenüber. Der Arbeitskreis „Verwerter" besteht aus höchst unterschiedlichen Nutzern urheberrechtlich geschützter Werke. So gehören zu den Mitgliedern des Arbeitskreises Produzenten, Verleiher, Video- und Sendeunternehmen, Filmverwertungsgesellschaften nebst ihren Verbänden sowie Buch- und Zeitschriftenverleger und Softwareunternehmen. Die tatsächlichen und rechtlichen Bedenken hinsichtlich des ProfE werden in einer von *Schwarz* im Namen des Arbeitskreises „Verwerter" ausgearbeiteten Stellungnahme dargelegt[483].

Vorliegend sollen, wie im Rahmen der zuvor erörterten Stellungnahmen auch, lediglich diejenigen Elemente dargestellt werden, die einen speziellen Bezug zum Gegenstand der hiesigen Untersuchung aufweisen.

Insbesondere im Hinblick auf § 32 ProfE werden seitens der Verwerter Bedenken geäußert. Es werden erhebliche Bedenken gegen den Begriff der „angemessenen Vergütung" erhoben[484]. Der Verweis der Autoren des ProfE auf die gerichtliche Praxis zur Bemessung gesetzlicher Vergütungsansprüche sei wenig hilfreich, da diese Praxis nicht einheitlich sei. Dies führe zu Unsicherheiten, die durch den Umstand, daß eventuell noch nach Jahren Nachforderungen erhoben werden könnten, erheblich verstärkt würden[485].

Unberechtigt ist die Kritik des Arbeitskreises der Verwerter an der in der Begründung des ProfE zur Feststellung der Angemessenheit der Vergütung vorgeschlagenen Heranziehung der Grundsätze der Schadensberechnung im Wege der Lizenzanalogie[486]. Daß diese Grundsätze für eine Nutzung ohne Rechtseinräumung geschaffen worden sind, ist bekannt, steht aber einer Heranziehung zur Feststellung der Angemessenheit nicht von vornherein entgegen. Darüber hinaus wurde bereits oben unter Teil 2 E. IV. 2. b) darauf hingewiesen, daß der Begriff der „Angemessenheit" durchaus vergleichbar ist mit dem Begriff der „üblichen Vergütung" i.S.d. § 632 Absatz 2 BGB und

---

[483] Die Stellungnahme vom 11. August 2000 ist im Internet auf der Seite des Instituts für Urheber- und Medienrecht e.V., Salvatorplatz 1, 80333 München, (www.urheberrecht.org) erhältlich.

[484] Vgl. die Stellungnahme der Verwerter, S. 12 f.

[485] Vgl. die Stellungnahme der Verwerter, a.a.O.

[486] Vgl. die Stellungnahme der Verwerter, S. 13.

darüber hinaus eine angemessene Vergütung über Tarifverträge oder im Falle einer Realisierung des ProfE aus den in § 36 ProfE vorgesehenen sonstigen Gesamtverträgen hergeleitet werden kann. Schließlich wird der Begriff der „angemessenen Vergütung“ bereits derzeit in § 49 Absatz 1 Satz 2 UrhG verwendet, ohne daß dies beanstandet werden würde.

Demgegenüber bemängeln die Verwerter meines Erachtens zu Recht den in § 32 Absatz 1 Satz 2 ProfE enthaltenen Ansatz, nach dem die Beteiligung des Urhebers an den aus der Verwertung resultierenden „Einnahmen“ ausgerichtet werden soll. Der Umsatz, mithin die Einnahmen, seien dabei keinesfalls aussagekräftig, da hiervon sämtliche Kosten in Abzug gebracht werden müssten. Darüber hinaus stelle die Regelung ohnehin eine ungerechtfertigte Durchbrechung der individualvertraglichen Vereinbarung von Urheber und Verwerter dar[487]. Eine derartige Durchbrechung erscheint nur dann gerechtfertigt, wenn der Verwerter durch die Verwertung des Werkes Gewinne erzielt, die im Verhältnis zur vereinbarten Vergütung unangemessen hoch sind. Ansonsten ist der vertraglichen Vergütungsregelung der Vorrang zu geben, da eine weitergehende Beteiligung des Arbeitnehmerurhebers, der das wirtschaftliche Risiko ohnehin nicht trägt, die Chancen der Arbeitgeber und Verwerter, die letztendlich erforderlichen Gewinne zur Fortführung ihrer Tätigkeit zu erwirtschaften, erheblich schmälert.

Zutreffend regen die Verwerter an, daß die im Rahmen des § 32 Absatz 1 ProfE vorgesehene Anrechnung einer vertraglichen Vergütung auf den gesetzlichen Vergütungsanspruch ausdrücklich in den Gesetzestext aufgenommen werden sollte, da dies bisher lediglich der Begründung zu entnehmen ist[488].

Auch die zweite Säule des ProfE, den § 36 ProfE, lehnt der Arbeitskreis der Verwerter generell als unklar und verfassungsrechtlich bedenklich ab[489]. Zunächst ist, worin dem Arbeitskreis der Verwerter beizupflichten ist, nach dem derzeitigen Stand nicht ansatzweise geklärt, welche Voraussetzungen an die in § 36 ProfE zum Abschluß von Gesamtverträgen ermächtigten Urheberverbände zu stellen sind. Derartige Kriterien sind jedoch, um nicht eine Flut von vermeintlich zum Abschluß von Gesamtverträgen berechtigten Zusammenschlüssen hervorzurufen, unbedingt erforderlich, zumal bei den zum Abschluß von Tarifverträgen nach § 2 Absatz 1 TVG ermächtigten Zusam-

---

[487] Vgl. die Stellungnahme der Verwerter, S. 13.
[488] Vgl. die Stellungnahme der Verwerter, S. 13. Siehe auch oben unter Teil 2 E. IV. 2. b) und Teil 2 E. IV. 2. a) am Anfang.
[489] Vgl. die Stellungnahme der Verwerter, S. 20 ff.

menschlüssen strenge Anforderungen gestellt werden[490]. Insoweit sei, so die Verwerter, darauf zu achten, daß nicht zahllose Kleinstverbände einen Verwerter zum Abschluß eines jeweils eigenen Gesamtvertrages zwingen können[491].

Ebenso wie in der gemeinsamen Stellungnahme von ARD und ZDF wird auch in der Stellungnahme des Arbeitskreises der Verwerter auf die Gefährdung der von Art. 9 Absatz 3 GG geschützten Tarifvertragsautonomie durch die Gesamtverträge ermöglichende Regelung des § 36 ProfE hingewiesen. Hierbei sehen die Verwerter aber vor allem die tarifvertragliche Friedenspflicht als entwertet an, da nunmehr bei Umsetzung des § 36 ProfE Gewerkschaften von Urhebern oder auch einzelnen tarifvertraglich gebundenen Urhebern, die mit einem Tarifabschluß nicht zufrieden sind, als „Verband von Urhebern" i.S.d. § 36 Absatz 1 ProfE die Möglichkeit eröffnet sei, erneut gegen Arbeitgeberverbände oder einzelne Nutzer mittels eines erzwingbaren Verfahrens zum Abschluß eines Gesamtvertrages vorzugehen. Dies hätte die Gefahr der Durchbrechung der tarifrechtlichen Friedenspflicht zur Folge[492].

Diese Argumentation ist meines Erachtens aus folgenden Gründen nicht schlüssig: Die Gewerkschaften selbst unterliegen bei Abschluß eines Tarifvertrages der Friedenspflicht auch dann, wenn sie mit dem erreichten Ergebnis nicht zufrieden sind. Da also hinsichtlich des im Tarifvertrag geregelten Fragenkomplexes eine Friedenspflicht in jedem Falle besteht, ist den Gewerkschaften selbst der Weg über § 36 Absatz 1 ProfE solange versperrt, wie der Tarifvertrag Wirksamkeit entfaltet. Eine erneute „kämpferische" Auseinandersetzung im Hinblick auf die tarifvertraglich geregelte Materie ist somit ausgeschlossen. Von den einzelnen Arbeitnehmerurhebern droht der Friedenspflicht ohnehin keine Gefahr, da diese der Friedenspflicht nicht unterliegen. Die Friedenspflicht entspringt dem schuldrechtlichen Teil des Tarifvertrages i.S.d. § 1 Absatz 1 1. Var. TVG, der jedoch allein die Parteien des jeweiligen Tarifvertrages bindet und nicht die Mitglieder der Tarifvertragsparteien, mithin die einzelnen Arbeitnehmerurheber. Folglich ist eine Gefährdung der tarifrechtlichen Friedenspflicht durch die Regelung des § 36 ProfE nicht denkbar.

Auch der Hinweis der Verwerter, es drohe eine Kollision mit der den Tarifvorrang sichernden Regelung des § 77 Absatz 3 Satz 1 BetrVG, sofern ein

---

[490] So müssen sämtliche Mitglieder der Spitzenorganisationen selbst tariffähig sein, und der Abschluß von Tarifverträgen muß satzungsmäßig zu den Aufgaben der Spitzenorganisation gehören (*Wiedemann/Oetker*, § 2 Rdnr. 335 ff, S. 826 ff).

[491] Vgl. die Stellungnahme der Verwerter, S. 20; im Ergebnis ebenso *Schaefer*, in ZUM 2001, S. 315 (316), der daher nach dem Vorbild des § 12 UrhWahrnG dafür plädiert, den Abschluß von Gesamtverträgen auch auf der Seite der Nutzer nur mit Nutzervereinigungen zuzulassen.

[492] Vgl. die Stellungnahme der Verwerter, S. 21.

Gesamtvertrag in Gestalt einer Betriebsvereinbarung geschlossen werden würde, da „die Festlegung von Arbeitsentgelten dann einer Regelung durch Betriebsvereinbarung entzogen ist, wenn sie üblicherweise durch Tarifverträge geregelt werden“[493], trifft meines Erachtens das Problem nicht genau. Wie bereits mehrfach dargelegt, ist dogmatisch eine Trennung zwischen dem Arbeitsentgelt einerseits, und der Vergütung für die Nutzungsrechtseinräumung bzw. die Nutzung andererseits, vorzunehmen, da es sich um Gegenleistungen für unterschiedliche Sachverhalte handelt, was jedoch einem Entfall der Vergütung für die Nutzungsrechtseinräumung im Arbeitsverhältnis nicht entgegensteht. Folglich geht es bei den Regelungen in den vorgesehenen Gesamtverträgen um die Frage der Vergütung für die Nutzungsrechtseinräumung oder die Nutzung selbst und nicht um das Arbeitsentgelt im eigentlichen Sinne. Eine Kollision mit tarifvertraglichen Regelungen hinsichtlich des Arbeitsentgelts ist überhaupt nicht denkbar. Aber auch eine Kollision mit tarifvertraglichen Regelungen über eine Vergütung für die Einräumung der Nutzungsrechte droht jedenfalls nicht in dem von den Verwertern skizzierten Ausmaß. Eine Vergütung für die Nutzungsrechtseinräumung ist zunächst, wie oben dargelegt, bisher nur in einigen wenigen Tarifverträgen geregelt, so daß der in § 77 Absatz 3 Satz 1 BetrVG geregelte Tarifvorrang bei der Regelung einer Nutzungsrechtsvergütung in einer Betriebsvereinbarung nur in diesen Fällen zum Tragen kommt. Von einer allgemeinen, branchenübergreifenden Tarifüblichkeit kann hinsichtlich der Regelung einer Nutzungsrechtsvergütung keine Rede sein. Weshalb die Regelung des § 77 Absatz 3 Satz 1 BetrVG dann nicht eingreifen sollte, wenn in denjenigen Wirtschaftszweigen, in denen tarifvertragliche Regelungen existieren oder zumindest üblich sind, Regelungen in einer Betriebsvereinbarung getroffen werden, so daß es zu einem Widerspruch kommen könnte, ist nicht ersichtlich.

Völlig fehl geht der Verweis des Arbeitskreises der Verwerter, es komme zu einer Kollision in der Zuständigkeit der Einigungsstelle nach § 87 Absatz 2 BetrVG mit der Zuständigkeit der Schiedsstelle nach § 36 Absatz 2 ProfE[494]. Dieser Hinweis beruht auf dem rechtsirrigen Ausgangspunkt, nach dem der Arbeitskreis der Verwerter eine Betriebsvereinbarung über die Nutzungsrechtsvereinbarung unter das erzwingbare Mitbestimmungsrecht des § 87 Absatz 1 Nr. 10 BetrVG subsumiert.

Eine derartige Kollision ist nicht denkbar, da weder § 87 Absatz 1 Nr. 10 BetrVG noch eine andere Ziffer des § 87 Absatz 1 BetrVG ein erzwingbares Mitbestimmungsrecht des Betriebsrates bei der Festsetzung der Nutzungsrechtsvergütung, wie im übrigen auch der Festsetzung des Arbeitsentgelts, einräumt. Gegenstand der Mitbestimmung nach § 87 Absatz 1 Nr. 10 BetrVG

---

493 Vgl. die Stellungnahme der Verwerter, S. 21.
494 Vgl. die Stellungnahme der Verwerter, S. 21.

ist zunächst das Arbeitsentgelt („Lohngestaltung") und nicht das davon streng zu unterscheidende Entgelt für die Nutzungsrechtseinräumung bzw. die Nutzung selbst. Aber auch beim Arbeitsentgelt kann der Betriebsrat entsprechend dem Sinn und Zweck der Regelung, nämlich der Sicherstellung der Durchsichtigkeit des innerbetrieblichen Lohngefüges sowie der innerbetrieblichen Lohngerechtigkeit, lediglich über die abstrakt generellen Grundsätze der Entgeltfindung, mithin über die Strukturformen des Lohns, mitbestimmen, nicht jedoch über die Höhe des Lohnes[495]. Daß die Höhe des Lohns von Nr. 10 nicht umfaßt sein kann, ergibt sich aus einem Umkehrschluß zur Regelung in § 87 Absatz 1 Nr. 11 BetrVG, der sich für den eng umgrenzten Bereich der leistungsbezogenen Entgelte ausdrücklich auf die Entgelthöhe bezieht und keinen Anwendungsbereich hätte, wenn die erzwingbare Mitbestimmung hinsichtlich der Entgelthöhe bereits in Nr. 10 geregelt wäre[496].

Folglich ist eine Betriebsvereinbarung über die Nutzungsrechtsvergütung nur als freiwillige Betriebsvereinbarung nach § 88 BetrVG, dessen Aufzählung nur Beispielscharakter hat und folglich nicht abschließend ist und nur in den Grenzen des § 77 Absatz 3 BetrVG möglich. In diesem Bereich der freiwilligen Betriebsvereinbarungen besteht eine Zuständigkeit der Einigungsstelle gerade vom Sinn und Zweck her nicht, so daß eine Kollision mit der Zuständigkeit der Schiedsstelle nach § 36 Absatz 2 ProfE nicht denkbar ist.

Demgegenüber werden hier, wie bereits unter Teil 2 E. IV. 3. a) vertreten, die verfassungsrechtlichen Bedenken der Verwerter hinsichtlich des in der Zulassung von Gesamtverträgen liegenden Eingriffs in die Tarifautonomie geteilt, da nunmehr gemäß § 36 Absatz 2 ProfE eine Einigung hinsichtlich einer Mindestvergütung für die Nutzungsrechtseinräumung zwangsweise herbeigeführt werden kann[497]. Hierdurch wird in einen wesentlichen, bisher primär den Tarifvertragsparteien vorbehaltenen, Bereich eingegriffen, bei dem der Regelungsinhalt dem freien Spiel der paritätischen Kräfte unterworfen ist und der Letztverantwortung der Koalitionen unterfällt. Ausweislich des § 36 Absatz 2 ProfE wird der Regelungsinhalt einer Koalitionsvereinbarung nunmehr der staatlichen Kontrolle unterworfen, was, wie im Rahmen der Darstellung der Stellungnahme von ARD und ZDF bereits ausgeführt, zu einem Verlust der Verhandlungsparität und damit der Richtigkeitsgewähr von Tarifverträgen, mithin den wesentlichen Eigenschaften eines Tarifvertrages, führt.

---

495 *Schaub*, § 235 II 10 a, Rdnr. 56, S. 2255; *F/K/H/E*, § 87 Rdnr. 433, S. 1222; *Richardi*, § 87 Rdnr. 832, S. 1280; BAG, Beschluß vom 22. Januar 1980, in AP Nr. 3 zu § 87 BetrVG – Lohngestaltung; BAG GS, Beschluß vom 03. Dezember 1991, in AP Nr. 51 zu § 87 BetrVG 1972 – Lohngestaltung.

496 *Schaub*, § 235 II 10 a, Rdnr. 56, S. 2255; *Richardi*, § 87 Rdnr. 834, S. 1280; BAG, Beschluß vom 22. Januar 1980, in AP Nr. 3 zu § 87 BetrVG – Lohngestaltung.

497 Vgl. die Stellungnahme der Verwerter, S. 21.

Dies ergibt sich, worauf die Verwerter zutreffend hinweisen[498], nicht zuletzt daraus, daß ausweislich der Begründung des ProfE der Staat bewußt die Verhandlungsmacht des „Koalitionspartners“ auf Seiten der Arbeitnehmer und arbeitnehmerähnlichen Beschäftigten stärken möchte.

c) Stellungnahme der Kirch-Gruppe

Die Kirch-Gruppe lehnt den ProfE insgesamt ab und bezeichnet ihn als „sowohl von seinem Ansatz als auch von den Folgen“ her verfehlt[499]. Die Kritikpunkte der Kirch-Gruppe stimmen im Wesentlichen mit denen der Stellungnahme des Arbeitskreises der Verwerter überein, weshalb eine umfassende Darstellung zur Vermeidung von Wiederholungen unterbleibt.

Auch die Kirch-Gruppe stört sich zunächst an dem Begriff der „angemessenen Vergütung“ in § 32 ProfE, wobei sie in erster Linie den Umstand bemängelt, daß nicht allein die wirtschaftlichen Erlöse, gemeint sind die Einnahmen i.S.d. § 32 Absatz 1 Satz 2 ProfE, für eine Beteiligung des Urhebers entscheidend sein könnten, sondern vielmehr auch mögliche Verluste berücksichtigt werden müßten. Es könne nicht angehen, daß „die Urheber nur an (potentiellen) Einnahmen, nicht jedoch an möglichen Verlusten partizipieren“, die Verwerter somit das gesamte wirtschaftliche Risiko tragen ohne aber den vollen Erlös und damit einen eventuellen Gewinn zu erhalten[500].

Ferner sei die Bestimmung einer angemessenen Vergütung entsprechend den Vorstellungen des ProfE nicht praktikabel, da eine jederzeitige und von sämtlichen Urhebern (beispielsweise eines Filmes) einforderbare endgültige Feststellung und Abrechnung nicht möglich sei, so daß immer wieder eine Vergütung nachgefordert werden könne und eine abschließende wirtschaftliche Bewertung der Nutzungsrechte unmöglich wäre. Dies würde zu einem erheblichen Verwaltungsaufwand führen, zumal sich der Anspruch gegen jeden Nutzer richte, die einzelnen Nutzer untereinander ihre Verträge aber nicht kennen würden und somit eine Feststellung der Angemessenheit nahezu ausgeschlossen sei. Das ohnehin schon von den Verwertern zu tragende Wirtschaftsrisiko würde sich noch vergrößern, und es käme zu einer ernsthaften Gefährdung des Medienstandortes Deutschland[501].

---

[498] Vgl. die Stellungnahme der Verwerter, S. 21.

[499] Die vollständige Stellungnahme der KirchGruppe zum „Entwurf eines Gesetzes zur Stärkung der vertraglichen Stellung von Urhebern und ausübenden Künstlern“ ist im Internet auf der Seite des Instituts für Urheber- und Medienrecht e.V., Salvatorplatz 1, 80333 München, (www.urheberrecht.org) erhältlich.

[500] Vgl. die Stellungnahme der Kirch-Gruppe, S. 3.

[501] Vgl. die Stellungnahme der Kirch-Gruppe, S. 4.

d) Fazit

Zusammenfassend läßt sich folgendes festhalten:

Von besonderer Brisanz für den Bereich des Arbeitnehmerurheberrechts bzw. den der Tarifverträge ist die Regelung des § 36 ProfE, der nicht nur für freie Urheber, sondern über § 43 Absatz 1 ProfE auch für angestellte Urheber zur Anwendung kommt. Der ProfE stellt durch die Einführung eines kollektiven Urhebervertragsrechts in § 36 ProfE, speziell durch die Erzwingbarkeit einer derartigen – auch tarifvertraglichen – Regelung, deren Inhalt darüber hinaus noch staatlich nachprüfbar ist, eine Gefährdung der von Art. 9 Absatz 3 GG geschützten Tarifautonomie dar. Es kommt zu einer Aufhebung der Verhandlungsparität, die bisher der Garant für die Richtigkeitsgewähr war, weshalb Tarifverträge keiner gerichtlichen Überprüfung hinsichtlich des Regelungsinhalts unterliegen. Der bedenkliche Eingriff in die Tarifautonomie resultiert insbesondere daraus, daß nach dem ProfE Urheberverbände einseitig den Abschluß eines sog. Gesamtvertrages, zu dem ausweislich der Entwurfsbegründung auch Tarifverträge gehören, verlangen können. Bisher stand nach Auffassung der Rechtsprechung nicht einmal den verfassungsrechtlich geschützten Tarifvertragsparteien ein Verhandlungsanspruch gegenüber dem sozialen „Gegenspieler“ zu, ganz zu schweigen von einem Anspruch auf einen Vertragsschluß[502].

Darüber hinaus birgt § 36 ProfE die Gefahr, daß eine Vielzahl unterschiedlicher Urheberverbände an einen Nutzer herantritt, um jeweils einen - auch noch erzwingbaren -Gesamtvertrag zu schließen, was zu einer unübersehbaren Flut von unterschiedlichen Regelungen führen könnte. Dies ist im Bereich der Tarifverträge zur Wahrung der Rechtssicherheit aufgrund des Grundsatzes der Tarifeinheit nicht möglich.

Ferner verkürzt der ProfE die Sichtweise zu sehr auf das Merkmal der „angemessenen Vergütung“ verliert dabei aber den Umstand aus den Augen, daß gerade in Tarifverträgen bisher eine Vielzahl von Regelungen mit sozialem Charakter enthalten waren, die in ihrer Gesamtheit zu einer angemessenen Behandlung des Arbeitnehmerurhebers geführt haben. Keine besonderen Bedenken bestehen, wie bereits dargelegt, hinsichtlich der Begrifflichkeit der „angemessenen Vergütung“, da eine Ausfüllung dieses Begriffs ebenso wie in den vergleichbaren gesetzlich geregelten Fällen (§ 49 Absatz 1 Satz 2 UrhG, § 612 Absatz 2 BGB, § 632 Absatz 2 BGB) möglich ist, zumal sich eine Heranziehung der Grundsätze zur Schadensberechnung im Wege der Lizenzanalogie anbietet.

---

[502] Vgl. oben Teil 2 E. IV. 3. a) am Ende.

Unverhältnismäßig erscheint des weiteren die in § 32 Absatz 1 Satz 2 ProfE vorgesehene Beteiligung an den „Einnahmen“ aus der Werknutzung, die, da der Gestzeswortlaut nicht eindeutig ist, womöglich noch neben der angemessenen urheberrechtlichen Vergütung nach § 32 Absatz 1 Satz 1 ProfE zu entrichten sein soll. Dies greift erheblich zu weit, da zunächst sämtliche, den Verwertern bzw. Arbeitgebern entstandenen Kosten abzuziehen sind, so daß allein eine Beteiligung am eventuell verbleibenden Gewinn denkbar erschiene. Aber selbst dies ist, vorbehaltlich eines groben Mißverhältnisses i.S.d. aktuellen § 36 Absatz 1 UrhG, dann unverhältnismäßig, wenn der Urheber zuvor eine angemessene Vergütung nach § 32 Absatz 1 Satz 1 ProfE erhalten hat. Das wirtschaftliche Risiko wird vollkommen einseitig verteilt. Daß die Verwerter bzw. Arbeitgeber das wirtschaftliche Risiko tragen ergibt sich aus der Natur der Sache, da sie zunächst die finanziellen Mittel für die Produktion einsetzen und dem Urheber bzw. Arbeitnehmerurheber das Arbeitsentgelt und nach § 32 Absatz 1 ProfE eine angemessene urheberrechtliche Vergütung für die Nutzungsrechtseinräumung zu entrichten haben. Dafür, daß sie das wirtschaftliche Risiko tragen, muß ihnen im Gegenzug aber auch die alleinige Möglichkeit zustehen, das Werk im Falle eines Erfolges vollständig zu nutzen und die Gewinne für eigene Zwecke zu verwenden. Letzteres ergibt sich bereits daraus, worauf die Verwerter in ihren Stellungnahmen auch hinweisen, daß eventuelle „Flops“, für die die Arbeitgeber bzw. die Verwerter bereits angemessene arbeitsrechtliche und unter Umständen urheberrechtliche Vergütungen an die Urheber entrichten mußten, über andere wirtschaftlich erfolgreiche Werke mitfinanziert werden müssen. Dies ist bei einer nochmaligen Beteiligung, wie in § 32 Absatz 1 Satz 2 ProfE vorgesehen, aber nicht mehr gewährleistet.

Inakzeptabel ist des weiteren die Streichung des bisherigen Zusatzes in § 43 UrhG, nach dem die Vorschriften des UrhG im Arbeitsverhältnis oder Dienstverhältnis nur insoweit zur Anwendung kommen, als „sich aus dem Inhalt oder Wesen des Arbeits- oder Dienstverhältnisses nichts anderes ergibt“. Dieser Zusatz ermöglichte bisher die Berücksichtigung der allgemeinen sowie konkreten Besonderheiten des Arbeitsverhältnisses und sicherte insoweit ein gewisses Maß an Flexibilität. Der bloße Hinweis in der Begründung des ProfE, wonach „die Besonderheiten des Arbeitsverhältnisses bei der Auslegung im Einzelfall zu beachten sind“[503], ist keinesfalls ausreichend.

Ein Schritt in die richtige Richtung ist die Zweifelsregelung des § 43 Absatz 2 ProfE insoweit, als im Zweifel der Arbeitgeber das ausschließliche Nutzungsrecht erwirbt. Zur Frage, ob die Einschränkung auf den betrieblichen Zweck haltbar ist, siehe unten unter Teil 4 B.

[503] Vgl. GRUR 2000, S. 764 (777).

Der die Vergütungsfrage regelnde § 43 Absatz 3 ProfE scheint vom Wortlaut her eher der Ansicht *Wandtkes* zu folgen (vgl. oben unter Teil 2 C. IV. 1. b)), nach der auch im Bereich des Arbeitnehmerurheberrechts der Grundsatz besteht, daß neben dem Arbeitsentgelt vom Arbeitgeber zusätzlich eine Sondervergütung für die Nutzungsrechtseinräumung zu entrichten ist. Dies stellt zunächst eine weitere Schlechterstellung der Arbeitgeber im Vergleich zur derzeitigen Rechtslage dar. Dieser Streit wird aber bei Umsetzung des ProfE rein theoretischer Natur bleiben, da jeder Arbeitgeber eine formularmäßige Klausel in seine Arbeitsverträge aufnehmen wird, daß mit dem Arbeitsentgelt auch die Nutzungsrechtseinräumung abgegolten ist, so daß im Ergebnis kein Unterschied zur derzeit nach der herrschenden Ansicht geltenden Rechtslage bestehen wird.

Insgesamt wird gerade die einschränkungslose Bezugnahme sämtlicher Regelungen des UrhG in Gestalt des ProfE für den Bereich des Arbeitnehmerurheberrechts zu einer Verschlechterung der Chancen für eine Festanstellung der Urheber führen. Denn wenn der Arbeitgeber dem Arbeitnehmer dieselbe „angemessene Vergütung" zukommen lassen muß, wie dem freien Urheber, darüber hinaus jedoch die sonstigen Nachteile einer Festanstellung zu tragen hat, wie beispielsweise die Gewährung von Urlaub, den Kündigungsschutz, die Sozialabgaben sowie die Zahlung des vollen Arbeitsentgelts trotz nicht verwendbarer Arbeitsergebnisse etc.) ist ein Anreiz für ein festes Arbeitsverhältnis in Bereichen, in denen urheberrechtlich geschützte Werke geschaffen werden, nicht gegeben.

V. Regierungsentwurf eines Gesetzes zur Stärkung der vertraglichen Stellung von Urhebern und ausübenden Künstlern

Basierend auf dem zuvor dargestellten ProfE ist nunmehr ein Regierungsentwurf eines Gesetzes zur Stärkung der vertraglichen Stellung von Urhebern und ausübenden Künstlern (RegE), Stand 30. Mai 2001, veröffentlicht worden[504]. Da der RegE in dem für das Arbeitnehmerurheberrecht relevanten Bereich sowohl in den Grundstrukturen als auch in wesentlichen Teilen seiner Begründung dem ProfE entspricht, sollen hier nach der Darstellung des RegE in erster Linie die abweichenden Regelungen untersucht werden. Im übrigen ist auf die Ausführungen zum ProfE zu verweisen.

Der RegE lautet in seinen arbeitnehmerurheberrechtlich relevanten Teilen wie folgt:

---

[504] Der vollständige Entwurfstext nebst Begründung ist im Internet unter der Adressse www.urheberrecht.org sowie auf der Homepage des Bundesjustizministeriums erhältlich.

§ 32 Angemessene Vergütung, Kündigung

(1) Der Urheber hat Anspruch auf eine nach Art und Umfang der Werknutzung angemessene Vergütung und auf die zu ihrer Geltendmachung erforderlichen Auskünfte. Die Ansprüche richten sich gegen jeden, der aufgrund eines vom Urheber eingeräumten Nutzungsrechts oder einer Erlaubnis des Urhebers ein Werk nutzt. Ist in einem Tarifvertrag oder einer gemeinsamen Vergütungsregel im Sinne des § 36 eine Vergütung festgelegt, so wird ihre Angemessenheit vermutet.

(2) Die Vergütung ist bei einmaliger Nutzung spätestens drei Monate nach der Nutzung fällig, bei Dauernutzungen für jedes Kalenderjahr spätestens zum 31. März des folgenden Jahres. Der Urheber darf durch eine hiervon abweichende vertragliche Regelung nicht unangemessen benachteiligt werden.

(...)

(4) Auf den Anspruch auf angemessene Vergütung kann im voraus nicht verzichtet werden, soweit der Urheber nicht jedermann unentgeltlich ein einfaches Nutzungsrecht einräumt. Der Anspruch kann im voraus nur an eine Verwertungsgesellschaft abgetreten werden.

(...)

§ 36 Gemeinsame Vergütungsregeln

(1) Zur Bestimmung der Angemessenheit von Vergütungen nach § 32 stellen Vereinigungen von Urhebern mit Vereinigungen von Werknutzern oder einzelnen Werknutzern gemeinsame Vergütungsregeln auf. Die gemeinsamen Vergütungsregeln sollen die Umstände des jeweiligen Regelungsbereichs berücksichtigen, insbesondere auch die Struktur und Größe der Verwerter. In Tarifverträgen für Arbeitnehmer enthaltene Regelungen gehen diesen gemeinsamen Vergütungsregeln vor.

(2) Vereinigungen nach Absatz 1 müssen repräsentativ, unabhängig und zur Aufstellung gemeinsamer Vergütungsregeln ermächtigt sein.

(3) Auf Verlangen einer Partei findet ein Schiedsverfahren statt, wenn sich die Parteien nicht auf die Festsetzung der Vergütungsregeln durch die Schiedsstelle nach dem Urheberrechtswahrnehmungsgesetz geeinigt haben und

1. die andere Partei nicht binnen drei Monaten, nachdem eine Partei schriftlich die Aufnahme von Verhandlungen verlangt hat, Verhandlungen über gemeinsame Vergütungsregeln beginnt,
2. Verhandlungen über gemeinsame Vergütungsregeln ein Jahr, nachdem schriftlich ihre Aufnahme verlangt worden ist, ohne Ergebnis bleiben oder
3. eine Partei die Verhandlungen endgültig für gescheitert erklärt hat.

(4) Eine Vereinigung von Urhebern oder Werknutzern kann jederzeit gegenüber der anderen Partei erklären, dass sie zur Aufstellung der Vergütungsregeln nicht bereit sei. Wird eine solche Erklärung abgegeben, so ist die Durchführung eines Schiedsverfahrens ausgeschlossen, ein begonnenes Verfahren ist auf Kosten des Erklärenden einzustellen.

(5) Der das Schiedsverfahren beendende Schiedsspruch stellt die gemeinsamen Vergütungsregeln auf. Im übrigen gelten die Vorschriften der §§ 1025 bis 1065 der Zivilprozessordnung entsprechend.

(6) Gegen die durch Schiedsspruch aufgestellten gemeinsamen Vergütungsregeln ist der Rechtsweg gegeben, wenn ein einzelner Werknutzer als Partei beteiligt ist. (...)

(7) Haben die Parteien die Anrufung der Schiedsstelle nach dem Urheberrechtswahrnehmungsgesetz vereinbart, so hat die Schiedsstelle den Beteiligten einen Einigungsvorschlag zu machen, der den Inhalt der gemeinsamen Vergütungsregeln enthält. Er gilt als angenommen, wenn ihm nicht innerhalb von drei Monaten nach seiner Zustellung schriftlich widersprochen wird.

(...)

§ 43 Urheber in Arbeits- oder Dienstverhältnissen

(1) Die Vorschriften dieses Gesetzes gelten auch für einen Urheber, der das Werk in Erfüllung seiner Verpflichtungen aus einem Arbeits- oder Dienstverhältnis schafft.

(2) Im Zweifel erwirbt der Arbeitgeber oder Dienstherr ausschließliche Nutzungsrechte, soweit sie für die Zwecke seines Betriebs benötigt werden. § 69 b bleibt unberührt.

(3) Der Urheber hat einen Anspruch aus § 32, soweit die Nutzung seiner Werke nicht durch Lohn oder Gehalt tatsächlich abgegolten ist.

Darüber hinaus erhält § 69 b UrhG die Überschrift „Urheber in Arbeitsverhältnissen" und § 69 b Absatz 2 UrhG, der die Regelungen des Absatzes 1 auf die öffentlich rechtlichen Dienstverhältnisse erstreckt, wird aufgehoben.

Obwohl der RegE die Grundstruktur des ProfE beibehält, wurden die wesentlichen Kritikpunkte, die noch dem ProfE entgegenstanden, beseitigt. Leider ging man dabei nicht konsequent genug vor, so daß einige Kritikpunkte bestehen bleiben und sogar neue hinzugekommen sind. Auch an dieser Stelle werden lediglich diejenigen Regelungen untersucht, die sich speziell auf den Gegenstand der vorliegenden Arbeit auswirken. Im einzelnen:

Die wesentlichen Säulen des RegE sind die Regelungen der §§ 32 und 36, die grundsätzlich denen des ProfE entsprechen. Auch § 32 Absatz 1 RegE verwendet den Begriff der „angemessenen Vergütung", was nach der hier vertretenen Ansicht unproblematisch ist[505]. Insoweit weist die Begründung des RegE nunmehr ausdrücklich darauf hin, daß zur Bestimmung der „Angemessenheit" die gerichtliche Praxis zur Bemessung gesetzlicher Vergütungsansprüche und zur Schadensberechnung im Wege der Lizenzanalogie herangezogen werden kann[506]. Dies entspricht auch der hier zum ProfE vertretenen Ansicht[507]. Weggefallen ist die Regelung in § 32 Absatz 1 Satz 2 ProfE, wonach zwingend eine angemessene Beteiligung des Urhebers an den Einnahmen zu erfolgen hatte. Insoweit hat sich der Meinungsstreit darüber, ob die Beteiligung neben der angemessenen Vergütung zu erfolgen hat, bzw. richtigerweise auf den Vergütungsanspruch anzurechnen ist, erledigt[508].

Von besonderer Bedeutung ist nach der hier vertretenen Ansicht die nunmehr in § 32 Absatz 1 Satz 3 RegE eingefügte Regelung, nach der die Angemessenheit einer urheberrechtlichen Vergütung i.S.d. § 36 RegE unter anderem dann gesetzlich vermutet wird, wenn sie in einem Tarifvertrag festgelegt worden ist[509]. Gerade der Umstand, daß eine tarifvertragliche Regelung, mithin eine Regelung, die das Produkt der Verhandlungen zwischen paritätischen Partnern ist, überprüfbar sein sollte, obwohl tarifvertragliche Regelungen eine Richtigkeitsgewähr für sich haben und nach der Rechtsprechung lediglich auf Verstöße gegen höherrangiges Recht überprüft werden können, ist eine wesentliche Schwäche des ProfE. Insoweit liegt in der Regelung des ProfE ein Verstoß gegen die von Art. 9 Absatz 3 GG geschützte Tarifautonomie, da sich die tarifvertraglichen Regelungen danach an den Vergütungssätzen der Verwertungsgesellschaften hätten messen lassen müssen[510]. Diese Erkenntnis liegt offenbar auch dem RegE zugrunde, obwohl sich der Begründung diesbezüglich nichts entnehmen läßt.

Im Hinblick auf die Regelung des § 32 Absatz 1 Satz 3 RegE weist die Begründung des RegE darauf hin, daß die Gerichte an diese Bestimmung gebunden sind, es sei denn, konkrete Umstände des Einzelfalles erschütterten die gesetzliche Vermutung[511]. Es handelt sich somit um eine widerlegliche gesetzliche Vermutung. Im Ergebnis bedeutet dies, daß die tarifvertraglichen

---

505 Vgl. oben Teil 2 E. IV. 2. b).

506 Vgl. den Regierungsentwurf, S. 41.

507 Vgl. oben Teil 2 E. IV. 2. b).

508 Vgl. zum Meinungsstreit oben Teil 2 E. IV. 2. b).

509 In der Begründung zum Regierungsentwurf heißt es auf Seite 29 hierzu: „ Soweit Nutzungsverträge auf tarifvertraglicher Grundlage geschlossen werden, bieten die kollektiv ausgehandelten Rahmenbedingungen in der Regel einen hinreichenden Schutz."

510 Vgl. insoweit oben Teil 2 E. IV. 3. a).

511 Vgl. den Regierungsentwurf, S. 34.

Regelungen im Bereich der urheberrechtlichen Vergütung sehr wohl gerichtlich überprüfbar sind, sofern im Einzelfall hinreichend substantiiert Tatsachen vorgetragen werden, die Zweifel an der Angemessenheit der tarifvertraglichen Festsetzung begründen. Diese Regelung stellt, ebenso wie die Regelung im ProfE, einen Verstoß gegen die verfassungsrechtlich garantierte Tarifautonomie i.S.d. Art. 9 Absatz 3 GG dar, nach der Regelungsfragen in den Grenzen des höherrangigen Rechts dem Kräftespiel der Tarifvertragsparteien unterliegen. Darüber hinaus steht auch diese auf Ausnahmefälle beschränkte Angemessenheitskontrolle im Widerspruch zur ständigen Rechtsprechung des BAG hinsichtlich der Überprüfbarkeit tarifvertraglicher Regelungen[512]. Die Konstruktion als widerlegbare Vermutung ist auch innerhalb des Systems des RegE nicht schlüssig. So kann nach der Begründung des RegE bei tarifvertraglichen Vergütungsregelungen „davon ausgegangen werden, daß die Vertragsparteien, die für die Urheber und Leistungsschutzberechtigten tätig werden, über genügend Verhandlungsmacht verfügen, um angemessene Vergütungen durchzusetzen“[513]. Wäre der RegE dieser zutreffenden Erkenntnis gefolgt, dann hätte die gesetzliche Vermutung der Angemessenheit der tarifvertraglichen Vergütungsregelung als unwiderlegbar konstruiert werden müssen. Diese Konstruktion wäre dann auch mit der von Art. 9 Absatz 3 GG geschützten Tarifautonomie sowie der Rechtsprechung des BAG zur Überprüfbarkeit tarifvertraglicher Regelungen zu vereinbaren.

Ebenso wie der ProfE enthält auch der RegE erstmals die gesetzliche Regelung eines kollektiven Urhebervertragsrechts, wobei diese als „gemeinsame Vergütungsregeln“ bezeichnet werden und dabei bewußt nicht der Begriff der „Gesamtverträge“, wie ihn § 36 des ProfE verwendet, aufgegriffen wird. Während nach dem ProfE unter Gesamtverträgen auch Tarifverträge oder Betriebsvereinbarungen verstanden werden sollten[514], was zu erheblichen Abgrenzungsschwierigkeiten geführt hätte, verzichtet der RegE darauf und führt die „gemeinsamen Vergütungsregeln“ als eigenes kollektives Instrument ein.

Wohl auch als Reaktion auf die z.T. vehemente Kritik an den in § 36 ProfE vorgeschlagenen Gesamtverträgen, insbesondere im Hinblick auf die Vereinbarkeit mit der verfassungsrechtlich garantierten Koalitionsfreiheit i.S.d. Art. 9 Absatz 3 GG und wegen des ungeklärten Verhältnisses derjenigen Gesamtverträge, die keine „klassischen“ kollektiven arbeitsrechtlichen Rechtsquellen darstellen, zu eben diesen kollektiven arbeitsrechtlichen Rechtsquellen, ist in § 36 Absatz 1 Satz 3 RegE eine klarstellende Regelung aufgenommen worden. Danach gehen die in einem Tarifvertrag für Arbeit-

---

[512] Vgl. oben Teil 2 E. IV. 3. a), m.w.N.
[513] Vgl. den Regierungsentwurf, S. 43 f.
[514] Vgl. oben Teil 2 E. IV. 2. a).

nehmer vorgesehenen Vergütungsregeln den in einer sog. gemeinsamen Vergütungsregel festgelegten Regelungen vor. In der Begründung des RegE lautet es dazu wie folgt: „In Absatz 1 Satz 3 betont die Regelung allerdings den Vorrang von Regelungen, die in Tarifverträgen für Arbeitnehmer enthalten sind. Soweit bereits derartige Tarifverträge bestehen, können keine gemeinsamen Vergütungsregeln mehr aufgestellt werden. Später abgeschlossene Tarifverträge verdrängen früher getroffene gemeinsame Vergütungsregeln. Die Vorschrift berücksichtigt, dass in vielen Bereichen gut funktionierende Tarifverträge bestehen (...)“[515].

Dennoch bleibt weiterhin das Verhältnis der sog. gemeinsamen Vergütungsregeln, die nunnmehr eine eigenständige urheberrechtliche kollektive Rechtsquelle darstellen, zu etwaigen freiwilligen Betriebsvereinbarungen, die in den Grenzen des § 77 Abatz 3 BetrVG zulässig sind, ungeregelt. Auch das Verhältnis mehrerer etwaiger gemeinsamer Vergütungsregelungen zueinander bleibt unklar. Es besteht, wie im Rahmen der Untersuchung des ProfE dargelegt, die Gefahr, daß zahlreiche Vereinigungen auf einen Arbeitgeber zukommen und mit ihm gemeinsame Vergütungsregelungen i.S.d. § 36 RegE abschließen. Anders als im Bereich des Tarifvertragsrechts, wo nach der Rechtsprechung des BAG Kollisionsfälle entsprechend dem Grundsatz der Tarifeinheit gelöst werden, sind vorliegend Lösungsansätze nicht erkennbar. Ein Umstand, der Rechtsstreitigkeiten herausfordert.

Vollkommen unverständlich ist die Einschränkung der Kollisionsregel des § 36 Absatz 1 Satz 3 RegE auf Tarifverträge für Arbeitnehmer. Es besteht kein sachlicher Grund, der eine Differenzierung zwischen Tarifverträgen für arbeitnehmerähnliche Personen im Sinne des § 12 a TVG und denjenigen für Arbeitnehmer rechtfertigen könnte, so daß erhebliche Bedenken im Hinblick auf den allgemeinen Gleichbehandlungsgrundsatz im Sinne des Art. 3 GG bestehen.

Ein weiterer Kritikpunkt am ProfE war die fehlende Aufstellung von Anforderungen an die zum Abschluß von Gesamtverträgen berechtigten Vereinigungen, insbesondere vor dem Hintergrund der strengen Anforderungen, die an die Tarifvertragsparteien gestellt werden[516]. Dies haben wohl auch die Autoren des RegE so gesehen, weshalb nunmehr in § 36 Absatz 2 RegE konkretisierende Anforderungen aufgeführt worden sind.

Anders als noch der ProfE verzichtet der RegE in § 36 Absatz 4 auf die Möglichkeit der Urheber- oder Verwerterverbände, einseitig gegenüber dem jeweiligen sozialen Verhandlungspartner den Abschluß von kollektiven Ver-

---

[515] Vgl. den Regierungsentwurf, S. 49.
[516] Vgl. oben Teil 2 E. IV. 3. b).

gütungsregelungen, zu denen im ProfE auch Tarifverträge gehören sollten, verlangen zu können. Diese im ProfE vorgesehene Möglichkeit stellte einen eklatanten Verstoß gegen die Koalitionsfreiheit im Sinne des Art. 9 Absatz 3 GG und die allgemeine Verhandlungsfreiheit dar und war darüber hinaus mit der Rechtsprechung des BAG zum Verhandlungsanspruch der verfassungsrechtlich geschützten Tarifvertragsparteien nicht vereinbar[517]. Nunmehr können nach § 36 Absatz 4 RegE Vereinigungen von Urhebern oder Werknutzern jederzeit gegenüber der anderen Partei erklären, daß sie zur Aufstellung gemeinsamer Vergütungsregeln nicht bereit seien, was dazu führt, daß die Durchführung eines Schiedsverfahrens ausgeschlossen ist[518]. Mit der Begründung, auf den einzelnen Werknutzer finde die Regelung des Art. 9 GG keine Anwendung, rechtfertigen die Autoren des RegE, daß sich der einzelne Werknutzer dem Verlangen und der Durchführung eines Schiedsverfahrens nicht entziehen können soll, sondern lediglich gegen die durch den Schiedsspruch aufgestellten gemeinsamen Vergütungsregeln gemäß § 36 Absatz 6 RegE den Rechtsweg beschreiten kann, was im Hinblick auf die Rechtsweggarantie des Art. 19 Absatz 4 GG geboten sei[519].

Für den Bereich des Arbeitnehmerurheberrechts bedeutet dies, da diese Regelungen über § 43 Absatz 1 RegE uneingeschränkt auch auf das Arbeitsverhältnis zur Anwendung kommen, daß den Vereinigungen von Urhebern gegenüber dem einzelnen Arbeitgeber als Werknutzer weitergehende Rechte zur Durchsetzung einer kollektiven Regelung zustehen als den Gewerkschaften. Den Gewerkschaften steht, wie dargelegt, nicht einmal ein Verhandlungsanspruch gegenüber ihrem Verhandlungspartner zu, weshalb sie den Abschluß eines Firmentarifvertrages, bei dem der einzelne Arbeitgeber gemäß § 2 Absatz 1 TVG Tarifvertragspartei ist, nicht einseitig durchsetzen können. Mit diesen Grundsätzen ist die Erzwingbarkeit einer sog. gemeinsamen Vergütungsregelung gegenüber einem einzelnen Arbeitgeber als Werknutzer nicht zu vereinbaren.

Darüber hinaus führt die Herausnahme des einzelnen Werknutzers aus der Regelung des § 36 Absatz 4 RegE dazu, daß sich die Urheberverbände verstärkt einzelne Werknutzer heraussuchen und gegenüber diesen eine kollektive Regelung durchsetzen werden, mit der Folge, daß einzelne Werknutzer von zahlreichen Urheberverbänden in Anspruch genommen werden und somit letztlich zahlreiche gemeinsame Vergütungsregelungen innerhalb eines Unternehmens oder Betriebes existieren, deren Verhältnis zueinander ungeklärt ist.

---

[517] Vgl. oben Teil 2 E. IV. 3. a).

[518] In der Begründung des RegE heißt es auf S. 50 hierzu: „Diese Regelung ist wegen der verfassungsrechtlich gewährleisteten negativen Koalitionsfreiheit des Art. 9 GG geboten.“

[519] Vgl. den Regierungsentwurf, S. 51.

Hinsichtlich des § 43 RegE ist lediglich anzumerken, daß er trotz einer sprachlichen Veränderungen inhaltlich der Regelung des § 43 ProfE entspricht, so daß vollumfänglich auf die Ausführungen zum ProfE zu verweisen ist. Hinzuweisen ist lediglich auf die Begründung des RegE zu § 43, nach der die gesetzliche urheberrechtliche Vergütung in der Regel mit dem Lohn oder Gehalt abgegolten ist[520]. Darüber hinaus haben die Autoren des RegE ausweislich der Begründung bewußt von einer Regelung hinsichtlich der Dauer der Nutzungsrechte nach Auflösung des Arbeitsverhältnisses abgesehen, damit die betrieblichen Erfordernisse im Einzelfall hinreichende Berücksichtigung finden[521]. Somit gelten insoweit dieselben Grundsätze wie nach der derzeitigen Rechtslage.

Ebenso wie der ProfE sieht der RegE eine Änderung des § 69 b UrhG vor, durch die die Gleichbehandlung zwischen privatrechtlichem Arbeitsverhältnis und öffentlich-rechtlichem Dienstverhältnis aufgehoben werden soll.

---

[520] Vgl. den Regierungsentwurf, S. 54.

[521] Vgl. den Regierungsentwurf, S. 54 f.

Teil 3: Arbeitnehmerurheberrechte im Bereich der Softwareentwicklung

Die Rechtslage im Bereich der Softwareentwicklung gemäß §§ 69 a ff UrhG weist wesentliche Unterschiede zu der bisher dargestellten Rechtslage im sonstigen Arbeitnehmerurheberrecht auf. Bevor hier jedoch speziell auf die Unterschiede zwischen § 43 UrhG und § 69 b UrhG eingegangen wird, sollen zunächst einige einleitende Ausführungen zum urheberrechtlichen Schutz von Software gemacht werden. Insoweit wird zu Beginn der Begriff „Software" kurz erläutert, woran sich eine Abgrenzung des Urheberrechts vom Patentrecht im Falle der Software anschließt.

A. Differenzierung zwischen den Begriffen „Software" und „Computerprogramm"

Der Begriff der „Software" ist nach rechtswissenschaftlichem Verständnis ein Sammelbegriff, in dem verschiedene Komplexe zusammengefaßt werden. Überwiegend wird der Begriff „Software", da eine abschließende Aufzählung der umfaßten Einzelelemente nicht möglich ist, negativ abgegrenzt als das, was nicht „Hardware" ist, aber zur sinnvollen Nutzung der „Hardware" erforderlich oder nützlich ist[522]. Er bildet mithin das Gegenstück zum Begriff der „Hardware", der zusammenfassend für alle physikalischen Einheiten steht, aus denen sich eine Datenverarbeitungsanlage zusammensetzt[523]. Zur Software als Oberbegriff[524] gehören insbesondere die Computerprogramme, die Herstellerdokumentation[525] und die Anwenderdokumentation[526]. Diese Differenzierung macht deutlich, daß die Begriffe „Software" und „Computerprogramm" nach rechtswissenschaftlichem Verständnis keinesfalls als Synonyme

[522] *Haberstumpf*, in Lehmann, Rdnr. 12, S. 69 (76); *Lucas*, S. 2, die auf die Rechtsprechung des BGH (in NJW 1988, S. 406 (407) verweist, der als Software das bezeichnet hat, was man im Gegensatz zur Hardware nicht anfassen kann".

[523] *Haberstumpf*, in Lehmann, Rdnr. 11, S. 69 (76).

[524] *Holländer*, S. 1; *Lucas*, S. 2; *Megede*, Rdnr. 5, S. 10; *Nordemann*, in ZUM 1985, S. 10 (11); *Karger*, in CR 2001, S. 357 (358).

[525] Zur Herstellerdokumentation gehört das sog. Pflichtenheft, in dem sich die Anforderungen an das jeweilige Programm wiederfinden, die sog. Wartungsdokumentation als Basis für nachfolgende Wartungsarbeiten sowie die sog. Programmbeschreibung, die die Struktur, den Aufbau und die Logik des jeweiligen Programms derartig wiedergibt, daß daraus ein entsprechendes Programm erstellt werden kann (*Haberstumpf*, in Lehmann, Rdnr. 18, S. 69 (79); *Lucas*, S. 2; vgl. auch *Kindermann*, in GRUR 1983, S. 150 ff).

[526] Bei der sog. Anwenderdokumentation handelt es sich um dasjenige Begleitmaterial, welches der Anwender zum Verständnis und zur ordnungsgemäßen Verwendung des Computerprogramms benötigt, mithin insbesondere um die Handbücher (*Haberstumpf*, in Lehmann, Rdnr. 19, S. 69 (80); *Lucas*, S. 2; *Däubler*, in ArbuR 1985, S. 169 (170); *Hauptmann*, S. 8 ff, der darauf hinweist, daß im Bereich der Computerbranche der Begriff „Software" mit dem deutschen Begriff des „Computerprogramms" gleichgesetzt werde. Aufgrund der Unsicherheiten verzichtet *Hauptmann* in seiner Untersuchung auf den Begriff „Software" ausdrücklich. Vgl. auch § 1 Absatz 1 der WIPO-Mustervorschriften, in GRUR 1979, S. 306 (307)).

verwendet werden können, wie dies jedoch teilweise geschieht[527]. Das Computerprogramm ist eben nur ein Element der „Computer"- Software.

Eine gesetzliche Definition des „Computerprogramms" existiert nicht, da der Gesetzgeber befürchtete, daß eine Definition aufgrund der fortschreitenden technischen Entwicklung schon bald überholt sein würde[528].

Der Begriff „Computerprogramm" wird nach § 1 (i) der Mustervorschriften für den Schutz von Computersoftware der Weltorganisation für geistiges Eigentum (WIPO) als „eine Folge von Befehlen, die nach Aufnahme in einen maschinenlesbaren Träger fähig sind zu bewirken, daß eine Maschine mit informationsverarbeitenden Fähigkeiten eine bestimmte Funktion oder Aufgabe oder ein bestimmtes Ergebnis anzeigt, ausführt oder erzielt", definiert[529]. Eine prägnantere Definition schlagen *Lesshaft/Ulmer* vor, die das Computerprogramm als „eine ablauffähige Folge von Einzelanweisungen, die dazu dient, den Computer zur Ausführung einer bestimmten Funktion zu veranlassen", beschreiben[530].

Zu den Computerprogrammen in diesem Sinne gehören selbstverständlich auch Computerspiele[531].

Die Regelungen der §§ 69 a ff UrhG enthalten, wie sich bereits der Überschrift des achten Abschnitts „Besondere Bestimmungen für Computerprogramme" entnehmen läßt, lediglich spezielle Regelungen hinsichtlich dieses einen Elementes der Software. Dies erklärt sich daraus, daß die anderweitigen Komponenten der Software grundsätzlich den allgemeinen Regelungen des UrhG unterliegen, so daß im Falle einer Erschaffung im Arbeitsverhältnis die Regelung des § 43 UrhG zur Anwendung kommt und insoweit auf die vorherigen Ausführungen verwiesen werden kann.

---

[527] So aber *Fromm/Nordemann/Vinck*, § 69 a, Rdnr. 2, S. 477, *Möhring/Nicolini/Hoeren*, § 69 a Rdnr. 2 ff, S. 680 f und BGH, Urteil vom 24. Oktober 2000, in GRUR 2001, S. 155 (156) - Wetterführungspläne.

[528] Vgl. die Gesetzesbegründung in BT-Drucks. 12/4022, S. 9.

[529] Mustervorschriften der WIPO, in GRUR Int. 1978, S. 286 (290) sowie in GRUR 1979, S. 300 (306 f). Eine anderweitige Definition enthält DIN 44.300 Teil 4 Nr. 4.1.9 von 1988, in der der Begriff „Computerprogramm" als „eine nach den Regeln der verwendeten Sprache festgelegte syntaktische Einheit aus Anweisungen und Vereinbarungen, welche die zur Lösung einer Aufgabe notwendigen Elemente umfaßt" definiert wird (*Haberstumpf*, in Lehmann, Rdnr. 15, S. 69 (78)); siehe auch BGH, Urteil vom 09. Mai 1985, in BGHZ 94, S. 276 (283) – Inkassoprogramm.

[530] *Lesshaft/Ulmer*, in CR 1993, S. 607 (608). Zur Definition des Begriffs „Computerprogramm" siehe auch *Horns*, in GRUR 2001, S. 1 (5).

[531] Vgl. *Fromm/Nordemann/Vinck*, § 69 a, Rdnr. 2, S. 478 sowie *Schlatter*, in Lehmann, S. 169 (186 und 191 ff), Rdnr. 38 und 48 f, die sich insbesondere mit dem Schutz als Filmwerk i.S.d. § 2 Absatz 1 Nr. 6 UrhG auseinandersetzt.

So wird die Anwenderdokumentation, die in Gestalt eines Handbuchs oder einer Bedienungsanleitung Bestandteil der Software ist, unproblematisch von dem Begriff der Schriftwerke in § 2 Absatz 1 Nr. 1 UrhG umfaßt[532] und unterscheidet sich damit in keiner Weise von anderen wissenschaftlichen Werken[533], die ein Arbeitnehmer erstellt. Dabei ist es unerheblich, ob die Anwenderdokumentation in der herkömmlichen Buchform oder in Form digitaler Medien, wie beispielsweise einer CD-ROM, vorliegt[534]. Dasselbe gilt für den überwiegenden Teil der Herstellerdokumentationen, die ebenfalls Schriftwerke i.S.d. § 2 Absatz 1 Nr. 1 UrhG oder Darstellungen wissenschaftlicher oder technischer Art i.S.d. § 2 Absatz 1 Nr. 7 UrhG sind[535] und insoweit den allgemeinen Regelungen unterfallen, sofern es sich nicht um Entwurfsmaterial i.S.d. § 69 a Absatz 1 UrhG handelt, für das dann gemäß § 69 a Absatz 1 UrhG die Regelungen über Computerprogramme Anwendung finden[536].

Aufgrund der differenzierten Begrifflichkeiten wird im Rahmen der nachfolgenden Untersuchung lediglich von Computerprogrammen als Teil der Software gesprochen, wobei sich die diesbezüglichen Ausführungen aufgrund der Regelung des § 69 a Absatz 1 UrhG auch auf das Entwurfsmaterial erstrekken, welches selbst kein Computerprogramm darstellt.

B. Abgrenzung zwischen Patent- und Urheberrecht bei Computerprogrammen

Nachdem zunächst in Deutschland keine Einigkeit darüber bestand, ob Computerprogramme dem UrhG oder dem PatG unterfallen sollen, steht nach der Urheberrechtsnovelle von 1985, in deren Folge „Programme für die Datenverarbeitung" in § 2 Absatz 1 Nr. 1 UrhG den Sprachwerken gleichgestellt wurden und der nachfolgenden Einfügung der §§ 69 a-g UrhG durch das am 24. Juni 1993 in Kraft getretene Zweite Gesetz zur Änderung des Urheberrechtsgesetzes der urheberrechtliche Schutz im Vordergrund[537].

---

[532] *Fromm/Nordemann/Vinck*, § 69 a, Rdnr. 3, S. 478; *Schricker/Loewenheim*, § 69 a, Rdnr. 6, S. 1074 f.

[533] *Haberstumpf*, in Lehmann, Rdnr. 28, S. 69 (85).

[534] *Schricker/Loewenheim*, § 69 a, Rdnr. 6, S. 1074 f.

[535] BGH, Urteil vom 09. Mai 1985, in BGHZ 94, S. 276 (283) – Inkassoprogramm; *Nordemann*, in ZUM 1985, S. 10 (11).

[536] *Haberstumpf*, in Lehmann, Rdnr. 29, S. 69 (85 f).

[537] *Haberstumpf*, in Lehmann, Rdnr. 7 ff, S. 69 (74); *Lucas*, S. 11 f.

Dennoch besteht bei Computerprogrammen die Besonderheit, daß sie parallel sowohl Schutz nach dem Urheberrecht als auch nach dem Patentrecht genießen können[538], so daß eine Abgrenzung erforderlich ist.

I. Schutz nach dem Patentrecht

Trotz der Zuordnung der Computerprogramme zu den Sprachwerken durch § 2 Absatz 1 Nr. 1 UrhG und damit zum Bereich des Urheberrechts, ist neben dem urheberrechtlichen Schutz ein patentrechtlicher Schutz möglich[539]. Dem steht auch der vermeintlich eindeutige Wortlaut des § 1 Absatz 2 Nr. 3, Absatz 3 PatG und des Art. 52 Absatz 2 c, Absatz 3 des Europäischen Patentübereinkommens (EPÜ) nicht entgegen, die bestimmen, daß „Programme für Datenverarbeitungsanlagen als solche" keine Erfindungen und damit auch nicht patentfähig sind[540]. Diese Einschränkung bezieht sich lediglich auf solche Computerprogramme, denen die für die Patentfähigkeit erforderliche „Lehre zum technischen Handeln fehlt", und die sich auf die Steuerung des Computers und angeschlossener Geräte beschränken[541]. Patentfähigkeit besitzen demnach solche sog. „technischen Programme", die „über die Steuerung eines Computers hinaus eine technische Aufgabe lösen"[542], mithin eine Lehre zum technischen Handeln aufweisen[543]. Dies kommt insbesondere bei Programmen in Betracht, „bei denen sich die Lehre nicht in der Auswahl, Gliederung und Zuordnung von Daten erschöpft, sondern die Funktionsfähigkeit der Datenverarbeitungsanlage als solcher betrifft und damit das unmittelbare Zusammenwirken ihrer Elemente ermöglicht"[544]. Ferner liegt eine derartige Lehre zum technischen Handeln bei Computerprogrammen nach der Rechtsprechung des BGH vor, wenn durch das Programm der bestimmten Rechen-

---

538 BGH, in GRUR 1991, S. 449 (450) – Betriebssystem.

539 *Sack*, in UFITA Band 121, 1993, S. 15 (40); *MünchArbR/Sack*, Band 1, § 102 Rdnr. 111, S. 2144 m.w.N.; *Fromm/Nordemann/Vinck*, § 69 g, Rdnr. 2, S. 499; *Horns*, in GRUR 2001, S. 1 (5); a.A. *Gaul*, in CR 1988, S. 841 (843). Allgemein zum Patentschutz von Computerprogrammen: *Betten*, in GRUR 1995, S. 775 ff sowie *Engel*, in GRUR 1993, S. 194 ff.

540 Zum Begriff der Programme für eine Datenverarbeitungsanlage „als solche" siehe *Betten*, in GRUR 1995, S. 775 (777).

541 *Sack*, in UFITA Band 121, 1993, S. 15 (40); *Fromm/Nordemann/Vinck*, § 69 g, Rdnr. 2, S. 499; *Himmelmann*, S. 95.

542 *Sack*, in UFITA Band 121, 1993, S. 15 (40); *Kraßer*, in Lehmann, S. 221 ff; BGH, in GRUR 1991, S. 449 (450) – Betriebssystem; dies wird stillschweigend auch von BGH, in GRUR 2001, S. 155 (157) – Wetterführungspläne, unterstellt.

543 *Schricker/Loewenheim*, Vor. §§ 69 a ff, Rdnr. 9, S. 1067; *Möhring/Nicolini/Hoeren*, Vor. §§ 69 a, Rdnr. 6, S. 677.

544 BGH, in GRUR 1992, S. 33 (35) - Seitenpuffer; BGH, in GRUR 1992, S. 430 (431 f) – Tauchcomputer; *Bartenbach/Volz*, § 2, Rdnr. 7, S. 134; *Fromm/Nordemann/Vinck*, § 69 g, Rdnr. 2, S. 499; *Betten*, in GRUR 1995, S. 775 (785) m.w.N.

regeln folgende Betrieb technischer Geräte ermöglicht wird, ohne daß es eines menschlichen Zutuns bedürfte[545].

Nach *Vinck* gilt unter Berücksichtigung der zuvor dargestellten Kriterien der Rechtsprechung des BGH der Grundsatz, „daß ein Computerprogramm patentfähig ist, wenn es ein technisches Problem löst, technische Mittel verwendet oder eine technische Wirkung hat“[546].

Erfüllt ein Computerprogramm die vorgenannten Voraussetzungen und ist es gemessen am Stand der Technik neu, basiert auf einer erfinderischen Tätigkeit und ferner gewerblich anwendbar, so ist es patentfähig[547]. Sofern es durch einen Arbeitnehmer im Rahmen seiner Pflichten aus dem Arbeitsverhältnis oder beruhend auf Erfahrungen oder Arbeiten des Betriebes geschaffen wurde, unterfällt es darüber hinaus dem ArbnErfG.

II. Schutz nach dem Urheberrecht / Voraussetzungen des § 69 a UrhG

Die Voraussetzungen für den urheberrechtlichen Schutz eines Computerprogramms sind gegenwärtig in § 69 a UrhG geregelt. Vor Einführung dieser Regelung waren die von der Rechtsprechung aufgestellten Anforderungen an die urheberrechtliche Schutzfähigkeit derartig hoch, daß die Mehrzahl der Computerprogramme keinen urheberrechtlichen Schutz genoß[548]. Der BGH wies in seiner „Inkasso-Programm-Entscheidung“ darauf hin, daß die urheberrechtliche Schutzfähigkeit erst dann gegeben sei, wenn die Programmiertätigkeit das allgemeine durchschnittliche Können eines Programmierers im Hinblick auf Auswahl, Sammlung, Anordnung und Einteilung der Informationen und Anweisungen deutlich überrage[549].

Diese Anforderungen waren mit der Einführung des § 69 a Absatz 3 UrhG, der die Schutzvoraussetzungen erheblich niedriger ansetzt, nicht mehr haltbar. Nach § 69 a Absatz 3 Satz 1 UrhG sind Computerprogramme urheberrechtlich geschützt, wenn sie individuelle Werke darstellen und dabei das Ergebnis einer eigenen geistigen Schöpfung sind. Satz 2 des § 69 a Absatz 3 UrhG weist ergänzend darauf hin, daß zur Feststellung der urheberrechtlichen Schutzfähigkeit eines Computerprogramms keine weiteren als die genannten

---

[545] BGH, in GRUR 1992, S. 430 (432) – Tauchcomputer; BGH, in GRUR 1980, S. 849 (850 f) – Antiblockiersystem; BGH, in GRUR 1977, S. 96 (98) - Dispositionsprogramm.

[546] *Fromm/Nordemann/Vinck*, § 69 g, Rdnr. 2, S. 499 m.w.N.; vgl. auch *Betten*, in GRUR 1995, S. 775 (778, 785 f), sowie *Schricker/Loewenheim*, Vor. §§ 69 a ff, Rdnr. 8, S. 1067.

[547] *Bartenbach/Volz*, § 2, Rdnr. 6, S. 133.

[548] *Haberstumpf*, in NJW 1991, S. 2105 (2106); *Schulze*, in GRUR 1985, S. 997 (998 ff).

[549] BGH; Urteil vom 09. Mai 1985, in BGHZ 94, S. 276 (287) – Inkassoprogramm sowie BGH, in GRUR 1991, S. 449 (452) – Betriebssystem. Vgl. auch *Haberstumpf*, in NJW 1991, S. 2105 (2106).

Kriterien, insbesondere nicht wie von der damaligen Rechtsprechung gefordert, qualitativer oder aber auch ästhetischer Art, anzuwenden sind[550]. Diese reduzierten Anforderungen an den urheberrechtlichen Schutz hat nunmehr auch die Rechtsprechung in ihren Entscheidungen berücksichtigt[551].

Voraussetzungen des urheberrechtlichen Schutzes von Computerprogrammen sind somit nunmehr das Vorliegen von persönlichem Schaffen, eines geistigen Inhaltes, einer sinnlich wahrnehmbaren Formgestaltung sowie das Vorhandensein von Individualität[552].

Zu den Voraussetzungen des urheberrechtlichen Schutzes von Computerprogrammen nach § 69 a Absatz 3 UrhG im einzelnen:

1. Persönliches Schaffen

Das Merkmal des persönlichen Schaffens meint, daß das Computerprogramm auf einer menschlichen gestalterischen Tätigkeit des jeweiligen Urhebers beruhen muß, so daß die durch ein anderes Computerprogramm (Software-Generatorprogramm) erstellten Computerprogramme, sog. Maschinenprodukte, nicht urheberrechtlich geschützt sind[553].

2. Geistiger Gehalt

Das Merkmal des „geistigen Gehalts" ist bei Computerprogrammen grundsätzlich gegeben, da es lediglich voraussetzt, daß in dem Computerprogramm der menschliche Geist in der Gedankenformung und Gedankenführung der konkreten Materie zum Ausdruck kommt[554]. Dies liegt mit der jeweiligen Problemlösung durch das entsprechende Computerprogramm vor[555].

---

550 *Schricker/Loewenheim*, § 69 a, Rdnr. 18, S. 1079, weist darauf hin, daß aufgrund des Umstandes, daß für die urheberrechtliche Schutzfähigkeit eine individuelle Schöpfung erforderlich sei, nicht vollständig auf die Anlegung qualitativer Kriterien verzichtet werden könne. Vielmehr besage das in § 69 a Absatz 3 Satz 2 UrhG enthaltene Verbot lediglich, daß eine über das Vorhandensein von Individualität hinausgehende Schöpfungshöhe und damit ein weitergehendes qualitatives Niveau nicht verlangt werden dürfe.

551 BGH, in GRUR 1994, S. 39 (39) – Buchhaltungsprogramm; *Brandi-Dohm*, in BB 1994, S. 658 (659).

552 *Schricker/Loewenheim*, § 69 a, Rdnr. 14, S. 1078; *Haberstumpf*, in Lehmann, S. 69 (88), Rdnr. 33; *Gaul*, in CR 1988, S. 841 (842) sowie allgemein zum urheberrechtlichen Schutz: *Koch*, in GRUR 2000, S. 191 ff. Zur Reichweite des urheberrechtlichen Schutzes von Computerprogrammen: *Ensthaler/Möllenkamp*, in GRUR 1994, S. 151 ff.

553 *Schricker/Loewenheim*, § 69 a, Rdnr. 15, S. 1078.

554 *Haberstumpf*, in Lehmann, Rdnr. 35, S. 69 (88); *Schricker/Loewenheim*, § 69 a, Rdnr. 16, S. 1079; BGH, Urteil vom 09. Mai 1985, in BGHZ 94, S. 276 (285) - Inkassoprogramm; vgl. auch BGH, in GRUR 1991, S. 449 (451)– Betriebssystem.

555 *Schricker/Loewenheim*, § 69 a, Rdnr. 16, S. 1079.

3. Sinnlich wahrnehmbare Formgestaltung

Die sinnlich wahrnehmbare Formgestaltung eines Computerprogramms ist gewährleistet, wenn das Computerprogramm eine Form erhalten hat, in der es durch menschliche Sinne wahrgenommen werden kann. Dabei ist es unerheblich, ob die sinnliche Wahrnehmung nur mittelbar, d.h. mit Hilfe technischer Geräte erfolgen kann, und ob das Computerprogramm digital oder in herkömmlicher Schriftform niedergelegt ist[556]. Eine dauerhafte körperliche Fixierung ist nicht erforderlich[557].

4. Individualität

Das Merkmal der Individualität ist in § 69 a Absatz 3 Satz 1 UrhG niedergelegt und ebenso zu verstehen wie hinsichtlich der sonstigen Werke i.S.d. § 2 UrhG[558]. Folglich ist eine Prägung des Computerprogrammes durch den „individuellen Geist des Urhebers" erforderlich, wobei das Werk in Gestalt des Computerprogramms ein Ergebnis der eigenen geistigen Schöpfung des Urhebers sein muß[559].

Diese so verstandene Individualität bzw. eigene geistige Schöpfung resultiert aus der Auswahl, Sammlung, Anordnung und Einteilung der Informationen und Anweisungen sowie aus der Be-, Um- und Einarbeitung bereits bekannter Elemente und Formen[560]. Folglich ist die Grenze des urheberrechtlichen Schutzes nunmehr sehr gering, so daß auch die sog. kleine Münze geschützt ist, wobei dennoch ein Mindestmaß an geistiger Leistung vorausgesetzt wird[561]. Ausweislich der Begründung des Gesetzgebers ist der urheberrechtliche Schutz von Computerprogrammen der Regelfall; lediglich das „völlig Banale" ist nicht schutzfähig[562]. Insofern ist mit der Literatur davon auszugehen, daß zumindest bei komplexeren Computerprogrammen ebenso wie bei Standardprogrammen eine tatsächliche Vermutung für die urheberrechtliche Schutzfähigkeit spricht[563].

---

[556] *Schricker/Loewenheim*, § 69 a, Rdnr. 16, S. 1079.
[557] *Haberstumpf*, in Lehmann, Rdnr. 36, S. 69 (89).
[558] *Haberstumpf*, in Lehmann, Rdnr. 88, S. 69 (119).
[559] *Schricker/Loewenheim*, § 69 a, Rdnr. 19, S. 1080.
[560] BGH, Urteil vom 09. Mai 1985, in BGHZ 94, S. 276 (287) – Inkassoprogramm.
[561] *Fromm/Nordemann/Vinck*, § 69 a, Rdnr. 6, S. 481; *Schricker/Loewenheim*, § 69 a, Rdnr. 20, S. 1080; *Haberstumpf*, in Lehmann, Rdnr. 39, S. 69 (91) und Rdnr. 79, S. 112.
[562] BT-Drucksache 12/4022, S. 9, 10.
[563] *Fromm/Nordemann/Vinck*, § 69 a, Rdnr. 7, S. 482; *Schricker/Loewenheim*, § 69 a, Rdnr. 21 f, S. 1081, die beide auf die Entscheidung des KG, in GRUR 1996, S. 974 (974 f) – OEM-Software, verweisen, in der die urheberrechtliche Schutzfähigkeit der Computerprogramme „MS-DOS" und „Windows for Workgroups" unterstellt wurde. Vgl. ferner *Dreier*, in

C. Tatbestand des § 69 b Absatz 1 UrhG

Ist ein Computerprogramm von der Regelung des § 69 a UrhG umfaßt und genießt es damit urheberrechtlichen Schutz, so bestehen wie bei sonstigen urheberrechtlich geschützten Werken i.S.d. § 2 UrhG Besonderheiten, sofern das Werk von einem Arbeitnehmerurheber geschaffen worden ist. Anders als bei den sonstigen Werken i.S.d. § 2 UrhG, für die insoweit die Regelung des § 43 UrhG zur Anwendung kommt, existiert für Computerprogramme i.S.d. § 69 a UrhG im Falle einer Erschaffung durch Arbeitnehmer eine Sonderregelung in § 69 b UrhG. Die Sonderregelung des § 69 b UrhG ist lex specialis im Verhältnis zur allgemeinen Regelung der Arbeitnehmerurheberrechte in § 43 UrhG[564]. Aus ihrem Charakter als Spezialregelung sowie aus dem Umstand, daß § 69 b UrhG in einem eigenen Kapitel über Computerprogramme enthalten ist, wird geschlossen, daß eine Ausstrahlung des Regelungsgehaltes auf die anderen urheberrechtlichen Regelungen, beispielsweise bei deren Auslegung, zu unterbleiben hat[565]. Dies entspricht ferner dem ausdrücklichen Willen des Gesetzgebers, wie er in der Begründung zum Ausdruck kommt[566].

I. Arbeitsverhältnis

Ebenso wie § 43 UrhG findet § 69 b UrhG nur auf Arbeits- und Dienstverhältnisse Anwendung, wobei die Begriffe „Arbeitsverhältnis" und „Dienstverhältnis" in beiden Normen einen identischen Bedeutungsgehalt aufweisen, so daß vollumfänglich auf die diesbezüglichen Ausführungen zu § 43 UrhG oben unter Teil 2 B. II. 1. zu verweisen ist. Auch im Rahmen der Betrachtung des § 69 b UrhG soll aufgrund des Gegenstandes dieser Untersuchung allein auf den Bereich des Arbeitsverhältnisses eingegangen werden, so daß die öffentlich-rechtlichen Dienstverhältnisse nicht näher untersucht werden.

II. In Wahrnehmung der Aufgaben des Arbeitnehmers bzw. nach Anweisung des Arbeitgebers / Abgrenzung Pflichtwerk und Freiwerk

Während § 43 UrhG von Werken spricht, die der Urheber „in Erfüllung seiner Verpflichtungen aus einem Arbeits- oder Dienstverhältnis geschaffen hat" ist in § 69 b UrhG von Computerprogrammen die Rede, die „von einem Arbeit-

---

GRUR 1993, S. 781 (789); *Haberstumpf*, in Lehmann, S. 69 (124), Rdnr. 98; *Erdmann/Bornkamm*, in GRUR 1991, S. 877 (879); a.A. *Ullmann*, in CR 1992, S. 641 (643).

564 *Sack*, in UFITA Band 121, 1993, S. 15 (17); *Schricker/Loewenheim*, § 69 b, Rdnr. 1, S. 1085.

565 *Dreier*, in GRUR 1993, S. 781 (781); *Schulte*, in CR 1992, S. 588 (590); *Schricker/Loewenheim*, Vor §§ 69 a ff, Rdnr. 4, S. 1066 und § 69 b, Rdnr. 1, S. 1085.

566 BT-Drucks. 12/4022, S. 8.

nehmer in Wahrnehmung seiner Aufgaben oder nach den Anweisungen seines Arbeitgebers geschaffen“ worden sind.

Trotz des unterschiedlichen Wortlautes ist nach einhelliger Auffassung kein Unterschied in dem Bedeutungsgehalt der beiden Regelungen gegeben; die Formulierungen sind inhaltlich deckungsgleich[567]. Folglich ist auch im Anwendungsbereich des § 69 b UrhG eine Differenzierung zwischen Pflichtwerken und Freiwerken erforderlich, da letztere vom Regelungsgehalt des § 69 b UrhG nicht umfaßt sind[568]. Auch der Gesetzgeber zieht diesbezüglich ausdrücklich eine Parallele zwischen der Regelung des § 43 UrhG und der des § 69 b UrhG[569].

1. Pflichtwerke

§ 69 b Absatz 1 UrhG enthält dem Wortlaut nach zwei Varianten, deren Erfüllung zur Anwendbarkeit führen kann. Dies ist zum einen die Erschaffung des Computerprogramms durch den Arbeitnehmer „in Wahrnehmung seiner Aufgaben“ und zum anderen „nach den Anweisungen seines Arbeitgebers“.

a) „in Wahrnehmung seiner Aufgaben“

Daß § 69 b UrhG Pflichtwerke umfaßt, ergibt sich aus dem Merkmal „in Wahrnehmung seiner Aufgaben“. Die Differenzierung anhand der Aufgaben unterscheidet sich nicht von der Differenzierung anhand der Pflichten in § 43 UrhG, sondern enthält, wie *Hauptmann* zutreffend anmerkt, lediglich eine positivere Umschreibung desselben Kriteriums[570]. Die den Pflichten des Arbeitnehmers entsprechenden Aufgaben ergeben sich aus dem gesamten Arbeitsverhältnis im Einzelfall. Insoweit ist primär auf den Arbeitsvertrag abzustellen, wobei jedoch zu berücksichtigen ist, daß sich die arbeitsvertraglichen Pflichten im Laufe eines Arbeitsverhältnisses verändern können und regelmäßig auch verändern[571]. Daneben können sich die jeweiligen Pflichten des Arbeitnehmers aus tarifvertraglichen Normierungen oder Regelungen in

---

[567] *Buchner*, in Lehmann, S. 421 (431 f), Rdnr. 27 ff, insbes. Rdnr. 33, 34; *Schwab*, in ArbuR 1993, S. 129 (130); *Fromm/Nordemann/Vinck*, § 69 b, Rdnr. 1, S. 483 f; *Hauptmann*, S. 162 f; *Wandtke*, Rdnr. 301 f, S. 108; *Sack*, in UFITA Band 121, 1993, S. 15 (17 ff); *Schricker/Loewenheim*, § 69 b, Rdnr. 5, S. 1085, der darauf hinweist, daß der abweichende Wortlaut in der nachträglich in das UrhG eingeführten Regelung des § 69 b UrhG aus dem Bestreben des Gesetzgebers resultiere, die Vorgaben der Richtlinie möglichst wörtlich zu übernehmen. Vgl. ferner *Himmelmann*, S. 271 f.

[568] Ebenso *Wandtke*, Rdnr. 301 f, S. 108, sowie Rdnr. 306, S, 109. Zu den Begriffen „Pflichtwerke“ und „Freiwerke“ siehe oben unter Teil 2 B. II. 2. a) und b).

[569] BT-Drucks. 12/4022, S. 11.

[570] *Hauptmann*, S. 162 f.

[571] Ebenso *Sack*, in UFITA, Band 121, 1993, S. 15 (18).

Betriebsvereinbarungen ergeben. Zur Auslegung der vorgenannten Rechtsquellen sind, wie im Rahmen der Regelung des § 43 UrhG auch, die betriebliche Funktion des Arbeitnehmers, das Berufsbild und die Üblichkeit heranzuziehen[572].

Demgegenüber ist es bei der Abgrenzung zwischen Pflicht- und Freiwerken auch im Falle des § 69 b UrhG unerheblich, ob das Werk während der Arbeitszeit oder während der Freizeit erstellt wurde, da es gerade für Leistungen höherer Art typisch ist, daß die Pflichterfüllung nicht unmittelbar mit der eigentlichen Arbeitszeit endet, sondern darüber hinausgeht; aus demselben Grund ist auch die Örtlichkeit der Werkschaffung unerheblich[573].

Ausreichend ist ein enger innerer Zusammenhang zu den Aufgaben bzw. Pflichten aus dem Arbeitsverhältnis[574]. Folglich ist es nicht erforderlich, daß das Arbeitsverhältnis direkt und in erster Linie auf die Erstellung eines Computerprogramms gerichtet ist[575]. Ferner wäre der Anwendungsbereich des § 69 b UrhG bei einem derartigen Verständnis sehr beschränkt, da er allein auf Entwickler von Computerprogrammen anwendbar wäre, die exakt zu diesem Zweck eingestellt wurden oder deren primäre Arbeitspflicht dahingehend abgeändert wurde. Aufgrund der erweiternden Auslegung sind auch Werke in die Regelung des § 69 b UrhG einbezogen, die innerhalb eines primär auf eine andere Tätigkeit angelegten und ausgerichteten Arbeitsverhältnisses entste-

---

572 *Sack*, in UFITA, Band 121, 1993, S. 15 (17 f); *Schricker/Loewenheim*, § 69 b, Rdnr. 6, S. 1086; *Hauptmann*, S. 164, mit zahlreichen Nachweisen aus der Rechtsprechung, die jedoch sämtlichst aus der Zeit vor Einführung des § 69 b UrhG stammen, weshalb die Entscheidungen zu § 43 UrhG ergangen sind.

573 *Schricker/Loewenheim*, § 69 b, Rdnr. 10, S. 1087; *Kolle*, in GRUR 1985, S. 1016 (1020); *Buchner*, in Lehmann, S. 421 (434), Rdnr. 36; *Sack*, in UFITA Band 121, S. 15 (20); *Fromm/Nordemann/Vinck*, § 69 b, Rdnr. 4, S. 485, der im Rahmen des § 43 UrhG durchaus auf den Ort des Werkschaffens abstellt; vgl. insoweit auch die Ausführungen oben unter Teil 2 B. II. 2. a) bb) (1)). A.A. wohl KG, in WM 1997, S. 1443 (1443), wo auf das Kriterium der Freizeit abgestellt wird. Ebenso stellt *Schneider*, Rdnr. 591, S. 539, auf das Kriterium der Freizeit ab.

574 *Sack*, in UFITA, Band 121, 1993, S. 15 (18) unter Bezugnahme auf OLG Karlsruhe, in GRUR 1987, S. 845 (848) – Schutzrechtsverwarnung; *Sack*, in BB 1991, S. 2165 (2166); *MünchArbR/Sack*, Band 1 § 102, Rdnr. 67, S. 2130; *Schricker/Loewenheim*, § 69 b, Rdnr. 6, S. 1086; *Fromm/Nordemann/Vinck*, § 69 b, Rdnr. 4, S. 484 f; *Buchner*, in Lehmann, S. 421 (432 f), Rdnr. 29 ff; a.A. *Kraßer*, Fs Schricker 1995, S. 77 (99), der davon ausgeht, daß erst dann, wenn der Arbeitnehmer vom Arbeitgeber in Ausübung des Direktionsrechts die Weisung erhält oder eine nachträgliche Vertragsänderung vorliegt, aus der sich die Pflicht zur Erstellung von Computerprogrammen ergibt, ein Pflichtwerk vorliegt, es sei denn der Arbeitnehmer ist nicht bereits von Anfang an als Programmierer eingestellt worden.

575 *Hauptmann*, S. 164; *Schneider*, Rdnr. 595, S. 540; a.A. wohl KG, in ZUM 1998, S. 167 (168), nach dem die Entwicklung eines Computerprogramms im Rahmen des Arbeitsverhältnisses und für den Betrieb nicht in Erfüllung des Arbeitsverhältnisses erfolgt, wenn aus dem Arbeitsvertrag eine derartige Pflicht nicht hervorgeht..

hen, sofern diese Werke zu den Pflichten aus dem Arbeitsverhältnis einen engen inneren Zusammenhang aufweisen[576]. Dies ist jedenfalls dann gegeben, wenn der Arbeitgeber dem Arbeitnehmerurheber einen Spielraum für eine eigenverantwortliche Gestaltung seiner geschuldeten primären Tätigkeit einräumt[577]. Wenn der Arbeitnehmer diesen Spielraum nutzt, indem er beispielsweise zur effektiveren Erledigung seiner Arbeiten auf Kosten des Arbeitgebers ein Computerprogramm entwickelt, dann steht dieses in engem inneren Zusammenhang zu den sonstigen Pflichten aus dem Arbeitsverhältnis und stellt somit ein Pflichtwerk i.S.d. § 69 b UrhG dar[578]. Das Kammergericht weist insoweit darauf hin, daß mit der fortschreitenden Technologisierung am Arbeitsplatz in nahezu sämtlichen Arbeitsbereichen für einen verantwortungsbewußten Arbeitnehmer das Bedürfnis bzw. der Anlaß bestehen könne, sich zur Erfüllung der Pflichten aus dem Arbeitsverhältnis der Hilfe eines Computers zu bedienen und hierfür unter Umständen auch aus eigener Initiative Programme zu entwickeln[579]; dann gehört die Programmentwicklung bereits zu der aus dem Arbeitsverhältnis geschuldeten Tätigkeit.

b) „nach den Anweisungen seines Arbeitgebers“

Die zweite Variante des § 69 b Absatz 1 UrhG „nach den Anweisungen seines Arbeitgebers geschaffen“ hat, entgegen der Auffassung von *Loewenheim* und *Sack*, keinen eigenständigen Bedeutungsgehalt. Nach *Loewenheim* und *Sack* ergebe sich der eigenständige Anwendungsbereich daraus, daß die Anweisungen des Arbeitgebers i.S.d. § 69 b Absatz 1 UrhG neben der Übertragung der Aufgabe, Computerprogramme zu entwickeln, auch konkrete Anweisungen im Hinblick auf die Art und Weise der Herstellung bzw. inhaltlichen Gestaltung etwaiger Computerprogramme umfassen würden[580].

Diese Auffassung basiert jedoch auf unzutreffenden Ausgangspunkten. Soweit die etwaigen Anweisungen des Arbeitgebers vom Arbeitsvertrag gedeckt sind, sich mithin in den darin vereinbarten Grenzen halten, handelt es sich bei der jeweiligen Anweisung um eine Ausprägung des Direktionsrechts.

---

[576] *Buchner*, in Lehmann, Rdnr. 30, S. 421 (432 f); *Schricker/Loewenheim*, § 69 b, Rdnr. 6, S. 1086, m.w.N.; KG, in WM 1997, S. 1443 (1443); OLG Karlsruhe, in GRUR 1987, S. 845 (848) – Schutzrechtsverwarnung, zur Rechtslage vor Einführung des § 69 b UrhG.

[577] *Buchner*, in Lehmann, Rdnr. 30 f, S. 421 (432 f).

[578] *Fromm/Nordemann/Vinck*, § 69 b, Rdnr. 4, S. 485; *Schricker/Loewenheim*, § 69 b, Rdnr. 6, S. 1086; *Buchner*, in Lehmann, Rdnr. 30 f, S. 421 (432 f); *Sack*, in UFITA, Band 121, 1993, S. 15 (18); *Kolle*, in GRUR 1985, S. 1016 (1020 f).

[579] KG, in WM 1997, S. 1443 (1443). Ebenso *Fromm/Nordemann/Vinck*, § 69 b, Rdnr. 4, S. 485; *Schricker/Loewenheim*, § 69 b, Rdnr. 6, S. 1086. Anderer Ansicht: BAG, in GRUR 1989, S. 429 (431) – Statikprogramme.

[580] *Schricker/Loewenheim*, § 69 b, Rdnr. 7, S. 1086; *Sack*, in UFITA, Band 121, 1993, S. 15 (20).

Dieses Direktionsrecht ist aber nichts anderes als eine Ausgestaltung der generalklauselartig im Arbeitsvertrag festgelegten Pflichten des Arbeitnehmers[581]. Folglich liegt insoweit ein Anwendungsfall der ersten Variante des § 69 b Absatz 1 UrhG vor, da es sich dann bei der Erschaffung des Werkes durch den Arbeitnehmer um eine Wahrnehmung seiner Aufgaben handelt. Sollte die jeweilige Anweisung über die Grenzen des Arbeitsvertrages hinausgehen und damit nicht mehr vom Direktionsrecht gedeckt sein[582], so wird es sich in der Regel bei einer Erfüllung durch den Arbeitnehmer um eine – auch konkludent mögliche – Erweiterung oder Abänderung der arbeitsvertraglichen Pflichten im Einzelfall handeln, so daß wiederum ein Anwendungsfall der ersten Variante des § 69 b Absatz 1 UrhG vorläge[583]. Ob eine dauerhafte Abänderung der arbeitsvertraglichen Pflichten im Einzelfall anzunehmen ist, bedarf jedoch einer sehr detaillierten Prüfung und kann nicht ohne weiteres allein aus der einmaligen Erfüllung der Weisung durch den Arbeitnehmer geschlossen werden[584].

Der von *Loewenheim* und *Sack* angeführte Fall einer arbeitsrechtlich unwirksamen Weisung zur Erstellung eines Computerprogramms kann nicht von § 69 b Absatz 1 UrhG umfaßt sein[585]. Zwar ist zuzugeben, daß grundsätzlich die arbeitsrechtliche Seite einer Fragestellung von der urheberrechtlichen Seite zu trennen ist. Im hiesigen Fall hat die Bewertung aus folgenden Gründen jedoch einheitlich zu erfolgen: Unterstellt, die Ansicht von *Loewenheim* und *Sack* träfe zu, dann könnte der Arbeitgeber eine, weil über die Pflichten aus dem Arbeitsvertrag hinausgehende, unwirksame Weisung erteilen und damit die Anwendbarkeit des § 69 b Absatz 1 2. Var. UrhG erreichen. Dies hätte zur Folge, daß es sich bei dem infolge der arbeitsrechtlich unwirksamen Anweisung erschaffenen Werk um ein Pflichtwerk handeln und sämtliche vermögensrechtlichen Befugnisse daran dem Arbeitgeber zustehen würden. Der Arbeitgeber, der seinen Arbeitnehmern - zwar arbeitsrechtlich unwirksame - Anweisungen zur Werkerstellung erteilen würde, würde mit den jeweiligen Nutzungsrechten belohnt. Dies hätte die Gefahr einer Umgehung der ersten Variante des § 69 b Absatz 1 UrhG zur Folge, da der Arbeitgeber damit sämtliche Freiwerke, die von § 69 b UrhG eigentlich nicht umfaßt wer-

---

581 Vgl. oben unter Teil 2 B II 2 a) aa).

582 BAG, in DB 1985, S. 1240 (1241).

583 Unverständlicher Weise weist *Sack* selbst darauf hin, daß im deutschen Arbeitnehmerurheberrecht nicht immer ausreichend berücksichtigt wurde, daß dauernde oder wenigstens vorübergehende nachträgliche Änderungen und Erweiterungen der arbeitsvertraglichen Verpflichtungen möglich sind (in UFITA, Band 121, 1993, S. 17 (18).

584 So aber *Buchner*, in Lehmann, S. 421 (434), Rdnr. 34.

585 So auch *Wandtke*, Rdnr. 302, S. 108, der darauf hinweist, daß sich die Anweisung des Arbeitgebers nur im Rahmen des Arbeitsvertrages bewegen könne.

den sollen[586], durch eine arbeitsrechtlich unwirksame Anweisung zu Pflichtwerken machen könnte und so die Nutzungsrechte erhalten würde.

Somit verbleibt für die zweite Variante des § 69 b Absatz 1 UrhG kein eigenständiger Anwendungsbereich, weshalb das Kriterium des § 69 b Absatz 1 UrhG „in Wahrnehmung seiner Aufgaben oder nach den Anweisungen seines Arbeitgebers" mit dem Merkmal „in Erfüllung seiner Verpflichtung aus einem Arbeitsverhältnis" in § 43 UrhG inhaltlich übereinstimmt[587].

2. Freiwerke

Werke des Arbeitnehmerurhebers, die den Kriterien für Pflichtwerke nicht entsprechen, gelten auch im Falle des § 69 b UrhG als Freiwerke, an denen dem Arbeitnehmerurheber sämtliche Rechte zustehen. Ausweislich der Begründung des Gesetzgebers, findet § 69 b UrhG „auf außervertragliche bzw. außerdienstliche Werke keine Anwendung"[588]. Vorbehaltlich einer abweichenden vertraglichen Vereinbarung stehen somit die Nutzungsrechte an urheberrechtlich geschützten Werken, die außerhalb der Pflichten des Arbeitsverhältnisses vom Arbeitnehmer geschaffen wurden, dem Arbeitgeber nicht gemäß § 69 b Absatz 1 UrhG zu[589]. Der Arbeitnehmer steht dem Arbeitgeber mithin insoweit wie ein freier Urheber gegenüber.

---

[586] Vgl. die Begründung des Gesetzgebers in BT-Drucks. 12/4022, S. 11, nach der § 69 b UrhG auf außervertragliche Werke keine Anwendung findet; sowie *Hauptmann*, S. 163.

[587] So auch *Buchner*, in Lehmann, Rdnr. 34, S. 421 (434).

[588] Vgl. BT-Drucks. 12/4022, S. 11.

[589] *Fromm/Nordemann/Vinck*, § 69 b, Rdnr. 4, S. 485; *Schricker/Loewenheim*, § 69 b, Rdnr. 10, S.1087; *Hauptmann*, S. 187 f, der jedoch neben den Freiwerken eine weitere Kategorie, die sog. nichtpflichtgebunden geschaffenen Computerprogramme" einführt, die sich wie die Freiwerke zwar außerhalb der Arbeitspflicht befänden, im Gegensatz zu den Freiwerken aber in einer konkreten Beziehung zum Arbeitgeber, mithin im Arbeitsverhältnis entstünden. Daher seien diese sog. nichtpflichtgebundenen Werke als Teil des Arbeitsergebnisses anzusehen, an dem dem Arbeitgeber die Nutzungsrechte gebührten. (S. 123 f). Diese Differenzierung ist m.E. verfehlt, da Werke, die weder in Erfüllung der Verpflichtungen aus dem Arbeitsverhältnis i.S.d. § 43 UrhG noch in Wahrnehmung der Aufgaben oder nach Anweisungen des Arbeitgebers i.S.d. § 69 b UrhG geschaffen worden sind, von den arbeitnehmerurheberrechtlichen Regelungen gerade nicht erfaßt werden. Sie stellen somit keine Pflichtwerke, sondern Freiwerke dar. Fraglich ist dann allein, ob eine Anbietungspflicht besteht oder nicht. Die Unterteilung der nicht von §§ 43 un 69 b UrhG umfaßten Werke in verschiedene Kategorien ist unnötig verwirrend und überflüssig, zumal die Differenzierung je nach der Beziehung zum Arbeitsverhältnis bzw. Arbeitgeber aufgrund des unbestimmten Kriteriums praktisch nicht durchführbar ist, was somit einer erstrebenswerten Rechtssicherheit nicht dienlich ist. Demgegenüber ist die bloße Differenzierung zwischen Pflichtwerken einerseits und Freiwerken andererseits in der Praxis deutlich handhabbarer. Vgl. insoweit auch *Holländer*, in CR 1991, S. 614 (615).

Hinsichtlich der umstrittenen Frage einer generellen Anbietungspflicht des Arbeitnehmerurhebers gelten dieselben Grundsätze wie bei den Werken i.S.d. § 43 UrhG, so daß vollumfänglich auf die Ausführungen unter Teil 2 B. II. 2. b) bb) zu verweisen ist[590]. Daß insoweit dieselben Grundsätze anzuwenden sind, wird auch aus der bereits teilweise zitierten Begründung des Gesetzgebers deutlich, in der es wie folgt heißt:

> „§ 69 b und auch § 43 UrhG finden auf außervertragliche bzw. außerdienstliche Werke keine Anwendung".

Danach besteht eine Anbietungspflicht weder unter dem Gesichtspunkt einer Analogie zum ArbnErfG noch unter dem Gesichtspunkt der Treuepflicht des Arbeitnehmers[591]. Die Interessen des Arbeitgebers werden ausreichend durch das bestehende Wettbewerbsverbot gewahrt.

D. Rechtsfolgen des § 69 b UrhG / Arbeitnehmerurheberrechte an Computerprogrammen

Sind die Voraussetzungen des § 69 b Absatz 1 UrhG im Einzelfall erfüllt, so „ist ausschließlich der Arbeitgeber zur Ausübung aller vermögensrechtlichen Befugnisse an dem Computerprogramm berechtigt, sofern nichts anderes vereinbart ist".

I. Ausschließliche vermögensrechtliche Befugnisse des Arbeitgebers

Rechtsfolge des § 69 b UrhG ist somit der Erwerb des ausschließlichen Rechts zur Ausübung sämtlicher vermögensrechtlicher Befugnisse unmittelbar per Gesetz, ohne daß eine ausdrückliche oder konkludente Einräumung der Nutzungsrechte durch den Arbeitnehmerurheber zu erfolgen hat[592]. Es bedarf mithin keiner Verfügung durch den Arbeitnehmerurheber, weshalb die überwiegende Ansicht die Regelung des § 69 b Absatz 1 UrhG als „gesetzliche Lizenz" einstuft[593]. Dabei darf jedoch nicht außer Acht gelassen werden,

---

[590] Vgl. auch *Kraßer*, in Fs Schricker, 1995, S. 77 (106).

[591] So auch *Buchner*, in Lehmann, Rdnr. 38 ff, S. 421 (434 f); *Fromm/Nordemann/Vinck*, § 69 b, Rdnr. 4, S. 485; *Schricker/Loewenheim*; § 69 b, Rdnr. 9 f, S. 1086 f; *Kraßer*, in Fs Schricker, 1995, S. 77 (106), *Hauptmann*, S. 188.

[592] *Sack*, in UFITA, Band 121, S. 15 (23); *Schaub*, Formularsammlung, S. 155.

[593] *Karger*, in CR 2001, S. 357 (361); *Sack*, in UFITA, Band 121, 1993, S. 15 (23 f); *ders.* in BB 1991, S. 2165 (2168); *Lehmann*, in GRUR Int. 1991, S. 327 (330); *ders.* in NJW 1991, S. 2112 (2113); *Schricker/Loewenheim*, § 69 b, Rdnr. 11, S. 1087; *Buchner* in Lehmann, Rdnr. 16 ff, S. 421 (428 f) und BGH, Urteil vom 24. Oktober 2000, in GRUR 2001, S. 155 (157) - Wetterführungspläne; a.A. *Fromm/Nordemann/Vinck*, § 69 b, Rdnr. 1, S. 483, unter dem Hinweis auf die Möglichkeit einer anderweitigen vertraglichen Vereinbarung. Aufgrund

daß es sich dennoch um einen derivativen Erwerb der Nutzungsrechte durch den Arbeitgeber und nicht, wie im anglo-amerikanischen Rechtskreis üblich, um einen originären Erwerb in der Person des Arbeitgebers handelt. Auch im Anwendungsbereich des § 69 b UrhG gilt das in § 7 UrhG zum Ausdruck kommende Schöpferprinzip als Grundgedanke des aktuellen deutschen Urheberrechts[594].

1. Keine Beschränkung des Nutzungsrechts in sachlicher Hinsicht

Während - bei Fehlen einer ausdrücklichen vertraglichen Regelung - hinsichtlich der von § 43 UrhG umfaßten sonstigen urheberrechtlich geschützten Werke der Arbeitgeber die Nutzungsrechte in Anwendung der Zweckübertragungslehre nur insoweit erwirbt, wie es dem Betriebszweck, d.h. dem betrieblichen Tätigkeitsbereich, entspricht, ist der Arbeitgeber im Falle der Computerprogramme durch § 69 b Absatz 1 UrhG erheblich besser gestellt. Gemäß § 69 b Absatz 1 UrhG erwirbt der Arbeitgeber sämtliche vermögensrechtlichen Befugnisse und damit sämtliche Nutzungsrechte an den Computerprogrammen ohne Rücksicht auf die betriebliche Verwendbarkeit, und diese darüber hinaus ausschließlich[595]. *Vinck* bezeichnet dies zutreffend als konsequente Durchführung der Lehre vom Recht des Arbeitgebers am Arbeitsergebnis, „so daß man von einer Annäherung an die US-amerikanische „work-made-for-hire-doctrine" sprechen kann"[596].

Im Geltungsbereich des § 69 b UrhG ist folglich die Zweckübertragungstheorie - anders als bei § 43 UrhG - aufgrund der vollständigen Zuordnung der vermögensrechtlichen Befugnisse an den Arbeitgeber nicht anwendbar[597].

Daher bestehen auch keinerlei Schwierigkeiten bei einer nachträglichen Veränderung oder Ausweitung des betrieblichen Tätigkeitsbereiches, denn der Arbeitgeber besitzt ohnehin sämtliche Nutzungsrechte ausschließlich, so daß es einer weiteren Nutzungsrechtseinräumung durch den Arbeitnehmer – wie

---

dieser Möglichkeit handele es sich bei § 69 b UrhG nicht um eine gesetzliche Lizenz, sondern um eine gesetzliche Auslegungsregel.

[594] *Kraßer*, in Fs Schricker, 1995, S. 77 (100).

[595] *MünchArbR/Sack*, Band 1 § 102, Rdnr. 84 f, S. 2135.

[596] *Fromm/Nordemann/Vinck*, § 69 b, Rdnr. 1, S. 483.

[597] Vgl. BT-Drucks. 12/4022, S. 10; *Buchner*, in Lehmann, Rdnr. 58, S. 421 (441); *Schricker/Loewenheim*, § 69 b, Rdnr. 12, S. 1087; *Fromm/Nordemann/Vinck*, § 69 b, Rdnr. 1, S. 483; *Sack*, in UFITA, Band 121, 1993, S. 15 (24), m.w.N; *ders.*, in BB 1991, S. 2165 (2169); *Hauptmann*, S. 166 f; BGH, Urteil vom 24. Oktober 2000, in GRUR 2001, S. 155 (157) - Wetterführungspläne; vgl. auch *Wandtke*, Rdnr. 314, S. 111, der in Bezug auf die damit bestehenden unterschiedlichen rechtlichen Ausgangssituationen für Arbeitnehmerurheber im Geltungsbereich des § 43 UrhG einerseits und im Geltungsbereich des § 69 b UrhG andererseits verfassungsrechtliche Bedenken im Hinblick auf den Gleichbehandlungsgrundsatz des Art. 3 GG formuliert.

im Rahmen des § 43 UrhG – nicht bedarf und sich somit die Frage einer Pflicht zur Einräumung des Nutzungsrechts nicht stellt[598].

Aufgrund der umfassenden Befugnis des Arbeitgebers steht es ihm auch frei, die Nutzungsrechte auf Dritte zu übertragen bzw. weitere ausschließliche oder einfache Nutzungsrechte einzuräumen, ohne eine Zustimmung des Arbeitnehmerurhebers nach §§ 34, 35 UrhG einholen zu müssen[599]. Dies ist nicht zuletzt deshalb erforderlich, weil die Einräumung weiterer Nutzungsrechte gegen Entgelt die typische Verwertungsform von Computerprogrammen darstellt.

All dies steht dabei unter dem Vorbehalt einer anderweitigen vertraglichen Vereinbarung i.S.d. § 69 b Absatz 1 letzter HS. UrhG[600]. Derartige abweichende vertragliche Regelungen sind bei einem mehrdeutigen Wortlaut jedoch nicht, wie im Anwendungsbereich des § 43 UrhG, entsprechend dem Gedanken der Zweckübertragungstheorie auszulegen. Diese findet, wie bereits dargestellt, im Falle des § 69 b UrhG keine Anwendung. Vielmehr hat die Auslegung einer vertraglichen Vereinbarung, worauf *Hauptmann* hinweist, im Geltungsbereich des § 69 b UrhG nach dem Grundsatz zu erfolgen, daß die Nutzungsrechte bei der Erstellung von Computerprogrammen im Arbeitsverhältnis soweit wie möglich dem Arbeitgeber entgegen streben, und nicht, wie im Falle des § 43 UrhG, die Tendenz aufweisen, soweit wie möglich beim Arbeitnehmerurheber zu verbleiben[601].

2. Beschränkung des Nutzungsrechts in zeitlicher und räumlicher Hinsicht

In zeitlicher Hinsicht besteht bei den von § 69 b UrhG erfaßten Computerprogrammen kein Unterschied zu den Werken i.S.d. § 43 UrhG[602]. Der Arbeitgeber erwirbt auch im Falle des § 69 b UrhG, vorbehaltlich einer abweichenden vertraglichen Vereinbarung, die Nutzungsrechte ohne zeitliche Beschränkung

---

[598] *Sack*, in UFITA, Band 121, 1993, S. 15 (24); *Fromm/Nordemann/Vinck*, § 69 b, Rdnr. 2, S. 484.

[599] *Schricker/Loewenheim*, § 69 b, Rdnr. 12, S. 1088; *Sack*, in UFITA Band 121, 1993, S. 15 (24); *ders.* in BB 1991, S. 2165 (2169); *Fromm/Nordemann/Vinck*, § 69 b, Rdnr. 2, S. 484.

[600] Eine derartige vertragliche Vereinbarung i.S.d. § 69 b Absatz 1 letzter HS. UrhG ist nicht formbedürftig und somit auch konkludent möglich. Es muß jedoch eine konkrete Willensübereinstimmung zwischen den Parteien vorliegen, so daß allein ein Rückschluß aus dem Zweck des Arbeitsverhältnisses nicht ausreichend ist (*Buchner* in Lehmann, Rdnr. 61, S. 421 (442); und *Schricker/Loewenheim*, § 69 b, Rdnr. 15, S. 1089).

[601] *Hauptmann*, S. 167 f, der zutreffend darauf hinweist, daß damit Unklarheiten zu Lasten des Arbeitnehmerurhebers gehen.

[602] Vgl. insoweit die Ausführungen oben unter Teil 2 III 3. b) aa) (2).

und somit auch über ein Ausscheiden des Arbeitnehmerurhebers aus dem Betrieb oder Unternehmen hinaus[603].

Auch in räumlicher Hinsicht erwirbt der Arbeitgeber die Nutzungsrechte an Computerprogrammen nach § 69 b UrhG grundsätzlich unbeschränkt[604]. Dies entspricht der h.M. zu § 43 UrhG. Jedoch sind auch hinsichtlich der räumlichen Grenzen der Nutzungsrechte an Computerprogrammen wiederum etwaige vertragliche Sondervereinbarungen zu berücksichtigen, welche von § 69 b Absatz 1 UrhG ausdrücklich zugelassen werden.

3. Urheberpersönlichkeitsrechte

Zwar sind die Urheberpersönlichkeitsrechte[605] nicht Teil der hiesigen Untersuchung, da dies zu sehr vom Schwerpunkt abweichen würde, jedoch sollen an dieser Stelle, der Vollständigkeit halber, einige kurze Ausführungen gemacht werden.

Wie aus der Formulierung des § 69 b Absatz 1 UrhG („aller vermögensrechtlichen Befugnisse") bereits deutlich wird, erwirbt der Arbeitgeber zwar ein umfassendes ausschließliches Nutzungsrecht an dem vom Arbeitnehmer geschaffenen Computerprogramm; er erwirbt aber gerade nicht die urheberpersönlichkeitsrechtlichen Befugnisse bezüglich des jeweiligen Computerprogramms. Diese Urheberpersönlichkeitsrechte verbleiben beim Arbeitnehmerurheber[606].

Dennoch stehen die verbleibenden Urheberpersönlichkeitsrechte, mithin das Veröffentlichungsrecht des § 12 UrhG, das Recht auf Anerkennung der Urheberschaft und Namensnennung gemäß § 13 UrhG, das in § 14 UrhG geregelte Schutzrecht vor Entstellung des Werkes, das Zugangsrecht zum Werkstück des § 25 UrhG sowie das Rückrufsrecht des § 41 UrhG dem Arbeitnehmerurheber nur eingeschränkt zu. Die Einschränkungen ergeben sich daraus, daß die von der EG-Richtlinie in Artikel 2 Absatz 3 der englischen Fassung

---

[603] *Sack*, in UFITA, Band 121, 1993, S. 15 (25) m.w.N.; *ders.*, in BB 1991, S. 2165 (2169); *Buchner* in Lehmann, Rdnr. 41, 44, S. 421 (436); *Fromm/Nordemann/Vinck*, § 69 b, Rdnr. 2, S. 484; *Schricker/Loewenheim*, § 69 b, Rdnr. 12, S. 1088; *Holländer*, in CR 1992, S. 279 (281); noch zur alten Rechtslage: *Kolle*, in GRUR 1985, S. 1016 (1022); BAG, in GRUR 1984, S. 429 (432) - Statikprogramme.

[604] *Schricker/Loewenheim*, § 69 b, Rdnr. 12, S. 1088; im Ergebnis auch *Sack*, in UFITA Band 121, 1993, S. 15 (25 f), der sich mit der Frage des Territorialitätsprinzips auseinandersetzt.

[605] Vgl. zu den unterschiedlichen weit gefaßten Definitionen die Ausführungen von *Buchner*, in Lehmann, Rdnr. 68 ff, S. 421 (444 f). Allgemein zu den Urheberpersönlichkeitsrechten des angestellten Programmierers: *Holländer*, in CR 1992, S. 279 ff.

[606] BT-Drucks. 12/4022, S. 10; *Buchner*, in Lehmann, Rdnr. 67, S. 421 (444); *Kraßer*, in Fs Schricker, 1995, S. 77 (100); *Schaub*, Formularsammlung, S. 155, Rdnr. 23.

geforderte umfassende Zuweisung der „economic rights“ an den Arbeitgeber, vom deutschen Gesetzgeber übersetzt mit „vermögensrechtlichen Befugnissen“, nicht konterkariert werden darf[607]. Diese umfassende Zuweisung der vermögensrechtlichen Befugnisse führt schließlich auch dazu, daß die Einschränkungen der Urheberpersönlichkeitsrechte im Anwendungsbereich des § 69 b UrhG stärker sind als beim zumindest unmittelbar arbeitnehmerfreundlicheren § 43 UrhG[608].

So hat der Arbeitgeber anders als im Anwendungsbereich des § 43 UrhG, wo das grundsätzliche Änderungsverbot des § 39 UrhG gilt, das umfassende Recht zur Bearbeitung des vom Arbeitnehmerurheber erschaffenen Computerprogramms, so daß er es selbst oder durch Dritte überarbeiten und weiterentwickeln darf[609]. Dies ist gerade bei Computerprogrammen aufgrund der fortlaufenden technischen Entwicklung von herausragender Bedeutung.

II. Keine sachlichen Gründe für die unterschiedlichen Regelungen in § 43 UrhG und § 69 b UrhG

Die Regelungen der §§ 69 a – g UrhG beruhen auf der Umsetzung der EG-Richtlinie 91/250/EWG vom 14. Mai 1991, deren materielle Vorschriften nahezu wörtlich in das UrhG übernommen worden sind. Der Gesetzgeber entschied sich aus Gründen der Rechtssicherheit und im Interesse einer größeren Übersichtlichkeit zur Einführung eines eigenen Abschnitts für Computerprogramme. Ferner sollten Ausstrahlungen dieser Regelungen auf die Regelungen der herkömmlichen Werkarten möglichst vermieden werden[610].

1. Argumentation des Gesetzgebers sowie von Teilen der Literatur / Kritische Stellungnahme

Nach Auffassung eines Teiles des Schrifttums sowie des Gesetzgebers waren die Sonderregelungen zum Urheberrecht an Computerprogrammen aufgrund der bedeutenden Unterschiede zwischen den herkömmlichen – überwiegend

---

[607] *Fromm/Nordemann/Vinck*, § 69 b, Rdnr. 3, S. 484, der auch darauf hinweist, daß bei Computerprogrammen die „persönliche Beziehung“ des Arbeitnehmerurhebers zu dem von ihm erschaffenen Computerprogramm regelmäßig nicht so hoch sein wird wie bei den klassischen urheberrechtlich geschützten Werken; *Schricker/Loewenheim*, § 69 b, Rdnr. 13, S. 1088.

[608] *Schricker/Loewenheim*, § 69 b, Rdnr. 13, S. 1088. Siehe zu den Einschränkungen im einzelnen *Schricker/Loewenheim*, a.a.O., Rdnr. 14, *Fromm/Nordemann/Vinck*, § 69 b, Rdnr. 3, S. 484; *Sack*, in UFITA Band 121, 1993, S. 15 (32 ff) sowie *Buchner*, in Lehmann, Rdnr. 68 ff, S. 421 (444 ff).

[609] Vgl. BT-Drucks. 12/4022, S. 10; *Wandtke*, Rdnr. 309, S. 109; *Schricker/Loewenheim*, § 69 b, Rdnr. 12, S. 1088; *Fromm/Nordemann/Vinck*, § 69 b, Rdnr. 2, S. 484; *Sack*, in UFITA Band 121, 1993, S. 15 (24); *ders.*, in BB 1991, S. 2165 (2169); *MünchArbR/Sack*, Band 1 § 102, Rdnr. 102, S. 2141; *Michalski*, in DB 1993, S. 1961 (1962).

[610] BT-Drucks. 12/4022, S. 8; *Schricker/Loewenheim*, Vor § 69 a ff, Rdnr. 4, S. 1066.

künstlerischen - Werkarten und der relativ neuen Werkart der „Computerprogramme" erforderlich[611]. Dies werde insbesondere daran deutlich, daß die Werke der Computerprogramme ein Industrieprodukt darstellten und darauf ausgelegt seien, mit weiteren Teilen eines Datenverarbeitungssystems zusammenzuwirken[612].

Diese Begründung vermag zwar die Regelung des Werkes „Computerprogramm" in einem eigenen Abschnitt des UrhG zu erklären, nicht jedoch den Umstand, daß die Nutzungsrechte im Falle des § 69 b UrhG kraft Gesetzes ausschließlich und unbeschränkt dem Arbeitgeber zustehen, ohne daß eine Verfügung seitens des Arbeitnehmerurhebers erforderlich ist, während im Bereich der sonstigen urheberrechtlich geschützten Werke weiterhin die zahlreichen Unsicherheiten bestehen bleiben, die aus der Inbezugnahme der allgemeinen urheberrechtlichen Regelungen durch § 43 UrhG resultieren. Weshalb im Anwendungsbereich des § 43 UrhG eine Verfügung durch den Arbeitnehmerurheber erforderlich sein soll, wobei bezüglich des jeweiligen Umfangs durch Anwendung der Zweckübertragungstheorie erhebliche Unsicherheiten entstehen, während dagegen im Bereich des § 69 b UrhG eine praktikable Lösung hinsichtlich der Nutzungsrechte existiert, ist nicht erklärlich. Eine Begründung über die wirtschaftliche Bedeutung der jeweiligen Werkarten ist meines Erachtens nicht zu rechtfertigen. Dies ergibt sich nicht zuletzt daraus, daß eine randscharfe Trennung der beiden Werkarten ohnehin in der Regel nicht möglich ist. Wie bereits dargestellt, setzt sich die Software eines Computers unter anderem aus dem Computerprogramm, der jeweiligen Anwenderdokumentation und den Handbüchern zusammen. Dabei genießen die Handbücher den urheberrechtlichen Schutz der „herkömmlichen" Werke, so daß sie im Falle der Erstellung im Arbeitsverhältnis unter § 43 UrhG fallen. Weshalb nun aber eine Unterscheidung in der Übertragung der Nutzungsrechte vom Arbeitnehmer auf den Arbeitgeber gemacht werden soll, je nach-

---

[611] BT-Drucks. 12/4022, S. 7 f; *Wandtke*, Rdnr. 298, S. 107; *Schricker/Loewenheim*, Vor § 69 a ff, Rdnr. 4, S. 1066; *Schulte*, in CR 1992, S. 588 (590), der insbesondere auf die wettbewerbsrechtlichen Aspekte verweist; *Dreier*, in GRUR 1993, S. 781 (781), der auf die Besonderheiten des soziologischen Umfelds des Programmschaffens sowie der Gegebenheiten des Computermarktes hinweist.

[612] *Wandtke*, Rdnr. 298, S. 107; sowie BT-Drucks. 12/4022, S. 7 f, in der es wie folgt lautet: „ Auch wenn die Richtlinie gemeinschaftsweit Urheberrechtsschutz für Computerprogramme festlegt, so ist doch nicht zu verkennen, daß zwischen der neuen Werkart Computerprogramme und den traditionell durch das Urheberrecht geschützten Arten von Werken Unterschiede bestehen, die Sonderregelungen für Computerprogramme erfordern. Einer der wesentlichen Unterscheide ist, daß ein Computerprogramm als Industrieprodukt darauf angelegt ist, mit anderen Elementen eines Datenverarbeitungssystems zusammenzuarbeiten; es muß kompatibel sein. Weiterhin erschließt sich Dritten der Inhalt eines Computerprogramms nicht ohne weiteres. Ein Buch kann jeder lesen, einen Film jeder sehen, eine Schallplatte jeder hören, ein Kunstwerk jeder betrachten. Anhand des Datenträgers lassen sich Arbeitsweise und Funktion eines Programms nicht ohne weiteres ermitteln".

dem, ob es um das Computerprogramm selbst oder um die zugehörige Anwenderdokumentation geht, ist nicht einzusehen. Es sind keine sachlichen Gründe dafür ersichtlich, daß gemäß § 43 UrhG in Anwendung der Zweckübertragungstheorie die Nutzungsrechte an den Handbüchern nur im Rahmen des jeweiligen betrieblichen Zweckes und nur nach einer Verfügung durch den Arbeitnehmer auf den Arbeitgeber übergehen, während die Nutzungsrechte am Computerprogramm selbst per Gesetz ausschließlich und unbeschränkt nach § 69 b Absatz 1 UrhG auf den Arbeitgeber übergehen.

2. Verfassungsrechtliche Bedenken im Hinblick auf Art. 3 GG

Diesbezüglich weist *Wandtke*[613] zu Recht mit Blick auf die Zweckübertragungstheorie, die anders als bei § 43 UrhG im Anwendungsbereich des § 69 b UrhG aufgrund des eindeutigen Wortlautes der Regelung keine Anwendung findet, auf verfassungsrechtliche Bedenken im Hinblick auf den allgemeinen Gleichbehandlungsgrundsatz des Art. 3 GG hin.

Der allgemeine Gleichbehandlungsgrundsatz des Art. 3 GG verbietet es nach der ständigen Rechtsprechung[614] „wesentlich gleiches willkürlich ungleich" zu behandeln und „wesentlich ungleiches willkürlich gleich" zu behandeln.

a) Im wesentlichen gleiche Sachverhalte

Somit müssen die verglichenen Sachverhalte, mithin die Erstellung von Computerprogrammen im Arbeitsverhältnis einerseits und die Erschaffung von sonstigen Werken im Arbeitsverhältnis andererseits, im wesentlichen gleich sein, wobei ein Vergleich immer nur in einem konkreten Systembereich möglich ist.

Das bedeutet, daß zunächst ein und dieselbe Rechtsetzungsgewalt für die in Frage stehenden Sachverhalte zuständig sein muß. Dies ist im konkreten Fall gewährleistet, da hinsichtlich beider Sachverhalte der Bundesgesetzgeber nach Art. 73 Nr. 9 2. Var. GG die ausschließliche Gesetzgebungszuständigkeit innehat. Darüber hinaus müssen die beiden Sachverhalte, um „wesentlich gleich" zu sein, von einem gemeinsamen Oberbegriff umfaßt sein, der den Bezugspunkt bildet, unter den bestimmte Personen oder tatsächliche Vorgänge zu subsumieren sind. Auch dies ist im vorliegenden Fall gegeben, da es sich sowohl bei der Erstellung eines Computerprogramms als Pflichtwerk im

---

[613] *Wandtke*, Rdnr. 314, S. 111, der jedoch die Regelung des § 69 b UrhG einschränkend dahin auslegt, daß die Zweckübertragungsregel zur Anwendung kommt.

[614] BVerfG, Urteil vom 16. März 1955, in BVerfGE 4, S. 144 (155); BVerfG, Beschluß vom 21. Januar 1970, in BVerfGE 27, S. 364 (371 f); BVerfG, Beschluß vom 26. April 1988, in BVerGE 78, S. 104 (121); *Gubelt*, in Münch/Kunig, Art. 3 GG, Rdnr. 11, S. 205.

Arbeitsverhältnis als auch bei der Erstellung eines sonstigen Werkes als Pflichtwerk im Arbeitsverhältnis um Fragen des Arbeitnehmerurheberrechts als Oberbegriff handelt. Mithin sind die beiden Sachverhalte als im „wesentlichen gleich“ im Sinne des Art. 3 GG anzusehen.

b) Kein die Differenzierung rechtfertigender Sachgrund

Ein Verstoß gegen den allgemeinen Gleichbehandlungsgrundsatz des Art. 3 GG liegt nicht schon bei einer unterschiedlichen Behandlung im wesentlichen gleicher Sachverhalte innerhalb eines Systembereichs vor. Vielmehr muß diese unterschiedliche Behandlung sachfremd und damit willkürlich sein.

Das bedeutet, daß kein sachlicher Grund vorliegen darf, der die unterschiedliche Behandlung der beiden Sachverhalte rechtfertigt. Zwar ist bereits darauf hingewiesen worden, daß nach der hier vertretenen Ansicht ein Sachgrund für die unterschiedliche Behandlung der beiden Sachverhalte, mit der Folge unterschiedlicher Rechte von Arbeitnehmerurheber und Arbeitgeber, nicht gegeben ist[615]. Insoweit ist jedoch zu berücksichtigen, daß dem Gesetzgeber aufgrund seiner allgemein anerkannten Zwecksetzungskompetenz im Rahmen der Gesetzgebung, sowie des erheblichen Beurteilungsspielraumes bei zukunftsorientierten Maßnahmen auch im Hinblick auf das Vorliegen eines sachlichen Grundes ein erheblicher Bewertungsspielraum sowie eine weitgehende Gestaltungsfreiheit zusteht[616]. Nach ständiger Rechtsprechung kommt es daher nicht darauf an, ob der Gesetzgeber die jeweils gerechteste und zweckmäßigste Regelung getroffen hat, sondern ob für die jeweilige gesetzliche Regelung „sachlich einleuchtende Gründe schlechterdings nicht mehr erkennbar sind“[617].

Die seitens des Gesetzgebers zur Begründung rekurrierten unterschiedlichen Eigenschaften und Besonderheiten der jeweiligen Werke, die der Gesetzgeber und das ihm teilweise zustimmende Schrifttum jedoch selber nicht näher ausführen und darlegen, sondern allein behaupten, rechtfertigen jedenfalls meines Erachtens eine Ungleichbehandlung nicht, und schon gar nicht in dem konkreten Umfang. Der Umstand, daß es sich beim Computerprogramm um ein Industrieprodukt handelt, kann die unterschiedlichen Regelungen nicht rechtfertigen, zumal dieses Industrieprodukt ohne das Handbuch als Werk im her-

---

[615] So im Ergebnis auch *Rehbinder*, § 46 V, Rdnr. 267.

[616] BVerfG, Urteil vom 17. Dezember 1953, in BVerfGE 3, S. 162 (182); BVerfG, Beschluß vom 08. Juni 1988, in BVerfGE 78, S. 249 (287); BVerfG, Beschluß vom 08. Februar 1994, in BVerfGE 90, S. 22 (26); *Gubelt*, in Münch/Kunig, Art. 3 GG, Rdnr. 23, S. 216; Rdnr. 35, S. 222; *Herzog*, in Maunz-Dürig, Anh. Art. 3 GG, Rdnr. 23, S. 363.

[617] BVerfG, Urteil vom 16. März 1955, in BVerfGE 4, S. 144 (155); BVerfG, Beschluß vom 08. Oktober 1991, in BVerfGE 84, S. 348 (359); *Gubelt*, in Münch/Kunig, Art. 3 GG, Rdnr. 23, S. 216; *Herzog*, in Maunz-Dürig, Anh. Art. 3 GG, Rdnr. 23, S. 363.

kömmlichen Sinne nicht verwendbar wäre. Weshalb diese beiden Teile der Software, die nur zusammen ein funktionsfähiges Ganzes bilden, unterschiedlichen Regelungen im Hinblick auf das Arbeitnehmerurheberrecht unterliegen, ist nicht erklärlich.

Aufgrund des weiten, von der Rechtsprechung anerkannten Bewertungsspielraums des Gesetzgebers, nach dem sachliche Gründe schlechterdings nicht mehr erkennbar sein müssen, ist eine abschließende hundertprozentige Beurteilung des Vorliegens eines Verstoßes gegen Art. 3 GG kaum möglich. Es bestehen jedoch begründete Zweifel an der Verfassungsmäßigkeit der unterschiedlichen Regelungen in § 43 UrhG und § 69 b UrhG im Hinblick auf den Gleichbehandlungsgrundsatz des Art. 3 GG.

Folglich hätte nicht zuletzt aufgrund der verfassungsrechtlichen Bedenken mit Einführung des § 69 b UrhG auch die Regelung des § 43 UrhG angepaßt werden müssen, da jedenfalls überzeugende sachliche Gründe für eine unterschiedliche Regelung im Bereich des Arbeitnehmerurheberrechts nicht existieren. Eine derartige Angleichung ist somit im Interesse der Rechtssicherheit vorzunehmen. Eine Angleichung ist dabei, da § 69 b UrhG auf der Umsetzung einer EG-Richtlinie beruht, hinsichtlich derer gemäß Art. 249 Absatz 3 EGV (Amsterdam) eine Umsetzung der Ziele in nationales Recht zu erfolgen hat, nur insoweit möglich, als die Regelungen des § 69 b UrhG auf alle Werke übertragen werden. Ob darüber hinaus eine weitergehende Regelung vorzuziehen ist, wird in Teil 4 dieser Untersuchung erörtert.

III. Wechsel des Arbeitgebers

Keine Unterschiede bestehen zwischen § 43 UrhG und § 69 b UrhG hinsichtlich der rechtlichen Beurteilung eines Arbeitgeberwechsels.

Sofern das Werk bereits vollendet ist, oder bereits die Vorstufe des Werkes urheberrechtlichen Schutz genießt, bleibt nach § 43 UrhG der ursprüngliche Arbeitgeber weiterhin zur Ausübung der ihm übertragenen Nutzungsrechte berechtigt. Der neue Arbeitgeber hat an den im Rahmen des alten Arbeitsverhältnisses geschaffenen Werken keinerlei Rechte, da sie nicht zu Zeiten seines Arbeitsverhältnisses mit dem Arbeitnehmer geschaffen worden sind, sondern vorher[618].

Dasselbe gilt im Anwendungsbereich des § 69 b UrhG. Zunächst besteht bei § 69 b UrhG die Besonderheit, daß nach § 69 a Absatz 1 UrhG bereits das Entwurfsmaterial und damit grundsätzlich sämtliche Entwicklungsphasen

---

[618] *Schricker/Rojahn*, § 43 Rdnr. 26, S. 684, m.w.N.

eines Computerprogramms urheberrechtlichen Schutz genießen[619]. Daher stehen bereits die Verwertungsrechte an sämtlichen Vorstufen allein demjenigen Arbeitgeber zu, zu dem der Arbeitnehmerurheber zur Zeit der Werkschaffung in einem Arbeitsverhältnis stand. Zutreffend weist *Vinck* darauf hin, daß dies zum einen dazu führt, daß der bisherige Arbeitgeber das Computerprogramm, sofern noch nicht vollendet, aus dem Entwurfsmaterial heraus entwickeln darf, und zum anderen der bisherige Arbeitgeber dem neuen Arbeitgeber diese Weiterentwicklung untersagen kann, sofern der Arbeitnehmer das Entwurfsmaterial mitgenommen hat[620]. Der bisherige Arbeitgeber muß folglich seine Zustimmung erteilen, wenn die während der Dauer seines Arbeitsverhältnisses vom Arbeitnehmerurheber erschaffenen Vorstufen beim neuen Arbeitgeber verwendet werden sollen[621]. Aus der Position des neuen Arbeitgebers handelt es sich bei den im Rahmen des bisherigen Arbeitsverhältnisses geschaffenen Werken nicht um solche, die im Sinne des § 69 b Absatz 1 UrhG in Wahrnehmung der Aufgaben aus dem Arbeitsverhältnis zu ihm als Arbeitgeber geschaffen worden sind, so daß ihm insofern die vermögensrechtlichen Befugnisse zustehen könnten[622].

IV. Finanzielle Ansprüche des Arbeitnehmerurhebers im Zusammenhang mit der Nutzungsrechtsübertragung

Auch die bedeutsame Frage eines Anspruchs des Arbeitnehmerurhebers auf eine Sondervergütung für die Einräumung der Nutzungsrechte unterliegt im Anwendungsbereich des § 69 b UrhG grundsätzlich keiner anderen Bewertung als im Geltungsbereich des § 43 UrhG[623]. Allerdings bedarf es im Anwendungsbereich des § 69 b UrhG anders als im Bereich des § 43 UrhG infolge der uneingeschränkten gesetzlichen Lizenz, aufgrund derer die Zweckübertragungstheorie nicht zur Anwendung kommt, keiner Differenzierung zwischen der Nutzung von Pflichtwerken innerhalb und außerhalb des Betriebszweckes.

---

[619] *Schricker/Loewenheim*, § 69 a, Rdnr. 5, S. 1074; *Fromm/Nordemann/Vinck*, § 69 a, Rdnr. 4, S. 479 f.

[620] *Fromm/Nordemann/Vinck*, § 69 b, Rdnr. 6, S. 485 f.

[621] *Schricker/Loewenheim*, § 69 b, Rdnr. 8, S. 1086; *Fromm/Nordemann/Vinck*, § 69 b, Rdnr. 6, S. 485 f; a.A *Sack*, in UFITA Band 121, 1993, S. 15 (21), der in Anlehnung an § 4 Absatz 2 ArbnErfG dem neuen Arbeitgeber die urheberrechtliche Nutzungsbefugnis zugesteht, allerdings die eigentumsrechtlichen Befugnisse an den Materialien beim bisherigen Arbeitgeber belassen will.

[622] *Buchner*, in Lehmann, S. 421 (437), Rdnr. 46.

[623] Vgl. insoweit oben unter Teil 2 C. IV. 1.

1. Anspruch auf eine Sondervergütung

Nach ganz herrschender Ansicht ist auch im Anwendungsbereich des § 69 b UrhG die - gesetzliche - Nutzungsrechtsübertragung an den Arbeitgeber mit dem zwischen den Parteien vereinbarten Arbeitsentgelt abgegolten, sofern keine abweichende vertragliche Vereinbarung zwischen den Arbeitsvertragsparteien oder etwaige arbeitsrechtliche Kollektivregelungen, wie beispielsweise Betriebsvereinbarungen oder Tarifverträge, existieren. Ein Anspruch auf eine Sondervergütung für die Nutzungsrechtseinräumung an Pflichtwerken besteht somit grundsätzlich nicht[624]. Auch ein Anspruch auf eine Sondervergütung nach Beendigung des Arbeitsverhältnisses besteht ebenso wie im Anwendungsbereich des § 43 UrhG nicht[625]. Hinsichtlich der Gründe siehe oben unter Teil 2 C. IV. 1 a).

---

[624] *Möhring/Nicolini/Hoeren*, § 69 b, Rdnr. 19, S. 689; *Buchner*, in Lehmann, Rdnr. 45, S. 421 (436 f); *Sack*, in UFITA Band 121, 1993, S. 15 (27 ff) m.w.N.; *ders.* in BB 1991, S. 2165 (2171); *Schaub*, § 115 X, Rdnr. 73, S. 1171; *Koch*, Ihre Rechte, Rdnr. 99, S. 74; *Kolle*, in GRUR 1985, S. 1016 (1024); *Ullmann*, in CR 1986, S. 564 (565 ff) *Koch*, in ZUM 1986, S. 75 (78); *Kindermann*, in GRUR 1985, S. 1008 (1013); BGH, in GRUR 2001, S. 155 (157) – Wetterführungspläne; sowie *Himmelmann*, S. 92, der jedoch einen Anspruch auf Sondervergütung für außerhalb des Betriebszweckes verwertete Nutzungsrechte annimmt (S. 93). Der Arbeitnehmer schulde nach dem Arbeitsverhältnis lediglich eine Tätigkeit, die auf die Schaffung solcher Werke gerichtet sei, die der Arbeitgeber für seine betrieblichen Zwecke nutzen könne, so daß auch nur diese Tätigkeit durch den Lohn abgegolten sei. Dies ist meines Erachtens nicht zutreffend, da die den Ausführungen Himmelmanns offensichtlich zugrundeliegende Zweckübertragungstheorie weder im urheberrechtlichen Bereich der Erstellung von Computerprogrammen im Arbeitsverhältnis gilt, noch auf der arbeitsrechtlichen Seite zur Anwendung kommt. Nach arbeitsrechtlichen Grundsätzen gebührt dem Arbeitgeber vielmehr das gesamte Ergebnis der Tätigkeit des Arbeitnehmers im Arbeitsverhältnis (vgl. oben unter Teil 2 A. II. 1.). Ähnlich aber auch *Kraßer*, in Fs Schricker 1995, S. 77 (101), der in Fällen, in denen ein Computerprogramm speziell für innerbetriebliche Aufgaben geschaffen worden sei, und der Arbeitgeber dennoch dazu übergehe, das Computerprogramm Dritten entgeltlich zu überlassen, die Frage aufwirft, ob nicht für außerhalb des ursprünglichen Betriebszweckes liegende Nutzungen eine Sondervergütung zu zahlen sei. Einen Anspruch auf eine Sondervergütung bejaht *Wandtke*, S. 111, Rdnr. 315, der auf die von ihm zu § 43 UrhG entwickelten Grundsätze verweist (siehe insoweit oben unter (Teil 2 C. IV. 1. b)).

[625] *Sack*, in UFITA Band 121, 1993, S. 15 (28 f) und *Buchner* in Lehmann, Rdnr. 45, S. 421 (436) m.w.N., sowie Rdnr. 76 f, S. 446 f, der darauf hinweist, daß sich im Anwendungsbereich die alleinige Befugnis des Arbeitgebers zur wirtschaftlichen Verwertung der vom Arbeitnehmerurheber erschaffenen Computerprogramme bereits unmittelbar aus dem UrhG ergebe. Damit seien besondere Vergütungsansprüche bereits nach dem Urheberrecht ausgeschlossen, so daß es keines Rückgriffs auf die Grundsätze des Arbeitsrechts bedürfe. Diese Argumentation ist meines Erachtens trotz des zutreffenden Ergebnisses nicht haltbar. Denn allein die Aussage des § 69 b UrhG, daß allein der Arbeitgeber zur vermögensrechtlichen Verwertung befugt sei, trifft keine Entscheidung über eine, dem Arbeitnehmer womöglich für die Nutzungsrechtseinräumung gebührende Sondervergütung. Sie regelt entsprechend ihrem Wortlaut allein die ausdrückliche Befugnis des Arbeitgebers zur umfassenden wirtschaftlichen Verwertung. Ähnlich *Hauptmann*, S. 176 f, der darauf hinweist, daß weder die EG-Richtlinie noch deren Umsetzung in § 69 b UrhG überhaupt eine Aussage über eine Gegenlei-

Zutreffend weist *Sack* darauf hin, daß dem ein Computerprogramm im Arbeitsverhältnis erschaffenden Urheber auch bei einer nachträglichen Ausweitung des betrieblichen Tätigkeitsbereiches kein Anspruch auf eine Sondervergütung zusteht[626]. Denn nach § 69 b UrhG erwirbt der Arbeitgeber ohnehin das ausschließliche und uneingeschränkte Nutzungsrecht, so daß die für die mit der Änderung des Betriebszwecks verbundenen neuen Nutzungsarten erforderlichen Nutzungsrechte ohnehin schon beim Arbeitgeber liegen. Dies ist der wesentliche Unterschied, da im Falle des Arbeitnehmerurhebers im Anwendungsbereich des § 43 UrhG nachträglich die für die Betriebsänderung erforderlichen Nutzungsrechte seitens des Arbeitnehmerurhebers zu übertragen sind. Daß dem Arbeitnehmerurheber dann ein Anspruch auf einer Sondervergütung zuzubilligen ist, erklärt sich daraus, daß für den Arbeitnehmer im Zeitpunkt der Vorausverfügung über die Nutzungsrechte der erweiterte oder veränderte Betriebszweck nicht erkennbar war, und er somit auch nicht in Verhandlungen über eine etwaige Vergütung für die weitere Nutzungsrechtseinräumung eintreten konnte[627]. Anders beim Arbeitnehmerurheber im Regelungsbereich des § 69 b UrhG. Hier ist von vornherein die gesetzliche Ausgangslage eindeutig. Bereits von Gesetzes wegen gehen sämtliche Nutzungsrechte an den als Pflichtwerken geschaffenen Computerprogrammen ausschließlich und unbeschränkt auf den Arbeitgeber über. In diesem Falle ist dem Arbeitnehmerurheber von vornherein bekannt, daß er keinerlei vermögenswerte Befugnisse an den von ihm geschaffenen Computerprogrammen haben wird, die er als Pflichtwerke erschafft, so daß der Arbeitnehmer bereits zum Zeitpunkt des Vertragsschlusses in der Lage ist, über ein angemessenes Arbeitsentgelt für seine Tätigkeit zu verhandeln, die eine der Höhe nach gleich null betragende urheberrechtliche Vergütung kompensiert[628]. Daraus folgt aber auch, daß für den Fall, daß die Arbeitsvertragsparteien die Möglichkeit des § 69 b Absatz 1 UrhG wahrgenommen und hinsichtlich der sachlichen, räumlichen oder zeitlichen Nutzungsbefugnis des Arbeitgebers Grenzen gesetzt haben, bei Überschreitung dieser Grenzen durch den Arbeitgeber ein Anspruch des Arbeitnehmers auf Sondervergütung in Betracht kommt, sofern der Arbeitnehmer mit der Nutzung überhaupt einverstanden ist oder ausnahmsweise einer Anbietungspflicht unterliegt[629].

---

stung treffen, so daß insoweit nicht der Schluß gezogen werden könne, eine Sondervergütung sei bereits durch Einführung der §§ 69 a ff UrhG ausgeschlossen.

626 *Sack*, in UFITA Band 121, 1993, S. 15 (28).

627 Vgl. oben unter (Teil 2 C. III. 3. b) bb)).

628 Vgl. oben unter (Teil 2 C. IV. 1. b)).

629 So auch *Sack*, in UFITA Band 121, 1993, S. 15 (29).

2. Beteiligungsanspruch nach § 36 Absatz 1 UrhG

Ebenfalls keine Unterschiede bestehen im jeweiligen Geltungsbereich der §§ 43 und 69 b UrhG hinsichtlich eines Beteiligungsanspruchs des Arbeitnehmerurhebers gemäß § 36 Absatz 1 UrhG. Nach ganz herrschender Meinung kommt § 36 UrhG im Arbeitsverhältnis zur Anwendung, und somit auch im Geltungsbereich des § 69 b UrhG[630]. Insbesondere lassen sich der Gesetzesbegründung hinsichtlich der §§ 69 a ff UrhG keine gegenteiligen Anhaltspunkte entnehmen. Darüber hinaus handelt es sich bei § 36 UrhG um eine allgemeine, im fünften Abschnitt „Rechtsverkehr im Urheberrecht" befindliche Regelung, die somit nach der üblichen Gesetzestechnik „vor die Klammer gezogen ist" und auf die besonders geregelten Gebiete, hier den achten Abschnitt „Besondere Bestimmungen für Computerprogramme", zur Anwendung kommt[631].

Jedoch wird § 36 Absatz 1 UrhG ebenso wie im Falle des § 43 UrhG selten tatsächlich einschlägig sein und zu einem Beteiligungsanspruch des Arbeitnehmerurhebers führen, da zur Feststellung des groben Mißverhältnisses sämtliche geldwerten Leistungen des Arbeitgebers zu berücksichtigen sind, sowie das vom Arbeitgeber zu tragende Wirtschaftsrisiko, mithin das Risiko des Arbeitgebers, daß sich die Arbeitsergebnisse wirtschaftlich erfolgreich vermarkten lassen[632]. Des weiteren ist zu berücksichtigen, daß durch ein wirtschaftlich erfolgreiches Computerprogramm unter Umständen weniger erfolgreiche Arbeitsergebnisse des Arbeitnehmerurhebers ausgeglichen werden[633].

---

630 *Schaub*, § 115 X, Rdnr. 78, S. 1172; *Kraßer,* in Fs Schricker 1995, S. 77 (101); *Fromm/Nordemann/Vinck*, § 43, Rdnr. 4, S. 372 f; *Möhring/Nicolini/ Spautz*, § 36 Rdnr. 1, S. 415 und *Möhring/Nicolini/Hoeren*, § 69 b, Rdnr. 19, S. 689; *Sack*, in UFITA Band 121, 1993, S. 15 (31) mit umfangreichen Nachweisen; *ders.*, in BB 1991, S. 2165 (2171 f); *Ullmann*, in GRUR 1987, S. 6 (14); *Himmelmann*, S. 94; *Koch*, Ihre Rechte, Rdnr. 107, S. 80; *Sundermann*, in GRUR 1988, S. 350 (354); *Hauptmann*, S. 176 ff, der auf die sonst drohende Umgehungsgefahr durch Begründung eines kurzzeitigen Arbeitsverhältnisses verweist, was den Entfall des einzigen Korrektivmittels zur Folge habe, da das Korrektiv der Zweckübertragungstheorie im Bereich des § 69 b UrhG, anders als im Rahmen des § 43 UrhG nicht zur Verfügung stehe. A.A. *Buchner* in Lehmann, Rdnr. 78, S. 421 (447 f), der die Anwendbarkeit des § 36 UrhG im Geltungsbereich des § 69 b UrhG mit der Begründung ablehnt, daß die Risikoverteilung im Arbeitsverhältnis darauf basiere, daß dem Arbeitnehmer sein Entgeltanspruch unabhängig von dem Ergebnis und der wirtschaftlichen Verwertbarkeit seiner Arbeit zustehe. Umgekehrt könne der Arbeitgeber dann jedoch auch die Ergebnisse der wirtschaftlichen Betätigung für sich behalten. Ferner fehle es im Bereich des § 69 b UrhG an der Erfüllung des Ausgangstatbestandes, da es keiner vertraglichen Übertragung der Nutzungsrechte bedürfe und somit auch keine diesbezügliche rechtsgeschäftliche Einigung hierüber vorliege.

631 Vgl. insoweit auch die Verweisung des § 69 a Absatz 4 UrhG auf die für Sprachwerke geltenden Vorschriften, soweit im Abschnitt über Computerprogramme nichts anderes geregelt ist.

632 *Ullmann*, in GRUR 1987, S. 6 (14); *Sack*, in UFITA Band 121, 1993, S. 15 (31).

633 *Schaub*, § 115 X, Rdnr. 78, S. 1172.

Darüber hinaus muß das grobe Mißverhältnis, mithin der große wirtschaftliche Erfolg des Werkes, unerwartet sein[634].

V. Typische Urheberrechtsklauseln in Arbeitsverträgen bezüglich Computerprogrammen

Wie bereits erwähnt, ist die Regelung des § 69 b UrhG dispositiv, so daß auch abweichende individualvertragliche Vereinbarungen zulässig sind. Insoweit soll an dieser Stelle, ebenso wie oben unter Teil 2 C. V. zum Bereich des § 43 UrhG, ein Blick auf die typischen Urheberrechtsklauseln in Arbeitsverträgen für den Bereich der Entwicklung von Computerprogrammen geworfen werden. Auch im Anwendungsbereich des § 69 b UrhG kann den Arbeitsvertragsparteien nur angeraten werden, eine möglichst detaillierte und unmißverständliche Vereinbarung hinsichtlich der Übertragung der Nutzungsrechte, des sachlichen, zeitlichen und räumlichen Umfangs sowie einer etwaigen Sondervergütung für die Nutzungsrechtsübertragung zu treffen.

1. Arbeitsvertragliche Regelungen in der Praxis

Im folgenden wird zunächst eine weitgehend übliche arbeitsvertragliche Regelung dargestellt und untersucht, woran sich die Darstellung und Untersuchung einer meines Erachtens von der Regelungsintensität her vorbildlichen Regelung eines Unternehmens aus der Software-Branche anschließt.

a) Weitgehende Vertragspraxis

Die folgende Klausel entspricht der weitgehenden Vertragspraxis[635], wobei sie aufgrund der Regelung des § 69 b UrhG rein deklaratorischen Charakter hat und darüber hinaus eine ausdrückliche Regelung hinsichtlich der Frage einer Sondervergütung vermissen läßt, woraus sich unnötige Unsicherheiten und Konfliktmöglichkeiten ergeben. Die Klausel lautet wie folgt[636]:

> **§ 7: Einräumung der Nutzung an vom Arbeitnehmer entwickelten Programmen**
>
> Der Arbeitgeber ist berechtigt, durch den Arbeitnehmer im Rahmen des Arbeitsverhältnisses entwickelte Arbeitsprodukte im Software-Bereich zeitlich und räumlich uneingeschränkt zu nutzen, zu ändern und zu verwerten. Dies gilt für alle Arbeitsprodukte, gleich, ob sie von Leistungsschutzrechten erfaßt werden oder auf welcher Stufe der Software-Entwicklung sie entstehen.

---

634 *Ullmann,* in GRUR 1987, S. 6 (14).
635 *Koch,* Ihre Rechte, S. 149, Ziffer 7.
636 Vgl. *Koch,* Ihre Rechte, S. 141 ff.

§§ 12-13: Urheberpersönlichkeitsrechte
(...)

Lediglich im Hinblick auf den sachlichen Umfang weicht die Regelung durch Abstellen auf den Obergegriff der Software von § 69 b UrhG ab, was aufgrund des uneinheitlichen Verständnisses des Begriffs „Software" eine erhebliche Unsicherheit zur Folge hat. Dies sollte durch einer klarstellende Regelung vermieden werden. Die Regelung trifft ferner keine Aussage über die Frage, ob es sich um ein ausschließliches oder ein einfaches Nutzungsrecht handelt, und welche Nutzungsrechte überhaupt dem Arbeitgeber zustehen. Darüber hinaus ist die Frage einer Berechtigung des Arbeitgebers zur Weiterübertragung bzw. zur Unterlizenzierung nicht geregelt. Nur hinsichtlich des zeitlichen und räumlichen Umfangs ist eine Regelung enthalten.

Insoweit stellt sich nunmehr die Frage, wie die Lücken ausgefüllt werden können. Denkbar ist lediglich ein Rückgriff auf die gesetzliche Regelung des § 69 b UrhG, die bei Fehlen einer abweichenden vertraglichen Vereinbarung zur Anwendung kommt. Demgegenüber ist ein Abstellen auf die Zweckübertragungstheorie nicht möglich, weil diese im Geltungsbereich des § 69 b UrhG ausgeschlossen ist. Damit verbleibt der vertraglichen Klausel eine rein deklaratorische Wirkung, da, soweit sie Regelungen enthält, diese der Aussage des § 69 b UrhG entsprechen und hinsichtlich der Lücken unmittelbar auf die Regelung des § 69 b UrhG abzustellen ist.

Darüber hinaus existiert in der Vertragspraxis eine Erweiterung dieser vertraglichen Regelung, die wie folgt lautet[637]:

§ 7: Einräumung der Nutzung an vom Arbeitnehmer entwickelten Programmen

(...siehe oben...)

Der Arbeitgeber ist berechtigt, die vom Arbeitnehmer, außerhalb des Arbeitsverhältnisses entwickelte Software mit der Bezeichnung ..... für den Zeitraum von ..... bis ..... gegen eine einmalige / regelmäßige zusätzliche Sondervergütung in Höhe von DM ..... *im eigenen Betrieb zu nutzen und in diesem Rahmen zu vervielfältigen und zu ändern* **oder** *zu Vertriebszwecken frei zu nutzen und zu vervielfältigen.*

Durch diese Erweiterung erhält der Arbeitgeber die Möglichkeit, auch die sog. Freiwerke des Arbeitnehmerurhebers zu nutzen, die nach der hier vertretenen Ansicht weder von der Regelung des § 43 UrhG noch von der Regelung des § 69 b UrhG erfaßt werden, und für die darüber hinaus eine Anbietungspflicht, vorbehaltlich einer diesbezüglichen vertraglichen Regelung, grund-

[637] Vgl. *Koch*, Ihre Rechte, S. 141, 149, Ziffer 7.

sätzlich nicht besteht[638]. Daß der Arbeitgeber ein potentielles Interesse an der Nutzung auch der Freiwerke des Arbeitnehmerurhebers hat, ist evident, da der Arbeitnehmer häufig Werke im Zusammenhang mit seiner betrieblichen Tätigkeit und den in diesem Zusammenhang erworbenen Kenntnissen erstellen wird, die für den Arbeitgeber von wirtschaftlicher Bedeutung sein können. Die im Gegenzug für die Nutzungsmöglichkeit des Arbeitgebers in der vertraglichen Regelung vorgesehene Einräumung eines Anspruchs des Arbeitnehmerurhebers auf eine Sondervergütung resultiert aus dem Verhältnis von Arbeitnehmerurheber und Arbeitgeber im Bereich der Freiwerke. Wie bereits oben unter Teil 2 B. II. 2. b) dargestellt, besteht ohne eine vertragliche Vereinbarung keine Anbietungspflicht, und die Arbeitsvertragsparteien stehen sich so gegenüber, als sei der Arbeitnehmer ein freier Urheber, dem selbstverständlich ein Vergütungsanspruch für die Einräumung der Nutzungsrechte an den von ihm geschaffenen Werken zusteht.

b) Arbeitsvertragliche Regelung eines Unternehmens aus der Software-Branche

Im Unterschied zu der aufgrund ihrer Unvollständigkeit nur bedingt empfehlenswerten Regelung der allgemeinen arbeitsvertraglichen Praxis verwendet ein hier namentlich nicht zu nennendes deutsches Unternehmen aus der Software-Branche[639] eine vorbildliche arbeitsvertragliche Regelung hinsichtlich der Urheberrechte im Bereich der Entwicklung von Computerprogrammen im Arbeitsverhältnis. Auch wenn man hinsichtlich der in dieser arbeitsvertraglichen Regelung vorgenommenen Verteilung der Rechte zwischen Arbeitnehmerurheber und Arbeitgeber geteilter Meinung sein kann, so dürfte es jedoch keine Meinungsdifferenzen hinsichtlich der vorbildlichen Regelungsintensität geben. Eine hohe Regelungsintensität ist insofern für beide Seiten von Nutzen, als die ergänzende Vertragsauslegung als Ersatz für fehlende Regelungen der Arbeitsvertragsparteien gerade im Arbeitnehmerurheberrecht für beide Seiten des Arbeitsvertrages aufgrund des üblicherweise sehr weiten Interpretationsspielraums mit erheblichen Risiken behaftet ist[640]. In dieser arbeitsvertraglichen Klausel sind beinahe sämtliche potentiellen Konfliktpunkte im Bereich des Arbeitnehmerurheberrechts bei der Entwicklung von Computerprogrammen einer ausdrücklichen Regelung zugeführt worden, so daß zwischen den Parteien des Arbeitsverhältnisses eine hohe Rechtssicherheit geschaffen worden ist.

Die Regelung lautet in ihren arbeitnehmerurheberrechtlichen Teilen wie folgt:

---

[638] Vgl. oben unter Teil 2 B. II. 2. b) bb) und Teil 3 C. II. 2.
[639] Der Name ist dem Verfasser bekannt.
[640] *Schaub*, § 115 X, Rdnr. 74, S. 1171 f.

§ 6 Rechte am Arbeitsergebnis und Urheberrechte

(1) Dem Arbeitgeber steht das alleinige Recht zu, sämtliche Arbeitsergebnisse, die aus der Tätigkeit des Arbeitnehmers für den Arbeitgeber entstehen oder durch die nicht der Allgemeinheit bekannten Informationen seitens des Arbeitgebers angeregt wurden oder auf Erfahrungen, Arbeiten oder Unterlagen des Arbeitgebers beruhen, ohne sachliche, räumliche und zeitliche Beschränkungen und ohne Ausübungsverpflichtung zu verwerten oder durch Dritte verwerten zu lassen. (...)

(2) Zu den Arbeitsergebnissen gehören insbesondere die durch die Tätigkeit des Arbeitnehmers in Planung, Entwicklung, Forschung, Systemberatung, Wartung und Verwaltung während und außerhalb der Arbeitszeit geschaffenen Computerprogramme unabhängig von ihrer Ausdrucksform, Teile, Änderungen und Weiterentwicklungen solcher Programme, Datensammlungen (Datenbanken), die in Computerprogrammen und unabhängig davon verwendet werden, Entwurfsmaterial für Computerprogramme und Datensammlungen, bei ihrer Entwicklung entstandene Ideen, Erfindungen, Algorithmen, Verfahren, Spezifikationen und Berichte sowie Dokumentations- und Schulungsmaterial über die Anwendung und Wartung von Computerprogrammen und Datensammlungen.

(3) Soweit das Ergebnis der Tätigkeit des Arbeitnehmers in Computerprogrammen nebst Entwurfsmaterial besteht, die in Wahrnehmung seiner Aufgaben oder nach den Anweisungen des Arbeitgebers erschaffen worden sind, ist der Arbeitgeber bereits nach § 69 b UrhG ausschließlich zur Ausübung aller vermögensrechtlichen Befugnisse berechtigt.

(4) Sofern es sich bei den Arbeitsergebnissen i.S.d. Absätze 1 und 2 um andere, nicht dem § 69 b UrhG unterfallende, urheberrechtlich geschützte Werken handelt, räumt der Arbeitnehmerurheber dem Arbeitgeber das ausschließliche, inhaltlich, zeitlich und räumlich unbeschränkte Nutzungsrecht für alle bekannten Verwertungsarten ein. Dies umfaßt insbesondere (...).

(5) Schutzfähige Erfindungen und technische Verbesserungsvorschläge unterliegen den Bestimmungen des Gesetzes über Arbeitnehmererfindungen (ArbnErfG). (...).

(6) Der Arbeitgeber ist berechtigt, ohne weitere Zustimmung des Arbeitnehmerurhebers, die vorgenannten Rechte selbst oder gemeinsam mit Dritten in Gemeinschaftsunternehmen auszuüben, die vorgenannten Rechte ganz oder teilweise auf Dritte zu übertragen oder Dritten entsprechende einfache oder ausschließliche Nutzungsrechte einzuräumen.

(7) Die Beendigung des Arbeitsverhältnisses hat auf die erfolgte Nutzungsrechtseinräumung keinen Einfluß.

(8) Die vorstehende Nutzungsrechtseinräumung ist vollumfänglich durch die laufenden Bezüge des Arbeitnehmers abgegolten, und zwar auch für die Zeit nach Beendigung des Arbeitsverhältnisses.

(9) Der Arbeitnehmer erkennt an, daß er keinen Anspruch auf Namensnennung hat. Der Arbeitnehmer verzichtet, auch für die Zeit nach Beendigung seines Arbeitsverhältnisses, auf sein Zugangsrecht zum Werkstück. Rückrufrechte des Arbeitnehmers aus § 41 UrhG können nicht vor Ablauf von fünf Jahren seit der Einräumung der Nutzungsrechte oder, wenn dies später eintritt, seit Entstehung der Nutzungsrechte geltend gemacht werden.

(10) Der Arbeitnehmer bringt von ihm selbst vor Beginn des Arbeitsverhältnisses gemachte Erfindungen bzw. erschaffene Computerprogramme und zugehörige Dokumentationen nur nach vorheriger schriftlicher Einwilligung des Arbeitgebers in dessen Unternehmen ein. (...)

(...)

Die Klauseln in den Arbeitsverträgen dieses Unternehmens der Software-Branche lassen bereits durch ihren äußeren Umfang erkennen, daß sie die Materie des Arbeitnehmerurheberrechts umfassend regeln.

Zunächst gewährt § 6 Absatz 1 des Arbeitsvertrages quasi vor die Klammer gezogen als allgemeine Regelung hinsichtlich sämtlicher Arbeitsergebnisse sehr weitgehend dem Arbeitgeber die Befugnis, alle Arbeitsergebnisse zu nutzen, wobei zu den Arbeitsergebnissen in Anwendung der Regelungen des ArbnErfG auch mittelbare Arbeitsergebnisse gezählt werden, die vom Arbeitgeber angeregt wurden oder auf Erfahrungen, Arbeiten oder Unterlagen des Arbeitgebers beruhen. Folglich sind nicht nur die Pflichtwerke umfaßt, sondern weitergehend auch Freiwerke, soweit sie auf nicht allgemein bekannten Informationen des Arbeitgebers oder auf dessen Erfahrungen, Arbeiten oder Unterlagen beruhen. Hiermit ist der arbeitsrechtliche Grundsatz, daß dem Arbeitgeber das Ergebnis der Tätigkeit des Arbeitnehmers gebührt, sehr weit umgesetzt worden, da die Ausdehnung nicht nur auf den bereits gesetzlich geregelten Bereich des ArbnErfG beschränkt ist, sondern nach dem Wortlaut des § 6 Absatz 1 des Arbeitsvertrages auf sämtliche Arbeitsergebnisse Anwendung finden soll.

Dennoch bestehen insoweit keine Bedenken an der Zulässigkeit der Regelung, da die Grenze lediglich durch §§ 242 und 138 BGB gezogen wird, die hier keinesfalls erreicht sind, und die Vorschriften des ArbnErfG, die nicht zum Nachteil des Arbeitnehmers abbedungen werden können[641], aufgrund der aus-

[641] *Schaub*, § 115 VI, Rdnr. 46, S. 1165.

drücklichen Regelung in § 6 Absatz 5 des Arbeitsvertrages auch hier zur Anwendung kommen.

Hinsichtlich dieser gesamten Arbeitsergebnisse ist der Arbeitgeber ausweislich des § 6 Absatz 1 des Arbeitsvertrages zur Verwertung befugt, wobei weder in sachlicher, zeitlicher noch räumlicher Hinsicht eine Beschränkung besteht, und den Arbeitgeber ausdrücklich keine Verpflichtung zur Verwertung trifft.

§ 6 Absatz 2 des Arbeitsvertrages führt aufgrund des Wortlautes („insbesondere") lediglich beispielhaft, und damit nicht abschließend, die von der vorstehenden Regelung umfaßten Arbeitsergebnisse auf.

Sofern das Arbeitsergebnis in Computerprogrammen nebst zugehörigem Entwurfsmaterial besteht, finden die Regelungen des § 69 b UrhG Anwendung, worauf § 6 Absatz 3 des Arbeitsvertrages ausdrücklich hinweist.

Hinsichtlich anderer als der von § 69 b UrhG umfaßten Arbeitsergebnisse enthält § 6 Absatz 4 des Arbeitsvertrages die aufgrund der Regelung des § 43 UrhG erforderliche Nutzungsrechtseinräumung vom Arbeitnehmerurheber an den Arbeitgeber und damit bereits das quasi-dingliche Verfügungsgeschäft[642], während in § 6 Absatz 1 des Arbeitsvertrages zunächst allein die schuldrechtliche Verpflichtung begründet wurde, indem die umfassende Verwertungsbefugnis des Arbeitgebers vereinbart worden ist. § 6 Absatz 4 des Arbeitsvertrages sieht dabei eine ausschließliche, inhaltlich, zeitlich und räumlich unbeschränkte Nutzungsrechtseinräumung für alle bekannten Verwertungsarten vor, so daß der Arbeitgeber auch für die dem § 43 UrhG unterfallenden Werke des Arbeitnehmerurheberrechts dieselben umfassenden Befugnisse erhält wie hinsichtlich der Werke des § 69 b UrhG.

In § 6 Absatz 6 des Arbeitsvertrages ist die Befugnis des Arbeitgebers zur Unterlizenzierung und Weiterübertragung der Nutzungsrechte auf Dritte geregelt. Diese Klausel entfaltet aber lediglich Wirkung bezüglich der unter § 43 UrhG bzw. § 6 Absatz 4 des Arbeitsvertrages fallenden Werke, da im Anwendungsbereich des § 69 b UrhG eine diesbezügliche Befugnis des Arbeitgebers ohnehin von Gesetzes wegen besteht.

§ 6 Absatz 8 des Arbeitsvertrages widmet sich der im Arbeitnehmerurheberrecht besonders bedeutsamen Frage der Sondervergütung für die Nutzungsrechtseinräumung. Er sieht dabei, entsprechend der ganz herrschenden Auffassung zu §§ 43 und 69 b UrhG, eine Abgeltung durch das Arbeitsentgelt vor, wobei dies auch für die Zeit nach der Beendigung des Arbeitsverhältnis-

[642] Dies ergibt sich aus dem Wortlaut „räumt .... ein"; vgl. oben unter Teil 2 D. III. 1.

ses, die gemäß § 6 Absatz 7 des Arbeitsvertrages keinen Einfluß auf die Nutzungsrechtseinräumung hat, gilt.

Die wichtigsten Urheberpersönlichkeitsrechte, mithin das Recht der Namensnennung, das Zugangsrecht und das Rückrufsrecht sind in § 6 Absatz 9 des Arbeitsvertrages näher geregelt.

Schließlich ist zur Vermeidung etwaiger unvorhersehbarer Sondervergütungsansprüche des Arbeitnehmers oder Unterlassungs- und Schadensersatzansprüchen seitens früherer Arbeitgeber des Arbeitnehmers in § 6 Absatz 10 des Arbeitsvertrages eine Regelung zur Einbringung von Werken oder Erfindungen, die vor Beginn des Arbeitsverhältnisses gemacht worden sind, enthalten. Danach verpflichtet sich der Arbeitnehmer derartige Werke und Erfindungen nur nach vorheriger schriftlicher Genehmigung in das Unternehmen des Arbeitgebers einzubringen. Diese Klausel stellt unter anderem eine Reaktion auf die Rechtsprechung des BGH dar, welcher bei der Einbringung von Werken in das Arbeitsverhältnis die Möglichkeit einer konkludent geschlossenen Vereinbarung hinsichtlich der Verwertung annimmt, was regelmäßig einen Sondervergütungsanspruch gemäß den Grundsätzen der §§ 612 Absatz 1, 632 Absatz 1 BGB zur Folge habe[643].

Trotz der ausführlichen Regelungen ist jedoch die bedeutsame Frage eines Bearbeitungsrechts des Arbeitgebers nicht ausdrücklich geregelt worden. Dies sollte in Anbetracht der Regelung des § 39 UrhG, die ein grundsätzliches Änderungsverbot aufstellt, sofern keine abweichende Regelung vorliegt[644], aber erfolgen.

Zwar stellt dies für den originären Tätigkeitsbereich eines Softwareunternehmens keinen wesentlichen Nachteil dar, da für die von § 69 b UrhG umfassten Werke ein umfassendes Bearbeitungsrecht des Arbeitgebers allgemein anerkannt ist[645]. Dennoch ist die Aufnahme einer diesbezüglichen Vereinbarung auch insoweit aus Gründen der Klarstellung zu empfehlen. Im Hinblick auf die dem § 43 UrhG unterfallenden Werke, wie beispielsweise die Handbücher der Computerprogramme, ist die Vereinbarung eines Bearbeitungsrechts des Arbeitgebers unbedingt erforderlich, da insoweit die Regelung des § 39 UrhG uneingeschränkt zur Anwendung kommt.

---

[643] BGH, in GRUR 1985, S. 129 (130) - Elektrodenfabrik; *Buchner,* in Lehmann, Rdnr. 46 ff, S. 421 (437); a.A. BAG, in GRUR 1984, S. 429, wo die Verpflichtung des Arbeitnehmers zur Geltendmachung eines Sondervergütungsanspruchs aufgestellt wird, so daß im Falle einer vorbehaltlosen Einbringung ein Vergütungsanspruch entfällt.

[644] *Schricker/Rojahn,* § 43 Rdnr. 83 f, S. 704.

[645] Vgl. oben unter Teil 3 D.I. 1.

2. Musterregelungen für Arbeitsverträge

In der Literatur werden verschiedene arbeitsvertragliche Regelungen vorgeschlagen, von denen nachfolgend, ebenso wie im Rahmen der Untersuchung des § 43 UrhG, einige beispielhaft dargestellt und untersucht werden sollen.

a) Erste Variante

Eine erste von *Koch* vorgeschlagene Variante einer arbeitsvertraglichen Regelung der urheberrechtlichen Fragestellungen im Hinblick auf die Entwicklung von Computerprogrammen im Arbeitsverhältnis lautet wie folgt[646]:

§ 1 Nutzungseinräumung
Der Arbeitnehmer räumt dem Arbeitgeber das ausschließliche/nicht ausschließliche Recht zur räumlich und zeitlich unbegrenzten Nutzung des Programms .... ein. Mit umfaßt von dieser Nutzungseinräumung sind zugehörige Vorstudien, der Quellcode, Dokumentation und sonstige Begleitmaterialien zu diesem Programm, soweit sie während der Dauer des Arbeitsverhältnisses vom Arbeitnehmer auf Weisung des Arbeitgebers erstellt wurden.

§ 2 Weiterübertragung der Nutzung
Die Nutzungseinräumung durch den Arbeitnehmer berechtigt den Arbeitgeber nicht/auch zur Weiterübertragung der Nutzung auf Dritte. Soweit die Nutzung auf Dritte vom Arbeitgeber zulässig übertragen wurde, bleibt die Wirksamkeit dieser Übertragung von der Beendigung dieser Nutzungseinräumung unberührt. Anspruchsgegner des Arbeitnehmers bleibt der Arbeitgeber.

§ 3 Nutzung durch den Arbeitnehmer
Soweit der Arbeitgeber das Programm nicht ausschließlich nutzt, bleibt der Arbeitnehmer zur weiteren Verwertung befugt, wenn dem Arbeitgeber hierdurch nicht eine spätere ausschließliche Nutzung unmöglich gemacht wird. Der Arbeitgeber teilt dem Arbeitnehmer die erstmalige Ausübung der vereinbarten ausschließlichen Nutzung mit.

§ 4 Änderung des Programms
Der Arbeitgeber ist während der vereinbarten Nutzungsdauer zu erforderlichen Änderungen des Programms berechtigt. Soweit der Arbeitnehmer nach § 3 das Programm zu nutzen berechtigt ist, kann er das Programm in den von ihm genutzten Programmkopien ändern.

§ 5 Vergütungsanspruch
Mit der Arbeitsvergütung wird die Einräumung des Nutzungsrechts abgegolten. Werden durch die Verwertung dieser Nutzung seitens des Arbeitgebers Gewinne erzielt, die außer Verhältnis zu der Arbeitsvergütung stehen, so erhält der Arbeitnehmer eine Beteiligung an dem Nettogewinn in Höhe

---

[646] *Koch*, Ihre Rechte, S. 153, Rdnr. 149 ff.

von ..... % zuzüglich der gesetzlichen Mehrwertsteuer, auf den die Arbeitsvergütung nicht anzurechnen ist.

(...)

§ 9 Know-how-Schutz
Der Arbeitnehmer überträgt dem Arbeitgeber mit dem Programm und zugehörigem Begleitmaterial das Know-how der Programmerstellung und – anwendung. Der Arbeitgeber darf von diesem Wissen nur im Rahmen der eingeräumten Programmnutzung Gebrauch machen. Nicht erfaßt werden alle in allgemein zugänglichen Publikationen enthaltenen Kenntnisse.

(...)

Zunächst ist anzumerken, daß dieses Vertragsmuster, anders als die weit verbreitete Klausel der Praxis, aber ebenso wie die zuvor untersuchten vertraglichen Regelungen des Unternehmens aus der Software-Branche, alle wesentlichen Fragestellungen des Arbeitnehmerurheberrechts regelt und somit wesentlich zur Rechtssicherheit beiträgt. Dies gilt auch dann, wenn einige Regelungen rein deklaratorischen Charakter haben, da die Arbeitsvertragsparteien über eine Parallelwertung in der Laiensphäre einschätzen können, inwieweit ihnen Rechte an den erstellten Computerprogrammen zustehen.

Wenn man das Vertragsmuster dahingehend verwendet, daß in § 1 eine „ausschließliche“ und in § 2 eine „auch zur Weiterübertragung der Nutzung auf Dritte“ berechtigende Nutzungsrechtsübertragung auf den Arbeitgeber vereinbart ist, handelt es sich um eine im wesentlichen deklaratorische Regelung, da § 69 b UrhG dieselbe Rechtsfolge enthält, und bereits über § 69 a Absatz 1 UrhG die Vorstufen des jeweiligen Computerprogramms in die Regelungen über Computerprogramme einbezogen und die Computerprogramme dabei auch in jeder Gestalt geschützt sind. Lediglich eine Abweichung vom Regelungsgehalt des § 69 b UrhG liegt darin, daß eine Abkehr von der gesetzlichen Lizenz vorgeschlagen wird, indem § 1 des Vertragsmusters selbst die quasidingliche Verfügung der Nutzungsrechtsübertragung regelt. Auch dies ist, da § 69 b UrhG insgesamt dispositv ist, zulässig.

Sofern die anderweitigen Varianten in § 1 und § 2 gewählt werden, handelt es sich um eine von § 69 b UrhG abweichende Regelung, die jedoch ausweislich des § 69 b Absatz 1 letzer Halbsatz UrhG zulässig ist.

Ebenfalls zu Rechtssicherheit tragen die §§ 3 und 4 des Mustervertrages bei, auch wenn es sich überwiegend um deklaratorische Regelungen handelt.

Ein wesentlicher Bestandteil des Mustervertrages ist die Regelung der Vergütungsfrage in § 5, nach der mit der Arbeitsvergütung die Einräumung der

Nutzungsrechte abgegolten ist, § 5 Satz 1. Zwar entspricht auch dies der herrschenden Ansicht zu § 69 b UrhG, jedoch ist eine ausdrückliche vertragliche Regelung zur Vermeidung jeglicher Konflikte dringend geboten.

Ebenfalls sehr zu begrüßen ist die Regelung in § 5 Satz 2 des Mustervertrages, die das Beteiligungsrecht des § 36 UrhG ausgestaltet. Für den Arbeitnehmerurheber ist die vorgeschlagene Beteiligungsregelung insofern günstiger als die gesetzliche Regelung, als in § 5 Satz 2 des Musterarbeitsvertrages zur Feststellung der Verhältnismäßigkeit allein auf das Arbeitsentgelt abgestellt wird und damit nicht auf die geldwerten Leistungen bzw. sozialen Leistungen im Arbeitsverhältnis insgesamt, wie es der ganz überwiegenden Ansicht zu § 36 UrhG im Arbeitsverhältnis entspricht[647]. Somit werden in Anwendung des Mustervertrages beispielsweise der Urlaubsanspruch, der Umstand der Entgeltfortzahlung im Krankheitsfalle, der Kündigungsschutz sowie sonstige Leistungen des Arbeitgebers, die kein Entgelt im weitesten Sinne darstellen, für die Feststellung einer Unverhältnismäßigkeit zwischen dem mit dem Werk erzielten Gewinn des Arbeitgebers einerseits und dem Verdienst des Arbeitnehmers andererseits nicht herangezogen. Für den Arbeitgeber ist § 5 Satz 2 des Mustervertrages gegenüber der gesetzlichen Regelung des § 36 UrhG insofern von Vorteil, als als Vergleichsmaßstab auf den Gewinn und nicht bloß auf den mit dem Werk erzielten Umsatz abgestellt wird, da insoweit die dem Arbeitgeber entstandenen Kosten, die der Verwertung vorausgegangen sind, zunächst in Abzug gebracht werden können. Dies ist meines Erachtens zwar eine Selbstverständlichkeit, wird aber in der Literatur zu § 36 UrhG zum Teil anders vertreten[648] und ist auch in § 32 Absatz 1 Satz 2 ProfE nicht hinreichend deutlich gemacht[649].

Wenn man diesen Mustervertrag aus Arbeitgebersicht betrachtet, fehlt die bedeutende und im juristischen Schrifttum zum Arbeitnehmerurheberrecht umstrittene Fragestellung einer Anbietungspflicht für Freiwerke[650]. Nach der hier vertretenen Auffassung läßt sich eine Anbietungspflicht für Freiwerke

---

[647] Vgl. oben unter Teil 2 E. IV. 2.

[648] So z.B. *Schricker/Schricker*, § 36 Rdnr. 10, S. 614, der unter „Erträgnissen" i.S.d. § 36 UrhG die aus der Werkverwertung erzielten Vermögensvorteile versteht, und zwar die Bruttoeinkünfte ohne Abzug von Herstellungs-, Vertriebs- und allgemeinen Unkosten. Demgegenüber wie hier: BAG, in GRUR 1984, S. 429 (432) – Statikprogramme, wo auf den „Gewinn" abgestellt wird; ähnlich *v. Gamm*, § 36 Rdnr. 6 a.E. sowie 8 f, der zunächst zwar nur die Bruttovergütung als maßgebend ansieht, die Herstellungs- und sonstigen Kosten aber im Rahmen des Gesamtvergleichs zum Ansatz bringt. Vgl. auch BGH, Urteil vom 27. Juni 1991, in BGHZ 115, S. 63 (68) – Horoskop-Kalender, wo der BGH unter Erträgnissen i.S.d. § 36 Absatz 1 UrhG ebenfalls die Bruttoerträgnisse versteht, anschließend jedoch im Rahmen des Gesamtvergleichs die Kosten der Herstellung etc. berücksichtigt.

[649] Vgl. oben unter Teil 2 E. IV. 2. b) und 3. b).

[650] Im Ergebnis ebenso: *Schneider*, Rdnr. 614, S. 546; sowie *Liedtke*, in Kilian/Heussen, ComHdB, Kap. 73, Rz. 109, S. 30.

allein aus den gesetzlichen Regelungen nicht herleiten und bedarf somit einer vertraglichen - auch tarifvertraglichen - Vereinbarung[651]. Eine derartige Anbietungspflicht ist für den Arbeitgeber aus wirtschaftlichen Gesichtspunkten von Interesse, da er in die Lage versetzt wird, auch die Freiwerke seiner Arbeitnehmer - gegen eine Sondervergütung - zu nutzen und bei fehlendem Interesse eine Nutzung zu unterlassen. Häufig werden die Freiwerke der Arbeitnehmer aufgrund ihrer beruflichen Fähigkeiten in sachlichem Zusammenhang mit der Tätigkeit des Betriebes stehen, so daß die Freiwerke auch im Betrieb wirtschaftlich verwertet werden können.

b) Zweite Variante

Abweichend von dem zuvor dargestellten Mustervertrag schlägt *Koch*[652] folgende Vereinbarungen vor, wobei nur die abgeänderten Regelungen wiedergegeben werden:

§ 1 Nutzungseinräumung
Der Arbeitnehmer räumt dem Arbeitgeber an dem Programm ..... das ausschließliche/nicht ausschließliche Recht zur räumlich und/oder zeitlich wie folgt begrenzten Nutzung von ..... bis ..... (und für das Gebiet .....) ein. Mit umfaßt von dieser Nutzungseinräumung sind zugehörige Vorstudien, der Quellcode, Dokumentation und sonstige Begleitmaterialien zu diesem Programm, soweit sie während der Dauer des Arbeitsverhältnisses vom Arbeitnehmer auf Weisung des Arbeitgebers erstellt wurden.

§ 2 Verlängerung der Nutzungseinräumung
Die Verlängerung dieses Nutzungsverhältnisses über das Ende des Arbeitsverhältnisses hinaus bedarf einer gesonderten Vereinbarung zwischen den Parteien.

Oder **alternativ**:

Der Arbeitgeber ist im Falle einer ausschließlichen Nutzungseinräumung berechtigt, für den Zeitraum nach Ende des Arbeitsverhältnisses die ausschließliche Nutzung gegen Zahlung einer Vergütung in Höhe von DM ..... monatlich fortzusetzen.

§ 3 Weiterübertragung der Nutzung
Der Arbeitgeber kann sein bestehendes Nutzungsrecht auf Dritte übertragen.

§ 4 Programmänderungen
Der Arbeitgeber oder sein Rechtsnachfolger ist während der Dauer des Arbeitsverhältnisses und im Falle von § 2 auch während der weiteren Nutzungsdauer zu erforderlichen Änderungen des Programms berechtigt. Soweit die Nutzung auf Dritte vom Arbeitgeber zulässig übertragen wurde,

---

651 Vgl. oben unter Teil 2 B. II. 2. b) bb).
652 *Koch*, Ihre Rechte, Rdnr. 150, S. 157 f.

> bleibt die Wirksamkeit dieser Übertragung von der Beendigung des Arbeitsverhältnisses unberührt.
>
> (...)

Die in dieser Variante des Mustervertrages vorgenommenen Änderungen resultieren im wesentlichen aus der in § 1 des Mustervertrages erfolgten, gemäß § 69 b Absatz 1 letzter Halbsatz UrhG zulässigen, räumlichen bzw. zeitlichen Begrenzung der Nutzungsrechtseinräumung an den Arbeitgeber.

Die zeitliche Begrenzung macht eine Regelung hinsichtlich einer Verlängerung erforderlich, die in § 2 des Mustervertrages zu finden ist.

Im übrigen ist uneingeschränkt auf die Ausführungen zu der ersten Variante des Mustervertrages zu verweisen.

c) Dritte Variante

Koch schlägt schließlich noch eine weitere Variante hinsichtlich eines Mustervertrages über die Arbeitnehmerurheberrechte an Computerprogrammen vor[653], wobei nachfolgend wiederum nur die von der unter a) dargestellten Ausgangsversion abweichenden Regelungen dargestellt werden:

> (...)
>
> **§ 6 Vergütungsanspruch**
>
> **(1)Vergütung:** Der Arbeitnehmer erhält für die Einräumung des Nutzungsrechts eine gesonderte Vergütung. Diese Zahlung ist nicht Teil der Arbeitsvergütung.
>
> **(2)Beteiligungsansprüche:** Erzielt der Arbeitgeber durch die Verwertung der Programmnutzung Gewinne, so sind etwaige Beteiligungsansprüche des Arbeitnehmers mit der Zahlung der Sondervergütung abgegolten.
>
> Oder **alternativ:**
>
> Werden durch die Verwertung der Programmnutzung durch den Arbeitgeber Gewinne erzielt, die außer Verhältnis zu der gesonderten Vergütung stehen, so erhält der Arbeitnehmer eine Beteiligung an dem Nettogewinn in Höhe von .....% zuzüglich etwaiger gesetzlicher Mehrwertsteuer, jedoch unter Anrechnung der bezahlten gesonderten Vergütung.
>
> (...)

---

[653] *Koch*, Ihre Rechte, Rdnr. 151, S. 161 f.

Diese Variante des Mustervertrages gewährt in § 6 Absatz 1 Satz 1 einen, nach der hier vertretenen Ansicht, nicht bereits von Gesetzes wegen gegebenen Anspruch des Arbeitnehmerurhebers auf eine Sondervergütung für die Nutzungsrechtseinräumung. Zu bemängeln ist insoweit, daß die Höhe der Sondervergütung nicht im Vertrag selbst festgelegt ist, wobei sich eine prozentuale Regelung, die sich an das Arbeitsentgelt anlehnt, anbietet, da insoweit ein stetiges Ansteigen, gekoppelt an das Lohnniveau, gesichert ist. Demgegenüber ist die Festsetzung eines absoluten monatlichen Betrages nicht zu empfehlen, da dies zwangsläufig irgendwann zu Meinungsdifferenzen über eine Anpassung führen wird.

Sehr zu begrüßen ist die Klarstellung in § 6 Absatz 1 Satz 2 des Mustervertrages, auch wenn sie meines Erachtens lediglich einen rein dogmatischen Charakter hat, denn daß die Vergütung für die Nutzungsrechtseinräumung neben dem Arbeitsentgelt geschuldet sein soll ergibt sich bereits aus der Formulierung „gesonderte Vergütung" in § 6 Absatz 1 Satz 1 des Mustervertrages. Somit dient § 6 Absatz 1 Satz 2 des Mustervertrages der dogmatisch klaren Differenzierung zwischen dem Arbeitsentgelt einerseits, welches seinen Ursprung im Arbeitsrecht hat, und der Sondervergütung für die Nutzungsrechtseinräumung mit dem Ursprung im Urheberrecht andererseits. Dies entspricht der auch hier unter Teil 2 C. IV. 1. b) im Einklang mit *Wandtke*[654] vertretenen Auffassung.

§ 6 Absatz 2 des Mustervertrages regelt die Frage eines auch in § 36 UrhG vorgesehenen Beteiligungsanspruchs des Arbeitnehmerurhebers an den Gewinnen aus der Verwertung des Werkes durch den Arbeitgeber. Die erste Variante von § 6 Absatz 2 des Mustervertrages schützt meines Erachtens wirksam vor einer „Doppelbeteiligung", indem die Beteiligung an den potentiellen Gewinnen durch die urheberrechtliche Sondervergütung ausgeschlossen wird. Dieser Schutz vor einer „Doppelbeteiligung" ist beispielsweise in § 32 Absatz 1 ProfE nicht hinreichend deutlich gemacht[655].

Demgegenüber sieht die zweite Variante des § 6 Absatz 2 des Mustervertrages eine Gewinnbeteiligung neben der Sondervergütung für den Fall vor, daß die Gewinne außer Verhältnis zur Sondervergütung des Arbeitnehmerurhebers stehen, wobei jedoch auf den Gewinnbeteiligungsanspruch die bereits erhaltene Sondervergütung angerechnet werden soll. Zwar soll auch hier durch die vorgeschriebene Anrechnung eine „Doppelbeteiligung" ausgeschlossen werden, jedoch erscheint die Beteiligung an den Gewinnen trotz der bereits erhaltenen Sondervergütung für die (gesetzliche) Nutzungsrechtseinräumung als unverhältnismäßige Verschärfung des Wirtschaftsrisikos des

[654] *Wandtke*, Rdnr. 264 ff, S. 94 f; *ders.* in GRUR 1992, S. 139 (141 f).
[655] Vgl. oben unter Teil 2 E. IV. 2. b) und 3. b).

Arbeitgebers. Diese Einschränkung resultiert daraus, daß als Anknüpfungspunkt für die Feststellung einer Unverhältnismäßigkeit allein die Sondervergütung gewählt wird und somit die sonstigen Umstände des Arbeitsverhältnisses mit seinen zahlreichen Vorteilen für den Arbeitnehmer, sowie der Umstand, daß der Arbeitnehmer eventuell zuvor zahlreiche wirtschaftlich erfolglose Werke geschaffen hat, für die der Arbeitgeber dennoch das volle Arbeitsentgelt entrichten mußte, keine Berücksichtigung finden. Dennoch bestehen an der rechtlichen Zulässigkeit einer derartigen vertraglichen Klausel aufgrund der grundsätzlichen Vertragsfreiheit keine Bedenken, zumal in der Regel der Arbeitgeber im Rahmen der Vertragsverhandlungen, von derzeitigen Engpässen im Hinblick auf qualifiziertes Personal im IT-Bereich einmal abgesehen, die mächtigere Stellung innehat und eine derartige Klausel nicht vereinbaren muß.

E. Tarifvertragliche Regelungen

Im Bereich der Software-Industrie existieren derzeit, soweit ersichtlich, keine Tarifverträge und damit auch keine urheberrechtlichen tarifvertraglichen Regelungen[656].

Wesentliche Gründe für das Fehlen von Tarifverträgen im Bereich der Software-Industrie sind zum einen, daß die Arbeitnehmer im Bereich der Informationstechnologie und den „New-Economy-Unternehmen" überwiegend nicht gewerkschaftlich organisiert und die Unternehmen in der Regel nicht Mitglieder eines tariffähigen Arbeitgeberverbandes sind[657]. Die Gründe für den geringen Organisationsgrad sind vielfältig.

Zunächst fehlen, was die Einführung der „Green-card" deutlich macht, in der Informations- und Kommunikationsbranche zahlreiche qualifizierte Arbeitnehmer[658], so daß die vorhandenen stark umworben sind und folglich zu sehr

---

[656] Dies ergab eine Recherche beim Tarifregister des Arbeitsgerichts Berlin im Dezember 2000, eine Nachfrage bei der Bundesvereinigung Deutscher Arbeitgeberverbände (BDA), Referat Dienstleistungen (Frau Scheurer) vom 11. Dezember 2000 sowie eine Nachfrage beim Tarifregister des Bundesministeriums für Arbeit (Frau Lorenz), vom 09. Mai 2001.

[657] So die Aussage des Geschäftsführers des Bundesverbands Informationswirtschaft, Telekommunikation und neue Medien (Bitkom), Herrn Werner Senger, nach dessen Auskunft die neue Dienstleistungsgewerkschaft „Verdi" „in der Branche kein Thema" ist, und es keine Berührungspunkte gebe; die Idee der Gewerkschaft passe nicht in die Kultur der neuen Firmen".Vgl. den Beitrag „Verdi ohne Chance in der New Economy, Kaum Kontakt zu Mitarbeitern", im Tagesspiegel vom 08. November 2000. Siehe des weiteren den Beitrag „Schon vor dem Start erleidet Verdi eine Schlappe, Neue Dienstleistungsgewerkschaft kann sich nicht bei den New-Economy-Unternehmen etablieren", von Günter Frech, im Tagesspiegel vom 10. Februar 2001.

[658] Nach Aussage des Geschäftsführers des Bundesverbands Informationswirtschaft, Telekommunikation und neue Medien (Bitkom), Herrn Werner Senger, derzeit ca. 75.000 Fach-

guten finanziellen und sonstigen Konditionen arbeiten. Die Verhandlungsmacht der Computerprogramme erstellenden Informatiker ist mithin derzeit sehr hoch, so daß es keiner gewerkschaftlichen Unterstützung zur Herstellung der Verhandlungsparität bedarf. Darüber hinaus sind die Mitarbeiter nach der Aussage des Geschäftsführers des Bundesverbandes Informationswirtschaft, Telekommunikation und neue Medien (Bitkom) in der Regel direkt am Unternehmen beteiligt[659]. Aufgrund einer direkten Beteiligung sind die Gegensätze zwischen Arbeitnehmerseite einerseits und Arbeitgeberseite andererseits nicht mehr gegeben, was dazu führt, daß keine Betriebsräte gebildet werden und kein großes Interesse an gewerkschaftlicher Organisation besteht. Wer finanziell gut ausgestattet ist, hat regelmäßig kein Interesse an einer Konfrontation mit dem Arbeitgeber. Ebenso sind die Arbeitgeber aufgrund des Fachkräfte-Mangels an einem Fortbestand des Arbeitsverhältnisses interessiert, so daß auch sie pragmatische Lösungen zum Wohle des Unternehmens verfolgen, und der aufwendigere Weg über – in der Regel im Wege der Konfrontation - erlangte kollektive Regelungen durch sehr gute finanzielle und sonstige Arbeitsbedingungen vermieden wird.

Es handelt sich bei der Software- und Informationstechnologie-Branche um einen relativ jungen Industriezweig, auf den derzeit die Strukturen der hergebrachten Industriezweige nicht ohne weiteres übertragen werden können[660]. Es existieren dort nicht die generellen Gegensätze von den „ausgebeuteten Arbeitnehmern" und den „Gewinne-schöpfenden Arbeitgebern", so daß auch die für diese Gegensätze geschaffenen ausgleichenden Regelungsinstrumente in dieser Branche nicht greifen und derzeit auch nicht erforderlich sind. Anders dürfte es sein, wenn sich der Fachkräfte-Mangel ausgeglichen hat, die Verhandlungsparität ohne kollektive Unterstützung nicht mehr gewährleistet ist und damit die guten Arbeitsbedingungen womöglich nicht mehr fortgeführt werden.

Ein wesentlicher Grund, speziell für das Fehlen von urheberrechtlichen tarifvertraglichen Regelungen, ist darüberhinaus, daß aus Arbeitgebersicht im Bereich der Entwicklung von Computerprogrammen kein dringender Regelungsbedarf hinsichtlich der Verteilung der Nutzungsrechte besteht, da die gesetzliche Ausgangslage in den §§ 69 a ff UrhG bedeutend arbeitgeberfreundlicher ist, als im Anwendungsbereich des § 43 UrhG. Der Arbeitgeber erwirbt bereits kraft Gesetzes ausschließlich und unbegrenzt die vermögens-

---

kräfte, vgl. den Beitrag „Verdi ohne Chance in der New Economy, Kaum Kontakt zu Mitarbeitern, im Tagessspiegel vom 08. November 2000.

659 a.a.O.

660 So auch Frau Lorenz vom Tarifregister des Bundesministeriums für Arbeit in einer Anfrage des Verfassers vom 09. Mai 2001.

rechtlichen Befugnisse an den Pflichtwerken des Arbeitnehmerurhebers, ohne daß er nach herrschender Auffassung dafür eine Sondervergütung entrichten müßte. Ferner stehen ihm die Änderungsbefugnis und die Befugnis zur Weiterübertragung und Unterlizenzierung zu.

F. Bewertung der Reformvorschläge zum Urheberrecht im Hinblick auf die Entwicklung von Computerprogrammen im Arbeitsverhältnis

Die Reformvorschläge hinsichtlich des Arbeitnehmerurheberrechts enthalten, wie bereits dargestellt[661], höchst unterschiedliche Regelungen, die unterschiedliche Auswirkungen auf das Verhältnis der Werke i.S.d. § 69 b UrhG zu denjenigen des § 43 UrhG zur Folge haben.

Während der RegE[662], ProfE[663] und der Entwurf von *Wandtke*[664] den unterschiedlichen Regelungsgehalt zwischen Computerprogrammen und dessen Entwicklungsmaterial einerseits und den sonstigen urheberrechtlich geschützten Werken andererseits aufrecht erhalten bzw. sogar vertiefen, erfolgt in § 104 ArbVG i.S.d. Diskussionsentwurfs des Arbeitskreises Deutsche Rechtseinheit im Arbeitsrecht und der wortgleichen Vorschläge in den Gesetzentwürfen der Länder Brandenburg und Sachsen eine Angleichung, indem sämtliche Werke von Arbeitnehmerurhebern unter eine Norm zusammengefaßt werden.

Insoweit weist § 43 Absatz 2 Satz 2 ProfE sowie die diesbezügliche Begründung ausdrücklich darauf hin, daß der Regelungsgehalt des § 69 b Absatz 1 UrhG, da von der zugrundeliegenden EG-Richtlinie gefordert, nicht angetastet wird[665]. Dennoch wird der Regelungsgehalt des § 43 ProfE, mithin der Norm, die das Arbeitnehmerurheberrecht für die nicht von § 69 b UrhG umfaßten Werke beinhaltet, noch weiter von demjenigen des § 69 b UrhG entfernt, indem über den Verweis auf § 32 ProfE ein gesetzlicher Anspruch auf eine Sondervergütung sowie eine Beteiligung an den „Einnahmen" festgeschrieben wird. Ein derartiger gesetzlicher Vergütungs- und Beteiligungsanspruch soll auch nach dem ProfE im Bereich der Spezialregelung des § 69 b UrhG nicht bestehen. Vielmehr soll hier die derzeitige Rechtslage fortgelten, wie der ausdrückliche Hinweis in § 43 Absatz 2 Satz 2 ProfE, nachdem § 69 b unberührt bleibt, deutlich macht. Aber selbst wenn man über § 69 a Absatz 4 UrhG den

---

661 Vgl. oben unter Teil 2 E.

662 Vgl. zum RegE oben unter Teil 2 E. V., der jedoch eine Angleichung hinsichtlich der im öffentlichen Dienstverhältnis geschaffenen Computerprogramme vornimmt, indem er diese wiederum der allgemeinen Regelung des § 43 UrhG unterstellt, da eine derartige Regelung von der zugrunde liegenden EG-Richtlinie nicht gefordert werde.

663 Vgl. oben unter Teil 2 E. IV.

664 Vgl. oben unter Teil 2 E. III.

665 Vgl. GRUR 2000, S. 764 (777).

in § 32 ProfE vorgesehenen gesetzlichen Anspruch auf eine angemessene Vergütung für die Nutzungsrechtseinräumung auch auf § 69 b UrhG anwenden wollte, so käme es zu anderweitigen Rechtsunsicherheiten bzw. unterschiedlichen Regelungen im Bereich des § 43 UrhG und im Bereich des § 69 b UrhG. Denn § 69 b UrhG enthält keine dem § 43 Absatz 3 ProfE vergleichbare Regelung über die Möglichkeit einer Abgeltung des gesetzlichen Vergütungsanspruchs durch das Arbeitsentgelt, so daß im Wege eines Umkehrschlusses der fatale Eindruck entstehen könnte, daß im Anwendungsbereich des § 69 b UrhG eine Abgeltung des gesetzlichen Vergütungsanspruchs durch das Arbeitsentgelt nunmehr nicht möglich ist. Die selben Bedenken stehen grundsätzlich dem Regierungsentwurf entgegen, mit Ausnahme der Frage des Beteiligungsanspruchs, den der RegE nicht vorsieht.

Außerdem wird in § 43 Absatz 2 Satz 1 ProfE i.V.m. § 31 Absatz 5 ProfE die Anwendung der Zweckübertragungslehre festgeschrieben, indem der Arbeitgeber die ausschließlichen Nutzungsrechte erwerben soll, soweit sie für die Zwecke seines Betriebes benötigt werden, während in § 69 b UrhG auch nach der im ProfE vorgeschlagenen Rechtslage die Zweckübertragungslehre keine Anwendung findet, und somit eine Übertragung sämtlicher Nutzungsrechte unabhängig vom betrieblichen Tätigkeitsbereich erfolgt[666]. Des weiteren werden die Unterschiede im Bearbeitungsrecht des Arbeitgebers aufrechterhalten. Während im Bereich des § 69 b UrhG ein umfassendes Bearbeitungsrecht des Arbeitgebers allgemein anerkannt ist, wird im ProfE hinsichtlich des sonstigen Arbeitnehmerurheberrechts die bisherige Rechtslage aufrechterhalten, nach der das grundsätzliche Abänderungsverbot des § 39 UrhG auch im Arbeitsverhältnis zur Anwendung kommt. Die vorstehenden Ausführungen gelten ebenfalls für den RegE.

Hiermit wird der Unterschied im Regelungsgehalt der das Arbeitnehmerurheberrecht normierenden Vorschriften insgesamt vergrößert, obwohl bereits nach der derzeitigen Rechtslage im Hinblick auf die unterschiedlichen Rechtsfolgen der §§ 43 und 69 b UrhG erhebliche verfassungsrechtliche Bedenken unter dem Gesichtspunkt des allgemeinen Gleichbehandlungsgrundsatzes des Art. 3 GG bestehen, da sachliche Gründe für eine unterschiedliche Regelung der im wesentlichen gleichen Sachverhalte nicht bestehen[667].

Die gleichen Bedenken stehen nach der hier vertretenen Ansicht dem Entwurf von *Wandtke* entgegen, der ebenfalls die Kluft der Regelungsgehalte der §§ 43 und 69 b UrhG vergrößert, indem er nicht nur die unterschiedlichen Rechtsfolgen, beispielsweise durch Anwendung der Zweckübertragungstheo-

[666] Vgl. insoweit oben unter Teil 3 D. I. 1.
[667] Vgl. oben unter Teil 3 D. II. 2.

rie, aufrecht erhält, sondern vielmehr in § 43 Absatz 3 und 4 seines Entwurfs einen Sondervergütungsanspruch des Arbeitnehmerurhebers für die Nutzungsrechtseinräumung bzw. die Nutzung vorsieht, der nach ganz überwiegender Ansicht im Anwendungsbereich des § 69 b UrhG, mithin für Computerprogramme und ihr Entwurfsmaterial, vorbehaltlich einer anderweitigen vertraglichen Vereinbarung, nicht besteht. Allerdings ist hierzu anzumerken, daß dieser Widerspruch nach der von *Wandtke* vertretenen Ansicht nicht besteht, die Auffassung insoweit in sich stimmig ist, da er die Zweckübertragungslehre im Bereich des § 69 b UrhG für anwendbar hält, und auch im Bereich des § 69 b UrhG, vorbehaltlich einer abweichenden vertraglichen Regelung, von einem Anspruch des Arbeitnehmerurhebers auf eine Sondervergütung für die Nutzungsrechtseinräumung ausgeht[668]. Folglich ist, die Prämissen von *Wandtke* als zutreffend unterstellt, auch eine Rechtsangleichung erfolgt, was im Falle des ProfE und des RegE aber gerade nicht geschehen ist.

Nach den im Rahmen dieser Untersuchung vertretenen Auffassungen zur Frage einer Sondervergütung sowie zur Frage der Anwendbarkeit der Zweckübertragungstheorie im Anwendungsbereich des § 69 b UrhG führt allein § 104 ArbVG i.S.d. Diskussionsentwurfs des Arbeitskreises Deutsche Rechtseinheit im Arbeitsrecht (sowie die wortgleichen Regelungen in den Gesetzentwürfen der Landes Brandenburg und des Freistaates Sachsen) zu einer einheitlichen Regelung des Arbeitnehmerurheberrechtes sämtlicher Werke. § 104 ArbVG trifft keine Unterscheidung hinsichtlich der Art des Werkes und ist damit sowohl auf Computerprogramme nebst Entwurfsmaterial sowie auf alle sonstigen Werke, die vom Arbeitnehmer im Rahmen des Arbeitsverhältnisses geschaffen wurden, anwendbar. Darüber hinaus besticht die Regelung des § 104 ArbVG durch ihre dogmatisch einwandfreie und praktikable Rechtsfolge, indem sie in Absatz 1 Satz 1 unter Abkehr von dem Schöpferprinzip des § 7 UrhG die Nutzungsrechte an den im Arbeitsverhältnis geschaffenen urheberrechtlich geschützten Werken originär dem Arbeitgeber zuweist[669].

Daß § 104 ArbVG hier dennoch nicht als erstrebenswerte Normierung des Arbeitnehmerurheberrechts unterstützt werden kann, liegt an den oben unter Teil 2 E. I. dargelegten Gründen.

---

[668] Siehe insoweit zur Anwendung der Zweckübertragungslehre: *Wandtke*, Rdnr. 314, S. 111; zum Anspruch des Arbeitnehmerurhebers auf eine Sondervergütung im Anwendungsbereich des § 69 b UrhG: *Wandtke*, Rdnr. 315, S. 111 i.V.m. Rdnr. 260 ff, S. 92 ff.
[669] Vgl. insoweit auch unten unter Teil 4 B.

Teil 4: Fazit / Normvorschlag

A. Zusammenfassung

Die vorliegende Untersuchung belegt, daß die zu Beginn zitierte Aussage von *Hoeren*[670], -„Die kontinentaleuropäische Urheberrechtstradition hat zahlreiche Probleme mit der Entwicklung von Werken im Beschäftigungsverhältnis" - eine vollkommen zutreffende Einschätzung der derzeitigen Rechtslage auch im deutschen Arbeitnehmerurheberrecht ist.

Die Arbeit verdeutlicht, daß die derzeitige Rechtslage im Arbeitnehmerurheberrecht zahlreiche Rechtsunsicherheiten mit sich bringt, die auch durch die Reformvorschläge keinesfalls beseitigt, sondern, je nach Vorschlag, sogar noch vertieft werden. Bei Betrachtung der Ursachen für die unterschiedlichen Rechtsauffassungen und die daraus resultierende Rechtsunsicherheit im Bereich des Arbeitnehmerurheberrechts stößt man immer wieder auf einen gemeinsamen Ausgangspunkt. Das Schöpferprinzip.

Im Anwendungsbereich des § 43 UrhG bestehen die größten Unsicherheiten im Bereich der erforderlichen Rechtsübertragung vom Arbeitnehmerurheber auf den Arbeitgeber. Umstritten ist, ob dies nur ausdrücklich oder auch konkludent möglich ist, ob in einem Tarifvertrag eine Verfügung vorgenommen werden kann, welchen Umfang und welche räumliche oder zeitliche Begrenzung eine erfolgte Nutzungsrechtseinräumung aufweist, ob das Nutzungsrecht ausschließlich oder einfach ist, ob der Arbeitgeber zur Weiterübertragung oder Unterlizenzierung berechtigt ist und schließlich, ob dem Arbeitnehmerurheber ein Anspruch auf eine Sondervergütung zusteht. Darüber hinaus entstehen Schwierigkeiten aus dem Umstand, daß ein Produkt überwiegend auf der Mitwirkung einer Mehrzahl von Personen beruht, die in Anwendung des § 8 Absatz 1 UrhG in der Regel Miturheber des Werkes sind. Dies führt, da § 8 Absatz 2 UrhG eine gesamthänderische Bindung hinsichtlich des Veröffentlichungs- und Verwertungsrechts vorsieht, dazu, daß sämtliche Miturheber dem Arbeitgeber das Nutzungsrecht einräumen müssen[671].

Ähnlich ist die Problematik im Bereich des § 69 b UrhG, wobei hier zumindest die Frage des Umfangs und der etwaigen Begrenzungen ausdrücklich im Gesetz geregelt ist. Dennoch weist auch die Regelung des § 69 b UrhG zahlreiche Unsicherheiten auf, wie sich der vorangegangenen Untersuchung entnehmen läßt. Schließlich sind, wie dargestellt, keine sachlich rechtfertigenden Gründe für eine unterschiedliche Regelung der Arbeitnehmerurheberrechte in § 43 UrhG einerseits und § 69 b UrhG andererseits gegeben.

---

[670] *Möhring/Nicolini/Hoeren*, § 69 b, Rdnr. 1, S. 685.

[671] *Schack*, Rdnr. 283 f, S. 137 f.

Nahezu sämtliche dieser Fragestellungen sind unmittelbar oder zumindest mittelbar auf die Anwendung des Schöpferprinzips im Arbeitnehmerurheberrecht rückführbar, so daß sich die Frage einer Abkehr von diesem Prinzip für den Bereich der Werkerstellung im Arbeitsverhältnis stellt.

B. Überlegungen zu einem Lösungsvorschlag

Da § 69 b UrhG auf einer EG-Richtlinie basiert, für die gemäß Art. 249 Absatz 3 EGV (Amsterdam) eine Umsetzungspflicht des Mitgliedsstaates zumindest hinsichtlich des Zieles der Richtlinie besteht, kann eine Anpassung der Regelungsgehalte der §§ 43 und 69 b UrhG ohnehin nur in Richtung des § 69 b UrhG erfolgen. Folglich ist auch die Zweckübertragungstheorie nicht anwendbar und eine Begrenzung auf den betrieblichen Tätigkeitsbereich in der einheitlichen Regelung nicht vorzunehmen.

Allerdings erscheint die in § 69 b UrhG getroffene Regelung nur halbherzig, da § 69 b UrhG am Schöpferprinzip festhält und daher immer noch von einem derivativen Erwerb der Nutzungsrechte durch den Arbeitgeber ausgeht, letztlich beim Arbeitnehmerurheber aber ohnehin praktisch nichts verbleibt, da auch die Urheberpersönlichkeitsrechte ganz erheblich eingeschränkt sind[672]. Somit stellt sich allein ein originärer Erwerb der Urheberrechte an den vom Arbeitnehmer geschaffenen Pflichtwerken als eine dogmatisch saubere und für die Praxis handhabbare, weil Meinungsverschiedenheiten der oben genannten Art vermeidende, Lösung dar[673]. Es würde dann ein überzeugender

---

672 *Himmelmann*, S. 272 m.w.N.; *Fromm/Nordemann/Vinck*, § 69 b, Rdnr. 3, S. 484; *Schricker/Loewenheim*, § 69 b, Rdnr. 13 f, S. 1088 f.

673 So auch *Rehbinder*, § 46 V Rdnr. 340, S. 267, der die dem deutschen Gesetzgeber durch die EG-Richtlinie aufgezwungene Lösung in § 69 b UrhG als die rechtspolitisch richtige Lösung auch für die anderen Werkkategorien bezeichnet, sofern man aus ideologischen Gründen den originären Rechtserwerb des Arbeitgebers ablehne; *ders.*, in AfP 1983, S. 305 (306). Vgl. für den Bereich der Computerprogramme auch *Himmelmann*, S. 272, 276 f, sowie für sonstige Werkkategorien S. 277 f, wobei der originäre Erwerb des Arbeitgebers von Verwertungsrechten und Urheberpersönlichkeitsrechten auf Werke der „kleinen Münze" und Werke „untypischer" Arbeitnehmer begrenzt sein soll. Dies ist jedoch meines Erachtens keinesfalls praktikabel, da es keiner großen Phantasie bedarf, um vorauszusehen, daß sich die zu erwartenden Rechtsstreitigkeiten um die Frage der „kleinen Münze" sowie des „untypischen" Arbeitnehmers richten werden. Siehe zum originären Rechtserwerb auch oben unter (Teil 2 E. II.) die Begründung zu § 104 des Gesetzentwurfs des Landes Brandenburg für ein Gesetz zur Bereinigung des Arbeitsrechts, in dem der originäre Erwerb sämtlicher Urheberrechte durch den Arbeitgeber als inzwischen anerkannter Grundsatz bezeichnet wird. Diese, dem Wortlaut des § 104 nicht ohne weiteres zu entnehmende Auslegung, bezeichnet *Himmelmann* als einen Schritt in die richtige Richtung (S. 277). Für einen originären Erwerb des Urheberrechts durch den Arbeitgeber im vergleichbaren schweizerischen Recht: *Frey*, in UFITA Band 98, 1984, S. 53 (58 f). A.A. *Blatz*, S. 51, wonach ein originärer Erwerb des Urheberrechts

Gleichklang zu der sachenrechtlichen Rechtslage gemäß § 950 BGB im Hinblick auf das materielle Arbeitsergebnis sowie zu dem allgemeinen arbeitsrechtlichen Grundsatz, daß dem Arbeitgeber das Ergebnis der Arbeit zusteht, welches der Arbeitnehmer im Rahmen seiner arbeitsvertraglichen Pflichten geschaffen hat, hergestellt werden[674]. Insbesondere mit diesem Grundsatz ist die Anwendung des Schöpferprinzips des § 7 UrhG auf das Arbeitsverhältnis, sei es nun über § 43 UrhG oder über § 69 a Absatz 4 UrhG, nicht vereinbar[675]. Des weiteren würde ein einheitliches Ergebnis mit der Rechtslage im Geschmacksmusterrecht und im Recht der Halbleiter hergestellt, da sowohl nach § 2 GeschmG als auch nach § 2 Absatz 2 Halbleiterschutzgesetz der Arbeitgeber von Anfang an als Inhaber der Schutzrechte gilt[676].

Ferner wäre eine aus der Vorausabtretung der Nutzungsrechte seitens des Arbeitnehmerurhebers an eine Verwertungsgesellschaft resultierende Kollisionslage mit den Interessen des Arbeitgebers am Arbeitsergebnis in Zukunft nicht mehr möglich[677]. Die Interessen des Arbeitgebers wären insoweit angemessen gewahrt[678].

Schließlich wäre durch den originären Erwerb des Urheberrechts in der Person des Arbeitgebers auch die Problematik einer Miturheberschaft mehrerer Arbeitnehmer erledigt, was die bereits von *Hubmann*[679] geforderte Rechtssicherheit gewährleistet, die den Arbeitgeber in die sichere Lage versetzt, seinen Kunden die Rechte am Arbeitsergebnis, mithin am Produkt der Firma übertragen zu können.

Insoweit weist *Buchner* meines Erachtens zu Recht darauf hin, daß die Gestaltung des Urheberrechts nicht dazu führen dürfe, das arbeitsvertragliche

---

durch den Arbeitgeber nicht der Interessenlage der Parteien des Arbeitsvertrages entspräche. Einerseits sei der Arbeitgeber nicht daran interessiert, in der Öffentlichkeit als Urheber des Arbeitsergebnisses zu gelten, er wolle die Arbeit nur verwerten, andererseits beanspruche der Arbeitnehmer wie jeder andere Urheber die Verfasserehre.

674 Vgl. oben unter Teil 2 A. II. 1., 2 sowie *Stolz*, in UFITA Band 101, 1985, S. 29 (46); *Herschel*, in UFITA Band 94, 1982, S. 35 (41); *Hunziker*, in UFITA Band 101, 1985, S. 49 (73) sowie *Frey*, in UFITA Band 98, 1984, S. 53 (58 f).

675 *Holländer*, S. 78.

676 *MünchArbR/Sack*, § 100, Rdnr. 18, S. 2061. Diese wenig überzeugende unterschiedliche Handhabung im deutschen Recht kritisiert zu Recht: *Birk*, in UFITA Band 108, S. 101 (103).

677 *Stolz*, in UFITA Band 101, 1985, S. 29 (44 ff), der daher vorschlägt, daß durch eine gesetzliche Regelung klargestellt werden sollte, daß im Arbeitsverhältnis das Urheberrecht am Arbeitsergebnis, vorbehaltlich einer abweichenden Vereinbarung, in der Person des Arbeitgebers entsteht. Persönlichkeitsrechtliche Interessen des Arbeitnehmerurhebers würden dadurch nicht berührt (S. 46).

678 Vgl. insoweit auch *Frey*, in UFITA Band 98, 1984, S. 53 (58) für das starke Parallelen aufweisende schweizerische Recht. A.A. *Pakuscher*, in Fs Gaedertz, S. 441 (447).

679 *Hubmann*, in Fs Hueck, S. 43 (45).

Leistungsgefüge zu stören; die Zuweisung des Urheberrechts an den Arbeitnehmer regele den „sozialen Sachverhalt der Leistungserbringung im Arbeitsverhältnis hinsichtlich der Ergebniszuweisung nicht sachgerecht", weshalb andere Rechtsordnungen, wie insbesondere der angelsächsische Rechtskreis, sich für den originären Rechtserwerb entschieden hätten[680].

Anderer Ansicht ist *Kraßer*, der keine Beeinträchtigung der berechtigten Interessen des Arbeitgebers durch die Anerkennung der originären Berechtigung des Werkschöpfers sieht, sofern den Interessen des Arbeitgebers durch die Annahme eines den Erfordernissen des Einzelfalles angepaßten abgeleiteten Rechtserwerbs Rechnung getragen werde[681]. Das Schöpferprinzip habe gegenüber der Annahme eines originären Rechtserwerbs durch den Arbeitgeber den Vorteil, daß es zu einer Feinabstimmung des Interessenausgleichs führe[682]. Aber gerade in der zwar der Idee nach erstrebenswerten, praktisch aber nicht ohne Streitigkeiten durchführbaren Anpassung an die Erfordernisse des Einzelfalles liegt meines Erachtens das Problem der gegenwärtigen Rechtslage, die vom derivativen Erwerb geprägt wird. Eine Anpassung des Rechtserwerbs an den jeweiligen Einzelfall führt zwingend zu Meinungsdifferenzen im Arbeitsverhältnis und damit zu Rechtsunsicherheiten und letztlich zu fehlender Praktikabilität. Selbst im Falle des § 69 b UrhG, der die vermögenswerten Befugnisse, wenn auch derivativ, ausschließlich dem Arbeitgeber zuweist, bestehen Meinungsverschiedenheiten über den Umfang der dem Arbeitgeber zustehenden Rechte, beispielsweise durch unterschiedliche Auffassungen zur Anwendbarkeit der Zweckübertragungstheorie etc. Derartige Meinungsdifferenzen wären erst dann behoben, wenn ein ausschließlicher unbegrenzter originärer Rechtserwerb des Arbeitgebers gesetzlich festgeschrieben wäre.

Der originäre Rechtserwerb des Arbeitgebers ist dabei streng auf die vom Arbeitnehmer im Rahmen seines Arbeitsverhältnisses geschaffenen Pflichtwerke zu begrenzen, worauf *Kraßer* zutreffend hinweist[683]. Allein die Pflichtwerke stellen das dem Arbeitgeber gebührende Ergebnis der Arbeit des Arbeitnehmers dar. Über die Freiwerke hat der Arbeitnehmerurheber frei zu verfügen. Selbst eine Anbietungspflicht besteht, wie oben unter Teil 2 B. II. 2. b) bb) und Teil 3 C. II. 2. dargestellt, nicht. Zur Schaffung höchst möglicher Rechtssicherheit sollte eine Legaldefinition des Begriffs „Pflichtwerk" in das UrhG aufgenommen werden, wobei diese Definition aufgrund

---

680 *Buchner* in Lehmann; S. 421 (436), Rdnr. 42; sowie *Rehbinder*, in RdA, 1968, S. 309 (309); wohl auch *Däubler*, in ArbuR 1985, S. 169 (171).
681 *Kraßer*, in Fs Schricker 1995, S. 77 (106 f).
682 *Kraßer*, in Fs Schricker 1995, S. 77 (107).
683 *Kraßer*, in Fs Schricker1995, S. 77 (107).

der nicht vorauszusehenden Vielfalt von Sachverhalten nur in Form einer Generalklausel vorgenommen werden kann.

Einer Regelung der Urheberpersönlichkeitsrechte im Hinblick auf die im Arbeitsverhältnis geschaffenen Pflichtwerke bedürfte es nicht mehr, da diese aufgrund der originären Urheberstellung alleine und vollständig dem Arbeitgeber zustehen würden[684]. Die leidige Diskussion um den zulässigen Umfang der Einschränkung der Persönlichkeitsrechte des Arbeitnehmerurhebers wäre beendet. Auch dies würde erheblich zur Vermeidung von Rechtsstreitigkeiten beitragen.

Als Folge des originären Erwerbs des Urheberrechts durch den Arbeitgeber ist § 7 UrhG, der das Schöpferprinzip beinhaltet, zu ändern. Er muß folgenden Wortlaut erhalten:

> „Urheber ist der Schöpfer des Werkes, soweit nicht in diesem Gesetz ausdrücklich etwas Abweichendes geregelt ist."

Da dem Arbeitgeber damit sämtliche Urheberpersönlichkeitsrechte zustehen, kann er das vom Arbeitnehmer geschaffene Werk nach seinem Belieben verändern, wobei entgegen der bisherigen Rechtslage keine Unterschiede mehr hinsichtlich der Werkart gelten. Damit der Arbeitnehmer aber nicht in seinem allgemeinen Persönlichkeitsrecht gemäß Art. 1. Absatz 1 GG i.V.m. Art. 2 Absatz 1 GG[685], welches über die Generalklauseln auch auf das Zivilrecht und das Arbeitsrecht einstrahlt[686], verletzt wird, muß der Arbeitnehmer die Nennung seines Namens untersagen können, wenn er sich mit dem abgeänderten Werk nicht mehr identifizieren kann.

Ferner sollte, um die Meinungsdifferenzen hinsichtlich der Frage, ob von den Dienstverhältnissen i.S.d. der derzeitigen §§ 43 und 69 b UrhG, wie schon aktuell nach zutreffender Ansicht vertreten[687], lediglich die öffentlich-rechtlichen Dienstverhältnisse umfaßt sind, oder aber auch die privatrechtlichen, eine eindeutige Beschränkung auf die öffentlich-rechtlichen Dienstverhältnisse vorgenommen werden.

Des weiteren ist eine Öffnungsklausel hinsichtlich individualvertraglicher, tarifvertraglicher oder betriebsvereinbarungsrechtlicher Regelungen aufzu-

---

[684] Insoweit wäre dann auch die Kritik von *Himmelmann*, S. 276 am Entwurf des § 104 ArbVG unbegründet.

[685] Das allgemeine Persönlichkeitsrecht i.S.d. Art. 1 Absatz 1 GG i.V.m. Art. 2 Absatz 1 GG gewährleistet unter anderem den Schutz des sozialen Geltungsanspruchs des einzelnen in der Öffentlichkeit, *Kunig*, in Münch/Kunig, Art. 2 Rdnr. 32, S. 146.

[686] *Kunig*, in Münch/Kunig, Art. 2 GG, Rdnr. 31, S. 145.

[687] Vgl. zur Begründung oben unter Teil 2 II. 1. a) und Teil 3 C. I.

nehmen, um die im Einzelfall erforderliche Anpassung an die Gegebenheiten des konkreten Falles zu gewährleisten und damit die notwendige Flexibilität zu garantieren. Insbesondere die tarifvertraglichen Regelungen werden dabei von Bedeutung sein, da sie als Produkt paritätischer Verhandlungspartner eine Richtigkeitsgewähr aufweisen[688]. Demgegenüber werden in Branchen, in denen, wie derzeit in der Informationstechnologie, ein Mangel an qualifizierten Mitarbeitern besteht, aufgrund der großen Verhandlungsmacht dieser Mitarbeiter auch individualvertragliche abweichende Regelungen zum Tragen kommen.

Schließlich muß eine Neuregelung im allgemeinen Teil des Urheberrechts erfolgen, damit bereits aus der Stellung der Norm deutlich wird, daß alle Werkkategorien umfaßt sind. Insoweit sollte eine Normierung des Arbeitnehmerurheberrechts, welches dann im Einklang mit der teilweise bereits im Schrifttum zu § 69 b UrhG erfolgenden Umschreibung zutreffender Weise als „Arbeitgeberurheberrecht"[689] bezeichnet werden könnte, auch weiterhin in § 43 UrhG erfolgen. Die derzeitige Regelung des § 69 b UrhG ist dann zu streichen.

---

[688] Vgl. oben unter Teil 2 E. IV. 3. a) sowie *Lieb*, § 1 V Rdnr. 116, S. 39.

[689] *Wandtke*, Rdnr. 300, S. 107; sowie *Lehmann*, in GRUR Int. 1991, S. 327 (330).

C. Normvorschlag

Unter Berücksichtigung der vorgenannten Erwägungen sowie der im Rahmen der gesamten Untersuchung vertretenen Standpunkte wird folgende Normierung zur einheitlichen Regelung des Arbeitnehmerurheberrechts bezüglich sämtlicher Werkkategorien vorgeschlagen:

§ 43 UrhG Urheberrechte im Arbeits- und Dienstverhältnis

(1) An den vom Arbeitnehmer im Rahmen des Arbeitsverhältnisses geschaffenen urheberrechtlich geschützten Pflichtwerken erwirbt der Arbeitgeber originär und unbeschränkt das Urheberrecht und die Urheberpersönlichkeitsrechte. Pflichtwerke sind die vom Arbeitnehmer in Erfüllung seiner Verpflichtungen aus dem Arbeitsverhältnis geschaffenen Werke, wobei es weder auf den Ort noch den Zeitpunkt der Erstellung des Werkes ankommt. Die Verpflichtungen des Arbeitnehmers aus dem Arbeitsverhältnis können insbesondere aus dem Arbeitsvertrag, aus Betriebsvereinbarungen, aus Tarifverträgen sowie aus gesetzlichen Regelungen resultieren.

(2) Eine Anbietungspflicht des Arbeitnehmers für Freiwerke besteht nicht. Freiwerke sind diejenigen vom Arbeitnehmer geschaffenen urheberrechtlich geschützten Werke, die nicht in Erfüllung einer Verpflichtung aus dem Arbeitsverhältnis geschaffen worden sind.

(3) Dem Arbeitnehmer steht für die Erschaffung eines Werkes, an dem der Arbeitgeber nach Absatz 1 das Urheberrecht und die Urheberpersönlichkeitsrechte erwirbt, sowie für die unmittelbare oder mittelbare Nutzung des Werkes durch den Arbeitgeber, neben dem Anspruch auf das Arbeitsentgelt weder während des Bestehens des Arbeitsverhältnisses noch nach dessen Beendigung ein Anspruch auf eine urheberrechtliche Sondervergütung zu. § 36 UrhG bleibt unberührt.

(4) Eine Pflicht zur Nennung des Namens des Arbeitnehmers besteht nicht. Der Arbeitnehmer ist berechtigt, die Nennung seines Namens zu untersagen.

(5) Von den vorstehenden Absätzen kann durch Vereinbarungen in Arbeitsverträgen, Betriebsvereinbarungen und Tarifverträgen abgewichen werden.

(6) Die vorstehenden Absätze sind auf öffentlich-rechtliche Dienstverhältnisse entsprechend anzuwenden.

Teil 5: Thesen / Zusammenfassung

Nachfolgend werden die wesentlichen Ergebnisse der Untersuchung zusammenfassend dargestellt:

Teil 1: Einleitung / Gang der Untersuchung

- Das deutsche Arbeitnehmerurheberrecht wird durch den Gegensatz zwischen dem urheberrechtlichen Schöpferprinzip einerseits und dem arbeitsrechtlichen Grundsatz von der Berechtigung des Arbeitgebers am Arbeitsergebnis andererseits geprägt.

Teil 2: Arbeitnehmerurheberrechte im Anwendungsbereich des § 43 UrhG

- § 43 UrhG findet nur auf Pflichtwerke des Arbeitnehmerurhebers Anwendung und stellt diesbezüglich eine Pflicht des Arbeitnehmerurhebers zur Übertragung der Nutzungsrechte auf den Arbeitgeber auf, die vorbehaltlich anderweitiger ausdrücklicher Regelungen auf den betrieblichen Tätigkeitsbereich beschränkt sind.

- Eine Anbietungspflicht des Arbeitnehmers für urheberrechtlich geschützte Freiwerke besteht weder unter dem Gesichtspunkt einer Analogie zum ArbnErfG noch aus der arbeitsrechtlichen Treuepflicht. Der Arbeitgeber ist hinreichend durch das Wettbewerbsverbot geschützt. Bezüglich Freiwerken steht der Arbeitnehmer dem Arbeitgeber wie ein freier Urheber gegenüber.

- Während der Begriff „Inhalt des Arbeitsverhältnisses" i.S.d. § 43 UrhG individuell konkret auf das Arbeitsverhältnis Bezug nimmt, hat der Begriff „Wesen des Arbeitsverhältnisses" eine abstrakt generelle Ausrichtung und umfaßt die allgemeinen Eigenheiten und Besonderheiten, mithin die Grundprinzipien, des Arbeitsverhältnisses.

- Sofern keine ausdrückliche Einräumung der Nutzungsrechte vom Arbeitnehmer auf den Arbeitgeber vorliegt, ist von einer konkludenten Nutzungsrechtseinräumung auszugehen, die als Vorausverfügung zum Zeitpunkt des Abschlusses des Arbeitsvertrages erfolgt.

- Bei konkludenten Nutzungsrechtseinräumungen im Anwendungsbereich des § 43 UrhG sind Inhalt und Umfang nach der in § 31 Absatz 5 UrhG zum Ausdruck kommenden Zweckübertragungstheorie zu bestimmen. Danach ist i.d.R. von einer ausschließlichen zeitlich und räumlich unbegrenzten Nutzungsrechtseinräumung auszugehen. Darüber hinaus ist der

Arbeitgeber i.d.R. zur Weiterübertragung des Nutzungsrechts sowie zur Unterlizenzierung berechtigt.

- Bei nachträglicher Veränderung des betrieblichen Zwecks sind bei der konkludenten Nutzungsrechtseinräumung im Anwendungsbereich des § 43 UrhG hinsichtlich der Frage der Einräumung der Nutzungsrechte zwei Situationen zu unterscheiden. Wird der betriebliche Tätigkeitsbereich während der Dauer des Arbeitsverhältnisses verändert, so ist ab dem Zeitpunkt, in dem dies erkennbar ist, und der Arbeitnehmer dennoch seine Tätigkeit fortsetzt, eine zumindest stillschweigende Anpassung der Rechtseinräumung anzunehmen. Anders ist dies bei den früher im Rahmen des Arbeitsverhältnisses geschaffenen Werken. Die damalige Vorausverfügung kann nicht nachträglich mit der Betriebsänderung als verändert angesehen werden. Den Arbeitnehmerurheber trifft dennoch eine Anbietungspflicht, verbunden mit einem Anspruch auf eine Sondervergütung für die Nutzungsrechtseinräumung.

- Ansonsten besteht ein Anspruch des Arbeitnehmerurhebers auf eine urheberrechtliche Sondervergütung für die Nutzungsrechtseinräumung, vorbehaltlich einer abweichenden Vereinbarung, bei Pflichtwerken nicht. Obwohl streng zwischen der arbeitsrechtlichen und der urheberrechtlichen Vergütung zu unterscheiden ist, ist die Nutzungsrechtseinräumung an Pflichtwerken mit dem Arbeitsentgelt abgegolten; sie beträgt der Höhe nach null.

- Die Abgeltung der Nutzungsrechtseinräumung gilt auch für die Zeit nach Beendigung des Arbeitsverhältnisses.

- Demgegenüber steht dem Arbeitnehmer grundsätzlich ein Anspruch auf eine Sondervergütung zu, wenn der Arbeitgeber Nutzungsrechte am Pflichtwerk außerhalb des Betriebszwecks ausübt.

- Der Beteiligungsanspruch aus § 36 UrhG besteht auch im Arbeitsverhältnis.

- Urheberrechtliche Regelungen sind selten in Tarifverträgen, obwohl sie rechtlich möglich sind. Die derzeit bekannten tarifvertraglichen Regelungen tragen wesentlich zur Rechtssicherheit bei und gleichen die erheblichen Defizite der aktuellen Rechtslage aus.

- Die Einräumung der Nutzungsrechte, also die abstrakt quasi-dingliche Verfügung, kann auch in kollektiven Regelungen, wie Tarifverträgen, erfolgen. Dies ergibt sich aus dem Umstand, daß Tarifverträge gegenüber den unterworfenen Arbeitnehmern und Arbeitgebern normative Wirkung entfalten, und somit wie Gesetze die Rechtslage unmittelbar gestalten können.

- Für tarifvertragliche Verfügungen über die Nutzungsrechte ist der Zeitpunkt der Tarifbindung maßgeblich.

- Von den diskutierten Reformvorschlägen für das Urheberrecht kann für den Bereich des Arbeitnehmerurheberrechts keiner uneingeschränkt befürwortet werden. Weder § 104 des Diskussionsentwurfs eines Arbeitsvertragsgesetzes, noch die wortgleichen Vorschläge der Gesetzentwürfe der Bundesländer Brandenburg und Sachsen, noch der Entwurf von *Wandtke* oder der Entwurf eines Gesetzes zur Stärkung der vertraglichen Stellung von Urhebern und ausübenden Künstlern sowie der RegE regeln meines Erachtens den Bereich des Arbeitnehmerurheberrechts zufriedenstellend.

Teil 3: Arbeitnehmerurheberrechte im Bereich der Softwareentwicklung

- Sofern die Voraussetzungen erfüllt sind, genießen Computerprogramme parallelen Schutz nach dem Urheberrecht und dem Patentrecht.

- Die Voraussetzungen des § 69 b UrhG „in Wahrnehmung seiner Aufgaben" und „nach Anweisung seines Arbeitgebers" haben denselben Bedeutungsgehalt und stimmen insgesamt inhaltlich mit dem Merkmal „in Erfüllung seiner Verpflichtungen aus dem Arbeitsverhältnis" in § 43 UrhG überein.

- § 69 b UrhG sieht von der Rechtsfolge her eine gesetzliche Lizenz vor, nach der der Arbeitgeber die ausschließlichen vermögensrechtlichen Befugnisse erhält.

- Das Nutzungsrecht des Arbeitgebers ist im Anwendungsbereich des § 69 b UrhG weder in sachlicher noch in zeitlicher oder räumlicher Hinsicht beschränkt. Der Arbeitgeber hat anders als im Bereich des § 43 UrhG ein umfassendes Bearbeitungsrecht.

- Sachliche Gründe für die unterschiedlichen Regelungen in § 43 UrhG und § 69 b UrhG sind nicht ersichtlich. Es bestehen daher im Hinblick auf den Gleichbehandlungsgrundsatz des Art. 3 GG erhebliche verfassungsrechtliche Bedenken an der Zulässigkeit der unterschiedlichen Regelungen für Computerprogramme einerseits und sonstige urheberrechtlich geschützte Werke andererseits.

- Hinsichtlich der finanziellen Ansprüche des Arbeitnehmerurhebers gegenüber dem Arbeitgeber bestehen keine Unterschiede zwischen den Werken i.S.d. § 69 b UrhG und § 43 UrhG.

- Tarifvertragliche Regelungen existieren im Bereich der Software-Branche derzeit nicht.

- Die Reformvorschläge zum Urheberrecht bzw. Arbeitnehmerurheberrecht verstärken die verfassungsrechtlichen Bedenken im Hinblick auf die unterschiedlichen Regelungen in § 43 UrhG und § 69 b UrhG.

Teil 4: Fazit / Normvorschlag

- Die nicht überzeugende derzeitige Rechtslage zwingt zu einer einheitlichen Regelung bezüglich sämtlicher Werkarten. Diese einheitliche Regelung kann nur in Richtung des auf der Umsetzung einer EG-Richtlinie basierenden § 69 b UrhG gehen. § 69 b UrhG geht jedoch nicht weit genug.

- Die zahlreichen Mängel der derzeitigen Rechtslage resultieren aus der Anwendung des Schöpferprinzips im Arbeitsverhältnis, weshalb es für diesen Bereich aufgegeben werden sollte. Der Arbeitgeber sollte das Urheberrecht an den Pflichtwerken originär erwerben, ohne eine Sondervergütung leisten zu müssen.

- Der originäre Erwerb des Urheberrechts an Pflichtwerken durch den Arbeitgeber führt zu einer ausgewogenen Berücksichtigung der beiderseitigen Interessen im Arbeitsverhältnis.

- Die das Arbeitnehmer- bzw. Arbeitgeberurheberrecht regelnde Norm muß eine Öffnungsklausel für Tarifverträge enthalten, da diese als Produkt paritätischer Verhandlungspartner eine Richtigkeits- und Ausgewogenheitsgewähr für sich haben und die notwendige Anpassung der Rechtslage an die betrieblichen Gegebenheiten und damit die erforderliche Flexibilität gewährleisten.

Literaturverzeichnis

Balle, Kathleen — Der urheberrechtliche Schutz von Arbeitsergebnissen, in NZA 1997, S. 868 ff

Bartenbach, Kurt, Volz, Franz-Eugen — Arbeitnehmererfindungsgesetz: Kommentar zum Gesetz über Arbeitnehemererfindungen, 3. Auflage 1997, Köln (zit.: Bartenbach/Volz)

Bauer, Thorsten, Meinel, Gernod — Vereinheitlichung der Arbeitsbedingungen im Betrieb – Individualrechtliche Lösung statt Grundsatz der Tarifeinheit, in NZA 2000, S. 181 ff.

Belling, Deltev W./ Hartmann, Christian — Die Rechtswirkungen einer gegen § 77 Absatz 3 BetrVG verstoßenden Betriebsvereinbarung, in NZA 1998, S. 673 ff

Betten, Jürgen — Patentschutz von Computerprogrammen, in GRUR 1995, S. 775 ff

Birk, Rolf — Arbeitnehmer und arbeitnehmerähnliche Person im Urheberrecht bei Auslandsbeziehungen, in Forkel/Kraft (Hrsg.), Beiträge zum Schutz der Persönlichkeit und ihrer schöpferischen Leistungen, Festschrift für Heinrich Hubmann, 1985, Frankfurt am Main, S. 1 ff (zit.: Birk, in Fs Hubmann)

ders. — Der angestellte Urheber im Kollisionsrecht, in UFITA Band 108, 1988, S. 101 ff

Bollack, Gert — Die Rechtsstellung des Urhebers im Dienst- oder Arbeitsverhältnis, in GRUR 1976, S. 74 ff

Brandi-Dohrn, Matthias — Softwareschutz nach dem neuen deutschen Urheberrechtsgesetz, in BB 1994 S. 658 ff

Buchner, Herbert — Der Schutz von Computerprogrammen und Know-how im Arbeitsverhältnis, in Lehmann (Hrsg.), Rechtsschutz und Verwertung von Computerprogrammen, 2. Auflage 1993, Köln, S. 421 ff (zit.: Buchner, in Lehmann)

Coester, Michael — Zur Verhandlungspflicht der Tarifvertragsparteien, in ZfA 1977, S. 87 ff

Creifelds, Carl — Rechtswörterbuch, 13. Auflage 1996, München

Däubler, Wolfgang — Arbeitnehmerrechte an Computerprogrammen?, in ArbuR 1985, S. 169 ff

ders. — Tarifausstieg – Erscheinungsformen und Rechtsfolgen, in NZA 1996, S. 225 ff

Delp, Ludwig — Das gesamte Recht der Publizistik, Band 1, 3. Auflage, Stand Mai 2000, München

Dietz, Adolf Das Urheberrecht in der Europäischen Gemeinschaft: Studie im Auftrag der Generaldirektion „Forschung, Wissenschaft und Bildung“ der Kommission der Europäischen Gemeinschaften, 1978, Baden-Baden

Dörner/Luczak/Wildschütz Arbeitsrecht in der anwaltlichen und gerichtlichen Praxis, 2. Auflage 1999, Neuwied, Kriftel, (zit.: DLW/Bearbeiter)

Dreier, Thomas Verletzung urheberrechtlich geschützter Software nach der Umsetzung der EG-Richtlinie, in GRUR 1993, S. 781 ff

Engel, Friedrich-Wilhelm Über „Computerprogramme als solche“, in GRUR 1993, S. 194 ff

Ensthaler, Jürgen/ Möllenkamp, Heinz Reichweite des urheberrechtlichen Softwareschutzes nach der Umsetzung der EG-Richtlinie zum Rechtsschutz der Computerprogramme, in GRUR 1994, S. 151 ff

Erdmann, Willi/ Bornkamm, Joachim Schutz von Computerprogrammen - Rechtslage nach der EG-Richtlinie -, in GRUR 1991, S. 877 ff

Fitting, Karl/ Kaiser, Heinrich/ Heither, Friedrich/ Engels, Gerd Betriebsverfassungsgesetz – Handkommentar, 20. Auflage 2000, München (zit.: F/K/H/E)

Flechsig, Norbert P. Der Entwurf eines Gesetzes zur Stärkung der vertragsrechtlichen Stellung von Urhebern und ausübenden Künstlern, in ZUM 2000, S. 484 ff

Frey, Markus A. Die internationale Vereinheitlichung des Urheberrechts und das Schöpferprinzip, in UFITA Band 98, 1984, S. 53 ff

Fromm, Friedrich Karl/ Nordemann, Wilhelm Urheberrecht, Kommentar zum Urheberrechtsgesetz und zum Urheberrechtswahrnehmungsgesetz, 9. Auflage 1998, Stuttgart (zit.: Fromm/Nordemann/Bearbeiter)

Gamillscheg, Franz Kollektives Arbeitsrecht, Band I, 1997, München

v. Gamm, Otto-Friedrich Freiherr Urheberrechtsgesetz, 1968, München

Gaul, Dieter Wechselwirkungen zwischen Urheberrecht und Arbeitsrecht, insbesondere Grenzfragen des Arbeitnehmererfinderrechts, in NJW 1961, S. 1509 ff

ders. Know-how-Schutz bei der Softwareerstellung, in CR 1988, S. 841 ff

ders. Die Arbeitnehmererfindung im technischen, urheberrechtsfähigen und geschmacksmusterfähigen Bereich, in RdA 1993, S. 90 ff

Gross, Michael — Der Arbeitnehmer als Lizenzgeber, in CR 1991, S. 95 ff

Haberstumpf, Helmut — Neue Entwicklung im Software-Urheberrecht, in NJW 1991, S. 2105 ff

ders. — Handbuch des Urheberrechts, 2. Auflage 2000, Neuwied, Kriftel (zit.: Haberstumpf)

ders. — Der urheberrechtliche Schutz von Computerprogrammen, in Lehmann (Hrsg.), Rechtsschutz und Verwertung von Computerprogrammen, 2. Auflage 1993, Köln, S. 69 ff (zit.: Haberstumpf, in Lehmann)

Hauptmann, Peter-Helge — Abhängige Beschäftigung und der urheberrechtliche Schutz des Arbeitsergebnisses / Eine Untersuchung der Nutzungsrechte und Vergütungspflichten am Beispiel der Entwicklung von Computerprogrammen im Arbeitsverhältnis, 1994, Frankfurt am Main

Heinze, Meinhard — Kollektive Arbeitsbedingungen im Spannungsfeld zwischen Tarif- und Betriebsautonomie, in NZA 1995, S. 5 ff

Henkel, Wolfgang — Beteiligung eines Arbeitnehmers an der wirtschaftlichen Verwertung der von ihm entwickelten Software, in BB 1987, S. 833 ff

Herschel, Wilhelm — Tarifverträge mit Urheberrechtsbezug, in UFITA Band 94, 1982, S. 35 ff

Hesse, Walter — Tarifvertragliche Urheberrechtsregelungen für Redakteure an Tageszeitungen, in AfP 1986, S. 201 ff

ders. — Der Arbeitnehmerurheber, in AfP 1987, S. 562 ff

Himmelmann, Ulrich — Vergütungsrechtliche Ungleichbehandlung von Arbeitnehmer-Erfinder und Arbeitnehmer-Urheber, UFITA-Schriftenreihe Band 158, 1998, Baden-Baden

Hohmeister, Frank — Die teilmitbestimmte Betriebsvereinbarung im Spannungsverhältnis zwischen § 77 Absatz 3 BetrVG und § 87 Absatz 1 BetrVG, in BB 1999, S. 418 ff

Holländer, Günther — Arbeitnehmerrechte an Software: Die Rechte der Arbeitnehmer an den von ihnen entwickelten nichttechnischen Computerprogrammen, 1991, Bayreuth

ders. — Das Urheberpersönlichkeitsrecht des angestellten Programmierers, in CR 1992, S. 279 ff

Horns, Axel H. — Anmerkungen zu begrifflichen Fragen des Softwareschutzes, in GRUR 2001, S. 1 ff

Hromadka, Wolfgang Tarifvertrag und Arbeitsvertrag bei der Ausgründung von Betriebsteilen, in DB 1996, S. 1872 ff

Hubmann, Heinrich Die Urheberrechtsklauseln in den Manteltarifverträgen für Redakteure an Zeitschriften und an Tageszeitungen, in RdA 1987, S. 89 ff

ders. Das Recht am Arbeitsergebnis, in Rolf Dietz, Hans Carl Nipperdey, Eugen Ulmer (Hrsg.), Beiträge zum Arbeits-, Handels- und Wirtschaftsrecht, Festschrift für Alfred Hueck, 1959, S. 43 ff

Hueck, Alfred/ Nipperdey, Hans Carl Lehrbuch des Arbeitsrechts,

Band 1, 7. Auflage 1963, Berlin und Frankfurt am Main,
Band 2 1. Halbband, 7. Auflage 1967, Berlin und Frankfurt am Main

Hunziker, Manfred Urheberrecht nach beendetem Arbeitsverhältnis, in UFITA 1985, Band 101, 1985, S. 49 ff

Kindermann, Manfred Das Nutzungsrecht am Computerprogramm, in NZA 1984, S. 209 ff

ders. Der angestellte Programmierer – urheberrechtliche Beurteilung und Vertragspraxis, in GRUR 1985, S. 1008 ff

ders. Vertrieb und Nutzung von Computersoftware aus urheberrechtlicher Sicht, in GRUR 1983, S. 150 ff

Koch, Frank .A. Ihre Rechte an Computer-Programmen, 3. Auflage 1992, München

ders. Begründung und Grenzen des urheberrechtlichen Schutzes objektorientierter Software, in GRUR 2000, S. 191 ff

Koch, Peter Zur Neubestimmung des Sonderleistungsbegriffs beim angestellten Urheber, in ZUM 1986, S. 75 ff

Kolle, Gert Der angestellte Programmierer, in GRUR 1985, S. 1016 ff

Kraßer, Rudolf Urheberrecht in Arbeits-, Dienst- und Auftragsverhältnissen, in Beier/Götting/Lehmann/Moufang (Hrsg.), Urhebervertragsrecht, Festgabe für Gerhardt Schricker, 1995, München, S. 77 ff (zit.: Kraßer, in Fs Schricker 1995)

Kunze, Otto Arbeitnehmererfinder- und Arbeitnehmerurheberrecht als Arbeitsrecht, in RdA 1975, S. 43 ff

Küttner, Wolfdieter (Hrsg.) Personalbuch, 6. Auflage 1999, München (zit.: Bearbeiter, in Küttner)

Lehmann, Michael Die Europäische Richtlinie über den Schutz von Computerprogrammen, in GRUR Int. 1991, S. 327 ff

Lieb, Manfred Arbeitsrecht, 6. Auflage 1997, München

Löffler, Martin Presserecht, 4. Auflage 1997, München (zit.: Bearbeiter, in Löffler)

Lucas, Martina Softwareentwicklung durch Arbeitnehmer. Arbeitsrechtliche und immaterialgüterrechtliche Zuordnungsinteressen, 1993, Darmstadt

Marly, Jochen Der neue Urheberrechtsschutz für Computersoftware, in NJW-CoR 1993, S. 21 ff

Mathis, Hans-Peter Der Arbeitnehmer als Urheber – Die Auslegung und Problematik des § 43 UrhG, 1988, Frankfurt am Main

zur Megede, Ekkehard Rechtsschutz von Software- Urheber- und Vertragsrecht, 2. Auflage 1989, Berlin

Meiser, Carola Urheberrechtliche Besonderheiten bei angestellten Filmschaffenden, in NZA 1998, S. 291 ff

Mes, Peter Patentgesetz – Gebrauchsmustergesetz, 1997, München

Michalski, Lutz Die Neuregelung des Urheberrechtsschutzes von Computerprogrammen, in DB 1993, S. 1961 ff

Möhring, Philipp/ Nicolini, Käte Urheberrechtsgesetz, Kommentar, 2. Auflage 2000, München (zit.: Möhring/Nicolini/Bearbeiter)

Nordemann, Wilhelm Der urheberrechtliche Schutz der Computer-Software, in ZUM 1985, S. 10 ff

v. Olenhusen, Albrecht Götz Der Gesetzentwurf für ein Urhebervertragsrecht – Ein Diskussionsbeitrag, in ZUM 2000, S. 736 ff

Pakuscher, Ernst Karl Arbeitgeber und Arbeitnehmer im Spiegel des Urheberrechts – Zur Problematik des § 43 UrhG -, in Wild/Schulte-Franzheim/Lorenz-Wolf, Festschrift für Alfred-Carl Gaedertz, 1992, München, S. 441 ff

Palandt, Otto Bürgerliches Gesetzbuch, 59. Auflage 2000, (zit.: Palandt/Bearbeiter)

Peper, Christian Aktuelle Tendenzen in der Entwicklung des Urhebervertragsrechts, in NJW 1996, S. 1394 ff

Reber, Nikolaus Das neue Urhebervertragsrecht, in ZUM 2000, S. 729 ff

Recher, Bernhard Der Arbeitnehmer als Urheber und das Recht des Arbeitgebers am urheberrechtsschutzfähigen Arbeitsergebnis, 1975, Zürich

Rehbinder, Manfred — Urheberrecht, 10. Auflage 1998, München

ders. — Der Urheber als Arbeitnehmer, in WiB 1994, S. 461 ff

ders. — Über die urheberrechtliche Nutzungsberechtigung der Zeitungsverlage am Arbeitsergebnis ihrer festangestellten Redakteure, in AfP 1983, S. 305 ff

ders. — Die urheberrechtlichen Nutzungsrechte im Arbeitsverhältnis, in Rehbinder (Hrsg.), Das Urheberrecht im Arbeitsverhältnis, 1983, Bern, S. 7 ff

ders. — Das Arbeitsverhältnis im Spannungsfeld des Urheberrechts, in RdA 1968, S. 309 ff

Richardi, Reinhard — Betriebsverfassungsgesetz mit Wahlordnung, 7. Auflage 1998, München

Richardi, Reinhard/ Wlotzke, Otfried (Hrsg.) — Münchener Handbuch zum Arbeitsrecht,

Band 1, Individualarbeitsrecht, 2. Auflage 2000, München,
Band 3, Kollektives Arbeitsrecht, 2. Auflage 2000, München,
(zit.: MünchArbR/Bearbeiter)

Rickenbach, Matthias — Immaterialgüterrechtliche Nachwirkungen des Arbeitsverhältnisses, in UFITA Band 139, 1999, S. 233 ff

Rieg, Timo — Die Verwertungsrechte des im privaten Lokalfunk angestellten Journalisten, in GRUR 1994, S. 425 ff

Riepenhausen, Bernhard — Die Bedeutung des Tarifvertrags über Urheber- und Leistungsschutzrechte in Gegenwart und Zukunft, in RdA 1972, S. 232 ff

Roithmaier, Helmut — Das Recht des Arbeitgebers am kunstschutzfähigen Arbeitsergebnis nach geltendem und künftigen Recht, 1962, Köln

Rojahn, Sabine — Der Arbeitnehmerurheber in Presse, Funk und Fernsehen, 1978, München

Sack, Rolf — Computerprogramme und Arbeitnehmer-Urheberrecht, in BB 1991, S. 2165 ff

ders. — Arbeitnehmer-Urheberrechte an Computerprogrammen nach der Urheberrechtsnovelle, in UFITA Band 121, 1993, S. 15 ff

Säcker, Franz-Jürgen — Zur Interpretation der Öffnungsklausel des § 59 BetrVG, in RdA 1967, S. 370 ff

Säcker, Franz-Jürgen Oetker, Hartmut — Tarifeinheit im Betrieb – ein Akt unzulässiger richterlicher Rechtsfortbildung?, in ZfA 1993, S. 1 ff

Sahmer, Heinz Der Arbeitnehmer im Spiegel des Urheberrechts und der verwandten Schutzrechte, in UFITA Band 21, 1956, S. 34 ff

Samson, Benvenuto Die urheberrechtliche Regelung in Dienst- und Tarifverträgen, in UFITA Band 64, 1972, S. 181 ff

ders. Die urheberrechtliche Regelung in Dienst- und Tarifverträgen, in Wilhelm Herschel, Friedrich Klein, Manfred Rehbinder (Hrsg.), Festschrift für Georg Roeber, 1973, Berlin, S. 547 ff

Schack, Haimo Urheber- und Urhebervertragsrecht, 1997, Tübingen

Schaub, Günter Arbeitsrechtshandbuch, 9. Auflage 2000, München (zit.: Schaub)

ders. Arbeitsrechtliche Formularsammlung, 7. Auflage 1999, München (zit.: Schaub-Formularsammlung)

ders. Wege und Irrwege aus dem Flächentarifvertrag, in NZA 1998, S. 617 ff

ders. Auslegung und Regelungsmacht von Tarifverträgen, in NZA 1994, S. 597 ff

Schlatter, Sibylle Der Rechtsschutz von Computerspielen, Benutzeroberflächen und Computerkunst, in Lehmann (Hrsg.), Rechtsschutz und Verwertung von Computerprogrammen, 2. Auflage 1993, Köln, S. 169 ff (zit.: Lehmann/Schlatter)

Schlecht, Katrin Das Urhebervertragsrecht im Bereich des Graphikdesigns – unter besonderer Berücksichtigung der Rechtslage im Arbeitsverhältnis -, 1999, Aachen

Schmidt, Joanna Das Arbeitnehmer-Computerprogramm im französischen Recht, in UFITA Band 121, 1993, S. 55 ff

Schmieder, Hans-Heinrich Die Rechtsstellung der Urheber und künstlerischen Werkmittler im privaten und öffentlichen Dienst, in GRUR 1963, S. 297 ff

Schmitt, Karl Der Umgang mit urheberrechtlich geschützten Computerprogrammen in der öffentlichen Verwaltung – Probleme der Nutzungsübertragung und Vergütungverpflichtung, in ZTR 1987, S. 170 ff

Schneider, Jochen Handbuch des EDV-Rechts, 2. Auflage 1997, Köln

Scholz, Matthias Die rechtliche Stellung des Computerprogramme erstellenden Arbeitnehmers nach Urheberrecht, Patentrecht und Arbeitnehmererfindungsrecht, 1989, Köln

Schricker, Gerhard (Hrsg.) Urheberrecht, Kommentar, 2. Auflage 1999, München (zit.: Schricker/Bearbeiter)

Schulte, Dieter — Der Referentenentwurf eines Zweiten Gesetzes zur Änderung des Urheberrechtsgesetzes, in CR 1992, S. 588 ff

Schulze, Gernot — Urheberrechtsschutz von Computerprogrammen – geklärte Rechtsfrage oder bloße Illusion?, in GRUR 1985, S. 997 ff

Schwab, Brent — Das Arbeitnehmer-Urheberrecht, in AiB 1997, S. 699 ff

ders. — Warum kein Arbeitnehmerurheberrecht? – Zur Unzulänglichkeit des § 43 UrhG -, in ArbuR 1993, S. 129 ff

Söllner, Alfred — Grenzen des Tarifvertrags, in NZA 1996, S. 897 ff

Steinberg, Katrin — Urheberrechtliche Klauseln in Tarifverträgen, UFITA-Schriftenreihe Band 160, 1998, Baden-Baden

Stolz, Frank — Die Nutzungsrechte am Arbeitsergebnis des bei einem Sendeunternehmen beschäftigten Mitarbeiters im Spannungsverhältnis zwischen Urheberrecht und Arbeitsrecht, in UFITA Band 101, 1985, S. 29 ff

Sundermann, Heinz-Georg — Nutzungs- und Vergütungsansprüche bei Softwareentwicklung im Arbeitsverhältnis, in GRUR 1988, S. 350 ff

Ullmann, Eike — Zur Vergütung eines im Arbeitsverhältnis erstellten Computer-Programms, in CR 1986, S. 564

ders. — Das urheberrechtlich geschützte Arbeitsergebnis – Verwertungsrecht und Vergütungspflicht, in GRUR 1987, S. 6 ff

Ulmer, Eugen — Urheber- und Verlagsrecht, 3. Auflage 1980, Berlin, Heidelberg, New York

Vinck, Kai — Die Rechtsstellung des Urhebers im Arbeits- und Dienstverhältnis, 1972, Berlin

Vogel, Martin — Kollektives Urhebervertragsrecht unter besonderer Berücksichtigung des Wahrnehmungsrechts, in Beier/Götting/Lehmann/Moufang (Hrsg.), Urhebervertragsrecht, Festgabe für Gerhard Schricker, 1995, München, S. 117 ff (zit.: Vogel, in Fs Schricker 1995)

Volmer, Bernhard, Gaul, Dieter — Arbeitnehmererfindungsgesetz, Kommentar, 2. Auflage 1983, München (zit.: Volmer/Gaul)

Waltermann, Raimund — Zuständigkeiten und Regelungsbefugnisse im Spannungsfeld von Tarifautonomie und Betriebsautonomie, in RdA 1996, S. 129 ff

Wandtke, Artur-Axel (Hrsg.) — Die Rechte der Urheber und ausübenden Künstler im Arbeits- und Dienstverhältnis, 1993, Berlin *ders.* Der Urheber im Arbeitsverhältnis; Rechtsvergleichende Überlegungen zum Urheberrecht der DDR und der Bundesrepublik Deutschland, in GRUR 1990, S. 843 ff

ders. Zum Vergütungsanspruch des Urhebers im Arbeitsverhältnis, in GRUR 1992, S. 139 ff

ders. Reform des Arbeitnehmerurheberrechts?, in GRUR 1999, S. 390 ff

ders. (Hrsg.) Kommentar zum Urheberrechtsgesetz

Westen, Klaus Zur urheberrechtlichen Stellung des Wissenschaftlers im Arbeits- oder Dienstverhältnis nach deutschem Recht, in JR 1967, S. 401 ff

Wiedemann, Herbert Tarifvertragsgesetz, 6. Auflage 1999, München (zit.: Wiedemann/Bearbeiter)

Wiese, Günther Die Beschränkung der Sperrwirkung des § 59 BetrVG auf Arbeitsentgelte und sonstige Arbeitsbedingungen, in RdA 1968, S. 41 ff

Windbichler, Christine Betriebliche Mitbestimmung als institutionalisierte Vertragshilfe, in Manfred Lieb / Ulrich Noack / Harm Peter Westermann (Hrsg.), Festschrift für Wolfgang Zöllner, Band II, 1998, Köln Berlin Bonn München, S. 999 ff

Zeller, Sven Erstellung von Computerprogrammen durch den angestellten Urheber, in BB 1989, S. 1545 ff

Zöllner, Wolfgang Die Reichweite des Urheberrechts im Arbeitsverhältnis untypischer Urheber, in Forkel/Kraft (Hrsg.), Beiträge zum Schutz der Persönlichkeit und ihrer schöpferischen Leistungen, Festschrift für Heinrich Hubmann, 1985, Frankfurt am Main, S. 523 ff (zit.: Zöllner, in Fs Hubmann)

Zöllner, Wolfgang/ Loritz, Karl Georg Arbeitsrecht, 5. Auflage 1998, München

Michael Fröhlich

Zentrale Institutionen des deutschen Urheberrechts und des französischen Droit d'auteur auf dem Prüfstand der elektronischen Netzwerke

Frankfurt/M., Berlin, Bern, Bruxelles, New York, Oxford, Wien, 2001. XVIII, 281 S., 14 Abb., 1 Tab. Saarbrücker Studien zum Privat- und Wirtschaftsrecht.
Herausgegeben von Johann Paul Bauer, Michael Martinek und Helmut Rüßmann.
Bd. 23
ISBN 3-631-37538-7 · br. € 45.50*

Das Urheberrecht hat sich in den letzten Jahren zu einem wirtschaftlich höchst bedeutsamen und schnell wachsenden Rechtsgebiet entwickelt. Auch im anbrechenden Informationszeitalter spielt das Urheberrecht eine Schlüsselrolle, wenn es darum geht, bei Inhalten Kreativität zu fördern und damit den elektronischen Geschäftsverkehr in den globalen Datennetzen erst möglich zu machen. Bei dem Urheberrecht handelt es sich daher um einen tragenden Stützpfeiler der Informationsgesellschaft. Die Arbeit gibt in übersichtlicher Darstellung eine umfassende Betrachtung der zentralen Institutionen des Urheberrechts im Hinblick auf die Besonderheiten der elektronischen Netzwerke wieder. Der Verfasser erläutert hierbei insbesondere die Probleme der Digitalisierung und die urheberrechtliche Einordnung der Webseiten sowie die Frage der ephemeren Vervielfältigungen und der verwertungsrechtlichen Erfassung der Online-Werknutzung. Besondere Berücksichtigung finden darüber hinaus auch das Spannungsverhältnis des Urheberpersönlichkeitsrechts im Informationszeitalter, die Hyperlinks und Frames, die Privilegierung der Vervielfältigung zum privaten und sonstigen Gebrauch sowie die Fragen des anwendbaren Rechts und der internationalen Zuständigkeit.

Aus dem Inhalt: Historische Entwicklung und begriffliche Erfassung der Netzwerke · Der Werkbegriff · Das Urheberpersönlichkeitsrecht · Die Verwertungsrechte der Urheber · Die Schranken des Urheberrechts · Die internationale Dimension

FSC
www.fsc.org
MIX
Papier | Fördert gute Waldnutzung
FSC® C083411

Kolibri 360 GmbH
Ferdinand-Jühlke-Straße 7
99095 Erfurt, Deutschland
produktsicherheit@kolibri360.de

Druck:
CPI Druckdienstleistungen GmbH
im Auftrag der
Kolibri 360 GmbH
Ferdinand-Jühlke-Str. 7
99095 Erfurt